国家社会科学基金（14BJY060）资助

住房保障和供应体系若干问题研究

Research on Several Issues of Housing Security and Supply System

陈立文　刘广平　等著

中国财经出版传媒集团

经济科学出版社

Economic Science Press

图书在版编目（CIP）数据

住房保障和供应体系若干问题研究/陈立文等著.
—北京：经济科学出版社，2019.1
ISBN 978－7－5218－0188－0

Ⅰ.①住… Ⅱ.①陈… Ⅲ.①保障性住房－住房政策－
研究－中国 Ⅳ.①F299.233.1

中国版本图书馆 CIP 数据核字（2019）第 014369 号

责任编辑：程晓云
责任校对：刘 昕
版式设计：齐 杰
责任印制：王世伟

住房保障和供应体系若干问题研究
陈立文 刘广平 等著
经济科学出版社出版、发行 新华书店经销
社址：北京市海淀区阜成路甲 28 号 邮编：100142
总编部电话：010－88191217 发行部电话：010－88191522
网址：www.esp.com.cn
电子邮件：esp@esp.com.cn
天猫网店：经济科学出版社旗舰店
网址：http://jjkxcbs.tmall.com
北京季蜂印刷有限公司印装
710×1000 16 开 29.5 印张 600000 字
2019 年 2 月第 1 版 2019 年 2 月第 1 次印刷
ISBN 978－7－5218－0188－0 定价：58.00 元
（图书出现印装问题，本社负责调换。电话：010－88191510）
（版权所有 侵权必究 打击盗版 举报热线：010－88191661
QQ：2242791300 营销中心电话：010－88191537
电子邮箱：dbts@esp.com.cn）

前　　言

住房问题既是民生问题也是发展问题，关系千家万户切身利益、人民安居乐业、经济社会发展全局、社会和谐稳定等系列问题。国家政府高度重视人们的住房问题，经过长期努力，我国住房发展取得巨大成就。但解决群众住房问题是一项长期任务，仍存在一些住房困难家庭的基本需求尚未根本解决、保障性住房总体不足、住房资源配置不合理不平衡等诸多问题。因此，我国仍需加快健全住房保障和供应体系，满足群众基本住房需求和实现全体人民住有所居目标。

由于住房保障和供应体系涉及的研究内容众多，现有研究较多从单一视角针对特定问题进行分析，同时还存在研究思路与方法等缺陷问题，需要从系统视角对住房保障和供应体系开展深入的研究。本书正是在此背景下展开深入研究和撰写的，该书对不同类型保障性住房的保障体系问题、保障性住房的供应体系问题、商品房价格相关问题以及房地产其他相关问题进行了理论与方法研究，研究成果不仅丰富和完善了住房保障、住房供应、房地产价格、房地产投资、房地产泡沫等理论与方法，还为政府如何健全住房保障与供应体系、促进房地产业健康发展提供了思路借鉴。概括起来，本书的主要研究内容与研究成果涉及以下几个方面：

一是住房保障体系相关问题研究。本部分主要对不同类型保障性住房的相关理论与方法问题进行了研究。具体内容涉及经济适用房对房价的影响机理问题、经济适用房对住房支付能力区域差异的影响研究、经济适用房在土地财政与房价关系中的调节作用分析、共有产权房赎回时机与租金定价和准入"门槛"研究、公租房租金定价与融资模式选择研究。研究发现，经济适用房供给量正向调节经济适用房价格与房价之间的关系。人均可支配收入、市场租金水平、区位、公租房成本是影响我国公租房租金定价的主要因素。租金定价影响因素对一线、二线城市的影响较大，对三线城市的影响较弱。我国住房支付能力区域的总体差异变化趋势较为平稳，住房支付能力的总体差异主要是由区域内差异引起的。经济适用房对住房支付能力区域差异的影响主要是通过经济适用房价格区域差异造成的；经济适用房的供给量显著负向影响商品房的价格，负向调节着土地财政依赖与商品房价格之间的关系。保障性住房项目下年均净现值和政府效率可以分别作为企业与政府进行多种 BOT 模式的选择指标，影响选择结果的因素主要有特许经营期、返还比例、政府每年支付款项和支付年限的确定。

二是住房供应体系相关问题研究。本部分主要对保障性住房的供应规模、模式、对象与效果等方面的住房供应相关理论与方法问题进行了探讨。具体内容包括保障性住房准入标准、建设规模、供给与需求预测、保障对象界定、融资模式识别与选择、社会资本投资决策、福利效果等研究问题。研究发现，应当基于按揭贷款视角采用贷款月偿还额占家庭月收入合理比例方法来界定产权型保障房的保障覆盖范围；采用月租金额占家庭月收入合理比例方法来界定租赁型保障房的保障覆盖范围。在当前国家宏观政策条件下，产权型保障性住房项目不适合采用 PPP 模式；租赁型保障性住房项目可采用 BOT、TOT、完全私有化和部分私有化等 PPP 模式。保障房准入标准设计需要全面考虑"价格"和"住房支付能力"，而且应当以家庭收入"范围"取代"界线"来界定保障房准入标准。住房品质和公共物品供给对保障性住房居民福利有显著的正向影响。

三是商品房价格相关问题研究。本部分主要对房价的前置因素和后置因素以及作用机理问题进行了深入的分析。具体涉及房价对房地产开发投资的影响、房价对消费的区域差异影响、收入差距与房价的互动关系、房价泡沫控制以及城镇化、利率、货币、人口对房价的影响及其机理问题。研究发现，城镇化和城镇居民人均可支配收入显著正向影响房价。房地产价格对房地产投资额有正向促进作用。房地产价格的上涨对较高消费水平同时具有财富效应和挤出效应。货币政策在不同区域对房价的调控作用的非对称性明显。房地产价格与收入差距的相互关系因各地房地产发展速度和经济发展水平的不同而存在差异。利率对京津冀地区房价变动影响的有效性有区域差异性。在不同地区，老龄化和城镇化对房价的冲击有正有负。

四是房地产其他问题研究。本部分主要对住房支付能力影响因素、评价及应用、房地产投资的溢出效应、房地产泡沫与风险、商品房市场聚类、绿色建筑驱动因素与知识图谱等问题展开了分析。研究发现，政策法规、住房偿还能力、住房购买能力、经济变动对京津冀地区城市居民住房支付能力影响较大。动态住房支付能力评价值比静态评价值更具参考意义。无论是全国还是四个子区域，房地产投资对经济增长的作用方向均显著为正，但作用力度在各区域之间存在着较大差异。住宅总投资、商品房投资对经济增长的影响方向均由正向变为负向，对经济增长的影响逐渐恶化。我国房地产市场整体并不存在泡沫，房价高涨是由于供需不均衡、地价与房价相互作用以及羊群效应共同作用的结果。基于住房支付能力视角，可将我国住宅商品房市场划分为四大类，根据各区域经济发展及住宅商品房市场特征，分别对四大区域住宅商品房市场采取重点调控、重点观测、扶持发展及特别培育宏观调控措施。对绿色建筑内涵和特征进行了分析，构建了包括外部驱动因素和内部驱动因素两个维度的分类框架。绿色建筑研究从单一的技术研究向多视角融合发展，当前的 7 大研究热点分别是既有建筑绿色改造、绿色建筑评价、绿色建筑设计与教学模式、住宅产业化、绿色施工、温室气体排放和绿色建筑综合绩效评价。

本书为国家社会科学基金"符合中国国情的住房保障和供应体系研究（14BJY060）"的阶段性成果。感谢河北工业大学陈敬武教授、河北大学周稳海教授、河北工业大学牟玲玲教授、辽宁工业大学袁建林教授、南京晓庄学院顾静副教授、唐山学院郑宁副教授、河北工业大学生孙晨、陈昭翔、踪程、任伟、张琳、赵士雯、张志静等博士生以及王迎、张涛、田祎萌、杜泽泽、王荣、甄亚等硕士生对本书内容做出的贡献。

由于时间仓促和笔者水平有限，难免会有一些不足和瑕疵，敬请广大读者、专家和同行批评指正。

陈立文　刘广平

2018 年 10 月

目录
CONTENTS

第三部分　住房价格相关问题研究 / *185*

第四部分　房地产其他问题研究 / *317*

►►► 第一部分

住房保障体系相关问题研究

经济适用房能降低房价吗：
基于经济适用房供给量的调节作用分析[*]

1.1 引　言

　　我国房屋价格水平已经严重超出了人民大众的支付能力范畴。自古至今，"居者有其屋"的思想已在人们心中打下深深的烙印，如何解决中低收入居民的住房困难并使其拥有自己的房产已经成为国家政府的核心民生问题之一。为此，我国根据不同收入家庭制定了相应的住房保障体系来解决和缓解住房困难问题。其中，经济适用房（简称：经适房）住房保障政策既能在一定程度上解决中低收入家庭的住房问题，又能解决我国特定情境下的"居者有其屋"心理。然而，从现实情况来看，经适房政策在运行过程中却未能起到抑制房价的预期效果。另外，一些学者指出，经适房开发与土地截留已成为开发商获取廉价土地的基本手段，住房二元市场带来的挤出效应不利于房地产市场的健康发展[1]。因此，经适房的存废之争便在业界成为争论的焦点。

　　到底经适房价格能否有效抑制商品房价格？通过相关文献回顾可发现，目前学者们主要从经适房投资和销售等视角来探讨其对商品房价格的影响，而从经适房价格视角探讨其与商品房价格之间关系的实证研究相对较少，且结论不一，尚未达成一致的观点。因此，有必要重新检验两者之间的关系。另一问题，如果两者之间存在作用关系，那么经适房价格与商品房价格之间的作用机理又是什么？本研究将引入经适房供给量来剖析其在经适房价格与商品房价格之间关系中的调节作用，来解析经适房价格是如何通过经适房供给量影响商品房价格的。本研究研究思路如图 1−1 所示。

　　* 作者：刘广平，陈立文，许海平。原载于《中央财经大学学报》2015 年第 2 期。

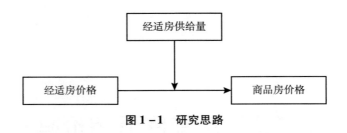

图 1 - 1　研究思路

　　本研究结构安排如下：第二部分对经适房与房价之间关系的相关研究进行文献回顾与梳理，并通过理论分析经适房价格与商品房价格之间的作用机理，提出研究假设；第三部分介绍本研究样本与指标的选取以及数据的来源；第四部分构建经适房价格与房价之间的数理模型，实证分析两者之间的关系以及经适房供给量在两者之间的调节效应；第五部分总结本研究研究成果，针对实证分析结果提出相关政策建议。

1.2　文献回顾与研究假设

1.2.1　文献回顾

　　经适房能否有效地抑制房价是一个饱受学术界和实业界争议的问题。通过相关文献回顾可发现，学者们主要从经适房投资额、价格和销售面积等视角探讨了其与商品房价格之间的关系。有关两者之间关系的研究结论存在着较大的分歧。一种观点认为，经适房可降低房价。例如，吴等（Ong et al.，2002）检验了新加坡经适房价格与商品房价格之间的因果关系，结果发现两者存在着相互影响的关系[2]；王先柱等（2009）构建了住房市场的数理供求模型，经分析发现经适房可起到分流住房需求的作用，通过以较低价格提供房源的方式降低商品房的价格[3]。王斌等（2011）通过构建 SVAR 模型检验发现，经适房建设可抑制房价上涨[4]。周文兴等（2011）采用 VAR 模型检验了经适房投资额与商品房价格之间的动态关系，研究结果表明，经适房投资额与商品房价格之间存在双向的 Granger 因果关系[5]。陈杰等（2011）经理论分析发现，经适房对商品房价格产生抑制效果需建立在两个假设前提之上：一是经适房供给不对商品房供应产生过度挤占；二是通过替代效应来削减中高收入家庭对商品房的需求[6]。潘爱民等（2012）研究发现，短期内经适房的替代效应显著，有利于抑制商品房价格的高涨[7]。

　　还有一些学者持不同的观点，认为经适房或对高房价产生推动作用，或与房价之间不存在显著的因果关系。例如，邓宏乾等（2007）运用时间序列数据对住宅产品价格体系内各要素的因果关系进行了分析，结果表明经适房价格指数对住宅价格指数的影响并不显著，房价高涨在一定程度上是由住宅市场结构性不合理造成的[8]。茅于轼（2008）则认为，经适房不仅无助于满足低收入家庭的住房需求，反而可能会推高房价[9]。吴锐等（2011）建立了经适房价格与房价增速之间的 VAR 模型，结果表明，经适房与房价增速不存在长期均衡关系和格兰杰因果关系[10]。潘爱民等（2012）通过建立经适房、土地价格与住宅价格三者之间的随机效应模型和固定效应模型，研究发现，长期内经适房的收入效应大于替代效应，其供给可推高商品房价格[7]。吴伟东等（2012）利用 Granger 因果关系检验，得出经适房销售面积是商品房价格上升的原因[11]。

1.2.2　研究假设

我国政府提出经适房保障模式的目的在于，寄希望通过价格较低的经适房来替代价格较高的商品性住房，从而实现抑制房价的效果，解决中低收入阶层的住房困难问题。经适房价格与商品房价格之间的作用机理是通过经适房的"天花板"价格提高商品房的相对价格，减少人们对商品房的需求，进而降低商品房价格[7]。另外，随着经适房供给量的增加，致使计划购买商品房的群体对其需求会逐渐降低，产生供大于求的局面，直接造成商品房价格下降[12]。

从图 1-2 中可知，经适房价格越低，商品房的相对价格也就越高，人们对商品房的需求也就越低，房地产开发企业不得不通过降低价格来兜售房源，以避免更大损失的发生。当经适房价格越高时，商品房价格与经适房价格之间的差距会逐渐缩小。由于商品房在产权、面积和地理位置等方面的优越性，人们对房屋的购买会逐渐转向商品房，进而致使商品房价格越来越高。当某地区经适房供给量较低时，尽管经适房价格较低，其对商品房价格的冲击力度较小，对商品房价格的下降幅度影响较小。而当该地区经适房供给量较高时，在经适房价格较低的情况下，其对商品房价格的冲击力度则较大，对商品房价格的下降幅度影响会较大。经上述分析，可得出以下两个假设：

假设 1：经适房价格与商品房价格之间存在着正向关系；

假设 2：经适房供给量正向调节经适房价格与商品房价格之间的关系。

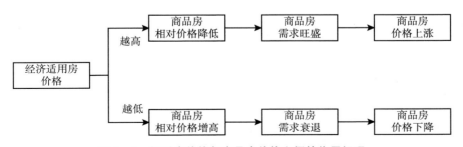

图 1-2　经适房价格与商品房价格之间的作用机理

1.3 样本数据与指标选取

1.3.1 样本选取与数据来源

考虑到数据的可获得性，本研究采用的空间样本数据涵盖了我国 29 个省、直辖市和自治区，不包括上海（数据缺失）、西藏（数据缺失）和港澳台地区，考察期为 2003～2010 年，共 232 个观测值，数据来源于 2004～2011 年中国房地产统计年鉴、中国统计年鉴和各省市统计年鉴。

1.3.2 指标选取

本研究考察经适房对商品房价格的影响，并考虑到不同比例下的经适房销售在经适房与商品房价格之间的调节作用。具体来讲，选取各省市商品房价格为因变量，经适房价格为自变量，选取经适房供给量（经适房销售面积占商品房销售面积的比例）作为调节变量，人均实际 GDP（2003 年不变价）、土地价格和房产税为控制变量。本研究选取的主要变量的定义与说明如表 1－1 所示。

表 1－1　　　　　　　　　　　变量的定义与说明

变量代码	变量含义	变量说明
Cprice	商品房价格	各省区年平均商品房价格
Aprice	经适房价格	各省区年平均经适房价格
Aprice1	经适房价格中心化	Aprice 减去本省市 2003～2010 年平均经适房价格
M	经适房供给量（调节变量）	经适房销售面积占商品房销售面积的比例
M1	调节变量中心化	M 减去本省区 2003～2010 年经适房销售面积占商品房销售面积的平均比例
Lprice	土地价格	土地价格＝各省区本年土地交易费用/各省区本年土地购置面积
Tax	房产税	各省区本年经营性房产余值和出租房屋租金收入的征税
Agdp	人均实际 GDP	各省区人均实际 GDP

（1）经适房价格、经适房供给量与商品房价格。本研究主要考察经适房价格、经适房供给量和商品房价格之间的作用关系问题。考虑到数据收集的实际情况，选用各省区年平均经适房价格和年平均商品房价格来分别测度经适房价格和商品房价格。选用经适房销售面积占商品房销售面积的比例来表示经适房供给量。

（2）影响商品房价格的控制变量。本研究选取的影响商品房价格的控制变量主要涉及土地价格、房产税和人均实际 GDP 等三个变量。

　　一直以来，土地价格与房价之间的关系是研究的热点问题。从供需视角来看，土地价格上涨带来房价的提高。当对土地需求旺盛时，开发商通过提高房价弥补土地价格上涨所带来的成本的增加[13]；从两者之间的因果关系来看，相关研究并未取得一致认可的结果，甚至研究存在相悖的观点。一些学者认为，土地价格不是房价的 Granger 因，而房价则是土地价格的 Granger 因[14~15]；还有学者指出，在短期内，地价未影响房价，但从长期来看，房价与地价互为因果关系，且房价对地价的影响高于地价对房价的影响[16]；而雷蒙德（Raymond，1998）以我国香港地区为研究对象，得出土地价格与房价之间并不存在因果关系的结论[17]；另一种观点则认为，土地价格与房价在长期和短期内存在互为 Granger 因果的关系[18]。基于上述分析，选用土地价格作为本研究的控制变量，探讨其与商品房价格之间的关系。

　　本研究选取的另一个控制变量为房产税。此房产税并非是上海和重庆等城市针对存量房屋征收的税种，而是各省区本年经营性房产余值和出租房屋租金收入的征税。如果购房者需求弹性较小，从住房成本和资产收益视角来看，提高房产税将在短期内抬高房价；反之，如果购房者需求弹性较大，提高房产税在短期可能会对房价起到一定的抑制作用[19]。基于上述分析，选用房产税作为本研究的控制变量，研究其与商品房价格之间的关系。

　　人均实际 GDP 代表一个国家或地区的经济基本面情况。首先，房地产行业作为我国经济的支柱性产业之一，经济持续健康增长必然会推动了房地产行业的快速发展；其次，人均 GDP 在一定程度上可以代表我国居民收入水平，居民收入水平的持续增长，特别是城镇居民可支配收入的稳步增加，城镇居民的实际购买能力得到较大提升，必然引起房地产有效需求的增加。如三木（Miki Seko，2003）运用 SVAR 模型研究得出日本的经济基本面与住宅平均销售价格存在着较强的相关性[20]。袁博等（2014）指出，城镇居民人均可支配收入和经济增长共同推动了我国房地产价格的上涨[21]。基于上述分析，选用人均实际 GDP 作为本研究的控制变量，研究其与商品房价格之间的关系。

1.4　模型设计与实证分析

　　本研究按照巴恩（Baron，1986）对调节作用检验程序的介绍[22]，采用层级回归检验经适房供给量在经适房价格与商品房价格之间的调节作用。即通过构建商品房价格与控制变量、经适房价格、经适房供给量以及经适房价格与经适房供给量两者之间交互项的回归模型，检验交互项是否显著来判断是否存在调节作用。具体分析步骤如下：

1.4.1 模型设计

首先分析各控制变量对商品房价格的影响，建立模型 1 如下：

$$\ln Cprice_{it} = \alpha_0 + \alpha_1 \ln Lprice_{it} + \alpha_2 \ln Tax_{it} + \alpha_3 \ln Agdp_{it} + \varepsilon_{it}$$

在模型 1 的基础上，加入经适房价格 Aprice 和调节变量 M 得到模型 2，如下：

$$\ln Cprice_{it} = \beta_0 + \beta_1 \ln Lprice_{it} + \beta_2 \ln Tax_{it} + \beta_3 \ln Agdp_{it} + \beta_4 \ln Aprice_{it}$$
$$+ \beta_5 \ln M_{it} + \varepsilon_{it}$$

在模型 2 的基础上，考虑到调节变量 M 和经适房价格 Aprice 的交互项，如果直接将交互项加入模型，会引起多重共线性问题。因此，本研究先分别将取对数后的调节变量 M 和取对数后的经适房价格 Aprice 作中心化处理（局部中心化），得到经适房价格中心化 log（Aprice1）和调节变量中心化 log（M1），再将交互项 log（Aprice1）* log（M1）引入模型，反映经适房价格与调节变量相互作用对商品房价的影响，得到模型 3 如下：

模型 3：

$$\ln Cprice_{it} = \lambda_0 + \lambda_1 \ln Lprice_{it} + \lambda_2 \ln Tax_{it} + \lambda_3 \ln Agdp_{it} + \lambda_4 \ln Aprice_{it} + \lambda_5 \ln M_{it}$$
$$+ \lambda_6 \ln Aprice1_{it} \times \ln M1_{it} + \varepsilon_{it}$$

其中，i 表示所选取的各省、自治区和直辖市（i = 1，…，29），t 表示年份（t = 2003，…，2010），α_j（j = 0，1，…，3）、β_k（k = 0，1，…，5）和 λ_m（m = 0，1，…，6）为待估参数矩阵，ε_{it} 为随机扰动项。

1.4.2 描述性统计分析

表 1-2 为各变量的描述性统计结果，本研究各变量数据的观测值均为 232 个。29 个省市的商品房价格均值为 2959.71，最大值为 17151，最小值为 964，但不同省市间商品房价格的差距较大。各省市的经适房价格均值为 1739.15，最大值与最小值差距较大，标准差为 715.79，表明各省市经适房价格之间存在着一定的差距。调节变量经适房供给量平均数值较小，仅为 0.091，其总体变化幅度较大，最大值为 0.497，最小值则仅为 0.001。

表 1-2 　　　　　　　　　研究变量描述性统计

变量代码	观测值	平均值	中位数	最大值	最小值	标准差
Cprice	232	2959.71	2399.50	17151.00	964.00	2017.72
Aprice	232	1739.15	1548.00	4754.00	667.00	715.79
M	232	0.091	0.062	0.497	0.001	0.082

续表

变量代码	观测值	平均值	中位数	最大值	最小值	标准差
Lprice	232	1046.81	715.34	12117.95	168.69	1228.73
Tax	232	86.87	76.71	511.28	20.13	57.48
Agdp	232	9180.33	7599.60	28929.50	2026.62	5185.42

资料来源：中国房地产统计年鉴、中国统计年鉴和各省市统计年鉴；样本时间从 2003～2010 年。

1.4.3　实证分析

表 1－3 为面板模型回归结果，根据 Hausman 检验，建立个体随机效应回归模型的原假设均在 1% 的显著性水平下被拒绝。因此，模型 1、模型 2 和模型 3 均建立个体固定效应回归模型。模型估计效果较好，其整体估计的拟合优度也较高。根据以上估计方程，本研究对模型估计结果给予进一步解释和说明。

就控制变量来说，房产税均在 1% 显著性水平下为正值，说明在其他条件不变的情况下，房产税对于商品房价格的上涨起到了推动的作用。其原因可能在于，当前房产税是"轻保有重流转"，导致税收负担不公平、不合理，且现阶段房地产税大多是按房产原值计算征收，忽略了房产的市场价值、时间价值，从而影响房产税对房地产市场的资源配置效率[23]。

取对数人均 GDP 也在 1% 显著性水平下为正值，且回归系数在 0.9 以上，表明人均 GDP 的持续增长是推动商品房价格上涨的重要因素之一。国民经济持续增长，用于生产性、投资性或消费性等方面的房地产支出增加，促进房地产产业繁荣，带动房地产价格上涨。

取对数 Lprice 的回归系数为正，模型 1 和模型 2 中仅在 10% 水平下显著，在模型 3 中不显著。说明了土地价格对房价有正的影响，但效果不明显，从而对"地价推涨房价"的说法提出了质疑。其主要原因可能在于，目前我国房地产市场总体来讲垄断程度较高，垄断市场隔离了土地价格与房价，导致土地价格的波动难以传导到房价之中[24]。

取对数 Aprice 的回归系数在 5% 显著性水平下为正值，在其他条件不变情况下，经适房价格增加 1%，将导致商品房价格上涨 0.13%，假设 1 得到了验证。由于经适房是具有社会保障性质的住房，对商品房具有替代作用，经适房价格的上涨，可能会使原本想购买经适房中等收入水平家庭转向商品房购买，导致了商品房需求增加，价格上升。

经适房供给量的回归系数为负值，达到 1% 的显著性水平，表明在其他条件不变情况下，经适房销售面积占商品房销售面积的比例增加 1%，将使商品房价格下降约 0.05%，进一步说明了经适房对于商品房的替代作用，经适房供应的增加会导致人们对商品房均衡价格的预期降低，从而推动商品房的需求曲线向左移动，导致商品房价格下降。

模型3表明，经适房价格与经适房供给量之间的交互对商品房价格有显著的正向影响（β = 0.0007，p < 0.05）。这表明经适房供给量越大，经适房价格与商品房价格之间的正向关系就越强，假设2得到了验证。

表 1 - 3　　　　　　　　　　　　面板模型回归结果

变量	模型 1	模型 2	模型 3
constant	− 2. 9840 ***	− 2. 5901 ***	− 2. 6749 ***
log（Lprice）	0. 0481 *	0. 0461 *	0. 0414
log（Tax）	0. 1441 ***	0. 1668 ***	0. 1775 ***
log（Agdp）	1. 1014 ***	0. 9252 ***	0. 9269 ***
log（Aprice）		0. 1305 **	0. 1398 **
log（M）		− 0. 0495 ***	− 0. 0475 ***
Aprice1 ∗ M1			0. 0007 **
Adj. R2	0. 9581	0. 9607	0. 9615
D. W	0. 9589	1. 0038	1. 1035
No	232	232	232
Hausman test	51. 9282 ***	54. 3152 ***	54. 4359 ***

注：* 、** 和 *** 分别表示统计量在10%、5%和1%的显著性水平下显著。

为了更直观地了解经适房供给量在经适房价格与商品房价格之间的调节作用，笔者根据经适房供给量的中位数将数据划分为两组，分别建立经适房价格与商品房价格之间的面板模型[25]，并据此绘制了如图 1 - 3 所示的调节作用示意图。由大于经适房供给量中位数的一组数据而建立的经适房价格与商品房价格之间的函数关系，称之为高经适房供给量下的回归模型；而由小于经适房供给量中位数的一组数据而建立的经适房价格与商品房价格之间的函数关系，称之为低经适房供给量下的回归模型。当经适房供给量较大时，经适房价格对商品房价格的影响较经适房供给量较低时稍大。即随着经适房供给量的增加，经适房价格对商品房价格的影响逐渐增强。这表明经适房供给量在经适房价格与商品房价格之间起着正向调节作用。

然而，图 1 - 3 中的高经适房供给量下经适房价格与商品房价格之间的回归方程斜率略大于低经适房供给量下经适房价格与商品房价格之间的回归方程斜率。这说明经适房供给量的调节作用并不大。原因可能在于，本研究采用的各省市经适房供给量数据总体上来讲均较小，其平均值仅为 9.058%，其对商品房价格的冲击力度较小。具体来讲，通过取各省市经适房供给量数据的中位数，并对中位数进行排序，再根据中位数原则将排序后的中位数划分为两组。由表 1 - 4 可知，数值较低的一组中，最大值为 6.028%，最小值仅为 0.690%，平均值为 3.957%。数值较高的一组中，最大值为 22.872%，最小值仅为 7.027%，平均值为 10.874%。

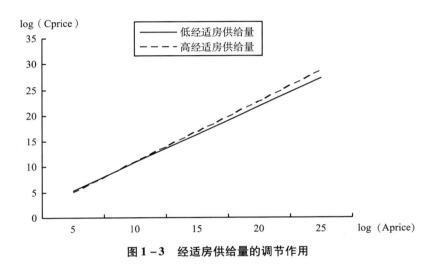

图 1 - 3　经适房供给量的调节作用

表 1 - 4　　　　　　　　两种组别的描述性统计与回归结果

	观测值	平均值	最大值	最小值	标准差	C	LOG(X)
中位数以上	14	10.874%	22.872%	7.027%	0.0419	- 1.0770	1.1937
中位数以下	14	3.957%	6.028%	0.690%	0.0152	- 0.2314	1.1042

1.5　结论与政策建议

利用我国 29 个省区 2003 ~ 2010 年省际面板数据考察经适房价格与商品房价格之间的关系。基于实证估计的结果，我们可以得出的主要结论如下：一是经适房价格对商品房价格产生了显著的正向影响，即经适房价格越低，房价也随之越低；二是经适房供给量对商品房价格产生了显著的负向影响；三是经适房供给量在两者之间起着正向的调节作用，说明经适房价格较低的地区对房价产生了冲击，在一定程度上抑制了房价的上涨。

综合上述分析结果，提出如下抑制商品房价格的政策建议：

（1）合理确定经适房价格。2007 年国务院颁布了《关于解决城市低收入家庭住房困难的若干意见》（简称"24 号"）。"24 号"文件将经济适用房的供应对象重新界定为城市低收入住房困难家庭。然而，经适房政策在运行过程中却出现了大量符合购买条件的群体无能力购买房源的现象。例如，上海适合申请经适房的家庭需要花费 15 年的收入才能买得起 40 万总价的房屋、昆明申请经适房的家庭弃号以及郑州首批经适房平均 10 套仅有 1 人购买等问题层出不穷[26~28]。上述现象在一定程度上说明，我国一些地区的经适房价格针对购买对象来说相对较高。因此，笔者建议各地政府部门应当科学确定经适房价格，避免经适房价格定价过高，确保经适房保障效果的实现。

（2）增加保障房供给力度。本研究发现，经适房供给量能够正向调节经适房价格与房价之间的关系。高经适房供给量条件下经适房价格每降低一个百分点所带来的房价降低率，大于低经适房供给量条件下经适房价格每降低一个百分点所带来的房价降低率。即高经适房供给量条件下经适房对房价的冲击大于低经适房供给量条件下的经适房对房价的冲击。再加上经适房供给量自身与商品房价格之间存在着负向关系，致使增加经适房供给量可有效地降低房价。限价房、共有产权房、公租房和廉租房等均属于保障房系列，其"天花板"价格同样可抑制人们对商品房的购买。在此，笔者建议各地政府应当通过增加保障房供给量来实现对房价的抑制作用。

（3）调整房产税征收内容与范围和改革土地招拍挂制度。本研究结果表明，房产税与商品房价格之间存在着正向关系。由于现阶段房地产税大多是以房产原值为基准来征收的，忽略了房屋的市场价值和时间价值，"重流转轻保有"现象严重，致使房产税并未起到降低房价的预期效果。而且，房产税征收内容不合理，存在重复征税[29]。笔者建议，一方面，政府部分应动态评估房产价值，并以此为基准来征收房产税；另一方面，优化房产税征收内容，避免重复征税，减少开发商建房成本；调整房产税征收范围，加大保有环节的税费征收，通过建立房产信息联网系统，挤压投机型购房需求。另外，土地价格也在一定程度上正向影响着房价。2013 年 5 月 24 日国务院颁布了《关于 2013 年深化经济体制改革重点工作的意见》（简称"意见"）。"意见"中明确提出扩大个人住房房产税改革试点范围。长期看来，个人住房房产税改革的不断推进可为地方政府解决财政问题，逐渐脱离过分依赖土地财政的格局。各地政府应当逐渐改革土地招拍挂制度，建立科学合理的土地招拍挂评价体系，摒弃"价高者得"的单一指标评价方式，从土地价格视角来加快房价的合理回归。

参 考 文 献

[1] Zheng, S. Q., Fu, Y. M., Liu, H. Y., Housing-choice Hindrances and Urban Spatial

Structure：Evidence from Matched Location and Location Preference Date in Chinese Cities ［J］. Journal of Urban Economics，2006（60）：535 – 557.

［2］ Ong，S. E.，Sing，T. F.，Price Discovery between Private and Public Housing Markets ［J］. Urban Studies，2002，39（1）：57 – 67.

［3］ 王先柱，赵奉军. 保障性住房对商品房价格的影响——基于 1999～2007 年面板数据的考察 ［J］. 经济体制改革，2009（5）：143 – 147.

［4］ 王斌，高戈. 中国住房保障对房价动态冲击效应——基于 SVAR 的实证分析 ［J］. 中央财经大学学报，2011（8）：54 – 59.

［5］ 周文兴，林新朗. 经济适用房投资额与商品房价格的动态关系 ［J］. 技术经济，2011，30（1）：85 – 88.

［6］ 陈杰，王文宁. 经济适用房供应对商品住房价格的影响效应 ［J］. 广东社会科学，2011（2）：11 – 18.

［7］ 潘爱民，韩正龙. 经济适用房、土地价格与住宅价格——基于我国 29 个省级面板数据的实证研究 ［J］. 财贸经济，2012（2）：106 – 113.

［8］ 邓宏乾，陈峰. 中国住宅市场结构与房价的关系 ［J］. 开放时代，2007（4）：62 – 71.

［9］ 茅于轼. 大建限价房和经济适用房可能推高房价 ［R］. 信息日报，2008 – 04 – 28.

［10］ 吴锐，李跃亚. 经济适用房与高房价关系的实证关系——基于 VAR 模型 ［J］. 技术经济，2011，30（4）：81 – 85.

［11］ 吴伟东，周羿，朱文钿. 经济适用房对房价影响的实证分析 ［J］. 甘肃联合大学学报（社会科学版），2012，28（5）：33 – 37.

［12］ Dipasquale，D.，The Economics of Housing Subsidies ［C］. National Community Development Initiative Seminal，New York，1996.

［13］ Edward，L. Glaseser，Joseph Gyourko，The Impact of Zoning on Housing Affordability ［R］. NBER Working Paper No. w8835，2002.

［14］ Ooi，J.，Lee，S.，Price Discovery between Residential Land and Housing Markets ［J］. Journal of Housing Research，2006，15（2）：95 – 112.

［15］ Oikarinen，E.，Risto，P.，Dynamic Linkages between Prices of Vacant Land and Housing：Empirical Evidence from Helsinki ［C］. ENHR Conference，Ljubljana，Slovenia，2006（7）：2 – 5.

［16］ 宋勃，刘建江. 房价与地价关系的理论分析与中国经验的实证检验：1998～2007 ［J］. 中央财经大学学报，2009（9）：60 – 66.

［17］ Raymond Y. C. Tse，Housing Price，Land Supply and Revenue from Land Sales ［J］. Urban Studies，1998，35（8）：1377 – 1392.

［18］ 郑娟尔，吴次芳. 地价与房价的因果关系——全国和城市层面的计量研究 ［J］. 中国土地科学，2006（12）：31 – 37.

［19］ 杨绍媛，徐晓波. 我国房地产税对房价的影响及改革探索 ［J］. 经济体制改革，2007（2）：136 – 139.

［20］ Miki Seko，Housing Prices and Economic Cycle ［C］. The International Conference on

Housing Market and the Macro Economy, Hong Kong, July, 2003.

［21］袁博，刘园．中国房地产价格波动的宏观经济要素研究——基于可变参数状态空间模型的动态研究［J］．中央财经大学学报，2014，1（4）：97－103.

［22］Baron, R. M. , Kenny, D. A. , The Moderator – Mediator Variable Distinction in Social Psychological Research：Concept, Strategic, and Statistical Considerations［J］. Journal of Personality and Social Psychology, 1986, 51（6）：1173 – 1182.

［23］杜雪君，吴次芳，黄忠华．我国房地产税与房价关系的实证研究［J］．技术经济，2008，27（9）：55－59.

［24］李宏瑾．我国房地产市场垄断程度研究——勒纳指数的测算［J］．财经问题研究，2005（3）：3－10.

［25］陈晓萍，徐淑英，樊景立．组织与管理研究的实证方法［M］．北京：北京大学出版社，2008.

［26］中国新闻网．上海买经适房至少需15年收入［EB/OL］.（2009－09－21）. http：//www. chinanews. com/estate/estate-gdls/news/2009/09－21/1875968. shtml.

［27］人民网．昆明经济适用房降价销售仍遇冷，多数人仍买不起［EB/OL］.（2009－04－10）. http：//house. people. com. cn/BIG5/9110091. html.

［28］人民网．郑州首批经适房均价2700元，平均10套仅1人购买［EB/OL］.（2012－05－04）. http：//house. people. com. cn/GB/17806474. html.

［29］郎咸平．征收房产税是重复征税［EB/OL］.（2011－01－10）. http：//news. wuhan. soufun. com/2011－01－10/4339657_all. html.

2

共有产权房赎回时机、租金定价与准入门槛模型研究[*]

2.1 引　言

目前，由于保障房供给不足、腐败、考核标准不科学等问题导致保障效果远远未达到预期水平。为了解决现有保障房所存在的诟病和实现预期保障效果，2007 年，江苏淮安市从产权视角提出了政府与个人共同拥有房屋产权的保障房形式，即共有产权房。2009 年上海也随即推出了这一类型的保障房。2014 年 5 月，住建部将北京、上海、深圳、成都、淮安和黄石六个城市列为全国共有产权住房的试点城市。十八大政府工作报告中更是明确提出增加共有产权住房供应，正式将共有产权房纳入我国住房保障体系之中。鉴于共有产权房在保障体系中的重要作用和广阔发展前景，笔者将对共有产权房赎回时机、租金定价与申请门槛等涉及购房者和政府切身利益的问题进行系统研究，为实现共有产权房保障效果和完善共有产权房制度提供指导。

2.2　文　献　回　顾

目前，有关共有产权房主题的相关研究问题主要集中在以下几个方面：

一是推行共有产权房的意义。共有产权房的推出，不仅具有满足社会消费定位和缩小贫富差距的社会意义，还具有提供可循环利用资金和解决政府财政困难的经济意义。另外，共有产权房不仅能够真正使保障对象受益，还能够增加政府资产升值的收益权，有利于房地产市场的健康发展。但购房者在购买共有产权房时须具有一定经济基础和住房供应充足的前提条件。

---

* 作者：刘广平，陈立文。原载于《管理现代化》2015 年第 1 期。

二是共有产权房定价研究。顾正欣（2010）基于房屋价格和家庭可支付能力视角设计了共有产权房定价模型，并给出了共有产权房定价的操作流程[1]。张娟峰（2013）根据共有产权房土地供应、开发建设和项目销售等流程设计了三阶段定价的思路，并针对土地结算价格、项目结算价格和项目销售价格给出了具体的定价标准和流程[2]。

三是共有产权房产权分配研究。邓小鹏（2010）探讨了共有产权保障性住房的性质与内涵，对出资比例式、产权面积式、完全租赁式和法律推定式四种共有产权份额的计算形式进行了介绍，并对四种份额计算形式进行了对比分析[3]。邓小鹏（2012）在介绍PPP模式下保障房产权配置方式的基础上，将保障性住房产权主体划分为政府部门、保障对象和私人投资者三类，给出了PPP模式下保障性共有产权住房的产权分割思路，并分析了产权权能的构成、分配与让渡和结构等问题[4]。

四是共有产权房供给模式和产权模式研究。郗浩（2011）详细介绍了政府集中兴建、空置房和二手房转化、配套建设共有产权房等共有产权房的三种供给模式，从管理机制和资金保障两个维度构建了共有产权房供应体系，建立了共有产权房产权出资比例计算模型，并探讨了共有产权房的权能归属问题[5]。吕萍（2013）给出了保障性住房共有产权模式的理论框架，共包括四个路径：一是构建权能完整的保障性住房产权；二是构建统一和动态的保障性住房产权；三是构建按照市场价值定价的保障性住房产权；四是构建便于合理配置与再交易的保障性住房产权。最后指明了保障性住房共有产权模式的实践要点、实践意义与预期效果[6]。

通过对共有产权房相关文献梳理发现，学者们缺乏对共有产权房赎回时机和保障对象准入门槛的研究。而有关共有产权房租金定价的研究为数不多，且是从定性视角展开探讨的。本研究将采用定量分析方法，构建共有产权房最优赎回时机和最优租金定价模型，并基于可支付能力视角设计共有产权房保障对象的准入门槛模型。

2.3 研究假设与模型构建

2.3.1 研究假设

假设某套共有产权房屋的面积为S平方米，开盘时的销售价格为P_s元/平方米。购买共有产权房的个人出资部分比例为r。可知，政府的出资为比例为1−r。政府因土地出让和各种税收而获得的收入为E。购房者向政府缴纳租金为R元/月。针对共有产权房，个人的银行贷款金额为D_1元，贷款年限为t_1，每月还贷

为 H_1 元/月。如果个人购买同等面积为 S 平方米的商品房，商品房销售价格为 P_c 元/平方米，购房者的银行贷款为 D_2 元，贷款年限为 t_2，每月还贷为 H_2 元/月，且 $D_2 > D_1$，$H_2 > H_1$。

目前，我国共有产权房的购买是根据年限不同来调整的。具体来讲，自房屋交付之日起 k 年内购买政府产权部分的，按原供应价格结算；k 年后购买政府产权部分的，按届时市场评估价格结算。在此假设个人第 t_i 年房屋市值（包括共有产权房和商品房）为 P_{t_i}，P_{t_i} 与时间 t_i 的关系函数可表示为：

$$P_t = \begin{cases} P_s & t_i \leqslant k \\ g_i(t_i) & t_i > k \end{cases} \quad (2-1)$$

其中，i = 1 或 2。

下面构建政府部门的期望效益函数和个人购房者的参与约束函数。

2.3.2 模型构建

假设个人第 t_1 年购买共有产权房中政府部分的产权，则政府的收益为：

$$\begin{aligned} I_g &= \int_0^{12t_1} R dt_1 + P_{t_1} S(1-r) + E - P_s S(1-r) \\ &= 12R t_1 + (P_{t_1} - P_s) S(1-r) + E \end{aligned} \quad (2-2)$$

其中，$12R t_1$ 为 t_1 年内政府的租金收入；$P_{t_1} S(1-r)$ 为个人购买政府产权时支付给政府的资金；$P_s S(1-r)$ 为共有产权房开盘时政府的资金支出。

第 t_1 年个人购买共有产权房中政府产权时的总收益为：

$$\begin{aligned} I_p &= P_{t_1} S - \left[\int_0^{12t_1} R dt_1 + P_s Sr + P_{t_1} S(1-r) + 12H_1 t_1 \right] \\ &= (P_{t_1} - P_s) Sr - 12R t_1 - 12H_1 t_1 \end{aligned} \quad (2-3)$$

其中，$P_{t_1} S$ 为第 t_1 年共有产权房的市值；$12R t_1$ 为 t_1 年内个人交付给政府的租金；$P_s Sr$ 为共有产权房开盘时个人所支付的资金；$P_{t_1} S(1-r)$ 为第 t_1 年个人购买政府产权所花费的资金；$12H_1 t_1$ 为 t_1 年内个人偿还银行贷款的支出。

第 t_2 年个人购买相同区段同等面积商品房时的总收益为：

$$I_c = P_{t_2} S - (P_s Sr + 12H_2 t_2) \quad (2-4)$$

其中，$P_{t_2} S$ 为第 t_2 年商品房的市值；$P_s Sr$ 为共有产权房开盘时个人所支付的资金；$12H_2 t_2$ 为 t_2 年内个人偿还银行贷款的支出。

由于 I_p 与 I_c 分别是第 t_1 年和第 t_2 年个人的总收益，两者不存在可比性。可通过折现法来对两者进行比较。即当个人购买共有产权房时，其收益必须大于个人购买商品房的收益，否则个人会选择购买商品房。根据上述分析可得出：

$$I_p > I_c (1+\alpha)^{(t_1-t_2)} \quad (2-5)$$

其中，α 为折现率。

根据式（2-3）、式（2-4）和式（2-5），可建立政府部门的期望效用函数：

$$\max[12Rt_1 + (P_{t_1} - P_s)S(1 - r) + E] \tag{2-6}$$

s.t $(P_{t_1} - P_s)Sr - 12Rt_1 - 12H_1t_1 - [P_{t_2}S - (P_sSr + 12H_2t_2)](1 + \alpha)^{(t_1 - t_2)} > 0$

$$\tag{2-7}$$

目前，我国建立了经济适用房、限价房、廉租房和公租房等住房保障体系，如何定位共有产权房是一项值得深入探讨的问题。美国和日本等国外发达国家的经验显示，个人贷款偿还额占家庭月收入的比例在 15%~30% 时比较合理，不影响家庭的生活水平[17~18]。由此，可根据式（2-8）来计算申请共有产权房家庭的准入门槛模型：

$$15\% \leqslant \frac{R + H_1}{F/12} \leqslant 30\% \tag{2-8}$$

其中，F 为申请共有产权房家庭年收入。

2.4　模型求解

根据式（2-6）和式（2-7）构建政府部门期望效用的拉格朗日函数，λ 为拉格朗日乘数，可得：

$$L(t, R, \lambda) = 12Rt_1 + (P_{t_1} - P_s)S(1 - r) + E + \lambda[(P_{t_1} - P_s)Sr - 12Rt_1 - 12H_1t_1 - [P_{t_2}S - (P_sSr + 12H_2t_2)](1 + \alpha)^{(t_1 - t_2)}] \tag{2-9}$$

令 $\dfrac{\partial L(t, R, \lambda)}{\partial t_1} = 0$，$\dfrac{\partial L(t, R, \lambda)}{\partial R} = 0$ 和 $\dfrac{\partial L(t, R, \lambda)}{\partial \lambda} = 0$，结合式（2-1）可得：

$$12R + g'(t_1)S(1 - r) + \lambda[g'(t_1)Sr - 12R - 12H_1 - [P_{t_2}S - (P_sSr + 12H_2t_2)]$$
$$(1 + \alpha)^{(t_1 - t_2)}\ln^{(1 + \alpha)}] = 0 \tag{2-10}$$

$$12t_1 + \lambda(-12t_1) = 0 \tag{2-11}$$

$$(P_{t_1} - P_s)Sr - 12Rt_1 - 12H_1t_1 - [P_{t_2}S - (P_sSr + 12H_2t_2)](1 + \alpha)^{(t_1 - t_2)} = 0$$

$$\tag{2-12}$$

对式（2-10）和式（2-11）进行整合计算可得个人购买共有产权房中政府产权部分的最佳时机为：

$$t_1 = \frac{\ln^a - \ln^b}{\ln^c} + t_2 \tag{2-13}$$

其中，$a = \dfrac{g_1'(t_1)S - 12H_1}{\ln^{1 + \alpha}}$，$b = P_{t_2}S - P_sSr - 12H_2t_2$，$c = 1 + \alpha$。

对式（2-12）进行计算可得到个人支付给政府产权部分的最佳租金为：

$$R = \frac{(P_{t_1} - P_s)Sr - 12H_1t_1 - [P_{t_2}S - (P_sSr + 12H_2t_2)](1 + \alpha)^{(t_1-t_2)}}{12t_1} \quad (2-14)$$

当 $t_1 \leq k$ 时，个人购买政府产权时的房屋价格与共有产权房出售时的价格相同，即 $P_{t_1} = P_s$。此时 P_{t_1} 与时间 t 并不存在函数关系，可将式（2-14）中的 P_t 转换为 P_s 即可。而当 $t_1 > k$ 时，式（2-14）保持不变。

2.5　案例应用

假设现有一套60平方米（S）的共有产权房，销售价格（P_s）为4000元/平方米，总价为24万元。其中，个人与政府两者的产权各占50%，可知 $r = 0.5$。针对共有产权房，假设个人共有资金7万元，个人贷款为5万元，贷款期限为20年，按照等额本息计算个人每月偿还银行金额为374元（H_1）。假设与共有产权房区段相同的面积为60平方米的商品房销售价格为5000元/平方米，总价为30万元。可知，在个人首付为7万元和贷款期限为20年的条件下，个人贷款为23万元，每月偿还银行1722元（H_2）。

在此，笔者运用2000～2012年的全国住宅商品房平均价格（Y）数据，建立其与时间（X）的线性回归模型，两者的散点图如图2-1所示。可知全国住宅商品房平均价格与时间两者之间存在着线性关系，据此建立两者之间的线性回归模型，可得出时间的回归系数约为300，即 $g_1'(t_1) = 300$，可知第20年的房价为10000元/平方米（P_t）。

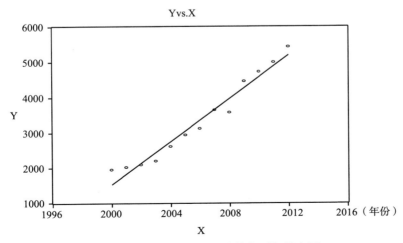

图2-1　住宅商品房平均价格与时间散点图

假设折现率 $\alpha = 0.1$，根据式（2-13）可计算出个人购买共有产权房中政府产权部分的最佳时机为 $t_1 = 27.91 \approx 28$ 年。根据 $g_1'(t_1) = 300$ 可知，共有产权房第 28 年的房价为 12400 元/平方米（P_t），根据式（2-14）可计算出个人支付给政府产权部分的最佳租金为 292 元/月。根据式（2-8）可计算出共有产权房的准入门槛为收入考核范围在 26640 元 $\leqslant F \leqslant$ 53280 元区间的家庭。

2.6 政 策 建 议

为了保障共有产权房充分发挥其预期作用与效果，在此，笔者给出以下几个方面的政策建议：

（1）设计多套的共有产权份额方案。共有产权的份额依据政府和申请人双方出资比例的多少来确定较为科学，即根据采用政府（或个人）出资占共有产权房价格的比例来确定。目前，我国共有产权房在份额方面存在政府产权占 30%、50% 和 70% 三种模式，但这些模式的确定缺乏科学的理论依据。笔者建议，应当建立科学的共有产权份额模型，根据申请者家庭收入的多少设计多种共有产权份额方案，实现共有产权房保障方式的多样性和灵活性。

（2）拓展共有产权房融资渠道。共有产权房是一种准公共产品，政府部门除了通过财政预算、土地出让金和税收政策提供建设资金和减少成本之外，还应当拓展融资渠道，以保障共有产权房资金充足。笔者建议，应当鼓励民间机构参与到共有产权房建设中来，结合各地区资金预算实际情况，设计科学的 PPP 模式或 EPC 模式来实现对共有产权房的融资。当然，还应当根据民间组织投资资金的多少，政府部门通过在税收方面的优惠政策和设定合理的租金定价，以保障其投资收益目标的实现。

（3）完善共有产权房转让制度。共有产权房转让制度的完善可以使真正的保障对象的合法权益得到保障，避免不符合条件者占用有限的保障房资源。一方面，应当明确共有产权房受让人的资格条件，受让人可以是内部转让的政府部门或私人投资者，也可以是满足共有产权房保障条件的其他购房者；另一方面，共有产权房的产权主体应当具有内部转让的优先购买权；此外，可设置科学的轮候排队机制，实现共有产权房公平地在保障对象之间的转让。

（4）建立科学的监督与惩罚制度。为了提高共有产权房保障效率，避免准入门槛以外的购房者混入共有产权房市场。笔者建议，应当引入民政部门和银行部门参与到保障对象家庭收入考核之中，通过对入户调查、邻里询问和申请者家庭存款审查等手段，真实地掌握申请者的家庭经济状况。另外，还应当建立举报监督机制，鼓励群众对申请者提供的虚假信息进行举报，并给予如实举报者一定的经济奖励。同时，对于提供虚假信息的申请者，可通过经济手段或行政手段对违规者进行惩罚。追回申请者已经购买的共有产权房部分的产权，并补缴入住期间同等地段共有产权房租金与商品房租金之间的差价。

参 考 文 献

［1］顾正欣，吴翔华，聂琦波．我国经济适用房定价模式研究——基于共有产权制度的分析［J］．价格理论与实践，2010（2）：29 - 30．

［2］张娟峰．共有产权模式下经济适用房定价改革探索——以杭州市为例［J］．中国房地产，2013（17）：59 - 62．

［3］邓小鹏，莫智，李启明．保障性住房共有产权及份额研究［J］．建筑经济，2010（3）：31 - 34．

［4］邓小鹏，段昊智，袁竞峰，张星．PPP 模式下保障性住房的共有产权分配研究［J］．工程管理学报，2012，26（6）：81 - 86．

［5］郜浩，吴翔华，聂琦波．共有产权经济适用房运作体系研究［J］．工程管理学报，2011，25（2）：201 - 205．

［6］吕萍，修大鹏，李爽．保障性还租房共有产权模式的理论与实践探索［J］．城市发展研究，2013，20（2）：20 - 24．

3

公租房租金定价影响因素的评价研究*

3.1 引　言

自 2014 年开始，公租房和廉租房实行并轨模式，各地廉租房的建设将并入到公租房的年度建设计划中。与此同时，我国的住房保障方式也将从"以售为主"逐步向"租售并举、以租为主"进行转变，公租房建设已逐渐成为保障性住房建设的重中之重。经过几年的建设，各地公租房已陆续进入配租阶段。然而，由于部分城市公共租赁房租金定价的不合理，导致了租户弃租、住房空置，造成社会资源的浪费。在公租房定价的过程中，许多城市没有考虑到租户的可支配收入以及支付能力的不同，实行"一刀切"的租金标准，从而导致了公租房边际效应的差异性。因此，在公租房租金确定的过程中需要考虑哪些因素？哪些因素需要重点考虑？这些问题决定了租户是否能够接受公共租赁房，同时也决定了实施公共租赁房的效果。

3.2 文 献 综 述

要实现公共租赁住房的合理定价，需要考虑哪些因素来确定合理的租金价格，国内外学者对其进行了研究。韩科从社会整体发展的角度分析了影响公租房租金的各种因素，并在此基础之上提出了公租房租金评价的原则和定量指标体系，随后采用模糊层次分析法对重庆和上海两个城市进行了实证分析。[1]周小寒通过定性的分析方法分析了公租房租金定价的影响因素及其定价的基本模式，并建立 AHP 的公租房租金定价模式决策模型。[2]胡景采用一元线性回归的方法分析了宏观因素对租金的影响，并对线性分析结果做出理论解释，随后采用 15 个城

---

* 作者：陈立文，张涛，崔伟伟。原载于《价格月刊》2016 年第 6 期。

市的统计数据、利用多元回归对租金价格进行建模分析。[3]曹丽娟从内因和外因两方面分析了影响我国城市公租房租金形成的因素，并提出了完善公租房租金标准制定方面的对策。[4]杜静等学者从经济效益、社会效益和环境效益三方面构建公租房建设模式的评价指标体系，并利用层次分析法确定评价指标的权重。[5]学者们从不同视角阐述了公租房租金定价的影响因素，但关于公租房租金定价影响因素的分析，鲜有将这些因素纳入一个全面、综合的系统进行研究；大多数文章只是停留在对影响因素的定性研究，即使有所研究，也是采用单一的赋权方法，鲜有运用组合赋权法对我国公租房租金定价的影响因素进行分析。单一赋权法在对同一个对象评价时计算的得分和排序时常常会出现不一致的情况，而且各评价对象之间的差异并不显著，致使各因素之间的区别并不能很好地被反映出来。鉴于此，本研究通过归纳和总结相关文献，构建公租房租金定价影响因素指标体系，采用组合赋权法对其进行赋权，构建公租房租金定价影响因素评价模型，在此基础上，选取一线、二线、三线共9个城市进行实证分析。为了充分显示各个评价对象之间的差异，本研究利用主客观相结合的赋权方法，对评价对象相对应的权重进行合理的调整。该赋权方法不仅克服了单独使用主观评价方法导致的评价结果受主观因素影响大，随意性强；单独应用客观评价方法导致的评价结果受样本随机误差影响的问题，又克服了使用单一赋权方法对同一个评价对象得分和排序不一致的问题，从而使得到的评价结果更加科学、合理。

3.3 公租房租金定价影响因素评价指标体系的构建

（1）人均可支配收入。各个城市根据居民收入水平来确定保障对象，对于不同收入水平的公租房保障对象来说，如果上限收入越高，则公租房产品的最高保留价格就会越高，同时公租房的租金就会上升。如果收入越低，居民就无法通过商品房解决住房需求，对公租房的依赖性就越大，越需要政府给予保障，进而会影响公租房的租金。

（2）房地产开发投资。房地产开发投资额占固定资产投资额的比重是房地产开发热度的重要指标，投资比例的大小会影响到住房的价格。投资额的增加可能会导致住房供给面积增加，此时住房的价格就会下降；而有时投资额的增加则可能是提高了住房质量，此时住房的价格就会上升。

（3）城镇人均住房支出。公租房的租金定价必须考虑住房保障对象的人均住房支出和支付能力，否则，公租房的建设将毫无意义。若租金过高，保障对象支付不起，无法实现公租房的住房保障功能；租金过低，就会造成资源的滥用以及投资回收的困难，同时影响公租房的可持续性。

（4）区位。公租房租金定价的过程中应加以考虑的一个重要因素就是区位。公租房在选址的时候，既要考虑到居民出入的便利程度，比如离市中心的远近程度会影响到交通成本；同时也要把地段、周围环境设施等相关因素考虑在内。

（5）市场租金水平。如果公租房的租金高于市场租金的水平，就会出现无人承租的现象，丧失建设公租房的意义；如果公租房的租金低于市场租金水平，则会引起申请对象过多、虚假申报等现象。因此，公租房的租金定价应当考虑当地的市场租金，并与其保持一个相对合理的比例。

（6）政府作用。公租房是政府提供的具有保障性和公益性的公共物品。地方政府出台的有关公租房的补偿措施和优惠政策不可避免地会影响到租金的价格。政府作为公租房的投资主体，主要作用就是调节公租房的供求关系，使公租房的租金维持在一个相对合理的水平。

（7）租户数量规模。如果住房保障对象的数量规模较大，则公租房投入较大，需要政府投入更多的资金或吸引更多的社会资金进入；相反，如果住房保障对象数量规模较小，地方财政将会负担或吸引较少的社会资金，则租金定价的调节空间就会越大。

（8）公共租赁住房成本。公租房在建设、运营、管理过程中发生的总成本和总费用是我们必须要考虑的因素，它们的差异会导致公租房租金的不同。公租房建设期发生的成本占公租房租金很大的比例，对公租房的租金价格产生最直接的影响。

3.4　基于组合赋权和灰色加权平均关联度的公租房定价影响因素评价模型

为了更加准确地进行公租房租金定价影响因素的评价，有必要引入科学合理的赋权方法，对各个城市的租金定价影响因素指标进行赋权。主观赋权法和客观赋权法是目前常用的赋权方法，主观赋权法是专家根据实际问题，对各指标进行重要性系数的确定，主观随意性较大，此类方法的代表是 AHP 法；而客观赋权法主要是通过处理原始数据来获得权重，其中熵值法的应用最为广泛。[6] 为了更加准确地确定权重，合理利用两种方法的优点，使最终的评价结果真实可靠，提出了 AHP 法和熵值法相结合的方法来确定权重。

3.4.1　AHP 法确定主观权重

AHP 法运用线性代数中的矩阵观念，计算得出各个指标的权重。该方法的主要特征是按照思维和心理的规律把决策过程层次化、数量化，具有一定的主观性。本研究利用 AHP 法确定主观权重，具体步骤为：

（1）构造比较矩阵 S，其中 $S_{ij} = \begin{cases} 2，表示 i 比 j 重要 \\ 1，表示 i 和 j 同等重要 \\ 0，表示 i 不如 j 重要 \end{cases}$

（2）建立判断矩阵 H，

$$h_{ij} = \begin{cases} \left[\dfrac{r_j - r_i}{r_{max} - r_{min}}(k - 1) + 1 \right]^{-1}，& r_i < r_j \\[4mm] \dfrac{r_i - r_j}{r_{max} - r_{min}}(k - 1) + 1，& r_i \geqslant r_j \end{cases} \quad (3-1)$$

其中 r_i 为矩阵 S 中第 i 行个因子之和，并取 $r_{max} = \max(r_i)$，$r_{min} = \min(r_i)$，$k = \dfrac{r_{max}}{r_{min}}$

（3）计算判断矩阵的传递矩阵。

由公式 $t_{ij} = \lg h_{ij}$，（i，j = 1，2，3，…，n）构造传递矩阵 T $\quad (3-2)$

由公式 $f_{ij} = \dfrac{1}{n} \sum_{k=1}^{n} (t_{ik} - t_{jk})$ 得到最优的传递矩阵 F $\quad (3-3)$

（4）计算判断矩阵的拟优一致矩阵 A

$$a_{ij} = 10^{f_{ij}} \quad (3-4)$$

（5）计算拟优一致矩阵 A 的特征向量，即为各因子的权重值。

该方法在矩阵建立过程中，保持良好的一致性，故不需要再进行一致性检验。

3.4.2 熵值法确定权重

熵是衡量系统不确定性的度量，指标的熵值越大，系统不确定性也越大，对评价结果影响也就越小，其权重也越小。反之，熵值越小，其权重就越大。利用熵值法确定客观权重，具体步骤为：

（1）确定原始矩阵 B，$B = \begin{bmatrix} x_{11} & x_{12} & \cdots & x_{1n} \\ x_{21} & x_{22} & \cdots & x_{2n} \\ \vdots & \vdots & \vdots & \vdots \\ x_{n1} & x_{n2} & \cdots & x_{nm} \end{bmatrix}$，$x_{kj}$ 是第 j 个指标属性下的第 k 个项目的指标值；

（2）计算第 j 个指标属性下的第 k 个项目 x_{kj} 的特征比重 P_{kj}

$$P_{kj} = \dfrac{x_{kj}}{\sum_{j=1}^{n} x_{kj}} \quad (3-5)$$

（3）计算指标 x_j 的差异性系数 g_j，即第 j 个指标下个项目的不一致程度

$$g_j = 1 - e_j, \quad e_j = -\frac{1}{\ln n} \sum_{k=1}^{n} P_{kj} \ln P_{kj} \tag{3-6}$$

e_j 为第 j 项指标的熵值，显然 e_j 越小，g_j 越大，重要性越大，权重越大。

（4）确定各指标的权重系数 c_j，c_j 即为归一化的各指标权重

$$c_j = \frac{g_j}{\sum\limits_{j=1}^{m} g_j}, \quad j = 1, 2, 3, \cdots, m \tag{3-7}$$

3.4.3　组合赋权

为了优化上述两种方法，采用"加法"组合赋权法确定评价指标的最终权重，即 $w_j = u \times a_j + v \times b_j$，其中 $u > 0$，$v > 0$，且满足条件 $u^2 + v^2 = 1$

a_j，c_j 分别为 AHP 法和熵值法得出的属性权重向量。由此可见，最终权重 w_j 的确定关键是确定 u，v 的值。使 $\sum\limits_{i=1}^{n} y_i = \sum\limits_{i=1}^{n} \sum\limits_{j=1}^{m} (u \times a_j + v \times c_j) x_{ij}$，$j = 1, 2, 3, \cdots, n$ 取最大值，且满足 $u^2 + v^2 = 1$，$u > 0$，$v > 0$ 的约束条件。

利用极值原理得

$$u = \frac{\sum\limits_{i=1}^{n} \sum\limits_{j=1}^{m} a_j \times x_{ij}}{\sqrt{\left(\sum\limits_{i=1}^{n} \sum\limits_{j=1}^{m} a_j \times x_{ij} \right)^2 + \left(\sum\limits_{i=1}^{n} \sum\limits_{j=1}^{m} c_j \times x_{ij} \right)^2}} \tag{3-8}$$

$$v = \frac{\sum\limits_{i=1}^{n} \sum\limits_{j=1}^{m} c_j \times x_{ij}}{\sqrt{\left(\sum\limits_{i=1}^{n} \sum\limits_{j=1}^{m} a_j \times x_{ij} \right)^2 + \left(\sum\limits_{i=1}^{n} \sum\limits_{j=1}^{m} c_j \times x_{ij} \right)^2}} \tag{3-9}$$

最后对 u，v 进行归一化处理得

$$u^* = \frac{u}{u+v} \quad v^* = \frac{v}{u+v} \tag{3-10}$$

权重系数为

$$w = u^* \times A + v^* \times C \tag{3-11}$$

3.4.4　基于组合赋权的灰色关联分析

为了能够充分考虑到各个指标值相对其平均值的波动情况，以各个指标值关联系数的波动值对其关联度的影响为切入点，引入灰色加权平均关联度，其具体步骤如下：

（1）确定参考序列与比较序列，设有 $k(k = 1, 2, 3, \cdots, m)$ 个项目，$j(j = 1, 2, 3, \cdots, n)$ 个评价指标，d_{kj} 为第 j 个项目的第 k 个指标评价值，选取每个

指标最佳值 d_{oj} 作为参考序列，选取的参考序列为 $D_o = \{d_{o1}，d_{o2}，\cdots，d_{on}\}$

（2）为了使各个指标之间可以比较，对指标进行规范化处理，以较少随机因素干扰，具体处理方法如公式（3 - 12）所示：

$$x_{kj}^* = \frac{x_{kj}}{\sum\limits_{k=1}^{m} x_{kj}} \qquad (3 - 12)$$

（3）计算关联系数，将规范后的数列 $X_o = (x_{o1}，x_{o2}，x_{o3}，\cdots，x_{on})$ 为参考数列，则比较序列为 $X_{kj} = (x_{k1}，x_{k2}，x_{k3}，\cdots，x_{kn})$，$k = 1，2，3，\cdots，2n$

关联系数为
$$\xi_{kj} = \frac{\Delta min + \rho \Delta max}{\Delta k + \rho \Delta max} \qquad (3 - 13)$$

其中 $\Delta k = |x_{kj} - x_o|$，$\Delta max$，$\Delta min$ 分别为 Δk 中的最大值和最小值，ρ 为分辨系数，$\rho \in [0，1]$，此处取 $\rho = 0.5$

（4）计算灰色关联度，为了减弱个别失真数据的误差反映，提高分析的准确性，对 ξ_{kj} 求平均值

$$\xi_k = \frac{1}{n} \sum\limits_{j=1}^{n} \xi_{kj} \qquad (3 - 14)$$

（5）关联度排序，对按 ξ_k 大小进行排序的结果进行评价分析。

3.5　实　证　分　析

本研究根据公租房租金定价特点，参考了大量公租房租金定价的相关文献，从中提取出了 8 个公租房租金定价的影响因素，构成了公租房租金定价影响因素指标体系。其中客观影响因素是人均可支配收入、房地产开发投资、城镇人均住房支出，主观影响因素是区位、市场租金水平、政府作用、租户数量规模、公共租赁住房成本等因素。该指标体系如图 3 - 1 所示。接下来通过查阅相关的数据和专家调研法取得了 9 个城市的相应数据，如表 3 - 1 所示。

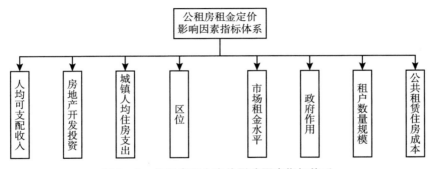

图 3 - 1　公租房租金定价影响因素指标体系

表 3 – 1　　　　　　　　　　　公租房租金定价指标的原始数据

城市＼因素	人均可支配收入	房地产开发投资	城镇人均住房支出	区位	租户数量规模	政府作用	市场租金水平	公共租赁住房成本
北京	40321.0	3483.4	2126.0	85	80	75	90	80
天津	32658.0	2065.3	2101.9	70	75	80	75	75
深圳	44653.1	2402.3	3365.1	75	70	85	80	85
重庆	25216.1	3012.8	1376.2	85	85	90	85	80
西安	33100.1	2333.4	1864.3	90	90	80	90	90
武汉	29821.2	1095.6	1648.9	80	80	85	90	85
保定	26955.0	292.0	1699.5	70	70	80	85	85
菏泽	21236.0	206.2	1233.3	85	85	90	80	80
乌鲁木齐	21304.4	271.4	1085.5	70	75	85	85	85

根据公租房租金定价影响因素评价模型，对各个城市公租房定价影响因素进行评价，并根据评价结果进行优劣排序，具体过程如下：

（1）计算组合权重。

利用层次分析法计算各个指标的主观权重向量 a_j 为：

$a_j =$ （0.104，0.077，0.087，0.162，0.121，0.121，0.141，0.188）

利用熵值法的计算各个指标的客观权重向量 c_j 为：

$c_j =$ （0.091，0.070，0.056，0.156，0.157，0.156，0.156，0.157）

通过式（11）计算得到各指标的组合权重 ω 为：

ω = （0.0980，0.0734，0.0709，0.1589，0.1397，0.1392，0.1488，0.1719）

（2）计算标准化加权矩阵。

将所得到的原始数据矩阵进行标准化和归一化处理，并乘以上面组合权重可以得到标准化加权矩阵 R 为：

$$
R = \begin{bmatrix}
0.0143485 & 0.0159997 & 0.0091341 & 0.0180087 & 0.0157414 & 0.0139185 & 0.0176203 & 0.0185830 \\
0.0116216 & 0.0094860 & 0.0090305 & 0.0148307 & 0.017576 & 0.0148465 & 0.0146836 & 0.0174216 \\
0.0158901 & 0.0110339 & 0.0144579 & 0.0158900 & 0.0137737 & 0.0157743 & 0.0156625 & 0.0197445 \\
0.0089733 & 0.0138381 & 0.0059125 & 0.0201273 & 0.0167252 & 0.0167022 & 0.0166414 & 0.0185830 \\
0.0117789 & 0.0107178 & 0.0080098 & 0.0190680 & 0.0177091 & 0.0148464 & 0.0176203 & 0.0209059 \\
0.0106121 & 0.0087527 & 0.0070842 & 0.0169493 & 0.0157414 & 0.0157743 & 0.0176203 & 0.0197445 \\
0.0095921 & 0.0013410 & 0.0073017 & 0.0180087 & 0.0137737 & 0.0148464 & 0.0166414 & 0.0185830 \\
0.0075570 & 0.0009470 & 0.0052987 & 0.0190680 & 0.0167252 & 0.0167022 & 0.0156625 & 0.0185830 \\
0.0075813 & 0.0012467 & 0.0046638 & 0.0169493 & 0.0147576 & 0.0157743 & 0.0166414 & 0.0197445
\end{bmatrix}
$$

（3）选取参考数列。

在以上公租房租金定价影响因素指标体系中，公共租赁住房成本属于成本型指标，越小越好，而其他 7 个指标属于效益型指标，越大越好，按照此标准可以得到参考数列 X_o 为：

$$X_o = (0.0158901, 0.0159997, 0.0144579, 0.0201000, 0.0177090,$$
$$0.0167022, 0.0176203, 0.0174216)$$

按照式（3–13）可以计算得到各个城市公租房定价因素指标与参考数列的关联系数矩阵 ξ 为：

$$\xi_{kj} = \begin{bmatrix} 0.08299924 & 1.0000000 & 0.5857027 & 0.7825534 & 0.7827530 & 0.8300010 & 1.0000000 & 0.88663136 \\ 0.6381046 & 0.5360526 & 0.5810186 & 0.5881961 & 0.7183167 & 0.8021996 & 0.7193627 & 1.0000000 \\ 1.0000000 & 0.6024892 & 1.0000000 & 0.6412869 & 0.6566584 & 0.8902450 & 0.7935715 & 0.7641546 \\ 0.5211049 & 0.7768770 & 0.4682982 & 1.0000000 & 0.8844024 & 1.0000000 & 0.8849065 & 0.8663143 \\ 0.6467317 & 0.5876181 & 0.5385830 & 0.8794167 & 1.0000000 & 0.8021996 & 0.8849065 & 0.6835521 \\ 0.5877978 & 0.5094546 & 0.5051240 & 0.7049127 & 0.7927540 & 0.8902450 & 1.0000000 & 0.7641574 \\ 0.5444300 & 0.3392546 & 0.5126060 & 0.7825544 & 0.6566584 & 0.8021996 & 0.8849065 & 0.8663143 \\ 0.4745668 & 0.3333347 & 0.4510729 & 0.8794167 & 0.8844024 & 1.0000000 & 0.7935715 & 0.8663143 \\ 0.9058368 & 0.3378187 & 0.4345368 & 0.7049127 & 0.7183167 & 0.8902450 & 0.8849065 & 0.7641546 \end{bmatrix}$$

按照灰色加权平均关联度的计算公式（3–15）得到的结果为：

$$\xi_k = (0.8201, 0.6979, 0.7936, 0.8002, 0.7673, 0.7193,$$
$$0.6736, 0.7103, 0.7051)$$

根据该计算结果可以对各个城市公租房定价因素影响进行排序，其结果为北京 > 重庆 > 深圳 > 西安 > 武汉 > 菏泽 > 乌鲁木齐 > 天津 > 保定。

3.6　结　　论

在对公租房租金定价影响因素的评价过程中，本研究采用层次分析法和信息熵相结合的组合赋权法确定了公租房租金定价影响因素指标体系中各大指标的精确权重值，并根据灰色关联度的基本原理，构建了公租房定价影响因素评价模型，克服了单一评价方法的不足。研究结果表明：人均可支配收入、区位、市场租金水平、公共租赁住房成本是影响公租房租金定价的四个主要因素，在公租房租金定价过程中应进行重点考虑。另外，这些影响因素对选取的 9 个城市的公租房租金定价的影响结果依次为：北京 > 重庆 > 深圳 > 西安 > 武汉 > 菏泽 > 乌鲁木齐 > 天津 > 保定。整体来说，租金定价影响因素对一线、二线城市公租房租金定价的影响较大，对三线城市的影响不太明显。

参　考　文　献

[1] 韩科，邹礼瑞. 城市公共租赁住房租金评价研究 [J]. 东华大学学报（社会科学版），

2013（1）：30 – 33.

［2］周小寒. 我国公租房租金定价模式研究——基于层次分析法的探析［J］. 价格理论与实践，2013（6）：58 – 59.

［3］胡景. 公共租赁住房租金定价研究——以西安市为例［D］. 西安：西安建筑科技大学，2012.

［4］曹丽娟. 关于我国城市公共租赁住房租金标准制定的思考［J］. 价格理论与实践，2010（11）：38 – 39.

［5］杜静，赵小玲，李德智. 我国公租房主要建设模式的比较与评价［J］. 现代管理科学，2013（7）：88 – 90.

［6］孟凡生，李美莹. 基于组合赋权法的我国 CO_2 排放量影响因素的评价研究［J］. 运筹与管理，2014（1）：158 – 165.

［7］乌云娜，卞青. 水电建设项目费用评价方法研究——基于改进灰色关联度［J］. 技术经济与管理研究，2013（3）：12 – 16.

［8］C. M. Hui. , Measuring Affordability in Public Housing from Economic Principle：Case Study of Hong Kong［J］. Journal of Urban Planning and Development，2001（1）：34 – 39.

［9］Kutty, N. K. , A New Measure of Housing Affordability：Estimates and Analytical Results［J］. Housing Policy Debate，2005（1）：113 – 142.

［10］李柏洲，徐广玉，苏屹. 基于组合赋权模型的区域知识获取能力测度研究［J］. 中国软科学，2013（12）：69 – 81.

保障房对住房支付能力区域差异的
影响研究：以经济适用房为例[*]

4.1 引　　言

经济适用房作为我国住房保障体系的重要组成部分，从其诞生以来，一直饱受学术界和社会界的争议。主要争议焦点在于经济适用房是否能够抑制商品房价格，进而影响人们的住房支付能力。目前，有关经济适用房与住房支付能力之间的关系研究存在着截然相反的观点。一种观点认为，经济适用房供给并不能抑制商品房房价的上涨，从而不利于提高住房支付能力[1],[2]。另一种观点则认为，经济适用房供给的增加可以分流住房需要、降低商品房房价，进而提高住房支付能力[3],[4]。

尽管学者们对经济适用房供给与住房支付能力之间的关系展开了研究，然而住房支付能力区域差异是否是由经济适用房价格区域差异和供给区域差异造成的。如果能够科学有效地回答这一问题，将有助于从经济适用房价格和供给视角采取措施来缩小住房支付能力的区域差异。笔者将主要围绕经济适用房与住房支付能力区域差异之间的关系问题展开深入的研究。

4.2　住房支付能力区域差异的测度及特征分析

4.2.1　住房支付能力测度方法选择

较为常用的住房支付能力衡量手段有比例衡量法和剩余收入衡量法两种[5],[6]。其中，比例衡量法是通过计算住房支出是否超过家庭收入一定比例来

＊　作者：刘广平，陈立文，潘辉。原载于《技术经济与管理研究》2015 年第 3 期。

判断是否存在住房支付能力问题，较为常用的方法主要涉及房价收入比和住房支付能力指数等；剩余收入衡量法则是通过计算住房支出外的收入是否能够满足最低非住房消费预算来判断是否存在住房支付能力问题的。

受家庭收入和生活习惯等因素的影响，不同收入的家庭基本生活支出存在着较大的差异，导致很难对最低非住房消费这一基本标准作出科学的界定[7]。本研究侧重于不同区域间住房支付能力的相对差异，而不是对不同区域住房支付能力的硬性对比。由于住房支付能力指数仅比房价收入比多考虑了住房贷款利率这一因素，因此运用两种方法展开住房支付能力区域差异分析会取得相同分析效果。基于上述分析，在此选用简单且易于计算的房价收入比作为衡量住房可支付能力的方法。考虑到数据的可获得性，在此以商品房平均销售价格与住房平均面积的乘积，再除以家庭人均可支配收入与户均人口数的乘积，计算房价收入比。其中，住房平均面积均采用 80 平方米。由于本研究是对各区域住房支付能力展开横向比较，利用上述数据展开分析并不影响研究的效果。

4.2.2 住房支付能力区域差异分析

本研究选用泰尔指数（Theil Index）作为住房支付能力区域差异分析的方法。泰尔指数具有空间可分解性的特点，能够将区域总差异分解为区域内差异和区域间差异。而且，区域间差异的对比不受区域内子区域个数的影响[8]。假设 HA_i 为第 i 个区域的住房支付能力，HA 为总区域的住房支付能力，G_i 为第 i 个区域的国民生产总值，G 为总区域的国民生产总值，则泰尔指数为：

$$T = \sum_i \left[\frac{HA_i}{HA} \ln\left(\frac{HA_i/HA}{G_i/G} \right) \right] \qquad (4-1)$$

本研究将各省市划分为东、中、西三大区域。考虑到数据的可获得性，选取全国 29 个省市作为样本数据的来源。东部地区包括北京、天津、河北、辽宁、江苏、浙江、福建、山东、广东、海南 10 个省市；中部地区包括山西、吉林、黑龙江、安徽、江西、河南、湖北和湖南 8 个省；西部地区包括重庆、四川、贵州、广西、云南、内蒙古、陕西、甘肃、青海、宁夏、新疆 11 个省市区。设 T_E、T_M 和 T_W 分别表示东、中、西三个地区的泰尔指数，HA_E、HA_M 和 HA_W 分别表示东、中、西三个地区的住房支付能力，G_E、G_M 和 G_W 分别表示东、中、西三个地区的国民生产总值。参照式（4-1）可得出东、中、西三个地区的住房支付能力泰尔指数：

$$T_j = \sum_i \left[\frac{HA_i}{HA_j} \ln\left(\frac{HA_i/HA_j}{G_i/G_j} \right) \right] \qquad (4-2)$$

其中，j 为 E、M 或 W，i 为第 j 个区域内的第 i 个城市。

按照区域位置不同，可将住房支付能力的总泰尔指数分解为区域内差异和区域间差异，分解计算式如下：

$$T = T_b + T_k \tag{4-3}$$

$$T_b = \sum_j \frac{HA_j}{HA} \ln\left(\frac{HA_j/HA}{G_j/G}\right) \tag{4-4}$$

$$T_k = \sum_j \frac{HA_j}{HA} T_j \tag{4-5}$$

其中，T_b 为区域间泰尔指数，T_k 为区域内泰尔指数。

在用泰尔指数来判定住房支付能力区域差异时，泰尔指数数值越小，表明住房支付能力区域差异越小，反之则表明住房支付能力区域差异越大。在此选用《中国统计年鉴》中1999～2011年各地区的商品房住宅平均销售价格、家庭人均可支配收入、平均家庭户规模等数据来计算住房支付能力，并运用式（4-2）、式（4-3）、式（4-4）和式（4-5）可计算出东、中、西三个地区、区域间和区域内以及全国泰尔指数。

从表4-1、图4-1和图4-2中可以看出，从表4-1中可以看出，我国住房支付能力区域差异的变动呈现出如下特征：

表4-1   1999～2011年中国住房支付能力区域差异的泰尔指数及其分解结果

| 年份 | 东部地区 | | 中部地区 | | 西部地区 | | 区域内 | | 区域间 | | 全国 |
	泰尔指数	贡献率	泰尔指数	贡献率	泰尔指数	贡献率	泰尔指数	贡献率	泰尔指数	贡献率	泰尔指数
1999	0.482	0.456	0.111	0.105	0.293	0.277	0.328	0.839	0.063	0.161	0.391
2000	0.495	0.484	0.101	0.099	0.248	0.242	0.315	0.825	0.067	0.175	0.382
2001	0.473	0.464	0.112	0.110	0.232	0.228	0.300	0.802	0.074	0.198	0.374
2002	0.392	0.423	0.070	0.076	0.237	0.256	0.257	0.754	0.084	0.246	0.341
2003	0.424	0.452	0.060	0.064	0.243	0.259	0.272	0.775	0.079	0.225	0.351
2004	0.437	0.454	0.075	0.078	0.243	0.253	0.281	0.785	0.077	0.215	0.358
2005	0.453	0.495	0.076	0.083	0.219	0.239	0.285	0.817	0.064	0.183	0.349
2006	0.501	0.534	0.086	0.092	0.196	0.209	0.304	0.835	0.060	0.165	0.364
2007	0.492	0.565	0.074	0.085	0.187	0.215	0.300	0.865	0.047	0.135	0.347
2008	0.557	0.599	0.090	0.097	0.178	0.191	0.331	0.887	0.042	0.113	0.373
2009	0.538	0.585	0.088	0.096	0.191	0.208	0.327	0.889	0.041	0.111	0.368
2010	0.616	0.608	0.102	0.101	0.204	0.201	0.375	0.910	0.037	0.090	0.412
2011	0.562	0.603	0.089	0.096	0.180	0.193	0.331	0.892	0.040	0.108	0.371

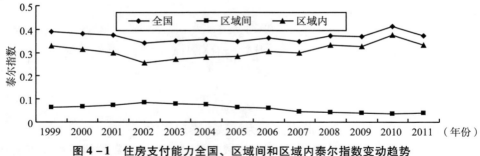

图 4-1 住房支付能力全国、区域间和区域内泰尔指数变动趋势

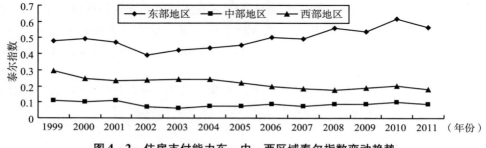

图 4-2 住房支付能力东、中、西区域泰尔指数变动趋势

（1）住房支付能力区域的总体差异变化趋势较为平稳。从全国泰尔指数可以看出，从 1999~2011 年这一指标数值在 0.37 左右。其中，1999~2002 年间，全国泰尔指数呈现出下降的趋势，这说明全国范围内的住房支付能力差异在不断缩小。2002 年之后，全国泰尔指数整体上来看较为平稳，只是在 2010 年出现了小幅度的波动。

（2）住房支付能力区域内差异保持在 0.3 左右，其在总体差异中占据了主要地位，变动趋势也与总体差异变动趋势大致相同。在区域内差异中，东部地区住房支付能力区域差异对全国总体差异贡献呈现出逐渐增加的趋势。截至 2011 年，其贡献率高达 60.3%。西部地区住房支付能力区域差异则对全国总体差异贡献表现出降低的趋势。相比较而言，中部地区住房支付能力区域差异对全国总体差异贡献呈先降低后上升的趋势。2002 年之前，住房支付能力区域间差异占总体差异的比例较小且逐年下降。2002 年之后，这一比例则呈下降的趋势，2011 年其比例为 0.108。

（3）东、中、西各地区住房支付能力区域差异的变动趋势各异。东部地区住房支付能力差异的泰尔指数总体上呈现出上升趋势，其数值从 1999 年的 0.482 上升至 2011 年的 0.562，增幅达 16.6%。与东部地区住房支付能力区域差异变动趋势相反，西部地区则呈下降趋势，其数值从 1999 年的 0.293 下降至 2011 年的 0.193，降幅达 34.1%。近年来，中部地区住房支付能力区域差异的泰尔指数较为平稳，保持在 0.08 左右。

综上所述，全国整体住房支付能力差异较稳定，泰尔指数一致保持在 0.37 左右。东部地区内部住房支付能力差异呈现出不断扩大的趋势。中部地区和西部地区住房支付能力差异均呈现出小幅度缩小的趋势。而东、中、西三地区区域间的住房支付能力差异则在不断缩小。我国住房支付能力的总体差异主要是由区域内差异引起的。区域内贡献率主要是来自东部和西部地区的贡献率，这两部分的贡献率达到了 90% 左右。

4.3　经济适用房与住房支付能力区域差异关系研究

4.3.1　经济适用房价格区域差异测度

限于数据获取的有限性，本研究选用《中国房地产统计年鉴》中 1999~2010 年各地区经济适用房平均价格来计算其区域差异。同样，运用式（4-2）、式（4-3）、式（4-4）和式（4-5）可计算出东、中、西三个地区、区域间和区域内以及全国的经济适用房供给区域泰尔指数，详见表 4-2。

表 4-2　　　　我国经济适用房价格区域差异的泰尔指数及其分析

年份	东部地区	中部地区	西部地区	区域内	区域间	全国
1999	0.268	0.102	0.176	0.200	0.062	0.262
2000	0.277	0.098	0.133	0.189	0.060	0.249
2001	0.307	0.111	0.126	0.204	0.056	0.260
2002	0.259	0.078	0.125	0.173	0.066	0.239
2003	0.232	0.082	0.101	0.155	0.068	0.223
2004	0.242	0.079	0.134	0.170	0.066	0.236
2005	0.320	0.087	0.105	0.206	0.047	0.253
2006	0.258	0.108	0.132	0.184	0.064	0.248
2007	0.338	0.064	0.107	0.201	0.059	0.260
2008	0.246	0.080	0.078	0.155	0.044	0.199
2009	0.239	0.060	0.065	0.141	0.054	0.195
2010	0.311	0.048	0.041	0.172	0.033	0.205

从表 4-2 中可知，全国经济适用房价格区域差异的泰尔指数总体上呈现出

下降的趋势，由 1999 年的 0.262 下降至 2010 年的 0.205。而且，全国范围内差异的总泰尔指数主要是由区域内差异的泰尔指数造成的。1999～2010 年间，东部地区的经济适用房价格区域差异的泰尔指数波动较大，最高值比最低值增幅达 45.7%。中部地区和西部地区的经济适用房价格区域差异的泰尔指数总体上表现出下降的趋势。

4.3.2　经济适用房供给区域差异测度

本研究选用经济适用房销售面积占住宅销售面积的比值来代表各地区的经济适用房供给水平。在此选用《中国房地产统计年鉴》中 1999～2010 年的数据来测度经济适用房供给区域差异。运用式（4-2）、式（4-3）、式（4-4）和式（4-5）可计算出东、中、西三个地区、区域间和区域内以及全国的经济适用房供给区域差异泰尔指数，详见表 4-3。

表 4-3　　　　　　我国经济适用房供给区域差异的泰尔指数及其分析

年份	东部地区	中部地区	西部地区	区域内	区域间	全国
1999	0.643	0.127	0.293	0.317	0.251	0.568
2000	0.579	0.151	0.290	0.299	0.287	0.586
2001	0.755	0.113	0.385	0.365	0.285	0.650
2002	0.761	0.130	0.582	0.460	0.292	0.752
2003	0.928	0.097	0.437	0.430	0.310	0.740
2004	0.832	0.216	0.575	0.544	0.244	0.788
2005	0.679	0.192	0.544	0.477	0.351	0.828
2006	0.576	0.208	0.501	0.443	0.326	0.769
2007	0.663	0.187	0.415	0.409	0.276	0.685
2008	0.681	0.145	0.408	0.423	0.222	0.645
2009	0.402	0.086	0.467	0.360	0.333	0.693
2010	0.973	0.132	0.515	0.604	0.151	0.755

从表 4-3 中可知，全国的经济适用房供给区域差异水平较高，主要是由区域内的差异造成的，说明各省市经住销售比差异较大。1999 年至 2003 年间，区域间的经济适用房供给差异呈现出不断扩大的趋势，自 2005 年以来这一趋势逐年缩小。同样，东部地区经济适用房供给区域差异也位于较高的水平，而且波动范围较大。其中 2003 年和 2010 年经住销售比差异的泰尔指数均高于 0.9。相比较而言，西部地区经济适用房供给区域差异呈现出缓慢扩大的趋势。中部

地区经济适用房供给区域差异的泰尔指数较小，说明这一区域的经住销售比差异较小。

4.3.3 经济适用房价格区域差异、供给区域差异与住房支付能力区域差异关系研究

由于灰色关联具有不受样本数量与分布规律约束的优点，并能够弥补方差分析和回归分析等统计方法的不足[9]。笔者将分别构建各地区、区域间、区域内、全国住房支付能力区域差异与各地区、区域间、区域内、全国经济适用房价格区域差异以及供给区域差异之间的灰色关联模型。

灰色关联模型分析过程中，首先需要指定参考序列（因变量）和比较序列（自变量）。各序列包括不同时刻的数值。参考序列和比较序列表达式为：

$$Y_i = \{y_i(1), y_i(2), \cdots, y_i(n)\} \tag{4-6}$$

$$X_i = \{x_i(1), x_i(2), \cdots, x_i(n)\} \tag{4-7}$$

其中，Y_i 和 X_i 分别为参考序列和比较序列，$y_i(n)$ 和 $x_i(n)$ 分别为第 n 个时刻的参考序列值和比较序列值。

然后，对数据展开无量纲化处理。将数据列中第一个数值除其他数值，可消除量纲。无量纲化处理过程的表达式为：

$$Y_i' = \{y_i(1)/y_i(1), y_i(2)/y_i(1), \cdots, y_i(n)/y_i(1)\} \tag{4-8}$$

$$X_i' = \{x_i(1)/x_i(1), x_i(2)/x_i(1), \cdots, x_i(n)/x_i(1)\} \tag{4-9}$$

随后，计算参考序列与比较序列之前的差序列，其表达式为：

$$\Delta_i(k) = |Y_i' - X_i'| \tag{4-10}$$

根据式（4-10）可获取两级最小差和两级最大差，其表达式分别为：

$$\min_i \min_k |Y_i'(k) - X_i'(k)| \tag{4-11}$$

$$\max_i \max_k |Y_i'(k) - X_i'(k)| \tag{4-12}$$

最后，计算关联系数和关联度，其数学表达式分别为：

$$\xi_i(k) = \frac{\min_i \min_k |Y_i'(k) - X_i'(k)| + \rho \max_i \max_k |Y_i'(k) - X_i'(k)|}{|Y_i'(k) - X_i'(k)| + \rho \max_i \max_k |Y_i'(k) - X_i'(k)|} \tag{4-13}$$

$$\gamma_i = \frac{1}{N} \sum_{k=1}^{N} \xi_i(k) \tag{4-14}$$

其中，$\xi_i(k)$ 为关联系数，γ_i 为关联度，N 为序列长度，ρ 为分辨系数，其取值为 $0 \sim 1$，一般取 0.5。

根据上述有关灰色关联模型的计算过程描述，可计算出不同空间尺度上住房支付能力区域差异与经济适用房价格和供给区域差异之间的灰色关联度。关联度越高，表明相比较的两因素之间的关联程度越大。具体分析结果详见表 4-4。

表 4 - 4　住房支付能力区域差异与经济适用房区域差异之间的泰尔指数灰色关联度

	全国	区域间	区域内	东部地区	中部地区	西部地区
经济适用房价格区域差异	0.804	0.717	0.822	0.738	0.799	0.820
经济适用房供给区域差异	0.536	0.687	0.573	0.622	0.619	0.482

从表 4 - 4 中可以看出，不同空间尺度上住房支付能力区域差异与经济适用房价格区域差异之间的关联系数均高于住房支付能力区域差异与经济适用房供给区域差异之间的关联系数。这说明经济适用房对住房支付能力区域差异的影响主要是通过经济适用房价格区域差异带来的。全国、区域间和西部地区的住房支付能力区域差异与经济适用房区域差异之间的泰尔指数灰色关联度均超过了 0.8。上述分析结果表明，我国购买者对经济适用房的价格比较敏感，经济适用房的价格区域差异在很大程度上影响着各区域住房支付能力的差异。

4.4　结论与政策建议

研究发现，全国、区域内和东部地区的住房支付能力区域差异呈现出不断扩大的趋势。而且，住房支付能力的总体差异主要是由区域内差异引起的，区域内贡献率主要是来自东部和西部地区的贡献率。区域间和西部地区的住房支付能力区域差异则逐渐缩小，而中部地区的住房支付能力区域差异较为平稳。不同空间尺度上的住房支付能力区域差异主要是由经济适用房在价格方面的差异造成的，而经济适用房供给差异对住房支付能力区域差异的影响低于价格差异的影响。

综合上述研究分析结果，有针对性地提出如下政策建议来缩小我国区域住房支付能力。

（1）重点关注东部地区住房支付能力区域差异。全国住房支付能力区域差异在很大程度是由东部地区住房支付能力区域差异拉动造成的，缩小东部地区住房支付能力区域差异可实现全国住房支付能力区域差异的减少。从房价收入比视角来看，住房支付能力是由房价和收入两要素决定的。根据我国经济发展实际情况，通过缩小房价差异的方式来缩小东部地区住房支付区域差异比较合理。具体来讲，可通过控制东部地区信贷规模、降低人们对房价的预期和征收房产税等手段来使房价回归合理水平[10~11]，实现东部地区的住房支付能力区域差异。

（2）合理确定经济适用房价格。2007 年国务院颁布了《关于解决城市低收入家庭住房困难的若干意见》（简称"24 号"）。"24 号"文件将经济适用房的供应对象重新界定为城市低收入住房困难家庭。然而，经济适用房政策在运行过程中却出现了大量符合购买条件的群体无能力购买房源的现象。例如，上海适合申请经济适用房的家庭需要花费 15 年的收入才能买得起 40 万元总价的房屋；昆明申请经济适用房的家庭弃号以及郑州首批经济适用房平均 10 套仅有 1 人购买等问题层出不穷[12~14]。上述现象在一定程度上说明，我国一些地区的经济适用房价格针对购买对象来说相对较高。因此，笔者建议各地政府部门应当科学确定经济适用房价格，避免经济适用房价格定价过高，缩小我国经济适用房住房支付能力的差距。

（3）不断加大经济适用房供给量。经济适用房供给量也与我国住房支付能力区域差异间存在着关联性。笔者通过查看《中国房地产统计年鉴》对 2003 ~ 2010 年 29 个省、直辖市和自治区的经济适用房供给量（经适房销售面积占商品房销售面积的比例）数据发现，这一数据平均数和中位数分别为 0.091 和 0.062，最大值和最小值分别为 0.497 和 0.001，标准差为 0.082。这说明我国各地区的经济适用房供给量仍处于较低的水平。在此，笔者建议各地政府应当增加经济适用房供给量来实现缩小我国住房支付能力区域的差异。

参 考 文 献

［1］曲晓燕，王和俊，史鸿. 保障房建设对商品房价格的影响——基于住房供需预测的分析［J］. 中国市场，2011（40）：5 - 7.

［2］茅于轼. 大建限价房和经适房可推高房价［EB/OL］. 新华网. http：//news. xinhuanet. com/local/2008 - 04/28/content_8063167. htm. 2008 - 04 - 28.

［3］牛毅. 经济适用住房政策的绩效评价［J］. 财贸经济，2007（12）：127 - 141.

［4］王先柱，赵奉军. 保障性住房对商品房价格的影响——基于 1999 ~ 2007 年面板数据的考察［J］. 经济体制改革，2009（5）：143 - 147.

［5］Glen Bramley. Homeownership Affordability in England［J］. Housing Policy Debate，1993，3（3）：815 - 830.

［6］John M. Quigley，S. Raphael. Is Housing Unaffordable? Why isn't it more Affordable?［J］. Journal of Economic Perspectives，2004，18（1）：129 - 152.

［7］杨赞，易成栋，张慧. 基于剩余收入法的北京市居民住房可支付能力分析［J］. 城市发展研究，2010，17（10）：36 - 40.

［8］Pedro Conceicao，Pedro Ferreira. The Young Person's Guide to the Theil Index：Suggesting Intuitive Interpretations and Exploring Analytical Applications［M］. UTIP（the University of Texas Inequality Project）working paper，2000.

［9］刘思峰，郭天榜，党耀国. 灰色系统理论及其应用［M］. 北京：科学出版社，1999.

［10］梁云芳，高铁梅. 中国房地产价格波动区域差异的实证分析［J］. 经济研究，2007（8）：133 - 142.

[11] 杜雪君，黄忠华，吴次芳. 房地产税、地方公共支出对房价的影响 [J]. 中国土地科学，2009，23（7）：9 – 13.

[12] 中国新闻网. 上海买经适房至少需 15 年收入 [EB/OL]. (2009 – 09 – 21). http：//www. chinanews. com/estate/estate-gdls/news/2009/09 – 21/1875968. shtml.

[13] 人民网. 昆明经济适用房降价销售仍遇冷，多数人仍买不起 [EB/OL]. (2009 – 04 – 10). http：//house. people. com. cn/BIG5/9110091. html.

[14] 人民网. 郑州首批经适房均价 2700 元，平均 10 套仅 1 人购买 [EB/OL]. (2012 – 05 – 04). http：//house. people. com. cn/GB/17806474. html.

5

土地财政依赖、经济适用房与商品房价格关系[*]

5.1 引　　言

自 1994 年我国实行分税制改革以来，土地财政成为地方财政收入的主要来源。有数据表明，许多地方政府的土地出让金收入占地方财政收入的比例已经超过了 60%[1]。在我国各地房价普遍高涨的现实情况下，人们很容易联想到土地财政是导致房价高企的重要因素。由此，一些学者针对土地财政与房价之间的关系进行了深入的探讨。

通过对相关文献的梳理发现，有关两者之间关系的研究存在着两种不同的观点。一种观点认为，地方政府对土地财政的依赖导致了高房价。例如，张双长等（2010）研究表明，地方政府越是依赖土地财政，该地区的房价上涨速度也随之越快[2]；周彬等（2010）通过构建一般均衡模型并利用 1999～2009 年全国季度面板数据进行了格兰杰因果检验，得出中国式的土地财政必然推动房价上涨的结论[3]；郭珂（2013）采用静态和动态面板数据的分析结果表明，土地财政依赖具有显著为正的滞后效应，对房价存在显著的提高作用[4]；宫汝凯（2012）对分税制改革下土地财政的形成机制问题进行了实证研究，结果表明土地财政在分税制价格和房价之间起到了中介效应，土地财政是推动房价上涨的重要因素[5]。

另一种观点则认为，土地财政与房价之间的关系不显著或存在着负向关系。张双长等（2010）指出，当房价下跌时，土地财政依赖程度较高的地方政府不愿意积极配合中央政府抑制房价的政策，更不愿看到房价的下跌，导致难以实现对房价的有效控制[2]；郑思齐等（2011）运用 2003～2008 年 35 个大中城市的面板数据分析了土地财政依赖与地价之间的传导机制问题，研究表明城市对土地财政

* 作者：刘广平，陈立文。原载于《中国流通经济》2015 年第 1 期。

的依赖程度越高，居住用地供给的受限程度越高，居住用地价格上涨的压力也越大，进而影响到房价。但分析结果在统计意义上并不显著[6]；王斌等（2011）通过建立中国省级面板数据的回归方程研究发现，土地财政不但不是推动房价上涨的原因，反而在一定程度上抑制了房价的上涨[7]；刘成玉等（2013）指出，地方政府依靠土地财政有其合理性的一面，土地财政收入的多少与增长速度并不会推动房价上涨，即土地财政与高房价之间并不存在着必然的关系[8]。

针对上述有关土地财政依赖与房价之间的分歧结论，有必要重新对两者之间的关系展开深入的研究。本研究将引入保障房这一因素来解析土地财政依赖与房价之间的关系，以为合理解释土地财政依赖与房价之间的关系指引方向，并为制定抑制房价的合理政策提供方向指引。鉴于保障房中的限价房、廉租房、公租房等数据的难以获得性，在此以经济适用房来代替保障房来展开相关研究。概括起来，本研究结构安排如下：第二章，提出研究假设；第三章，选择与本研究相关的变量，并对变量数据的来源进行说明；第四章，构建数理模型，并对实证分析结果进行解释；第五章，针对实证结果，提出抑制房价高涨的政策建议。

5.2 研究假设

笔者通过对我国 2003～2010 年 29 个省区的土地财政依赖程度和商品房价格两变量的面板数据进行排序后，总体上来看，土地财政依赖程度较高（低）的地区，其商品房价格也越高（低）。但也有一些省份的土地财政依赖程度数值与商品房价格数值并未实现动态的匹配，即一些省份的土地财政依赖程度较高（低），但商品房价格并不高（低）。本研究中土地财政依赖程度由土地出让金和一般预算收入两部分组成。一些地区经济发展水平不高和居民收入较低，在房屋刚性需求的推动下，该地区的主要财政收入来源于土地出让金，导致土地财政依赖程度相对较高，但商品房价格并不高。例如，2010 年吉林、湖北、安徽和重庆等地区的商品房平均价格分别为 3647 元/平方米、3743 元/平方米、4205 元/平方米和 4281 元/平方米，均未超过全国商品房平均价格 5032 元/平方米，但这些地区的土地财政依赖程度则分别高达 0.67、0.76、0.95 和 0.77。

一些学者研究了经适房价格与商品房价格之间的关系，认为经适房价格对商品房价格产生正向影响[9]。笔者认为，经适房对商品房价格产生作用需要建立在经适房供给量基础之上，如果经适房供给量不足，即使经适房价格再低，其可能也不会对商品房价格产生冲击。针对土地财政依赖与商品房价格之间关系来说，当某一地区经适房供给量较多时，由于经适房的"天花板"价格和供给量的充足，土地财政依赖对商品房价格的影响可能会减弱；而当某一地区经适房供给量较少时，经适房对商品房价格的影响较弱，导致土地财政依赖对商品房的影响可能仍旧很强。根据上述分析，提出如下假设：

假设1：土地财政依赖与商品房价格之间的关系并不显著；

假设2：经适房供给量在土地财政依赖与商品房价格关系中起着负向调解作用。

5.3　变量选取与数据来源

5.3.1　变量选取

本研究主要检验经适房供给量在土地财政依赖与房价之间的调解作用关系。其中，解释变量为土地财政依赖，被解释变量为商品房价格，调节变量为经适房供给量。由于房价的影响因素较多，在此笔者从供给、需求和预期等三个层面来选择控制变量。其中，供给层面的变量为人均房屋竣工面积，需求层面的变量为人均国内生产总值，预期层面的变量为上年商品房价格增长率。为了抑制变量的异方差，并使回归系数能够准确表达变量间的弹性关系，对商品房价格、土地财政依赖、经适房供给量、人均房屋竣工面积、人均国内生产总值等变量取对数。各变量的定义与说明详见表5－1。

表5－1　　　　　　　　　　　　变量的定义与说明

变量代码	变量含义	变量说明
lnCP	商品房价格	取对数后的各省区年平均商品房价格
lnLR	土地财政依赖	取对数后的各省区本年土地出让成交价款/各省区本年一般预算收入
lnLR1	土地财政依赖中心化	lnLR减去本省区2003～2010年平均lnLR
lnM	经适房供给量	取对数后的各省区本年经济适用房竣工面积/总人口
lnM1	经适房供给量中心化	lnM减去本省区2003～2010年平均lnM
lnAHCA	人均房屋竣工面积	取对数后的各省区年房屋竣工面积/总人口
lnAGDP	人均国内生产总值	取对数后的各省区国内生产总值/总人口
ANTI	预期	各省区上年商品房价格增长率

（1）土地财政依赖、商品房价格与经适房供给量。本研究主要研究经适房供给量在土地财政依赖与商品房价格之间的调解作用。土地财政依赖是通过土地出让金成交价款与一般预算收入的比值计算得来的；商品房价格为各省区的商品房的平均价；经适房供给量为各省区经适房竣工面积与总人口的比值。

（2）影响商品房价格的控制变量。人均房屋竣工面积作为商品房供给层面的一项重要指标，其数值的增加意味着商品房供给量的增加；而供给量的增加在一定程度上可缓解供小于求的住房供给短缺的局面，进而逐渐降低商品房价格。

人均国内生产总值代表一个国家或地区的经济基本面情况。首先，房地产行业作为我国经济的支柱性产业之一，经济持续健康增长必然会推动房地产行业的快速发展；其次，人均 GDP 在一定程度上可以代表我国居民收入水平，居民收入水平的持续增长，必然引起房地产有效需求的增加。如三木（Miki，2003）运用 SVAR 模型研究得出日本的经济基本面与住宅平均销售价格存在着较强的相关性[10]。

人们对房价的未来预期影响着自身的购房行为。当预期未来房价会上升时，人们的购房需求则会呈现出较为旺盛的局面；而当预期未来房价会下跌时，人们的购房行为则会在一定程度上表现得较为平稳。例如，米尔鲍尔（Muellbauer，1996）研究了预期对房价的影响，结果发现，人们对房价的预期越高，参与房地产市场交易的购房者也就越多，房价也会越高[11]；任荣荣（2008）以我国 35 个大中城市为样本研究发现，预期在房价变化中发挥了重要作用，尤其是在房价较高的城市，预期对房价的影响更为明显[12]。

基于上述分析，选用人均房屋竣工面积、人均国内生产总值和预期作为本研究的控制变量，研究其与商品房价格之间的关系。

5.3.2　数据来源

考虑到数据的可获得性和样本数量大小，选取我国 29 个省、自治区和直辖市（不包括上海、西藏和港澳台地区）作为本研究的样本数据来源。考察期间为 2003 ~ 2010 年，共 232 个观测值。商品房价格、一般财政收入、房屋竣工面积、总人口、预期和人均国内生产总值等数据来源于 2003 ~ 2011 年《中国统计年鉴》；土地出让成交价款数据来源于 2004 ~ 2011 年《中国国土资源统计年鉴》；经适房竣工面积数据来源于 2004 ~ 2011 年《中国房地产统计年鉴》。表 5 - 2 为各变量的描述性统计。

表 5 - 2　　　　　　　　　　　　研究变量描述性统计

变量代码	观测值	平均值	中位数	最大值	最小值	标准差
lnCP	232	7.9222	7.8399	9.7859	7.0984	0.4732
lnLR	232	− 0.9637	− 0.8916	0.5306	− 3.5066	0.6602
lnM	232	5.4699	5.5085	7.6953	1.6283	0.9117
lnAHAC	232	− 0.9380	− 0.9943	0.8961	− 2.3026	0.6756
lnAGDP	232	9.7388	9.7059	11.1836	8.2123	0.5977
ANTI	232	0.1127	0.1067	0.3954	− 0.1276	0.0924

5.4　模型构建与实证分析

本研究按照巴恩（Baron，1986）对调解作用检验程序的介绍[13]，采用层级回归检验经适房供给量在土地财政依赖与商品房价格之间的调解作用。具体分析步骤如下：

5.4.1　模型构建

首先，分析商品房价格与各控制变量之间的关系，构建模型 1：
$$\ln CP = \alpha_0 + \alpha_1 \ln AHCA + \alpha_2 \ln AGDP + \alpha_3 ANTI + \varepsilon_1$$
其次，构建商品房价格与各控制变量、解释变量和调节变量之间的回归模型 2：
$$\ln CP = \beta_0 + \beta_1 \ln AHCA + \beta_2 \ln AGDP + \beta_3 ANTI + \beta_4 \ln LR \\ + \beta_5 \ln M + \varepsilon_2$$
最后，将经中心化处理后的土地财政依赖与经中心化处理后的经适房供给量的乘积作为交互项纳入到模型 2 中，得到模型 3：
$$\ln CP = \gamma_0 + \gamma_1 \ln AHCA + \gamma_2 \ln AGDP + \gamma_3 ANTI + \gamma_4 \ln LR + \gamma_5 \ln M \\ + \gamma_6 \ln LR1 \times \ln M1 + \varepsilon_3$$

5.4.2　实证分析

为检验各序列的平稳性，采用 LLC、IPS、ADF 和 PP 等多种方法展开单位根检验，单位根检验的滞后期采用 Schwarz 标准自动选择，检验式中只包括截距项。从表 5-3 的检验结果可知，各变量的水平值并未呈现出一致的平稳性，一阶差分后均是平稳的，各变量均在 1% 的水平下显著。上述分析表明，七个变量都是一阶单整的。

表 5-3　　　　　　　　　　面板序列单位根检验

	lnCP	lnLR	lnM	lnAHAC	lnAGDP	ANTI	lnLR1 × lnM1
LLC	3.43	-14.73***	-5.65***	-8.11***	-7.75***	-10.49***	-10.67***
IPS	6.21	-5.94***	-1.14	0.69	0.94	-4.65***	-4.60***
ADF	21.84	133.23***	86.84***	57.06	51.11	128.77***	138.97***
PP	16.20	89.94***	86.97***	52.57	96.06***	163.37***	125.55***
ΔLLC	-14.41***	-14.79***	-18.17***	-16.22***	-14.07***	-25.07***	-16.39***
ΔIPS	-5.65***	-4.63***	-5.84***	-6.29***	-4.98***	-10.18***	-5.56***
ΔADF	148.28***	129.76***	148.86***	156.44***	136.98***	219.85***	148.13***
ΔPP	170.13***	171.25***	192.31***	196.25***	182.34***	290.97***	188.97***

注：*** 表示统计量在 1% 水平下显著。

为了考察各变量间是否存在长期均衡关系，采用 Engle – Granger 二步法展开协整检验。表 5 – 4 的协整检验结果表明，模型 1、模型 2 和模型 3 中各变量间存在着协整关系，即商品房价格、人均房屋竣工面积、人均国内生产总值、预期、土地财政依赖、经适房供给量以及土地财政依赖和经适房供给量的交互项之间存在着稳定的长期关系，因此可展开面板数据的回归分析。

表 5 – 4　　　　　　基于 Engle – Granger 二步法的 Kao 协整检验

	模型 1 的协整检验		模型 2 的协整检验		模型 3 的协整检验	
ADF 检验	t – Statistic	Prob.	t – Statistic	Prob.	t – Statistic	Prob.
	– 4. 265255	0. 0000	– 4. 007267	0. 0000	– 3. 580603	0. 0002

采用 Hausman 检验来判断应该建立固定效应回归模型还是随机效应回归模型。模型 1、模型 2 和模型 3 均接受了随机效应回归模型原假设，说明应建立随机效应回归模型。运用最小二乘法与 AR 组合方法分析固定效应回归模型，结果详见表 5 – 5。

表 5 – 5　　　　　　　　　面板模型回归结果

	模型 1	模型 2	模型 3
	随机效应回归模型	随机效应回归模型	随机效应回归模型
C	0. 3700	0. 7875 **	0. 7707 **
lnAHCA	– 0. 0550	– 0. 0507	– 0. 0541
lnAGDP	0. 7679 ***	0. 7477 ***	0. 7511 ***
ANTI	0. 1988 **	0. 1984 **	0. 1890 **
lnLR	0. 0257		0. 0212
lnM		– 0. 0351 **	– 0. 0393 ***
lnLR1 * lnM1			– 0. 0271 **
Adj. R2	0. 8656	0. 8702	0. 8729
F – statistic	497. 1083 ***	310. 8072 ***	265. 4839 ***
No	232	232	232

注：** 和 *** 分别表示统计量在 5% 和 1% 的显著性水平下显著。

从表 5 – 5 的面板模型回归结果可知，控制变量中的人均国内生产总值、预期和经适房供给量在模型 1、模型 2 和模型 3 中均显著，说明人均国内生产总值和预期两变量与商品房价格之间存在着正向关系。而人均房屋竣工面积对商品房价格产生负向影响，但在三个模型中均不显著，原因可能在于，目前我国正处于城市化进程高速发展的时期，市场上消费者对房屋的需求量较大，在供小于求的状况下房屋供给很难对房价产生较大的冲击。

针对解释变量来说，在模型 2 和模型 3 中土地财政依赖与商品房价格之间存在着正向关系，但均不显著。这说明土地财政依赖对商品房价格的正向影响效果不明显。假设 1 得到了验证。同样，笔者通过对各地区 2003～2010 年土地财政依赖和商品房价格取均值，并对取均值后的数据进行相关性分析，结果显示两者的相关系数为 0.302，但不显著。其中，大于取均值后的土地财政依赖平均值但小于取均值后的商品房价格平均值的地区包括河北、宁夏、江西、湖北、山东、重庆、四川和安徽 8 个省和直辖市；而小于取均值后的土地财政依赖平均值但大于取均值后的商品房价格平均值的地区涉及北京和广东两个地区。

针对调节变量来说，经适房供给量在模型 2 和模型 3 中系数分别为 -0.0351 和 -0.0393，分别在 0.05 和 0.01 水平显著，说明经适房供给量的增加能够抑制商品房价格。如果交互项 LR1 * M1 的回归系数显著，则说明调节效应显著[14]。在模型 3 的交互效应中，经适房供给量负向调解土地财政依赖与商品房价格之间的关系，回归系数为 -0.0271，在 0.05 水平显著。假设 2 成立。

笔者根据各地区经适房供给量的中位数大小将数据划分为两组，经单位根检验和一阶单整协整检验后（见表 5 - 6），采用 Hausman 检验两个模型的检验结果均接受了随机效应回归模型原假设，说明应当建立随机效应回归模型。采用最小二乘法与 AR 组合方法分别建立土地财政依赖与商品房价格之间的随机效应面板回归模型，结果详见表 5 - 7。为了更直观地了解经济适用房供给量在土地财政依赖与商品房价格之间的调解作用，绘制了如图 5 - 1 所示的调解作用示意图。可知，随着经适房供给量的变大，土地财政依赖对商品房价格的正向影响越来越弱。

表 5 - 6　　　　　　　　　　单位根与协整检验结果

| | 单位根检验 | | | | 协整检验 | | | |
| | 中位数以下 | | 中位数以上 | | 中位数以下 | | 中位数以上 | |
	lnCP	lnLR	lnCP	lnLR	t - Statistic	Prob.	t - Statistic	Prob.
LLC	3.04	-13.08 ***	4.15	-9.73 ***	-1.513279	0.0651	-1.919071	0.0275
IPS	5.71	-6.78 ***	6.58	-4.50 ***				
ADF	20.24	150.14 ***	27.85	130.91 ***				
fPP	9.33	92.51 ***	17.86	100.74 ***				

续表

	单位根检验				协整检验			
	中位数以下		中位数以上		中位数以下		中位数以上	
	lnCP	lnLR	lnCP	lnLR	t – Statistic	Prob.	t – Statistic	Prob.
ΔLLC	– 14. 81 ***	– 16. 41 ***	– 14. 48 ***	– 16. 32 ***				
ΔIPS	– 5. 80 ***	– 5. 56 ***	– 5. 54 ***	– 5. 28 ***				
ΔADF	151. 29 ***	147. 56 ***	146. 50 ***	141. 10 ***				
ΔPP	185. 92 ***	204. 13 ***	164. 18 ***	191. 90 ***				

注：*** 分别表示统计量在 1% 水平下显著。

表 5 – 7　　　　　　　　　两种组别的描述性统计与回归结果

	M					Coefficient	
	观测值	平均值	最大值	最小值	标准差	C	lnLR
中位数以上	14	161. 106	237. 093	38. 317	59. 958	8. 133 ***	0. 220 ***
中位数以下	14	496. 737	1208. 445	246. 049	285. 656	8. 080 ***	0. 232 ***

注：*** 分别表示统计量在 1% 的显著性水平下显著。

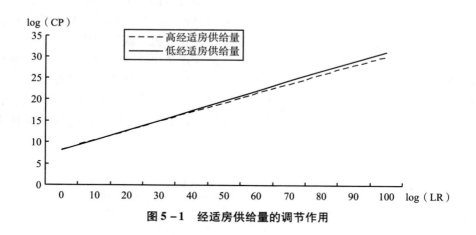

图 5 – 1　经适房供给量的调节作用

5.5　结论与政策建议

运用 29 个省区 2003 ~ 2010 年省级面板数据考察了经适房供给量在土地财政依赖与商品房价格关系中的调解作用。经实证分析得出以下几个方面的主要结论：一是，土地财政依赖与商品房价格之间存在着正向关系，但不显著；二是，经适房供给量显著负向影响商品房价格；三是，经适房供给量负向调节着土地财政依赖与商品房价格之间的关系。综合上述研究结论，提出如下政策建议：

（1）合理分配土地财政收益。目前，我国各地政府在土地财政收益的分配环节存在着不合理现象。土地财政收益应当实现"取之于民用之于民"的效果。2011 年 5 月 24 日，财政部和住建部印发了《关于切实落实保障性安居工程资金加快预算执行进度的通知》，要求各地政府投入到保障性工程建设的土地出让收益仅仅不低于 10%[15]。以 2010 年为例，全国土地出让金收入为 27464.479 亿元，全国 GDP 为 401202 亿元，土地出让金占 GDP 的比例为 6.84%。可知，我国投入到保障房建设方面的资金占 GDP 的比例不足 1%。相比较而言，英国政府用于保障房建设的资金一致保持在 GDP 的 2% 左右；1990 年，新加坡用于保障房建设方面的投资占 GDP 的 9% 左右；美国中央政府（不包括地方政府）每年用于保障房的资金不低于 150 亿美元[16]。因此，地方政府应当加大土地财政收益用于保障房建设方面的投入比例。

（2）增加经适房供给。通过观察 2003 ~ 2010 年 29 个省区的经适房销售面积占其与商品房销售面积之和的比值发现，这一比值的最小值仅为 0.108%，最大值为 33.197%，均值仅为 7.84%。而我国城市中低收入阶层庞大，占到了 80%以上。上述数据表明，我国经适房供给量普遍存在着供给不足的现象。由于经适房不仅价格低于商品房价格，还能满足我国居民"居者有其屋"的心理。笔者建议，地方政府应当加大对经适房的建设力度，以实现降低房价的目的。

（3）降低购房预期。居民对房价高涨的预期会影响到对住房的需求，进而促进房价的上涨。政府应当从限购、利率、税收和保障房等多个层面制定科学有效的政策，营造房价下跌的氛围，避免因投机者炒房行为而产生"有效需求旺盛"的局面。具体来讲，第一，在房价过高的地区，实行限购政策，避免投机者购买多套住房；第二，通过对存量住房征收房产税的方式，将多余空置存量房源挤压出来；第三，通过加大保障房建设，不仅从供给视角冲击商品房，还从预期视角降低人们对商品房价格继续上涨的预期，使其回归合理价位。

（4）改变地方政府融资渠道。地方政府可通过改变融资渠道来脱离对土地财政的过分依赖。第一，地方政府应当通过培育高新技术企业和发展第三产业的方式转变经济发展方式，加快经济结构调整步伐和推进产业结构调整，脱离依赖土地财政拉动地方经济的不可持续发展途径；第二，调整房产税征收范围，加大保有环节的税费征收，拓宽地方政府的融资渠道；第三，改革财政体制，厘清地方政府债务关系，实现地方政府事权与财力的匹配，避免简单地将地方国企和事业单位的债务划入财政债务范畴。

参 考 文 献

[1] 王学龙，杨文．中国的土地财政与房地产价格波动——基于国际比较的实证分析

[J]. 经济评论，2012（4）：88 - 96.

［2］张双长，李稻葵.“二次房改”的财政基础分析——基于土地财政与房地产价格关系的视角［J］. 财政研究，2010（7）：5 - 11.

［3］周彬，杜两省.“土地财政”与房地产价格上涨：理论分析和实证研究［J］. 财贸经济，2010（8）：109 - 116.

［4］郭珂. 土地财政依赖、财政缺口与房价——基于省级面板数据的研究［J］. 经济评论，2013（2）：69 - 75.

［5］宫汝凯. 分税制改革、土地财政和房价水平［J］. 世界经济文汇，2012（4）：90 - 104.

［6］郑思齐，师展. 土地财政下的土地和住宅市场——对地方政府行为的分析［J］. 广东社会科学，2011（2）：5 - 10.

［7］王斌，高波. 土地财政、晋升激励与房价棘轮效应的实证分析［J］. 南京社会科学，2011（5）：29 - 34.

［8］刘成玉，段家芬. 再论土地财政与城市高房价［J］. 江苏大学学报（社会科学版），2013，15（3）：87 - 93.

［9］Ong, S. E., Sing, T. F., Price Discovery between Private and Public Housing Markets［J］. Urban Studies, 2002, 29（1）：57 - 67.

［10］Miki Seko, Housing Prices and Economic Cycle［C］. The International Conference on Housing Market and the Macro Economy, Hong Kong, July, 2003.

［11］Muellbauer, J., Income Persistence and Macro-policy Feedbacks in the US［J］. Oxford Bulletin of Economics and Statistics, 1996, 58（4）：703 - 733.

［12］任荣荣，郑思齐，龙奋杰. 预期对房价的作用机制：对 35 个大中城市的实证研究［J］. 经济问题探索，2008（1）：145 - 148.

［13］Baron R. M., Kenny D. A., The Moderator - Mediator Variable Distinction in Social Psychological Research：Concept, Strategic, and Statistical Considerations［J］. Journal of Personality and Social Psychology, 1986, 51（6）：1173 - 1182.

［14］温忠麟，侯杰泰，张雷. 调节效应与中介效应的比较和应用［J］. 心理学报，2005，37（2）：268 - 274.

［15］中华人民共和国财政部. 关于切实落实保障性安居工程资金加快预算执行进度的通知［EB/OL］. http：//zhs. mof. gov. cn/zhengwuxinxi/zhengcefabu/201106/t20110614 _561065. html. 2011 - 5 - 24.

［16］中国新闻网. 聚焦国外保障房：立法先行保证保障房资金［EB/OL］. http：//www. chinanews. com/estate/2011/03 - 29/2936257. shtml. 2011 - 03 - 29.

6

公共租赁住房项目 PPP 模式比选研究[*]

6.1 引　　言

近几年，"夹心层"的概念越来越被人们所熟知。所谓"夹心层"是指那些收入水平比低收入标准高不能入住廉租房，同时又没有经济能力购买经济适用房的人群[1]。在住房困难人群当中，"夹心层"占有相当大的比例，而且其住房困难问题日益凸显。在传统公租房建设模式下，政府资金短缺、施工技术不专业、管理系统不完善、单一参与方承担风险过大等问题十分突出，甚至会严重影响公租房的工程质量和后期住户的生活质量，不利于公租房项目的建设和发展。2015年，我国财政部等六部下发了鼓励地方运用 PPP 模式建设公租房项目的通知，这是积极推进公租房项目建设的重要举措，也是将 PPP 模式引入我国保障性住房项目的巨大推动力。然而，目前有关公共租赁住房项目 PPP 模式选择的研究较少，且多以定性分析为主。本研究将从定量视角出发，在识别出适用公租房项目的 PPP 模式基础上，构建不同类别公租房项目 PPP 模式的比较模型，界定出这些 PPP 模式选择的临界条件，并通过实际案例对模型进行模拟分析来展示模型的科学性和适用性。

6.2 PPP 模式分类与研究范围界定

6.2.1 PPP 模式分类

PPP 一词最早由英国政府于 1982 年提出，并作为一种公私合作模式逐渐得到广泛应用。经过三十多年的推广和演变，PPP 模式已经发展成了具有不同

---

*　作者：刘广平，张静超，陈立文。原载于《项目管理技术》2017 年第 2 期。

特征的多种具体模式，如 BOT、BOOT、BOOST、PFI 等[2]。PPP 模式的兴起与发展到现在只有短短的三十几年，但在各种公共基础设施项目上的应用研究已经开始趋于成熟，不仅国外研究成果丰富，我国的相关研究也愈加范围广、深度大。

对有关 PPP 模式的应用研究虽然在不断加深，但对 PPP 模式的分类仍是存在众多不同的看法，例如世界银行将 PPP 模式分成了特许经营类、管理外包类、服务外包类、租赁类、资产剥离类以及 BOT 六种类型；美国政府会计和 PPP 国家委员会处分别将 PPP 模式细分为十八种、十二种不同的模式[3]；王灏基于我国基础设施建设的特点，将 PPP 模式分为特许经营类、外包类以及私有化三大类；杨卫华等人基于以上两种分类法及深入研究，将 PPP 模式以三级分类的方式进行了更加细化的分类，为研究 PPP 模式下的不同类型的模式提供了非常清晰的脉络参考[4]。参考我国众多学者及研究机构对国际上 PPP 模式的分类情况以及我国 PPP 模式的应用市场等内容，采用 PPP 模式的三级分类，分类结构如图 6 - 1 所示。

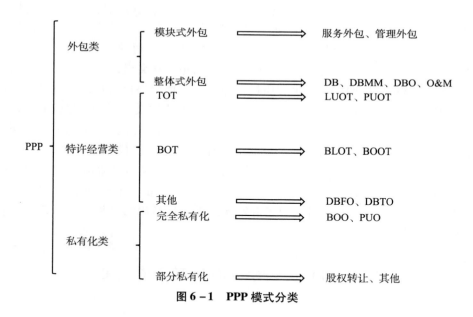

图 6 - 1   PPP 模式分类

6.2.2   研究范围界定

2015 年，财政部等六部下发通知，鼓励地方运用 PPP 模式建设公租房项目，并启动 PPP 模式下的公租房项目建设试点[5]。六部下发的通知中明确指出，PPP 模式下的公租房项目建设主要由公共部门寻找适合的社会资本，组建独立的项目公司负责公租房建设，政府与项目公司之间签订合同。一方面，公租房的设计、投资建设、运营以及维护管理等若干阶段由项目公司负责，其获得合理投资回报的主要途径是合同期限内向承租人收取租金及政府政策上的保障和支持等，同时项目公司也需要承担相应的风险；另一方面，公共部门在提供必要的政策性支持的同时，也要加强对公租房项目建设和运营维护的质量监管[5]。

以上规定结合不同 PPP 模式的具体特征可以分析出，初步判定某种 PPP 模式是否适用于公租房项目主要从以下三方面考虑：（1）私营企业是否负责项目的投资建设，从而减轻政府建设资金短缺的压力；（2）私营企业是否参与项目的运营阶段，作为回收建设投资的主要途径；（3）此处讨论的公租房项目为新建项目，且其最终所有权一定归政府所有。

通过分析，排除以下几种 PPP 模式，"×"表示不满足的条件。特别说明 DBO 模式虽然参与项目建设运营，但这种模式下私营企业并不负责项目的投资，同样不能解决政府的资金压力，所以不满足条件（1），详细结果见表 6-1。

表 6-1 不适用的 PPP 模式汇总

判定条件 \ PPP 模式	模块式外包	DBMM	O&M	DB	DBO	TOT	PUO	BOO	股权转让
（1）	×	×	×		×				
（2）					×		×		
（3）						×	×	×	×

综上所述，重点建立函数模型讨论 BLOT、BOOT、DBFO 以及 DBTO 四种 PPP 模式在公租房项目中的适用性问题。

DBFO 模式和 BOOT 模式下私营企业负责项目的投资建设，并在运营阶段收回投资，另外，这两种模式下私营企业在合同期限内对公租房项目都具有所有权，从这些特征来看，两种模式唯一的区别就是 DBFO 模式下私营企业还负责项目的设计。对公共租赁住房项目 PPP 模式比选的研究中并不涉及项目的设计阶段，所以不将此区别列入考虑范围，在建模讨论时可以将 DBFO 和 BOOT 两种模式归为一类进行分析，记为 A 类 PPP 模式。BLOT 和 DBTO 模式下私营企业在合同期限内对公租房项目并不具有所有权，而且这两种模式下私营企业都需要向政府租赁项目才能获得项目的运营权利，只是租赁合同签订的时间不同并不影响函数模型的建立，所以可以将 BLOT 和 DBTO 两种模式归为一类进行讨论，记为 B 类 PPP 模式。首先讨论每一类型的适用情况，再讨论两类之间的比选情况，得到特定情况下更优的 PPP 模式选择结果。

6.3 公共租赁住房项目 PPP 模式比选

6.3.1 基本假设

（1）讨论过程建立在政府一方鼓励私营企业参与公租房项目建设的前提下，也即公共部门作为确定的参与方持积极态度[6]。所以，在进行 PPP 模式设计时，主要基于私营企业视角展开分析。也就是说当私营企业一方愿意参与 PPP 模式时，公私合作模式建设公租房项目的假设成立。

（2）除了政策性补贴力度作为影响效益值的主要因素，其他因素如风险等均在收入与建设成本以及费用确定之初已经考虑，后续研究中不再列入讨论范围。从而将效益与收入、成本、费用以及政策性补贴力度之间的关系简化为线性关系。

（3）设定作为参照基准的普通租赁性住房项目与公租房项目规模相同、经营期限相同，使列入讨论范围的各项量值指标更具有直观对比性。

6.3.2 参数的设定

假设私营企业运营公租房项目的租金收入记为 R，则 A 类和 B 类 PPP 模式下的租金收入分别用 R_A 和 R_B 表示。

政府对参与公租房项目的私营企业一方的政策性补贴力度记为 P，那么 A 类 PPP 模式下的政策性补贴力度为 P_A，B 类 PPP 模式下的政策性补贴力度为 P_B。P 的取值范围满足 $0 < P < 1$，P 值越大表示政府对私营企业的政策性补贴力度越大。政策性补贴力度表示在 PPP 模式下，政府向私营企业提供的政策优惠和保障，这类优惠会影响私营企业在建设项目时的一部分投资成本，从而降低建设投资[7]。

项目建设总投资记为 C，其中，不受政府鼓励政策影响的部分记为 C_1，受影响的部分记为 C_2，相当于在 PPP 模式下将建设投资分成受政策鼓励影响会变小的部分和不受影响的完全市场调节部分，$C = C_1 + C_2$。政策性补贴力度 P 作为 C_2 的调整系数对 C_2 在建设投资中的实际大小进行调整，$0 < P < 1$ 意味着政策性补贴力度一定是令 C_2 减小的，通过降低建设投资达到鼓励私营企业参与 PPP 模式的效果，也就是说 PPP 模式下私营企业承担的实际建设总投资 $C = C_1 + P \times C_2$。A 类 PPP 模式下的建设总投资为 C_A，不受政府鼓励政策影响的部分为 C_{A1}，受影响的部分为 C_{A2}；B 类 PPP 模式下的建设总投资为 C_B，不受政府鼓励政策影响的部分为 C_{B1}，受影响的部分为 C_{B2}。

私营企业经营项目总的运营与维护成本为 M，两类模式下的运营与维护成本分别用 M_A 和 M_B 表示。

当私营企业运营项目需要向政府租赁时，租赁成本为 L，只有 B 类 PPP 模式下产生租赁费用，用 L_B 表示，租赁项目所需支付的租金数额由公私双方协商决定，是一个常数。

私营企业在项目中获得的经济效益为 J，则两类 PPP 模式下的经济效益分别为 J_A、J_B，经济效益由租金收入减去项目建设投资和运营与维护成本求得。

投资回报率为 r，两类 PPP 模式下的投资回报率分别用 r_A 和 r_B 表示，r 值等于项目租金收入与建设投资之比。

将私营企业参与普通租赁住房能够获得的租金收入记为 R_0，建设总投资为 C_0，且有 $C_0 = C_1 + C_2$。投资回报率为 r_0，则私营企业建设运营普通租赁住房时能够获得的投资回报率 $r_0 = \dfrac{R_0}{C_0} = \dfrac{R_0}{C_1 + C_2}$。

6.3.3　数学模型构建

根据效益值、投资额，以及政府补贴、费用和收入之间最简单的线性关系，列出函数模型，并模拟以下两种情况进行深入分析。判定何种情况下的哪种 PPP 模式能够适用于公租房项目建设。

（1）首先对 DBFO 和 BOOT 两种模式代表的 A 类 PPP 模式进行讨论，即合同期限内私营企业具有公租房项目的所有权。这类模式下的建设总投资 $C_A = C_{A1} + C_{A2} \times P_A$。

应用此类模式私营企业一方的经济效益函数为：

$$J_A = R_A - M_A - (C_{A1} + C_{A2} \times P_A) \tag{6-1}$$

受到政府政策性补贴支持的影响，私营部门参与公租房项目的投资回报率为：

$$r_A = \frac{R_A}{C_{A1} + C_{A2} \times P_A} \tag{6-2}$$

令 $r_A = r_0$，即 $\dfrac{R_A}{C_{A1} + C_{A2} \times P_A} = \dfrac{R_0}{C_1 + C_2}$，得到 $P_A = \dfrac{R_A(C_1 + C_2)}{R_0 \times C_{A2}} - \dfrac{C_{A1}}{C_{A2}}$。

普通租赁住房项目中，根据市场条件，其租金收入与建设投资成本都是确定的。公租房项目下，政府会限制私营企业经营时的租金收入，也就是限定公租房的出租价格，从而确保项目对中低收入人群的保障性。另外，私营企业建设项目会对项目的经济可行性进行检验，预算企业在项目中最可能的投资价格和运营费用。所以当租金收入、建设投资成本、运营与维护费用确定时，就能求解政策性补贴力度 P_A。此时的 P_A 表示公租房项目下的政策性补贴力度达到 $P_A = \dfrac{R_A(C_1 + C_2)}{R_0 \times C_{A2}} - \dfrac{C_{A1}}{C_{A2}}$ 时，私营企业在公租房项目中的投资回报率与在普通租赁型住房项目中的投资回报率相同。

私营部门在经营公租房项目时，由于受保障性住房的相关政策和制度影响，其租金要比经营普通租赁住房低，所以只有在政府的补贴高于某一个数值时，私营部门才会愿意放弃经营普通的租赁性住房，而选择参与公租房项目。也就是 $r_A \geq r_0$ 时，公租房项目才会对私营部门更具有吸引力，即 $P_A \geq \dfrac{R_A(C_1 + C_2)}{R_0 \times C_{A2}} - \dfrac{C_{A1}}{C_{A2}}$ 时，私营部门参与公租房项目在经济上才是可行的，公私双方参与 A 类 PPP 模式建设公租房项目能够实现。一旦 $P_A < \dfrac{R_A(C_1 + C_2)}{R_0 \times C_{A2}} - \dfrac{C_{A1}}{C_{A2}}$，私营企业一方就会不愿意参与 PPP 模式建设公租房项目，即 A 类 PPP 模式将不再适用于公租房项目。

（2）然后对 BLOT 和 DBTO 两种模式代表的 B 类进行讨论，即合同期限内私营企业不具有项目所有权，而且私营企业只有向政府支付一定的租金才能获得项目的经营权。这类 PPP 模式下的建设总投资 $C_B = C_{B1} + C_{B2} \times P_B$。由于这类模式下私营企业需要向政府多支付租赁费用，所以其经济效益除了减去建设投资成本和运营维护费用之外，还应该减去租赁费用；而且，私营企业对政府的租金支付在运营项目之前，相当于初始投资的一部分，那么这种情况下，投资回报率应该是租金收入比建设投资与租金投入之和。

应用此类模式私营企业一方的经济效益函数为：

$$J_B = R_B - M_B - (C_{B1} + C_{B2} \times P_B) - L_B \qquad (6-3)$$

受到政府政策性补贴支持的影响，私营部门参与公租房项目的投资回报率为：

$$r_B = \frac{R_B}{C_{B1} + C_{B2} \times P_B + L_B} \qquad (6-4)$$

令 $r_B = r_0$，即 $\dfrac{R_B}{C_{B1} + C_{B2} \times P_B + L_B} = \dfrac{R_0}{C_1 + C_2}$，得到 $P_B = \dfrac{R_B(C_1 + C_2)}{R_0 \times C_{B2}} - \dfrac{C_{B1} + L_B}{C_{B2}}$。

同理，B 类 PPP 模式下，公租房项目下的政策性补贴力度达到 $P_B = \dfrac{R_B(C_1 + C_2)}{R_0 \times C_{B2}} - \dfrac{C_{B1} + L_B}{C_{B2}}$ 时，私营企业在公租房项目中的投资回报率与在普通租赁型住房项目中的投资回报率相同。

当 $r_B \geq r_0$ 时，公租房项目才会对私营部门更具有吸引力，即 $P_B \geq \dfrac{R_B(C_1 + C_2)}{R_0 \times C_{B2}} - \dfrac{C_{B1} + L_B}{C_{B2}}$ 时，私营部门参与公租房项目在经济上才是可行的，也就是说当政府的补贴力度大于等于 $\dfrac{R_B(C_1 + C_2)}{R_0 \times C_{B2}} - \dfrac{C_{B1} + L_B}{C_{B2}}$ 时，公私双方参与 B 类 PPP 模式建设公租房项目能够实现。一旦 $P_B < \dfrac{R_B(C_1 + C_2)}{R_0 \times C_{B2}} - \dfrac{C_{B1} + L_B}{C_{B2}}$，私营企业将不愿意参与 PPP 模式建设公租房项目，也就是 B 类 PPP 模式将不再适用于公租房项目。

6.3.4　两类 PPP 模式比选

确定两类 PPP 模式的适用条件之后，进一步探讨两类 PPP 模式之间的比选关系，即 $r_A \geqslant r_0$ 且 $r_B \geqslant r_0$ 时，私营企业选择哪一类模式能获得更高的经济效益。

通过分析四种 PPP 模式的合同期限范围，为使不同 PPP 模式下的各项参量值更具对比性，可以假定同一公租房项目，两类 PPP 模式下的运营期限相同。同样，为简化函数模型，使参数之间的关系更明确，可以认为经营期限相同的情况下，政府要求私营企业能获得的租金收入 R 相同，有 $R_A = R_B$；私营企业采用不同类型 PPP 模式经营同一公租房项目时总的运营与维护成本是相同的，即 $M_A = M_B$。

令 $J_A = J_B$，可得：

$$R_A - M_A - (C_{A1} + C_{A2} \times P_A) = R_B - M_B - (C_{B1} + C_{B2} \times P_B) - L_B \quad (6-5)$$

将 $R_A = R_B$，$M_A = M_B$ 代入等式两边，得到 $C_{B2} \times P_B - C_{A2} \times P_A = C_{A1} - C_{B1} - L_B$，此式的实际意义表示，当 B 类 PPP 模式与 A 类 PPP 模式受政府补贴力度影响部分的建设成本之差等于两者不受政府补贴力度影响的建设成本之差减去 B 类租赁费用时，私营企业一方采用这两类模式参与公租房项目建设所能得到的经济效益是相同的。等式右边涉及的不受政策性补贴力度影响的建设投资成本、B 类模式下的租赁费用以及等式左边受政策性补贴力度影响的建设投资成本理论上都是常数，所以根据此等式能够得到两类 PPP 模式下政策性补贴力度之间的比选关系。$J_A = J_B$ 代表一种临界状态，即两类 PPP 模式的经济效益是一致的。

当 $J_A > J_B$ 时，即 $C_{B2} \times P_B - C_{A2} \times P_A > C_{A1} - C_{B1} - L_B$ 时，选择 A 类模式更优，也就是说这种情况下私营企业应该选择 DBFO 模式或 BOOT 模式。

反之，$J_A < J_B$ 时，有 $C_{B2} \times P_B - C_{A2} \times P_A < C_{A1} - C_{B1} - L_B$，这种情况下选择 B 类模式，即 BLOT 模式或 DBTO 模式更优。

6.4　模 拟 分 析

6.4.1　项目概况

政府计划在 K 市建设一个新的公租房项目，旨在保障该市存在的中低收入群体的住房困难问题。项目建在该市的近郊区，总建筑面积约 13.6 万平方米，容积率在 2.2 左右。项目包括高层、小高层以及单身公寓等多种住房类型，涵盖一室、两室等户型，单套住房的建筑面积在 40~80 平方米。政府为鼓励社会资本参与保障性住房项目，激发私营企业推广公私合作模式的积极性，同时也为了提高项目质量和运营管理的专业性，拟采用 PPP 模式建设此公租房项目，并从 A、

B 两类模式中选择。假设不考虑政策性补贴时，建设此种规模的住房项目所需的建设总投资为 9.86 亿元。

不同类型的 PPP 模式下受政策性补贴影响的建设投资与不受影响的建设投资所占数额不同，一般情况下，由于 A 类模式下，政府将合同期限内的公租房项目所有权按照合同规定移交给私营企业，也是鼓励私营企业积极参与公租房项目的激励行为，可将其看作一种特殊的政策性补贴，并且 B 类模式下私营企业会另外向政府支付租赁费用以获得项目的特许经营权，如果政府在建设投资上的补贴力度不够，私营企业就不会愿意多支付这项费用去参与此类模式建设，综合上述两点主要原因，A 类模式下私营企业受政策性补贴力度影响的建设投资比 B 类模式下的要低；政府向私营企业开放特许经营期限为 25 年，总的运营与维护成本为 1.2 亿元；租金收入受保障性住房政策影响平均 30 元/平方米，则总的租金收入为 12.24 亿元。表 6-2 表示分别采用 A 类 PPP 模式和 B 类 PPP 模式建设公租房项目时的租金收入、建设投资、运营与维护成本以及租赁费用的具体取值情况。

表 6-2　　　　　　　　　　　两类 PPP 模式参量取值　　　　　　　　单位：万元

PPP 模式　　　收入与支出	租金收入 R	建设总投资 C		运营与维护成本 M	租赁费用 L
		C_1	C_2		
A 类（DBFO、BOOT）	122400	63200	35400	12000	0
B 类（BLOT、DBTO）	122400	47800	55800	12000	9600

假设私营企业在 K 市建设一项与此公租房项目规模相同的普通租赁性住房时，那么建设总投资为 9.86 亿元，经营期限为 25 年时，运营与维护成本 1.2 亿元，租金收入 16.32 亿元。那么得到私营企业经营普通租赁性住房项目的投资回报率 $r_0 = \dfrac{1632}{986} \times 100\% = 165.52\%$。

6.4.2　PPP 模式比选与评价

（1）由项目概况和 PPP 模式下的参量取值表得到 A 类 PPP 模式的投资回报率 $r_A = \dfrac{1224}{632 + 354P_A} \times 100\%$，若想要私营企业参与此种模式，需要保证最低投资回报率 $r_{Amin} = r_0$，否则私营企业一定会偏向选择普通租赁性住房项目。

由 $\dfrac{1224}{632 + 354P_A} \times 100\% = 165.52\%$ 计算，可得 $P_A = 0.3036$。

首先，该政策性补贴力度临界值满足 $0 < P_A < 1$，与最初对政策性补贴力度的定义相符。

以上求解说明：当政府补贴力度达到 0.3036 时，私营企业一方才开始愿意参与 A 类 PPP 模式建设公租房项目。那么，当 $P_A > 0.3036$ 时，相比于建设普通租赁性住宅项目，私营企业一定会优先选择公租房项目，也即政策性补贴力度大于等于 0.3036 时，A 类 PPP 模式适用于公租房项目建设。

（2）同理，由项目概况和 PPP 模式下的参量取值表得到 B 类 PPP 模式的投资回报率 $r_B = \dfrac{1224}{478 + 558P_A + 96} \times 100\%$，政府若欲吸引私营企业参与此种模式，需要保证最低投资回报率 $r_{B\min} = r_0$，否则私营企业一定会偏向选择普通租赁性住房项目。

由 $\dfrac{1224}{478 + 558P_B + 96} \times 100\% = 165.52\%$ 计算，可得 $P_B = 0.2966$。

首先，该政策性补贴力度临界值满足 $0 < P_B < 1$，同样与最初对政策性补贴力度的定义相符。

以上求解说明：当政府补贴力度达到 0.2966 时，私营企业一方才开始愿意参与 B 类 PPP 模式建设公租房项目。那么，当 $P_B > 0.2966$ 时，相比于建设普通租赁性住宅项目，私营企业一定会优先选择公租房项目，也即政策性补贴力度大于等于 0.2966 时，B 类 PPP 模式适用于公租房项目建设。

（3）假设现在 A、B 两类 PPP 模式均适用，即同时满足 $P_A \geqslant 0.3036$ 和 $P_B \geqslant 0.2966$，那么私营企业会从两类模式中选择能获得更高经济效益的一类。A 类 PPP 模式的经济效益值 $J_A = 122400 - 12000 - (63200 + 35400 \times P_A) = 47200 - 35400P_A$，B 类 PPP 模式的经济效益值 $J_B = 122400 - 12000 - (47800 + 55800 \times P_B) - 9600 = 53000 - 55800P_B$。

令 $J_A = J_B$，即 $47200 - 35400P_A = 53000 - 55900P_B$，经求解可得 $279P_B - 177P_A = 29$。

该等式表示，在 $P_A \geqslant 0.3036$ 且 $P_B \geqslant 0.2966$ 的条件下，当两类 PPP 模式的政策性补贴力度满足 $279P_B - 177P_A = 29$ 的关系时，私营企业采用这两类 PPP 模式所能获得的经济效益是相同的，此时私营企业选择任意一类 PPP 模式均可。

当 $J_A > J_B$，即 $279P_B - 177P_A > 29$ 时，选择 A 类 PPP 模式建设公租房项目更优，此时私营企业获得的经济效益更高。

当 $J_A < J_B$，即 $279P_B - 177P_A < 29$ 时，选择 B 类 PPP 模式建设公租房项目更优，此时私营企业获得的经济效益更高。

以上分析过程表明，该模拟项目下，A 类 PPP 模式的政策性补贴力度 $P_A \geqslant 0.3036$，私营企业将愿意采用 A 类 PPP 模式建设公租房项目；B 类 PPP 模式的政策性补贴力度 $P_B \geqslant 0.2966$，私营企业将愿意采用 B 类 PPP 模式建设公租房项目。

$P_A \geqslant 0.3036$ 和 $P_B \geqslant 0.2966$ 均满足，则由两类 PPP 模式政策性补贴力度之间的关系进行比选。政府提出的政策性补贴力度满足 $279P_B - 177P_A = 29$ 时，DBFO、

BOOT、BLOT、DBTO 四种模式任一种均同等适用；当 $279P_B - 177P_A > 29$ 时，A 类模式更适用；当 $279P_B - 177P_A < 29$ 时，B 类模式更适用。

6.5 研 究 结 论

在我国保障民生的各种政策支持以及社会"夹心层"住房问题日益凸显的客观环境要求下，对比传统的政府投资建设模式，PPP 模式应用于公租房项目必然成为我国保障性住房建设的一种趋势。不同的政策性补贴力度下适用的 PPP 模式有所不同。

公共租赁住房项目 PPP 模式比选的数学模型设计建立在相关假设基础上，许多影响因素并没有列入讨论范围。实际上，如何将更多的影响因素列入讨论范围，建立更加科学、可靠的数学模型，对公租房项目的 PPP 模式选择做出深入研究等方面的问题都有待于进一步的改进与完善。如何将 PPP 模式下的特许权期限问题、合同期内项目所有权问题等内容纳入研究范围，建立相关评价模型是将来 PPP 模式在公租房项目应用领域研究的一个重要方向。

参 考 文 献

［1］贺建清，舒莉芬. 城市夹心层群体住房保障问题研究［J］. 价格理论与实践，2011 (3)：39 - 30.

［2］高鹏程. PPP 模式：背景、问题及推广途径［J］. 地方财政研究，2014（9）：18 - 22.

［3］Idelovitch E. ，Ringskog K. ，Private Sector Participation In Water Supply and Sanitation in Latin America［R］. Washington，D. C.：The World Bank，1995.

［4］杨卫华，王秀山，张凤海. 公共项目 PPP 模式选择路径研究——基于交易合作三维框架［J］. 华东经济管理，2014，28（2）：121 - 126，176.

［5］倪铭娅. 六部门鼓励地方运用 PPP 推进公租房建设［N］. 中国证券报，2015 (A02)，2015 - 05 - 23.

［6］王景森. 运用 PPP 模式促进保障房建设的建议［EB/OL］. 全球政务网：http://www. govinfo. so/news_info. php？id = 40045，2014 - 11 - 02.

［7］罗寅. 我国公共租赁房建设融资模式研究［J］. 社会科学家，2013（1）：70 - 74.

保障性住房项目 BOT 模式选择研究：以公租房为例[*]

7.1 引　　言

保障性住房是政府为收入较低、住房困难的公民提供的低租金住房。采用 BOT 模式建设保障性住房能有效改善保障性住房资金缺口大的状况，稳定社会经济发展。BOT 即建设—运营—移交，是指政府将保障性住房项目特许给企业承包建设，企业在特许经营期内经营并向使用者收取一定费用，期满后无偿转让给政府。BOT 还有多种衍生模式，常用的有四种：BT、BOO、BOOT、TOT。BT 即建设—移交，是指政府将保障性住房项目交给企业承包建设，政府验收合格后支付整个项目总投资并加合理回报。BOO 即建设—拥有—经营，即政府将保障性住房项目特许给企业承包建设，企业在经营期内经营并向使用者收取一定费用，但是并不将保障性住房项目转交给政府。BOOT 即建设—拥有—经营—移交，是指企业经政府同意建设保障性住房项目，在特许经营期内拥有经营权和所有权，期满后移交给政府。TOT 即移交—经营—移交，是指政府将已建立的保障性住房的一定经营权有偿转让给企业，企业在特许经营期内向使用者收取一定费用，期满后移交给政府。本研究所指 BOT 模式选择包括 BOT 及其演变形式。

对保障性住房 BOT 模式的研究一直是学术界的热点。李德正[1]分析了 BOT 模式在我国公租房建设的适用性，并借鉴国际经验提出政策建议。王力明[2]等以博弈模型为基础，以特许经营期和租金为决策变量，探讨了 BOT 融资模式在我国公租房建设中的可行性，建立了政府和社会资本的投资决策模型，找出公租房难以吸引民间资本的原因并给出相关激励政策。方珊珊、吴慧等[3]基于蒙托卡罗模拟模型，对 BOT 模式下公租房盈利的影响因素进行了分析。得出影响公租房盈利的主要因素，并从成本和收入两个角度给予相关政策建议。汤薇和吴海龙[4]

* 作者：陈立文，杜泽泽。原载于《管理现代化》2017 年第 5 期。

基于政府角度，构建融资效益模型比较了 BOT 和 BOO 模式。建立了两种模式下融资效益的计算步骤，以煤矿项目分析两种模式下融资效益产生差异的原因并给出相关结论。高华丽、闫建[5]对 BOT 模式下的公租房定价进行了研究。

可见现有研究主要针对保障性住房 BOT 模式的适用性和可行性进行分析，定量研究主要集中在 BOT 模式下保障性住房的定价研究、特许经营期研究等，缺乏针对保障性住房项目下 BOT 细分模式的定量选择研究。因此，本研究采用定量分析，分别构建年均净现值和融资效率对保障性住房多种 BOT 模式进行选择研究，并以公租房为例，选取适用于公租房的 BOT、BOO、BT 模式进行实例验证。

7.2　决策指标构建

7.2.1　企业选择指标

在财务投资决策中被广泛使用的指标是净现值和内部报酬率。但是对于项目计算期不同的互斥方案进行投资决策时，净现值和内部报酬率有时会得到完全相反的结论，使投资决策复杂化。保障性住房项目 BOT 模式选择是初始投资额相同，项目计算期不同的互斥方案的选择，比较净现值和内部报酬率可能会出现相反的结论。因此本研究采用年均净现值选择最优方案。年均净现值指标反映项目的年均净收益，指标值越大，方案越优。

$$NAV = \frac{NPV}{(P/A, \ i, \ n)} \tag{7-1}$$

净现值和年金现值系数计算如下：

$$NPV = \sum_{t=1}^{n} \frac{CI - CO}{(1+i)^t} \tag{7-2}$$

$$(P/A, \ i, \ n) = \frac{1 - \frac{1}{(1+i)^n}}{i} \tag{7-3}$$

把式（7-2）、式（7-3）代入式（7-1）可得 NAV 计算公式为：

$$NAV = \frac{i \sum_{t=1}^{n} \frac{CI - CO}{(1+i)^t}}{1 - (1+i)^{-n}} \tag{7-4}$$

式中 NAV：年均净现值；NPV：净现值；　（P/A, i, n）：年金现值系数；CI：项目资金流入；CO：项目资金流出；（CI - CO）：第 n 年净现金流量，i：项目基准收益率。

从企业角度看，保障性住房项目采用多种 BOT 模式时，其资金流入主要来自房租和相应配套设施的收入。资金流出主要是开发建设费用、运营成本、相关税费等投资成本。因此，对于企业来说，其年均净现值计算如下：

$$\text{NAV} = \frac{i\left(\sum_{t=1}^{n} \dfrac{Rs + r_n Sp - C_1 - C_2 - C_3 - C_4}{(1+i)^t} - Ic\right)}{1 - (1+i)^{-n}} \qquad (7-5)$$

式中 Ic：建造房屋的初始投资额；Rs：配套商业等设施年收入；r_n：保障性住房租金（元/平方米/年）；S：保障性住房面积；p：入租率；C_1：项目开发建筑成本，C_2：每年运营成本，C_3：每年税费，C_4：每年其他费用支出；（Rs + r_nSp − C_1 − C_2 − C_3 − C_4）：第 t 年净现金流量。

通过文献查阅与研究，公租房常用的 BOT 模式有三种，分别是 BOT、BOO、BT。公租房采用这三种模式具体运作构成见表 7 − 1。

表 7 − 1　　　　　　　　　　公租房三种模式运作模式比较

模式	运行	投资收益	投资成本
BOT	企业负责公租房建设资金的筹集和项目建设，在协议期内进行运营，协议期结束后无偿转让给政府	特许经营期的租金收入、配套设施年收入等现金流入	建设期与特许经营期的现金流出。如开发建设成本、运用成本等
BOO	企业负责公租房建设资金的筹集和项目建设，可以一直运营，按一定比例返现	按比例返现后的企业经营期现金流入	经营期的现金流出
BT	企业负责公租房建设资金的筹集和项目建设，并在项目完工经验收合格后立即移交给政府。政府分期向企业支付相关款项	政府分期款项流入	建设期的现金流出

公租房作为典型的租赁型保障性住房，设置名义租金 r_a、实际租金 r_b。差额由政府提供。假设项目的建设期相等。BOT 模式下公租房项目分为建设期、企业特许经营期和政府经营期三个阶段，分别设为 t_1，t_2，t_3；BOO 模式下公租房项目分为建设期和企业经营期两个阶段，分别设为 t_1，t_4，其中 $t_4 = t_2 + t_3$，一般为 70 年。BT 模式下公租房项目分为建设期和政府经营期两个阶段，分为设为 t_1，t_5，其中 $t_5 = t_4 = t_2 + t_3$；期末项目无残值。设公租房初始投资总成本为 Ck，在建筑期一次投入，每年运营成本为 Cm 固定不变，特许经营期的税费为 TAXm，由于政府会提供税收优惠，假定税费不变；其他相关费用不计。假定每年的配套商业收入一定。BOO 模式下返还比例为 k，BT 模式下政府每年支付金额为 Cbt，支付 t_{bt} 年，由政府与企业协商。三种模式的年均净现值分别为 NVA$_{\text{BOT}}$、NVA$_{\text{BOO}}$、NVA$_{\text{BT}}$，则三种模式下年均净现值计算如下：

$$\text{NAV}_{\text{BOT}} = \frac{-Ck + (Rs + r_a Sp - Cm - TAXm) \times (P/A,\ i,\ t_2) \times (P/F,\ i,\ t_1)}{(P/A,\ i,\ t_1 + t_2)}$$

$$(7-6)$$

$$NAV_{BOO} = \frac{-Ck + (Rs + r_aSp - Cm - TAXm)(1 - k) \times (P/A,\ i,\ t_4) \times (P/F,\ i,\ t_1)}{(P/A,\ i,\ t_1 + t_4)}$$

$$(7-7)$$

$$NAV_{BT} = \frac{-Ck + Cbt \times (P/A,\ i,\ t_{bt}) \times (P/F,\ i,\ t_1)}{(P/A,\ i,\ t_1 + t_{bt})} \tag{7-8}$$

$$(P/A,\ I,\ n) = \frac{1}{(1+i)^n} \tag{7-9}$$

三种模式随各自变量的变化如图 7-1~图 7-3 所示。由图可以看出，BOT 模式下的年均净现值与特许经营期正相关，随着特许经营期的增加，年均净现值增加。BOO 模式下年均净现值与返还比例负相关，随着返还比例的增加，年均净现值减少。BT 模式下，政府开始会和企业协商支付总价款，所以每期支付金额的现值之和不变。即当政府每期支付金额增加时，相应支付时间减少。可以看出，年均净现值随着政府支付时间的增加或者支付金额减少而减少。

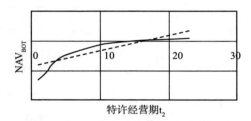

图 7-1 NAV_{BOT} 随特许经营期变化

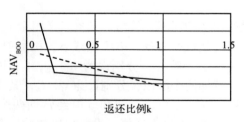

图 7-2 NAV_{BOO} 随返还比例变化

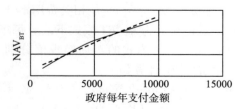

图 7-3 NAVBT 随政府每年支付金额变化

7.2.2　政府选择指标

对于保障性住房项目，只要项目达成，政府的效用就达到最大，但是，在同样效用下，政府会选择使其支出最小化的模式，因此，本研究利用融资效率指标来衡量方案的优劣。融资效率是指政府在保障性住房项目建设中达到的融资效果。一般是指收益成本比：

$$融资效率 = \frac{收益}{成本} \qquad (7-10)$$

保障性住房项目在几种 BOT 模式下对于政府而言，其收益主要是从企业、项目经营期获得的收益，支出主要是房租补贴，支付企业相关款项。于是政府的融资效益计算为：

$$保障性住房 BOT 模式下政府融资效率 = \frac{政府从企业、项目等获得的收益}{政府财政补贴、项目支出等相关支出} \qquad (7-11)$$

公租房采用三种 BOT 模式对政府融资效率影响构成见表 7-2。

表 7-2　　　　　　　　公租房 BOT 模式下政府融资效率构成

模式	融资收益	融资成本
BOT	企业交付项目残值	房租补偿、土地成本等合计现值
BOO	企业按一定比例返还的现金流入现值	房租补偿、土地成本等合计现值等
BT	企业交付项目现值	房租补偿、土地成本、每年支付企业建设费等合计现值

对于公租房项目，假设政府免费提供用地，除房租补偿，支付企业建设费外无其他支出，则三种模式的融资效率计算为：

$$公租房 BOT 模式融资效率 = V_{BOT} = \frac{项目残值现值}{房租补偿现值} \qquad (7-12)$$

$$公租房 BOO 模式融资效率 = V_{BOO} = \frac{政府获得比例现金流现值}{房租补偿现值} \qquad (7-13)$$

$$公租房 BT 模式融资效率 = V_{BT} = \frac{项目交付现值}{房租补偿现值 + 支付企业建设费现值} \qquad (7-14)$$

公租房 BOT 模式下项目残值计算采用简便算法，为政府经营期项目的现值，计算为：

公租房 BOT 模式项目残值 $= (Rs + r_aSp - Cm - TAXm)$
$$\times \left[(P/A,\ i,\ t_2 + t_3) - (P/A,\ i,\ t_2) \right] \times (P/F,\ i,\ t_1) \tag{7-15}$$

公租房 BOO 模式下政府获得比例现金流现值和 BT 模式下项目现值计算如下：

公租房 BOO 模式下政府获得比例现金流现值 $= (Rs + r_aSp - Cm - TAXm)k \times$
$$(P/A,\ i,\ t_4) \times (P/F,\ i,\ t_1) \tag{7-16}$$

公租房 BT 模式项目现值 $= Cbt \times (P/A,\ i,\ t_{bt}) \times (P/F,\ i,\ t_1) \tag{7-17}$

政府的房租补偿为名义租金减去实际租金部分，且房租补偿在整个项目存续期间进行，所以三种模式下房租补偿现值相等为：

$$政府房租补偿现值 = (r_a - r_b) \times (P/A,\ i,\ t_4) \times (P/F,\ i,\ t_1) \tag{7-18}$$

BT 模式下支付企业建设费等于公租房在 BT 模式下的转移现值。

7.3　基于 NAV 和融资效率的公租房 BOT 模式选择

政府与企业进行模式选择时存在博弈关系，此时会出现两种情况：一种是企业要求必须达到应有利润率，政府为了实现公租房建设，在此基础上选择最优模式；另一种是政府要求必须满足其一定效率，企业在此情况下做出决策。

7.3.1　确定基准收益率

确定基准收益率 i 常用的有资本定价法和加权平均法，本研究将综合考虑两种方法确定基准收益率：

（1）CAMP 资本定价法。

$$I = I_f + \beta(I_m - I_f) \tag{7-19}$$

式中，I 表示基准收益率；I_f 表示无风险收益率，根据三年期存款利率与同期债券利率孰高得到。β 为资产 I 的系统风险，通过调查房地产行业，一般取值为 1，I_m 为市场组合风险系数，可根据近 5 年国内生产总值增长率取平均值得到。

（2）WACC 加权平均资本成本定价法。

$$I = I_E \frac{E}{E+D} + I_D(1-T) \frac{D}{E+D} \tag{7-20}$$

式中，I_E：股权成本；E：股权资本；D：债务资本；I_D：债务成本；T：企业所得税税率；E + D：总资本。式中除 I_E 外都能根据企业财务结构确定。I_E 的确定需结合资本定价模型和 M&M 理论确定。本研究采取陶全军提供的方法进行计算[6]。

根据 CAMP 理论，可得以下结论：

$$I_D = I_f + \beta_D(I_m - I_f) \tag{7-21}$$

$$I_E = I_f + \beta_E(I_m - I_f) \tag{7-22}$$

根据 M&M 理论可得：

$$\beta_u = \beta_D\left[\frac{D(1-T)}{E+D(1-T)}\right] + \beta_E\left[\frac{E}{E+D(1-T)}\right] \tag{7-23}$$

$$\beta = \beta_u \tag{7-24}$$

式中，β_u 表示无财务风险的权益资本系统风险，联立公式（7-21）、公式（7-22）、公式（7-23）、公式（7-24）可以得出股权成本 I_E，代入式（7-20）可以得到基准收益率。

（3）平均值法。

取上述两种方法平均值并加上房地产行业通货膨胀率为最终基准收益。

7.3.2　基于政府角度的 BOT 模式选择

对于不同的方案，企业与政府的收益不同，方案的优劣也不同，当政府与企业进行协商时，会存在博弈。政府会选择三种方案对于企业来说效益一样时的最优战略。即假定 $NAV_{BOT} = NAV_{BOO} = NAV_{BT}$。政府的融资效率计算步骤如下：

第一步，把上面确定的最终基准收益率作为企业净现值折现率。

第二步，确定企业利润率 R。

根据房地产行业历年数据进行估测，求出房地产行业的行业利润率，以此表示企业要求的利润率。

第三步，确定特许经营期 t_2。

特许经营期对企业在公租房 BOT 建设的投资收益有很大影响，根据我国有关规定，BOT 项目的特许经营期不得超过 30 年。确定公租房 BOT 模式下特许经营期是一个复杂的工作，文本采用简便算法，计算企业净现值达到企业期望利润率的特许经营期 t_2，即：

$$
\begin{aligned}
CkR &= NPV_{BOT} \\
&= -Ck + (Rs + r_aSp - Cm - TAXm) \times (P/A, i, t_2) \times (P/F, i, t_1)
\end{aligned}
\tag{7-25}
$$

$$t_2 \leqslant 30 \tag{7-26}$$

结合公式（7-25）、公式（7-26）可以确定企业特许经营期。

第四步，$NAV_{BOT} = NAV_{BOO} = NAV_{BT}$，求出返还比例和返还金额现值。返还期限由政府和企业协商确定取值。

$$NAV_{BOT} = \frac{CkR}{(P/A, i, t_1 + t_2)} \tag{7-27}$$

$$NAV_{BOT} = NAV_{BOO} = NAV_{BT} \tag{7-28}$$

把 i，t_2 代入式（7 -27），求出 NAV_{BOT}，再联立公式（7 -28）、公式（7 -8）、公式（7 -9），可以求出返还比例和返还金额现值。

第五步，计算公租房三种模式下政府融资效率。把上述求出相关值分别带入式（7 -15）、公式（7 -16）、公式（7 -17）、公式（7 -18），求出公租房 BOT 模式项目残值、公租房 BOO 模式政府获得比例现金流现值、公租房 BT 模式项目现值和政府房租补偿现值。再把求得的值代入式（7 -12）、公式（7 -13）、公式（7 -14），分别求出三种模式下政府效率的大小，比较大小，确定政府最佳选择。

7.3.3　基于企业角度的 BOT 模式选择

企业在博弈的时候，会考虑三种模式都满足政府的要求效益，进而选择适合自己的最佳模式。政府对公租房采用 BOT 三种模式，只要公租房建立起来了，就实现了效用最大化，所以只要保证政府在三种模式下效率一样，就可以满足政府需求，进而选择最利于企业的模式。即假定 $V_{BOT} = V_{BOO} = V_{BT}$。企业年均净现值的计算如下：

第一步，采用式（7 -25）和式（7 -26）确定的特许经营期 t_2，保证两种情况下特许经营期一致。

第二步，利用已知条件计算房租补偿现值；把 t_2 代入式（7 -15）求出 BOT 模式下项目残值；把所得结果代入式（7 -12），求得公租房 BOT 模式下政府融资效率 V_{BOT}。根据假设，可知：

$$V_{BOT} = V_{BOO} = V_{BT} \tag{7 -29}$$

联立公式（7 -29）、公式（7 -13）、公式（7 -14）、公式（7 -18），可得公租房 BOO 模式下政府获得比例现金流现值和公租房 BT 模式下的项目交付现值即政府支付企业建设费现值。

第三步，把第二步所得，分别代入式（7 -16）和式（7 -17），得出 BOO 模式下企业返还比例，BT 模式下政府每年支付金额。支付年限同样取 50 年。

第四步，把上述所求相关值代入式（7 -6）、公式（7 -7）、公式（7 -8），求出企业三种模式下的年均净现值，比较大小，选择最优方案。

7.4　案　例　分　析

H 市拟建立公租房项目 B，工程项目的初始投资额为 240000000 元。此时贷款利率为中国人民银行发行五年期以上贷款利率 4.9%，项目融资利息成本比一般同等条件公司贷款高出 1%。企业所得税 25%，政府给予项目税金优惠，使税金保持 8960000 元不变。企业政府约定假若采用 BT 模式，政府分期 50 年，自项目收付起结算。BOO 模式下期末项目无残值。项目基本情况和项目资金结构如表 7 – 3 和表 7 – 4 所示。

7.4.1 确定基准利率

（1）三年期存款利率为 2.75%，三年期债券利率为 3.8%，所以无风险收益率 If 取 3.8%。通过计算 2012 ~ 2016 年我国国内生产总值增长率平均值，得到 I_m 为 7.3%。所以基准收益率为：

$$I = 3.8\% + 1 \times (7.3\% - 3.8\%) = 7.3\%$$

（2）根据项目公司情况，容易得知 I_D 为 5.9%，计算出 B_D 为 0.6，B_E 为 1.2，I_E 为 8%，所以基准收益率为：

$$I = 0.6 \times 8\% + 0.4 \times 5.9\% \times (1 - 25\%) = 6.57\%$$

（3）由于是政府项目，且收入与投入以不变数值进行，所以不考虑通货膨胀。最终基准收益率为：

$$I = \frac{7.3\% + 6.57\%}{2} = 6.9\%$$

表 7 – 3 公租房项目基本情况

公租房项目	总建筑面积（万 m²）	单位建设成本（元/m²）	运营成本（元/年）	税金（元/年）	名义租金（元/m²/年）	配套商业收入（元/m²/年）	实际租金（元/m²/年）
6	4000	10000000	8960000	384	432	240

表 7 – 4 项目资金结构 单位：%、千万元

总造价	股本资金		债务资金	
	所占比例	金额	所占比例	金额
24000	60	144	40	96

7.4.2 政府和企业公租房 BOT 模式选择

在企业方案优选一致下，第一步确定企业净现值折现率 i 为最终基准收益率 6.9%；第二步确定企业利润率 R 为 10%；第三步计算特许经营期 t_2 为 18 年；第四步计算出的 BOO 模式下企业现金返还比例 k 为 0.28，BT 模式下政府每年支付金额 Cbt 为 2219.91 元；第五步计算出 BOT 模式下政府融资效率为 1.02，BOO 模式下政府融资效率为 0.97，BT 模式下政府融资效率为 0.71。因为 1.02 > 0.97 > 0.71，所以政府应该选择 BOT 模式。

在政府方案优选一致下，第一步确定特许经营期同为 18 年；第二步计算出

三种模式下政府融资效率同为 1.02；第三步计算出 BOO 模式下返还现金比例为 0.29，BT 模式不可能达到这么高的融资效率，不作为优选模式；第四步计算出 BOT 模式和 BOO 模式下的企业年均净现值为 224.72 和 191.77。因为 224.72 > 191.77，所以企业应选择 BOT 模式。

7.5　结论与建议

通过研究表明，保障性住房项目下年均净现值和政府效率可以分别作为企业与政府进行多种 BOT 模式的选择指标，影响选择结果的因素主要有特许经营期、返还比例、政府每年支付款项和支付年限的确定。基于企业角度，特许经营期的增加会使 BOT 模式处于优势地位；企业现金返还比例的减少会使 BOO 模式处于优势地位；政府每年支付金额的增加和支付年限的减少会使 BT 模式处于优势地位。基于政府角度，特许经营期的减少会使 BOT 模式处于优势地位；企业现金返还比例的增加会使 BOO 模式处于优势地位；政府每年支付金额的减少和支付年限的增加会使 BT 模式处于优势地位。所以政府在保证企业要求利润率的情况下要考虑多方面因素选择融资效率最大的具体 BOT 类模式，同时政府也可以在保证自身融资效率的同时，加长 BOT 模式特许经营期、减少 BOO 模式现金返还比例、缩短 BT 模式的支付期限来吸引企业进行保障性住房投资建设。根据上述研究与结论，提出以下几点政策建议。

第一，选择与政府目的相关的具体 BOT 模式。政府建设保障性住房的目的是帮收入较低、住房困难的居民解决居住问题，因此，只要保障性住房建成了，政府的效用即达到最大化。在此基础上，政府可以选择使其支出最小化的具体 BOT 模式，但是不代表政府的目的是最大化其盈利，有时为了达成与企业之间的合作，减少财政压力，政府可以不必选择支出最小化的具体 BOT 模式。

第二，完善相关政策法规。BOT 模式被我国引入已久，但是相关政策法规仍不健全，缺少针对 BOT 项目的专项立法，在出现争议时无法可循、无法可依。为了避免上述情况再次出现，应加快相关政策法规立法步伐，完善保障性住房相关政策，提高立法层次，界清政府职能，细化条文内容，为我国的保障性住房 BOT 模式的规范化、法律化奠定基础。

第三，建立严格准入机制。我国保障性住房是为收入较低、住房困难的居民准备的。并且保障性住房数量有限，往往供不应求，为了保障公平公正，要建立严格的准入机制。严格审核准入的家庭条件，防止虚报、造假、变相销售等情况出现，提高保障性住房利用率，确保其真实分配到需要的家庭中去。

第四，采用科学方法促进社会资本进行投资。保障性住房项目因其租金低的特点，很难吸引社会资本进行投资，因此就需政府采取相关措施吸引社会资本进行投资，比如合理分担风险，给予土地优惠、税金优惠等相关政策优惠，盘活公积金等。促进社会资本进行投资，政府的财政压力会相应减少，BOT 多种模式才能得以进行。

参 考 文 献

［1］李德正．浅析利用 BOT 融资方式建设公共租赁住房［J］．经济与社会发展，2010，(8)：8 - 11．

［2］王力明，刘方强，代建生．公共租赁房 BOT 融资模式的博弈决策分析［J］．经济问题探索，2011（9）：42 - 45．

［3］方珊珊，吴慧．基于蒙托卡罗模拟的 BOT 模式下公租房盈利的影响因素分析——以浙江省某高校人才公租房项目为例［J］．特区经济，2013（11）：211 - 213．

［4］汤薇，吴海龙．基于政府角度的 PPP 项目融资效益研究——以 BOT 与 BOO 模式为例［J］．科研管理，2014（1）：157 - 162．

［5］高华丽，闫建．BOT 模式下公租房租金定价研究［J］．价格理论与实践，2015（1）：58 - 60．

［6］陶全军．建设项目财务基准收益率确定方法浅析［J］．会计之友（中旬刊），2010（9）：58 - 61．

公租房融资租赁创新模式可行性研究[*]

8.1 引 言

2013 年中国户籍人口城镇化率为 36% 左右，《国家新型城镇化规划 2014～2020 年》报告中预测，到 2020 年中国户籍人口城镇化率将达到 45% 左右，年均提高 1.3% 个百分点。2016～2020 年，中央需落实 1 亿左右"新城市人口"城镇定居落户的目标，年均转"新城市人口"约 1600 万人。这 1 亿"新城市人口"主要由农村进城打工人员和农村出生的大学生毕业后在城镇就业、居住的人口组成。

这些人群落户城市面临最大的阻碍就是住房问题。2015 年 11 月四川省进行了关于四川进城务工人员生活问题的调查报告，报告中数据显示进城打工者中超过一半的人员选择不考虑将农村户口转为城镇户口，其主要原因之一就是房价过高。调查显示，51% 的人员表示基本住房保障是他们认为进城务工人员成为"新城市人口"最急需解决的问题。国土资源部和住房和城乡建设部两部委 2017 年 4 月发布《关于加强近期住房及用地供应管理和调控有关工作的通知》中明确指出，特大、超大和其他住房供求矛盾突出的热点城市，要增加公租房建设，扩大公租房保障范围，解决"新城市人口"的住房问题。

相比较而言，公共租赁住房制度，是解决这 1 亿"新城市人口"住房的有效保障方式。公租房主要通过政府支持，解决新高校毕业生和其他住房困难群体住房问题的保障性住房，通过限定户型面积和租金标准，解决"新城市人口"住房困难的住房保障方式。一方面，这部分人群很难以高昂的费用去承担商品住房。另一方面，廉租房是政府对具有本市城镇户口的、家庭困难的低收入人群提供的住房保障，不适合"新城市人口"群体。

---

* 作者：陈昭翔，陈立文。原载于《河北经贸大学学报》2018 年第 1 期。

我国已投资建设的大部分公共租赁住房的融资模式，基本上与新加坡公共组屋模式相似。模式以政府为主，融资资金以政府财政划拨为主要来源，来自社会资本的部分较少，通常政府还给予一定的补贴来保障公积金项目的正常运营。具体来讲，由地方政府下设地方保障性住房公司，向银行进行借款建设，以地方政府财政资金进行还款或者担保。国务院〔43〕号文中明确规定：地方政府不允许在融资平台公司中从事投融资活动。因此，地方政府通过设立融资平台进行保障性住房融资的模式被明文禁止，应建立由政府通过政策引导、鼓励社会资本参与和具体运营管理模式实行市场运作的创新公租房发展模式，实现公租房建设的可持续发展。

20世纪70年代以来，国外的金融产品不断创新，给各国保障性住房建设的融资难题提供了新的解决路径，融资模式具体有：房地产信托基金REITS、公私合作关系PPP、融资租赁。PPP融资模式在1997年被英国相关政府机构首次提出后被广泛地为大家所接受。爱德华兹（P. J. Edwards，2005）等学者深入研究了保障性住房PPP模式的风险问题。哈里斯（Clive Harris，2003）以亚洲地区正处于经济发展中阶段为研究背景，具体分析了经济建设的资金需求与银行储蓄存款居高的相互关系，认为信托投资方式会使项目建设方的资金得到有效流动，吸引社会闲散资金进行投资，获取相关收益。美国学者大卫·李在著作中分析国际统一私法协会公约下的金融租赁，通过比较，人为融资租赁应用于政府公益项目具备一定的优势，认为在公益项目领域里，它是具有比较优势的金融手段，但是需加以约束和限制，设置门槛标准，才能更好地发挥其优势。

目前，国内关于保障性住房融资问题的研究，特别是公租房方面比较集中在PPP、REITS等融资模式，关于融资租赁模式的可行性研究鲜有涉及。李正伟（2013）分析了重庆以政府财政资金为主的公租房融资模式后，发现以政府财政资金为主的公租房融资模式的资金缺口依然很大，因此建议尝试公租房的REITS模式。何杰锋（2014）等也发现了仅依托地方政府的财政资金进行公租房建设的融资难度确实很大，通过广州公租房的案例测算REITS模式的收益情况，得出结论建议推广公租房的REITS模式，并从法律、政府支持角度提出相关建议。肖忠意等（2014）再次关注到重庆的公租房模式，分析了在重庆引入REITS公租房模式的真实案例，对已有的和新建的REITS公租房项目的方案设计进行分析，提出在REITS到期日时可出售一定比例的住宅用于募集回购资金。

贾康（2011）明确提出了在公租房领域构建PPP模式，具体分析在PPP操作中选择BOT模式的优势，相对来讲，政府投入资金较少，具体的建设和管理由社会资本承担，有利于加快公租房整体建设的进度。谢恒等（2015）从PPP模式政府和企业的权利和义务的角度更加细化了公租房的PPP模式，分为政府提供土地和不提供土地两种情况下的九种模式，并在该模式下的风险管理中特别提到政府信用风险问题，政府划拨的土地和给予的税收优惠措施执行情况的问题。楼望赟（2016）从社会资本的角度重新对公租房的 PPP 模式进行了可行性分析，在新建、已有、扩建公租房的不同情况下，PPP 可选择不同的操作模式，除了 BOT 模式外，还有 TOT、LBO 等。

近几年，天津市出台了支持在不动产领域进行融资租赁业务，开展售后回租回购业务的相关鼓励政策。例如房屋通过融资租赁模式出售和回购的，免除权属转移登记时的交易手续费，予以鼓励支持房地产领域的融资租赁模式。不动产销售的税率与不动产租赁服务均是 11% 这一政策在 2016 年财政部 36 号文中明确提出。上述这些文件的规定从法律角度明确了融资租赁业务可以以房屋权属、土地作为租赁物，具体来讲，融资租赁模式在不动产领域已有成功案例，渤海租赁按照融资租赁协议，从天保投资手中购买天津保税区投资服务中心大楼，再出租给天津港保税区管理委员使用。融资租赁业务同时也涉及了很多公益性基础设施项目比如道路、管道交通等领域，但是在保障性住房领域尚未涉及，本研究以天津某房地产项目数据为参考依据，对公租房融资租赁模式进行可行性研究。

8.2　融资租赁公租房模式设计

我国国土面积广、人口众多，特别是城镇化建设中"新城市人口"的人数较多，新加坡模式已不再适应中国国情。2015 年财政部出台政策，鼓励社会资本进入公租房建设领域，解决公共租赁住房建设一直面临的融资难问题。本研究借鉴以住房金融体系支撑为主导的美国模式，鼓励金融机构或其他社会资金进入公共租赁住房融资领域，探索从单一政府供给向以政府为主导的多元融资所转变的模式，设计了基于融资租赁的公租房运作模式。文中提到的金融机构泛指可运用融资租赁模式进行项目融资的金融机构，房地产公司为具有保障性住房建设、运营资质的地产公司。

模式一：政府、金融机构、房地产企业等多方参与的公租房建设与运营。国有房地产公司承租公租房和负责具体的运营管理，通过向金融机构分期付租金的方式获取"租赁管理权"，从租户那收取租金获得最终收益。金融机构成为保障房建设的出资方、名义上的所有者。政府负责设计整体模式框架，定期估算和调整公共租赁住房租金价格，对公共租赁住房建设及运营情况进行质量监督，但政府不参与具体的运营管理，特别是对保障性住房项目公司不再提供资金担保或承诺。

模式二：金融机构收购存量商品住房项目或债务清晰的停工未完成建设项

目进行公租房改造，前提条件是必须符合公共租赁住房要求。房地产公司以融资租赁方式承租，由商品住房改为公租房项目，政府部门在具体操作过程中进行评估、监督。因为是已有房地产项目，公司以融资租赁的方式盘活资产，原房地产项目所有权者以固定资产的方式出售给金融机构转化为货币资本，融资租赁公司再回租给新保障性住房开发企业，可将融资租赁期限设定为 25 年甚至延至 30 年。模式二并不适合采用融资租赁模式中的售后回租方式，因为开发、运营保障性住房的公司应具备一定的资质，原房地产开发商并不一定符合条件要求。

融资租赁公司的收购政策由政府引导、公司负责，符合市场盈利的原则确定收购价格。收购基于两个条件：规划所在区域交通便利，医院、学校等基本配套设施在当下或者在未来规划中配套齐全；住房情况应符合公共租赁住房标准。地方政府还需给予一定的住房补贴，比如租户租金补贴来保障该模式的市场收益回报。如果此模式可行，一方面可以解决房地产市场"去库存"的难题，另一方面为"新城市人口"提供住房保障。

8.3　可行性分析

融资租赁根据其自身优势、特性适合做长线投资项目，适合占压资金时间较长、投资资金回收周期较长的公租房项目。公租房的利润主要来源于持续稳定的租金收入，但因为其收益率较低，对企业尤其是社会资本吸引力不够是目前的主要问题之一。本研究通过案例分析，对两种基于融资租赁模式的公租房资金运作模式进行分析，对其可行性进行经济测算。

8.3.1　案例简介

以天津市某公租房房地产项目的数据为参考，项目主要由住宅和商铺两部分组成，总建筑面积为 108825 平方米，项目全部投资基准收益率为 8%。美国公租房租金一般低于市场租金价格的 20%～50%，北京按低于周边租金的 20%～30% 进行公租房租金的定价，在广州、重庆等城市，公租房租金价格通常按市场租金价格的 60% 左右定价。因此，公租房的价格初步定于低于周边房租的 30%～50%。参考案例公租房部分总建筑面积为 98025 平方米，平均租金 25 元/（月/平方米），案例中商铺部分建筑面积 10800 平方米，商铺价格定位 45000 元/平方米。如表 8-1、表 8-2 所示，支出成本主要为建设成本、运营管理成本、销售成本，公租房融资租赁模式一、模式二中企业主要收入来源为公租房的租金和商铺的出售。

表 8 - 1   公租房部分经济测算

公租房部分	单位：元/平方米
1. 开发成本	
（1）建安成本	2419
（2）配套建设费	306
（3）其他费用	94
2. 管理费用	153
3. 摊销费用	153
4. 税费	542

表 8 - 2   商业部分经济测算

商铺部分	单位：元/平方米
1. 开发成本	
（1）建安成本	2520
（2）配套建设费	320
（3）其他费用	98
2. 管理费用	159
3. 销售费用	350
4. 税费	590

8.3.2　模式一的可行性分析

模式一：新建公共租赁住房。一是可以通过融资租赁方式购置新建住房建设用地，交付政府的租金收入可以纳入政府性基金预算管理。二是可以通过地方政府划拨建设用地用于公共租赁住房项目，地方政府可以以土地作价入股方式注入项目公司，但不参与具体的运营管理，对公租房项目拥有经营管理的监督权和资产的最终处置权，土地的购置成本并不列入收益的计算中。

模式一中，金融机构通过融资租赁直接融资的方式进行投资，再以租赁的方式转租给房地产公司，房地产公司按首付投资比例为40%，利率按6%的九折进行计算，每年应支付给融资租赁公司租金1785万元。单独通过收取租金收回投资成本需25年左右，在建设期后商铺用于出售，企业在8~10年即可收回全部投资。

表 8 - 3　　　　　　　　　　**模式一　财务分析**　　　　　　　　单位: 万元

	收入	支出
公租房租金收入	73518	
商铺出售	48600	
建设运营成本		40305
支付金融机构租金		44632
车位收入	5400	
总计剩余收入	43581	

对参照企业运用内部收益法, 进行财务报表分析。金融机构获得约 5% 的利息收入, 房地产企业按 25 年经营期进行盈利能力分析, 如果以运营期为 25 年进行计算, 如表 8 - 3 所示, 公租房租金收入总计 73518 万元, 商铺出售约 48600 万元, 支出建设成本总计 40305 万元, 租金支出总计 44632 万元, 剩余收入总计 43581 万元。

如表 8 - 4 所示, 公租房项目如果没有商业配套的出售企业内部收益率约为 0, 商铺开发的销售周期为 6 ~ 8 年, 商铺的销售收入加上配建车位收入, 企业投资此项目的内部收益率 IRR 为 8%。融资租赁模式承租人即企业可从应纳税收中将提旧费扣除, 减少一定的应纳所得税, 加上政府支持融资租赁发展推出的优惠政策, IRR 将达到略高于 8% 的水平, 收益可观, 高于 8% 的基准值, 财务净现值在租赁期结束时为 591 万元。

表 8 - 4　　　　　　　　　　**模式一　房地产企业财务分析**

	公租房项目	增加红利政策
内部收益率	8%	高于 8%
投资回收期	8 ~ 10 年	8 年左右

模式一中, 将租赁经营权设为 25 年, 租赁经营权的长短对企业的收益是有一定影响的, 租赁经营权大于 25 年, 企业的收益净现值不断增加, 如果将房地产企业的租赁经营权延长到 30 年, 项目的内部收益率可达 9% 左右。

综上可知, 基于融资租赁新建公租房建设模式从经济角度考虑是可行的。相比传统政府代建模式, 模式一中, 地方政府无须再进行资金投资, 大大减轻了其财政压力, 同时也无须对具体的运营管理过多参与, 大大减轻了其管理压力, 以土地入股的方式也获得了一定的租金收益。金融机构通过融资租赁方式将具体的经营管理权租赁给了房地产企业, 获得稳定的 "打包租金", 获取相应的利息收益。房地产企业通过安全可靠、收益稳定的租金收入及其他收入, 可以获得相对有吸引力的稳定收益。在一二线城市，融资租赁模式赋予了承租人具体租赁经营权，可以以低成本租赁的模式解决大批"新城市人口"的短期住房问题。

8.3.3 模式二的可行性分析

模式二：购置商品存量房。2016 年，我国以家庭为单位平均拥有住房已接近 1.1 套，存在着一定程度的空置住房问题，形成了"一部分人没房"和"很多住房空着"并存的现实困境。对正处于城镇化建设快速发展中的中国，这是一个急需将房地产住房供求关系平衡问题解决的时期。2017 年 1 月 10 日国家发改委相关领导在新闻发布会上表示，目前房地产主要的矛盾是一二线城市的高房价，去库存是三四线城市需要面临的问题。

模式二的主要设计思路是将现有的商品住房，通过重新规划，改为公租房来集中解决"新城市人口"的住房问题。以北京为例，为深化供给侧改革，进一步加强市场调控，北京 2017 年将市保障中心持有的朝阳区马泉营项目 300 套和大兴区高米店项目 100 套房源，总计 400 套房源，拿出 30% 也就是 120 套左右给"新北京人"实施配租。模式二在租赁合同结束时房地产公司可以进行购置并重新按商品房进行出售。

另外，可以考虑将现有的商品住房通过改建，改造为适合于公租房标准的出租住房。进行可行性分析，仍以天津某房地产项目中的一些数据为参考样本。

商品房通常都是 90 平方米左右的两室和 120 平方米左右的三室，因此将现有的商品房改建为符合公租房标准的 60 ~ 70 平方米的两室及 40 ~ 50 平方米的一室，需预计增加住宅改建预算 600 元/平方米。模式二，金融机构通过融资租赁直接融资的方式进行投资，再以租赁的方式转租给房地产公司，房地产公司首付投资比例为 40%，利率按 6% 的九折进行计算，每年应支付租金 2045 万元。在建设期后出售商铺，参与企业在 8 ~ 10 年即可收回全部投资。

对参照企业通过内部收益法，进行财务报表分析。金融机构获得约 5% 的利息收入，企业按 25 年经营期进行盈利能力分析，如果以运营期为 25 年进行计算，如表 8 - 5 所示，公租房租金收入总计 73518 万元，商铺出售约 48600 万元，支出建设成本总计 46187 万元，租金支出 51125 万元。

表 8 - 5　　　　　　　　　　　模式二　财务分析

	收入（万元）	支出（万元）
公租房租金收入	73518	
商铺出售	48600	
建设运营成本		46187

	收入（万元）	支出（万元）
支付金融机构租金		51125
车位收入	5400	
总计剩余收入	30206	

公租房项目加上商铺的销售与配建车位收入内部收益率 IRR 为 6%，考虑政策红利因素，内部收益率会略高于 6%，但是采用模式二的方式资金运作方式成本过高，收益净现值为负，小于模式一的收益，对房地产企业不具备吸引力，优势不足（见表 8 - 6）。

表 8 - 6 模式二 房地产企业财务分析

	公租房项目	增加红利政策
内部收益率	6%	高于 6%
投资回收期	8 ~ 10 年	8 年左右

综上可知，通过分析，模式二改建商品房为公租房的方式较大地增加了开发成本，收益净现值为负，总体运行方式并不理想，从商业盈利角度考虑是缺乏吸引力的。但是，此模式仍为三四线城市房地产去库存提供了一个解决思路，如果可以对公租房开发企业的其他商业地产项目的税收予以减免，整体上平衡房地产公司收益情况，以此吸引企业参与商品房改建为公租房的发展建设。另外，可以考虑在租赁经营期结束的时候，房地产开发商以一定的价格重新将项目进行收购、销售，购置选择权是融资租赁模式在租赁期结束时拥有的购置权利，是融资租赁自身的优势之一。

8.4 结 论

通过政府与社会资本各自发挥其优势，将政府的保障性住房完成目标和社会资本的运营效率相结合，逐步建立"融资租赁负责融资、新城市人口租房、政府负责政策红利、企业进行经营管理"的新型公共租赁住房模式。融资租赁模式相比传统政府代建模式，可以改善政府的债务结构，降低政府的债务规模，在公租房的发展建设中，可以考虑将一定数量的公租房定性为棚户区改造过渡房，为棚户区改造工程的建设提供保障。

本研究借鉴了房地产融资租赁模式的相关经验，探索了基于融资租赁模式的两种公租房资金运作模式，可行性分析以天津某房地产项目为例，总结认为：模式一在商业配套和税费减免、政府补贴租金的基础上，提升了利润空间，如果政府给予一定的政策红利，比如美国在 20 世纪 90 年代曾出台鼓励政策：房地产企业如投资建设保障性住房，达到一定规模数量的，工程造价 4% 的税费政府将予以减免。这些鼓励政策会进一步提高保障性住房的盈利率，内部收益率可达8%，对融资租赁企业和房地产公司具有一定的市场吸引力。

模式二通过将商品房改建公租房的模式增加了开发成本，可行性从商业收益的角度考虑是不可行的，但是如果考虑对参与公租房建设的房地产公司其他项目的税收减免或在经营租赁期结束时重新收购、销售住房，模式二对企业还是具备一定吸引力的，但具体的措施、方法及可行性分析需要作进一步的深入研究。

雄安新区在国家京津冀的发展战略下将推动建设成为中国的硅谷，在一些高科技企业及高校迁入的情况下，将不再大面积开发商品房，基本上是国家提供的公租房，融资租赁模式凭借其自身的"租赁"特性为雄安新区的公租房发展建设提供了新的融资模式，为京津冀地区乃至全国的公租房建设提供了新的思路。

参 考 文 献

［1］何元斌，王雪青．创新我国保障性住房的融资模式研究［J］．经济问题探索，2013（1）：29 – 35.

［2］石薇，王洪卫，谷卿德．公租房建设资金可持续运作研究［J］．城市问题，2014（12）：70 – 77.

［3］肖忠意，刘炼．我国公租房融资模式探究［J］．价格理论与实践，2014（6）：87 – 89.

［4］刘颖，马泽方．破解保障性住房融资瓶颈之策：REITs 模式［J］．河北经贸大学学报，2011（9）：35 – 39.

［5］楼望赟．保障性安居工程 PPP 模式的可行性研究——从社会资本的角度［J］．经营与管理，2016（8）：134 – 137.

［6］李正伟，马敏达，马智利．有限合伙型 REITLS 在公租房中的应用研究——以重庆为例［J］．经济体制改革，2013（2）：140 – 144.

［7］何杰锋，潘洋．广州公租房建设利用 REITLS 融资的可行性研究［J］．财会月刊，2014（2）：55 – 57.

［8］贾康，孙洁．运用 PPP 机制提供廉租房和公租房的建议［J］．中国财政，2011（15）：43 – 45.

［9］杨赞，沈彦皓．保障性住房融资的国际经验借鉴：政府作用［J］．现代城市研究，2010（9）：8 – 12.

［10］谢恒，汤永鸿，单海鹏．中国保障性安居工程 PPP 融资模式研究［J］．经济问题，2015（6）：61 – 65.

［11］周京奎. 我国公共住房消费融资模式及绩效分析［J］. 河北经贸大学学报，2010（3）：40 – 46.

［12］高勇. 政策性住房金融模式的国际比较及借鉴［J］. 国际金融，2015（8）：71 – 77.

［13］高广春. 棚户区改造的融资媒式研究——基于中国辽宁的案例分析［J］. 财贸经济，2014（2）：66 – 74.

［14］李静. 保障性住房资金绩效审计研究？——以某市为例［J］. 财政研究，2014（11）：23 – 27.

［15］A. Akintoye, P. J. Edwards, C. Hardcastle. The Allocation of Risk in PPP Construction Projects in UK［J］. International Journal of Project Management, 2005（1）：25 – 35.

［16］Gibb, K. , Trends and Change in Social Housing Finance and Provision with in the European Union［J］. Housing Studies, 2010（2）：325 – 336.

［17］Philippe Thalman. Identification Households which Need Housing Assistance［J］. Urban Studies, 2005（10）：54 – 61.

［18］C. Harris, Private Participation in Infrastructure in Developing Countries［J］. World Bank Publications, 2003（3）：1 – 60.

▶▶▶ 第二部分

住房供应体系相关问题研究

基于住房支付能力视角的保障房准入标准研究：思路、方法与案例[*]

1.1 引　　言

目前，我国已经建立了针对不同收入群体的住房保障体系。其中，低收入家庭的住房问题由廉租房和公租房解决，中等收入家庭的住房问题由经济适用房和限价房解决，而高收入家庭的住房问题则由商品房来解决。[1]尽管限价房、经济适用房、公租房和廉租房等保障房在一定程度上解决了部分中低收入家庭的住房困难问题，但保障房政策在运行过程中也存在着准入门槛与房价过高的问题，导致符合申请条件却无能力支付现象层出不穷。例如，2014 年北京某地段相邻的商品房和限价房销售价格分别为 2.2 万元/平方米和 2.1 万元/平方米，两者仅相差 1000 元/平方米[2]；2013 年东莞由于廉租房准入门槛和租金相对价格过高，加上房屋所处地段偏远，导致九成房源无人问津。[3]

上述现象表明，我国各地区针对保障房的准入标准研究缺乏科学的设计，导致符合条件的申请人无能力支付或有能力支付但不是"真正的"保障对象等问题的时常发生。因此，科学设计各层次保障房的准入标准是提高保障效率和效果的关键，是一项急迫需要解决的现实问题。笔者认为，限价房和经济适用房等产权型保障房应当有一定的盈利空间，而公租房和廉租房等租赁型保障房则应持"盈亏平衡"的思想，让政府有充足的资金投入到更多的保障房建设中来，以覆盖更多的中低收入住房困难家庭。这就需要从销售价格和租赁价格等价格视角出发，并考虑申请者的住房支付能力问题来科学设计保障房的准入标准问题。

* 作者：刘广平，陈立文。原载于《中国行政管理》2016 年第 4 期。

1.2 文 献 回 顾

1.2.1 住房支付能力的内涵

笔者将住房支付能力的内涵归纳为以下几种观点：第一种观点将住房支付能力定义为一个家庭购买或租赁住房的交易能力。[4]但此定义并没有考虑家庭交易住房后的其他生活支出问题。例如，某家庭用所有储蓄支付了某住房的首付资金，且家庭全部动态收入用于偿还按揭贷款，尽管此家庭达到了住房交易的目的，但交易住房后严重影响到了家庭的正常生活运营问题。第二种观点将住房支付能力界定为家庭能够支付住房支出的同时又能满足其他基本生活支出的能力。[5]这种观点兼顾考虑了家庭住房支出和生活支出两种因素，但由于受家庭消费观念、家庭人口数量和健康状况等因素的影响，家庭基本生活支出存在着个体性差异，难以找出一个确定住房支付能力的统一标准。第三种观点则将住房支付能力视为人们对自身住房情况的社会和物质体验。[6]此观点反映了每个家庭在收入约束下平衡实际或潜在住房成本与非住房支出时所面临的挑战，认为支付能力并不是住房的特征，而是住房与公民之间的关系。

鉴于各个家庭在收入、消费和储蓄等方面存在着差异，住房支付能力只有细分到各个收入群体才有意义，并需要采用科学的住房支付能力测度方法来获悉家庭在住房方面是否存在着困难。

1.2.2 住房支付能力测度方法

（1）房价收入比。联合国人居署发布的《城市指标工具包指南》中将房价收入比定义为：一套居住单元中的自由市场价格与中位家庭年收入的比值。[7]房价收入比的计算公式为：

$$PIR = \frac{MedPrice}{MedIncome} = \frac{AP \times AF}{n \times AY}$$

其中，PIR 代表房价收入比；MedPrice 和 MedIncome 分别表示中位数价位的住房价格和家庭年收入的中位数；AP 和 AF 分别表示中位数价位的住房平均单价和中位数价位的住房平均面积；n 和 AY 分别代表家庭平均人数和家庭人均收入。值得注意的是，家庭年收入并不是指家庭年可支配收入，它涉及家庭从所有途经获得的总收入，包括工资、奖金、非正式部门活动收入和销售的实物收入等各种收入。

然而，房价收入比测度方法存在着以下几个方面的问题：一是未考虑购房者可能面临的金融约束、未控制住房存量随时间发生的质量变化以及忽视了决定月还款额的首付款和利率等其他住房成本部分[8]；二是我国许多学者在计算房价收入比时，采用的是住房平均价格和家庭年平均收入，脱离了房价收入比内涵的本质；三是由于统计数据的限制，我国中位数价位的住房价格和家庭年收入的中位数难以获得；四是由于买到中位数房价的购房者较少，运用中位数房价和收入来计算房价收入比难以真实反映所有购房者的住房支付能力水平；五是由于我国与其他国家相比，无论在房价、收入还是消费等方面均存在着差异，致使房价收入比不具有可比性。[9]

（2）住房支付能力指数。住房支付能力指数在一定程度上弥补了房价收入比方法考虑因素不全面的不足，能够动态反映住房家庭的支付能力大小与变化。[10]住房支付能力指数的计算公式如下：

$$HAI = \frac{Income}{PMT}$$

$$PMT = P(1 - \alpha)\frac{i(1 + i)^{12n}}{(1 + i)^{12n} - 1}$$

其中，HAI 为住房支付能力指数；PMT 为家庭购房每月还款额；P 为中位数价位的住房市场价值；Icome 为家庭月收入的中位数；α 为首付比例；i 为贷款月利率；n 为贷款年限。

与房价收入比一样，住房支付能力指数也是采用指标数据的中位数来计算而得出的，难以反映出每个购房者的住房支付能力水平。另外，采用住房支付能力指数来判断购房者是否具有支付能力时，通常是以购房者购买中位数住房价格时还贷金额占家庭收入的某一比例为分界点来判断的，如果高于此比例，意味着购房者存在支付能力问题，反之则不存在支付能力。由于国家与国家以及地区与地区在物价和消费习惯等方面存在着差异，因此需要以情景化方式获取合理的家庭购房贷款偿还额占家庭月收入比例数值。

（3）剩余收入法。剩余收入法的核心思想是：如果家庭的可支配收入减去家庭维持生活的最低消费支出后的余额不能满足住房消费的最大支付额，表明家庭的住房消费超过了承受的标准，存在"住房引致贫困"。[11]可用数学表达式来阐述剩余收入法的内涵，如果：

$$Income < P \times HA^* + NH^*$$

则表明购房家庭存在着住房支付能力困难问题。

其中，Income 表示家庭收入；P 表示住房价格；HA^* 表示标准住房面积；NH^* 表示家庭最低非住房支出额。

剩余收入法充分考虑了收入群体和家庭类型，且兼顾了住房消费的社会标准和主观性。[12]但剩余收入法是以标准住房来测算家庭住房支付能力的，购房者可通过购买小于标准住房的方式来提高自身的住房支付能力。而且由于受家庭结构和消费水平的不同，不同收入群体的基本生活支出差异较大，导致难以给出一个科学的最低非住房生活消费预算数值，进而难以普适性地反映所有购房者的住房支付能力水平。

综上所述，三种方法均存在着各自的优点和缺陷。若以平均数值来计算房价收入比，其思想大致与采用平均数值来计算住房支付能力指数相同。剩余收入法只是给出了家庭收入不得小于住房支出和基本生活支出的总和，住房支付能力指数则从住房支出与家庭收入两个因素着手探讨住房支付问题。但住房支付能力应当全面考虑家庭收入水平、消费水平和储蓄水平等多个因素[13]，且应当考虑家庭收入超过准入标准后是否还有能力继续租赁或购买不同更高层级的保障房。然而，现实情况则是申请到较低层级保障房的家庭，当收入超过了准入界限后，仍旧没有能力申请较高层级的保障房。[14]因此，现有研究需要科学界定保障房准入标准，以保证不同收入水平的家庭能够享受到不同层级的住房保障政策。

1.2.3　保障房准入标准研究

保障房准入标准的研究多是采用定性分析方法对如何完善保障房准入机制给出对策建议。例如，李欣欣给出了完善保障性住房准入机制的对策。[15]但文章对如何科学设定保障房准入标准未给出相应的测算方法；巴曙松指出我国保障房准入考核方面存在着家庭收入标准确定合理性不足的问题，导致出现"应保的未保、不应保的却被保了"的现象[16]，并建议采用剩余收入法来确定保障房准入标准。[17]但文章并未结合实例来展示如何应用此方法以及应用后的效果问题。魏丽艳提出了从家庭年收入视角来界定住房困难标准。而且，家庭年收入控制标准应当根据各地经济发展水平、居民收入水平和住房保障范围等情况来界定。[18]然而，文章没有给出判断住房困难的具体方法。而且，上面剔除掉的家庭年收入影响着保障房申请对象的住房困难问题，尤其是住房公积金的多少直接决定着申请对象的住房消费能力。

少许学者采用定量分析方法对这一问题进行了尝试探索。"基于家庭收入的保障性住房标准研究"课题组以厦门为例，在界定"中低收入组"的基础上，利用格点映射法识别出保障性住房的准入标准，并结合"按年人均收入限值"指标，将家庭组别按人口细分，给出了针对不同家庭规模的保障性住房准入标准。[19]然而，由于保障性住房分为产权型和租赁型两种类型，其保障的范围不同，并没有对两种不同类型的家庭收入进行区别性的界定。另外，本研究以厦门市保障性住房保障目标为指引，没有实际考虑申购者是否具有真正的购房或租赁能力的问题。卢媛等运用 Gamma 收入函数拟合方法发现，保障房准入标准与保障规模和居民收入之间存在着函数关系。并将廉租房、经适房和限价房等保障房住房保障规模均界定为 20% 的前提下，以北京市为研究对象，对 2007～2011 年北京市"三房"的保障准入标准进行了分析。[20] 然而，该文章是在明确界定各层次保障房的保障规模前提下来分析保障准入标准问题的，并未实际考虑到保障对象是否具有购买或租赁能力，存在着符合准入条件但无能力购买或租赁的现象出现。

经上述分析可知，现有保障房准入标准研究以定性研究为主，少数定量研究也均存在着部分缺陷，需要采用科学的方法来重新展开深入的研究。本研究将分别对产权型住房和租赁房住房等两种类别的保障性住房的准入标准进行思路设计和案例应用研究，实现申请者在不同层级保障房中有效率地转换。

1.3　保障性住房准入标准设计思路与方法

1.3.1　设计思路

具体设计思路如下所述（见图 1-1）：

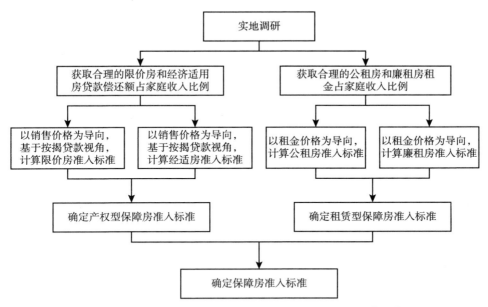

图 1-1　基于住房支付能力视角的保障房准入标准设计思路

（1）以销售价格为导向，确定产权型保障房准入标准。由于保障性住房的覆盖对象为无能力购买市场商品房的家庭，这些家庭完全凭借自身经济实力并不能实现有能力支付产权型保障房，可通过按揭贷款来提升自身的住房支付能力。笔者认为，可借鉴剩余收入法思想，根据特定地区的居民收入水平和消费水平，实地调研获取"合理的"贷款偿还额占家庭收入的比例范围，以保障不影响居民的正常生活水平。具体来讲，基于按揭贷款视角，兼顾考虑限价房和经济适用房的实际价格，计算出两种类型房屋的保障覆盖范围。其中，限价房的保障覆盖范围上限为产权型保障房的覆盖范围上限；经济适用房覆盖范围的下限为产权型保障房的覆盖范围下限。

（2）以租赁价格为导向，确定租赁型保障房准入标准。公租房和廉租房两种租赁型保障房的租金定价不同，其中公租房租金价格略高于廉租房租金价格。与确定产权型保障房保障覆盖范围原理相同，可通过确定"合理的"公租房租金价格占家庭收入比例范围以及"合理的"廉租房租金价格占家庭收入比例范围来界定公租房和廉租房保障覆盖的范围，以保障申请者在租赁房屋后不影响正常的生活水平。其中，通过公租房覆盖范围的上限为租赁型保障房覆盖范围的上限；廉租房覆盖范围的下限为租赁型保障房的覆盖范围下限。

通过运用上述基于住房支付能力视角的保障房准入标准设计思路，可能会存在着保障对象具备同时申请商品房和产权型保障房或产权型保障房和租赁型保障房资格的情形，或具备同时申请同一类型但不同性质保障房资格的情形。这种情形的出现具有以下两个方面的优点：一是保障对象在申请保障房时会有多种选择方式，较之单一选择赋予保障对象较多的保障机会；二是避免保障对象收入条件稍微改善后无能力继续购买或租赁更高层次保障房情形的出现。

1.3.2 研究方法

针对产权型保障性住房，为了扩大住房保障范围，基于按揭贷款视角取首付比例最低值20%和贷款年限最高值30年来计算限价房和经济适用房对应的购买对象家庭收入下限值，即可分别得出产权型保障房准入标准的上限和下限。假设房屋价格为 P_j，房屋面积为 S_j，按揭贷款首付比例为 k，月利率为 i，贷款或租金月偿还额为 a_j，n 为还款期（单位：月），其中 $j=1$ 或 2，分别代表限价房和经济适用房。采用等额还款方式，可通过如下房地产价格模型计算出房屋购买者的家庭贷款月偿还额：

$$P_j \times S_j = k \times P_j \times S_j + \frac{a_j}{1+i} + \frac{a_j}{(1+i)^2} + \cdots + \frac{a_j}{(1+i)^n} \qquad (1-1)$$

式（1-1）的含义为：按揭贷款申请人在交付首付款之后，每月偿还银行一笔固定的资金，直到贷款年限到期截止。可知，房屋价格等于首付款与每月还款额折现之和。

然后，根据调查获得的限价房和经济适用房的贷款月偿还额占家庭月收入合理比例，通过计算公式：

$$r_{jd} \leqslant \frac{a_j}{I_j/12} \leqslant r_{ju} \qquad\qquad (1-2)$$

可计算出产权型保障房准入标准的家庭年收入上限和下限。其中，I_j 为购买第 j 类房屋的家庭年收入，r_{jd} 为购买第 j 类房屋的贷款月偿还额占家庭月收入合理比例下限，r_{ju} 为购买第 j 类房屋的贷款月偿还额占家庭月收入合理比例上限。

针对租赁型保障房，基于租金收入比视角，通过调研可获取特定地区合理的公租房和廉租房租金占家庭收入比例。以租金价格为导向，通过式（1-3）可计算出租赁型保障房准入标准的家庭年收入上限和下限。

$$r_{kd} \leqslant \frac{b_k}{I_k/12} \leqslant r_{ku} \qquad\qquad (1-3)$$

其中，b_k 为第 k 类房屋的月租金额，I_k 为租赁第 k 类房屋的家庭年收入，r_{kd} 为租赁第 k 类房屋的月租金额占家庭月收入合理比例下限，r_{ku} 为租赁第 k 类房屋的月租金额占家庭月收入合理比例上限，k = 3 或 4，分别代表公租房和廉租房。

1.4 案 例 应 用

为了直观地展示本研究所构建的基于住房支付能力视角的保障房准入标准设计思路，在此以天津市为案例，对不同类型的保障房准入标准范围进行界定。

1.4.1 数据收集

（1）调查对象基本信息。为了获取天津地区商品房和产权型保障房的贷款月偿还款额占家庭月收入合理比例以及租赁型保障房月租金占家庭月收入的合理比例，笔者设计了相关问卷，并针对天津地区发放问卷 300 份，回收有效问卷 273 份，有效回收率高达 91%。调查对象基本信息详见表 1-1。调查对象的年龄均在 50 岁以下，其中 35 岁以下的比例占 84.62%。调查对象的学历分布分别为硕士及以上占 46.15%，本科占 46.15%，大中专 2.56% 和高中及以下占 5.13%。调查对象所从事的行业分布在事业单位、民营企业、国有企业、个体经营和政府部门，分别占 12.82%、33.33%、30.77%、17.95% 和 5.13%。53.85% 的调查对象已经购买住房，其中自己购买的商品房比例占 38.46%，自己购买的产权型保障房比例占 23.08%，租赁市场上的住房比例占 25.64%，租赁公租房或廉租房的比例占 12.82%。由于所有的调查对象均已贷款购买房屋或正在租赁房屋。因此，这部分群体对合理的贷款月偿还额占家庭月收入比例以及合理的月租金占家庭月收入比例有较为客观的感受和认知。

表 1 - 1 调查对象基本信息

性别	男	女			
比例	38.46%	61.54%			
年龄	25 岁以下	26~30 岁	31~35 岁	36~40 岁	40 岁以上
比例	33.33%	23.08%	28.21%	10.26%	5.12%
学历	高中及以下	大中专	本科	硕士及以上	
比例	7.69%	14.48%	41.03%	34.80%	
行业	事业单位	民营企业	国有企业	个体经营	政府部门
比例	12.82%	33.33%	30.77%	17.95%	5.13%
住房状况	商品房	产权型保障房	租赁市场上的住房	租赁型保障房	
比例	38.46%	23.08%	25.64%	12.82%	

（2）调查结果。天津地区限价房、经济适用房、公租房和廉租房等不同性质房屋的贷款或租金月偿还额占家庭月收入合理比例的调查结果如表 1 - 2 所示。采用平均法可获取各类房屋贷款或租金月偿还额占家庭月收入合理的下限数值和上限数值。经计算可得，限价房的这一数据下限数值和上限数值分别为 23.24% 和 44.40%；经济适用房的这一数据下限数值和上限数值分别为 16.92% 和 30.59%；公租房的这一数据下限数值和上限数值分别为 12.94% 和 20.62%；廉租房的这一数据下限数值和上限数值分别为 9.36% 和 15.84%。根据上述结果，可采用本研究构建的保障房准入标准设计思路以天津地区为案例进行应用研究。

表 1 - 2 不同性质房屋的贷款或租金月偿还额占家庭月收入合理比例

	下限数值	15%	20%	25%	30%		
限价房	频数	19	99	114	41		
	上限数值	25%	30%	40%	50%	60%	70%
	频数	26	35	73	98	27	14
	下限数值	10%	15%	20%	30%		
经济适用房	频数	54	132	51	36		
	上限数值	15%	20%	25%	30%	40%	50%
	频数	45	36	31	63	61	37
	下限数值	5%	10%	15%	20%		
公租房	频数	6	162	38	67		
	上限数值	10%	15%	20%	25%	30%	
	频数	5	87	88	46	47	

续表

	下限数值	5%	10%	15%	20%		
廉租房	频数	133	79	24	37		
	上限数值	10%	15%	20%	30%		
	频数	101	89	51	32		

1.4.2　天津市保障房准入标准

（1）产权型保障房准入标准。考虑到天津地区整体限价房相关数据的缺失，在此以天津跃丽家园住宅小区的限价房为例，计算其准入标准。2013 年 5 月，此房屋均价为 7400 元/平方米，即 $P_1 = 7400$ 元/平方米，房屋销售面积为 70 平方米，即 $S_1 = 70$ 平方米。已知 $k = 20\%$，$n = 360$，$r_{1d} = 23.24\%$，$r_{1u} = 44.40\%$。根据当时 5 年以上贷款利率 6.55%，可计算出 $i = 0.55\%$。根据式（1-1），可计算出跃丽家园限价房申请者贷款月偿还额为 $a_1 \approx 2657$ 元；根据式（1-2），可计算出跃丽家园限价房的准入标准为 71811 元 $\leqslant I_1 \leqslant$ 137195 元。

由于 2010 年之后的经济适用房数据缺失，在此以 2010 年天津市经济适用房为例来计算保障房准入标准。通过查阅《2011 年中国房地产统计年鉴》可知，2010 年天津经济适用房销售面积为 1661283 平方米，销售套数为 21659 套，销售额为 789768 万元。可计算出经济适用房平均价格 $P_2 = 4754$ 元/平方米，经济适用房平均每套面积 $S_2 = 76.70$ 平方米。已知 $k = 20\%$，$n = 360$，$r_{2d} = 16.92\%$，$r_{2u} = 30.59\%$。选择 2010 年 5 年期以上贷款利率为 0.53%（对应 2010 年 12 月 26 日商业银行 5 年期以上贷款年利率 6.40%，为 2006 年最高贷款利率水平），即 $i = 0.53\%$。根据式（1-1），可计算出经济适用房申请者贷款月偿还款额 $a_2 \approx 1819$ 元，根据式（1-2），可计算出经济适用房的准入标准为 71357 元 $\leqslant I_1 \leqslant$ 129007 元。

通过比较上述限价房与经济适用房的准入标准可知，两组数据存在着交叉部分。家庭收入位于交叉部分的保障对象可同时申请限价房和保障房。

（2）租赁型保障房准入标准。由于天津廉租房的分配形式以租金补贴为主，政府按人发放租金补贴，由保障对象自己去市场租赁住房，因此真实的廉租房租金数据难以获取。在此仅以天津康泽雅园公租房为例，计算其保障准入标准。此公租房平均租金为 20 元/月/平方米。一居室套均 36.9 平方米，二居室套均 50.1 平方米，平均每套 43.5 平方米。可以得出平均月租金 $b_1 = 20 \times 43.5 = 870$（元/月）。已知 $r_{3d} = 12.94\%$，$r_{3u} = 20.62\%$。根据式（1-3），可计算出此公租房的准入标准为 50630 元 $\leqslant I_3 \leqslant$ 80680 元。

通过比较上述经济适用房的准入标准和公租房的准入标准可知，两组数据同样也存在着重叠部分。位于重叠部分的家庭可具有同时申请经济适用房和公租房的权利。同样，廉租房准入标准与公租房准入标准也存在着重叠部分。经上述分析可知，本研究充分考虑到保障对象的住房支付能力；而且，相比较于传统仅以某一准入上限作为准入标准，本研究构建的保障房准入标准思路与方法可扩大保障范围，赋予申请者更多的保障机会。

1.5　政　策　建　议

（1）动态制定保障房准入标准。由于食品、衣着、医疗保健和生活用品等居民消费价格经常存在波动，致使家庭日常基本生活支出存在着一定幅度的变化。考虑到未来新建保障房房屋成本的变化，导致房屋定价也会随之变动。这就需要不断监测贷款月偿还额占家庭月收入以及月租金价格占家庭月收入的合理比例范围，以为针对不同类型保障房动态制定准入标准提供数据支持。另外，还应当根据家庭成员数量的不同，在确保家庭具有住房支付能力的前提下确定保障房的套型面积。

（2）根据各地区实际情况合理规划各类型保障房供给数量。各类型保障房的供给数量要针对各自的保障覆盖范围内保障对象数量与已经拥有住房的保障对象数量之间的缺口来确定。具体来讲，可通过本研究给出的保障房准入标准设计思路和方法，结合各地区实际情况界定出各类保障房的家庭收入覆盖范围，各地方政府通过审查处于每类家庭收入覆盖范围内符合条件的家庭数量来制定各类保障房的供给数量。

（3）建立家庭收入审核与监督联动机制。目前，我国保障房的申请受理基本采用由社区委员会、乡镇政府或街道办和县区住建局分别审查的三级审核制度，且均是对上报材料进行形式上的审核。[21] 而且，我国尚未建立个人财产申报制度和信用评估体系，多是通过个人提供的工资单和单位提供的收入证明作为家庭收入的证明依据。[22] 笔者建议，县区住建局应当同银行、劳动保障、工商、税务和民政等多个涉及家庭收入信息的部门建立保障房家庭收入审核与监督联动机制，准确全面把握申请者的家庭收入。另外，多个部门联动监督也可以动态把握保障对象的家庭收入变化，及时发现家庭收入超出准入范围之外的申请者，实现保障房动态有效地流转。

（4）加大违规惩罚力度。目前，我国保障房骗购骗租行为的违法成本较低，各地多是从罚款、收回房屋以及取消一定期限内保障房申请资格等方面采取惩罚措施的，尤其是申请前的违规行为基本上不涉及罚款方面的惩罚措施。而且，我国各地区的罚款力度普遍较低。以天津为例，针对已届公租房退出期限的家庭，仅处 1000 元的罚款。而法国对于骗租行为最高罚款 3 万法郎；香港对虚报材料的骗租行为最高处 5 万元的罚款，并监禁行为人 6 个月。[23] 笔者建议，应当根据申请前后和保障房类型的不同，从经济处罚、刑事处罚和行政惩罚视角采取多种措施相结合的方式来加大惩罚力度，从制度层面消除或减少骗租骗购行为。

（5）银行应当建立科学的贷款风险管理制度。上述案例应用研究发现，天津跃丽家园限价房的准入标准上限为 137195 元，而目前天津市限价房家庭年收入为 9 万元（家庭人均年收入低于 4.5 万元，以每户 2 人工作计算）。因此，本研究给出的保障房准入标准设计方案扩大了住房保障范围。针对产权型住房，申请者采用按揭贷款方式来满足自身的购买能力，这种方式需要银行提供大量的住房贷款。因此，银行应当建立科学的贷款风险管理制度，严格审核房贷申请者的还款能力及其家庭收入稳定性等情况，防止银行房贷风险的发生，以实现金融市场平稳运行。

参 考 文 献

［1］李爱华，成思危，李自然. 城镇居民住房购买力研究［J］. 管理科学学报，2006，9（5）：8 – 18.

［2］新浪网. 自住房两万二限价房两万一，价格太接近购房人纠结［EB/OL］. http：//bj. house. sina. com. cn/news/2014 – 02 – 17/07542609484. shtml，2014 – 02 – 17.

［3］搜房网. 地段差，门槛高，租金高，东莞廉租房持续遇冷［EB/OL］. http：//sjz. focus. cn/news/2013 – 09 – 03/3919888. html，2013 – 09 – 03.

［4］董昕. 动态趋势与结构性差异：中国住房市场支付能力的综合测度［J］. 经济管理，2012，34（6）：119 – 127.

［5］Burke Terry，Ralston Liss，Measuring Housing Affordability［R］. AHURI Research & Policy Bulletin，2004.

［6］Michael E. Stone，What is Housing Affordability? The Case for Residual Income Approach［J］. Housing Policy Debate，2006，17（1）：151 – 184.

［7］UN – HABITAT. Urban Indicators［EB/OL］. http：//ww2. unhabitatorg/programmes/guo/guo_guide. asp.

［8］Angel S.，Mayo K.，ASEAN Urban Housing Sector Performance［A］. in T. McGee and I. Robinson（eds.）The Mega – Urban Regions of Southeast Asia［M］. Vancouver：UBC Press，1996.

［9］张清勇. 中国城镇居民的住房支付能力：1991~2005［J］. 财贸经济，2007（4）：79 – 84.

［10］郑思齐. 住房需求的微观经济分析：理论与实证［M］. 北京：中国建筑工业出版社，2007.

［11］Bogdon A. S.，A. Can，Indicators of Local Housing Affordability：Comparative and Spatial Approaches［J］. Real Estate Economics，1997，25（1）：43 – 80.

［12］周仁，郝前进，陈杰．剩余收入法、供需不匹配性与住房可支付能力的衡量——基于上海的考察［J］．世界经济文汇，2010（1）：39－49.

［13］成思危．中国城镇住房制度改革——目标模式与实施难点［M］．北京：民主与建设出版社，1999.

［14］贾春梅．保障房"转换"式退出机制研究——腾退方式的有益补充［J］．会计与经济研究，2013（1）：72－77.

［15］李欣欣．建立和完善保障性住房进入与退出机制的国外经验借鉴及措施［J］．经济研究参考，2009（70）：4－6，28.

［16］巴曙松．中国保障性住房进入与退出制度的改进［J］．发展研究，2012（9）：4－6.

［17］巴曙松．中国保障性住房进入与退出机制研究［J］．金融理论与实践，2012（11）：80－83.

［18］魏丽艳．保障性住房公平分配的准入退出机制研究［J］．东南学术，2012（3）：40－48.

［19］"基于家庭收入的保障性住房标准研究"课题组．基于家庭收入的保障性住房标准研究［J］．统计研究，2011，28（10）：22－27.

［20］卢媛，刘黎明．北京市保障性住房准入标准线的统计测度研究——基于收入函数拟合方法［J］．调研世界，2013（10）：43－45，56.

［21］李云芬，王志辉．健全我国公共租赁住房准入机制的思考——以昆明市为例［J］．云南行政学院学报，2013（2）：121－124.

［22］侯国跃，朱伦攀．我国城市保障性住房准入机制的缺陷与完善［J］．法学杂志，2011（S1）：84－88.

［23］方永恒，张瑞．保障房退出机制存在的问题及其解决途径［J］．城市问题，2013（11）：79－83.

保障性住房项目 PPP 模式识别与选择研究*

2.1 引 言

自 2014 年以来，国家财政部、发改委等部委颁布了系列文件，旨在公共设施和服务领域推广 PPP 模式，以解决政府融资困难和效率低下等问题。2015 年 5 月，财政部会同住建部等六部委印发了《关于运用政府和社会资本合作模式推进公共租赁住房投资建设和运营管理的通知》，首次明文提出鼓励社会资本参与公共租赁住房的投资、建设和运营管理[1]。在国家政策大力支持的背景下，可以预期到 PPP 模式在保障性住房领域的应用前景十分广阔。众所周知，PPP 模式种类繁多且特点不一。针对特定种类保障性住房项目，如何选择适宜的 PPP 模式是亟待解决的现实问题，但有关保障性住房项目 PPP 模式设计与选择问题的研究较为缺乏。一些学者仅从定性视角开展了保障性住房项目 PPP 模式的设计工作，但缺乏不同 PPP 模式间的比较选择研究。例如，贾康等（2011）针对廉租房和公租房分别给出了不同类型的 PPP 提供模式，并分析了这些模式的特点和可行性，但缺乏这些模式可行的理论依据。陈德强等（2011）认为特许经营类 PPP 项目模式是最适合我国公共租赁房建设。刘炳南等（2012）设计了一个政府与私企共同组建项目公司来开发经济适用房的 PPP 模式。

本研究将在考虑保障性住房项目特点、政府部门采用 PPP 模式的目的和 PPP 模式的特点三者匹配视角来筛选出适宜于不同种类保障性住房项目的 PPP 模式，并从定量视角对各种 PPP 模式进行比较，以选择出最优 PPP 模式的特定条件。

* 作者：田祎萌，刘广平，陈立文。原载于《管理现代化》2016 年第 6 期。

2.2 保障性住房项目 PPP 模式识别

由于保障性住房可分为产权型和租赁型两类，而且每类又涉及多种类型的住房，需要通过实现每类保障性住房项目的特点、政府部门采用 PPP 模式的目的以及 PPP 模式的特点等多个因素相匹配来选择适宜的模式。

2.2.1 保障性住房项目的特点

产权型保障房主要分为限价房和经济适用房，这类保障房的特点主要体现在以下几个方面：一是直接出售给保障对象，政府部门的资金回收通过销售来实现；二是具有一定的利润空间，但低于商品房的市场利润。租赁型保障房主要分为公租房和廉租房。其中，公租房的租金价格低于市场价格，具有长期稳定的收益，能够实现微薄的利润。但廉租房的租金价格低于公租房租金价格，政府部门的财政投资是无法完全收回的。可见，针对此类保障房项目，政府部门的现金流入来源于后续运营阶段的租金收入。

2.2.2 政府采用 PPP 模式的目的

在研究政府部门采用 PPP 模式目的方面，美国、英国、加拿大和澳大利亚等国家采用 PPP 模式的主要目的是解决预算约束问题[2]。印度安德拉邦房管局认为，PPP 能够让公共机构挖掘私人开发商在管理、技术、融资和市场方面的经验[3]。有学者（Coates，2008）发现澳大利亚的第一个住房项目采用 PPP 模式的目的包括获得私人部门的融资、创新和经验、风险转移和节省成本等多个方面[4]。

基于上述文献研究，结合保障性住房项目自身的特点，政府部门采用 PPP 模式的目的主要有两个：一是政府部门为了解决财政压力，实现融资目的；二是政府部门为了弥补自身在管理、技术和市场等方面的不足，提高管理和运营效率。

2.2.3 PPP 模式特点

目前，一些学者和机构从不同视角对 PPP 模式进行了分类，导致 PPP 模式分类比较庞杂。杨卫华等（2014）在现有研究基础上设计了涵盖三级的 PPP 模式（详见表 2-1），由于三级 PPP 模式种类众多[5]，笔者在此借鉴杨卫华的分类标准先对涵盖二级 PPP 模式的特点进行分析，目的在于从宏观视角来确定适宜于不同类别的保障性住房项目 PPP 模式，为本研究第三部分从更微观视角来比较各种 PPP 模式的效率奠定基础。

表 2 - 1   PPP 模式分类与特点分析

一级	二级	特点
外包类	建设外包	政府将公共设施建设部分以一定的费用外包给私人部门
	经营外包	政府将公共设施经营部分以一定的费用外包给私人部门
	整体外包	政府将公共设施建设与经营以一定的费用全部外包给私人部门
回租回购类	政府回租	政府将公共设施出售给私人部门，再以一定的费用向私人部门租回使用
	政府回购	私人部门建设公共设施，完工后交付给政府
特许经营类	BOT	政府授权私人部门承担公共设施项目的投资、融资、建设和维护等工作，在特许权期内向设施使用者收费以获得合理回报。特许权期满后，私人企业将设施移交给政府
	TOT	政府将已建成公共设施项目的一定期限的产权或经营权有偿转让给私人部门，由其进行运营管理。期满后私人部门再将该项目交还政府
资产剥离类	完全私有化	私人部门对公共设施拥有全部的所有权
	部分私有化	私人部门对公共设施拥有部分的所有权

2.2.4　适宜于不同类别保障性住房项目的 PPP 模式识别

产权型保障性住房项目的现金流入主要来源于房屋的销售环节，私人部门无法通过参与运营环节来实现预期收益，故在此将特许经营类、经营外包和整体外包排除在可以采用的 PPP 模式范畴之外。另外，产权型保障性住房项目的最终产权归保障对象所有，故资产剥离类和政府回租 PPP 模式并不适用。针对产权型保障性住房项目，采用政府回购 PPP 模式可在一段时期缓解政府部门的财政压力。而建设外包 PPP 模式可以解决政府部门对项目的管理和技术等经验不足问题，提高管理效率。

2014 年财政部和发改委分别颁布了财金［2014］76 号文件和发改投资［2014］2724 号文件，指出 PPP 是政府为增强公共产品和服务供给能力、提高供给效率，通过特许经营、购买服务、股权合作等方式与社会资本建立的利益共享、风险分担及长期合作关系[6-7]。从我国财政部和发改委颁布的相关文件可以看出，PPP 模式是政府部门和私人部门之间的一种长期合作关系。由于建设外包时间通常在 3～5 年之内，在此不考虑将建设外包模式应用于保障性住房项目中来。2015 年财政部颁布了《关于进一步做好政府和社会资本合作项目示范工作的通知》，明确规定：政府和社会资本合作期限原则上不低于 10 年。对采用建设—移交（BT）方式的项目，通过保底承诺、回购安排等方式进行变相融资的项目，财政部将不予受理[8]。因此，从我国法律制度层面可以看出，政府回购的 PPP 模式并不能适用。根据上述分析可知，产权型保障性住房项目在我国并不适合采用 PPP 模式。

针对租赁型保障性住房项目，外包类 PPP 模式的建设外包、经营外包和整体外包均是以固定的价格将租赁型保障性住房项目的建设部分、经营部分或建设与经营整体外包给私人部门，难以调动私人部门的积极性，故难以提升效率。回租回购类 PPP 模式不能从根本上解决政府部门的融资问题和效率的提升。特许经营类中的 BOT 模式在项目建设阶段私人部门负责投融资工作，通过积极参与运营实现投资的回报，故可实现政府部门的融资和效率问题。而在 TOT 模式中，私人部门仅参与租赁型保障性住房项目的运营，可以实现效率的提升。另外，在资产剥离类 PPP 模式中，租赁型保障性住房项目的产权部分或完全归私人部门所有，可以解决政府部门的融资问题和提高私人部门参与租赁型保障性住房项目经营的积极性。根据上述分析可知，适宜于不同类别保障性住房项目的 PPP 模式详见表 2-2。

表 2-2 租赁型保障性住房项目 PPP 模式

政府目的	融资	效率
租赁型保障性住房	BOT，完全私有化，部分私有化	TOT，BOT，完全私有化，部分私有化

2.3 保障性住房项目 PPP 模式选择

在此，比较 BOT、TOT、完全私有化和部分私有化四种 PPP 模式，以此选择出特定情形下最优的 PPP 模式。为了便于分析，在此假设四种 PPP 模式下租赁型保障性住房项目的运营均由私人部门负责，但运营效率相同，即每年的运营成本相同，均为 Q 元/年。

当采用 BOT、完全私有化和部分私有化模式时，假设某租赁型保障性住房项目投资额为 I 元，其中，私人部门的投资比例为 $r(0 \leqslant r \leqslant 1)$。当采用 TOT 模式，假设私人部门购买保障性住房项目的资金或整个租赁期限内的租金价格为 H 元，H > I。租赁型保障性住房项目的租金收入为 L 元/年。采用 BOT 模式时的特许经营期为 n_1 年，采用 TOT 模式时的特许经营期为 n_2 年，采用完全私有化和部分私有化模式时的特许经营期分别为 n_3 和 n_4 年。当采用 BOT、TOT、完全私有化和部分私有化模式时，政府部门给予私人部门的补贴分别为 P_1 元/年、P_2 元/年、P_3 元/年和 P_4 元/年。采用完全私有化和部分私有化时，假设当政府部门和私人部门的合同期限到期时，保障性住房的市场价格为 S 元。

与 BOT 模式相比，由于 TOT 模式下私人部门未参与保障性住房项目的建设过程，故 TOT 模式下私人部门的投资相对较少，故政府给予 TOT 模式下私人部门的补贴相对较少，可知 $P_2 < P_1$。

当采用 BOT 模式时，私人部门的投资回报率为：

$$ROI_1 = \frac{(L + P_1 - Q) \times n_1}{I \times n_1} = \frac{L + P_1 - Q}{I} \qquad (2-1)$$

当采用 TOT 模式时，私人部门的投资回报率为：

$$ROI_2 = \frac{(L + P_2 - Q) \times n_2}{H \times n_2} = \frac{L + P_2 - Q}{H} \qquad (2-2)$$

当采用完全私有化模式时，私人部门的投资回报率为：

$$ROI_3 = \frac{(L + P_3 - Q) \times n_3 + S}{I \times n_3} = \frac{L + P_3 - Q}{I} + \frac{S}{I \times n_3} \qquad (2-3)$$

当采用部分私有化模式时，私人部门的投资回报率为：

$$ROI_4 = \frac{(L + P_4 - Q) \times n_4 + S \times r}{I \times r \times n_4} = \frac{L + P_4 - Q}{I \times r} + \frac{S}{I \times n_4} \qquad (2-4)$$

通过比较式（2-1）、式（2-2）、式（2-3）和式（2-4）的大小，可以判断出私人部门选择哪种 PPP 模式更加有利。由于 BOT 和 TOT 模式下最终的产权归政府所有，而完全私有化和部分私有化模式下私人部门具有全部或部分产权，在此，笔者根据产权归属的不同进行比较分析。

（1）政府完全产权下的 PPP 模式选择。在此，通过比较 ROI_1 和 ROI_2 大小来选择适宜的 PPP 模式。经计算可知，当 $\frac{H}{I} > \frac{P_2 - P_1}{L + P_1 - Q}$ 时，私人部门应当选择 BOT 模式参与租赁型保障性住房项目的建设与运营。而当 $\frac{H}{I} < \frac{P_2 - P_1}{L + P_1 - Q}$ 时，私人部门应当选择 TOT 模式参与租赁型保障性住房项目的建设与运营。当 $\frac{H}{I} = \frac{P_2 - P_1}{L + P_1 - Q}$ 时，选择 TOT 模式和 BOT 模式对于私人部门是无差异的。

（2）私人部门拥有全部或部分产权下的 PPP 模式选择。在此，通过比较 ROI_3 和 ROI_4 大小来选择适宜的 PPP 模式。经计算可知，当 $(L + P_3 - Q)(1 - r) + (P_4 - P_3) < \frac{Sr(n_4 - n_3)}{n_3 \times n_4}$ 时，私人部门应当选择完全私有化模式参与租赁型保障性住房项目的建设与运营。而当 $(L + P_3 - Q)(1 - r) + (P_4 - P_3) > \frac{Sr(n_4 - n_3)}{n_3 \times n_4}$ 时，私人部门应当选择部分私有化模式参与租赁型保障性住房项目的建设与运营。当 $(L + P_3 - Q)(1 - r) + (P_4 - P_3) = \frac{Sr(n_4 - n_3)}{n_3 \times n_4}$ 时，选择完全私有化模式和部分私有化模式对于私人部门是无差异的。

2.4 政策建议

为了促进 PPP 模式在保障性住房领域推广、解决政府部门的融资困难和效率低下问题，给出如下建议：

一是选择具体的 PPP 模式。尽管本研究发现租赁型保障性住房项目适合采用 BOT、TOT、完全私有化和部分私有化等 PPP 模式，但由于它们又包含不同的具体合作模式，例如 BOOT、BLOT、BOO 等属于 BOT 类 PPP 模式，因此在公私双方开展合作之前，需要确定可操作化的和更加细致的 PPP 模式。

二是全面识别风险并合理分配。租赁型保障性住房项目建设阶段和运营阶段有其自身的特点，这需要公私双方在正式签订协议之前全面准确识别出项目所存在的各种风险，并按照"将风险分配给予最低成本或最有能力有效管理风险的一方"的原则进行风险分配，避免在正式实施和运营过程中因突发风险而带来的纠纷，真正落实合作伙伴关系，实现公私双方预期目标。

三是科学设计退出机制。针对完全私有化和部分私有化模式，私人部门拥有全部或部分所有权。尤其针对完全私有化模式，当租赁型保障性住房项目运行效率较高时，实现了解决中低收入群体的住房问题，合同到期后私人部门的退出必然会损害政府部门和保障对象的潜在利益，但因其具有所有权和合同期限履行完毕，私人部门有权利主张退出。因此，这就需要提前科学设计私人部门退出的条件，避免因私人部门退出而降低保障效率。

参 考 文 献

[1] 倪铭娅. 六部门鼓励地方运用 PPP 推进公租房建设 [N]. 中国证券报，2015 (A02)，2015 – 5 – 23.

[2] Abdul Aziz, A. R., Jahn Kassim, P. S., Objectives, Success and Failure Factors of Housing Public-private Partnership in Malaysis [J]. Habitat International, 2011, 35 (1): 150 – 157.

[3] Singaravello, K., Fostering Public-private Partnership in A Win-win Situation: the Experience of A Malaysian Local Government [C]. Conference of Public Private Partnerships, University of Twene, Hengelo, The Netherland, 2001, June.

[4] Coates, B., Public Housing Redevelopment through Public Private Partnerships [EB/OL]. http: //www. communityhousing. org. au/S5% 20conf% 20papers% 2008/B4% 20B% 20Coates% 20 – Public% 20housing% 20redevelopment% 20through% 20Public% 20Private% 20Partnerships% 20% 20% 5BCompatibility% 20Mode% 5D. pdf.

[5] 杨卫华，王秀山，张凤海. 公共项目 PPP 模式选择路径研究——基于交易合作三维框架 [J]. 华东经济管理，2014，28 (2): 121 – 126, 176.

［6］中华人民共和国财政部．关于推广运用政府和社会资本合作模式有关问题的通知［EB/OL］. http：//www. mof. gov. cn/pub/jinrongsi/zhengwuxinxi/zhengcefabu/201409/t20140924 _ 1143760. html，2014 - 9 - 23.

［7］网易．关于开展政府和社会资本合作的指导意见［EB/OL］. http：//news. 163. com/ 14/1204/11/ACK8KUNP00014JB5. html，2014 - 12 - 4.

［8］中华人民共和国财政部．关于进一步做好政府和社会资本合作项目示范工作的通知［EB/OL］. http：//jrs. mof. gov. cn/zhengwuxinxi/zhengcefabu/201506/t20150626 _ 1261852. html， 2015 - 6 - 25.

3

保障性住房 PPP 模式下社会资本
投资决策研究*

3.1 引　　言

　　保障性住房是解决居民住房问题的重要途径。然而，我国保障房建设资金缺口较大，严重制约着保障房建设目标的顺利实现。目前，在房地产市场下滑的背景下，保障房建设成为惠及民生和稳定增长的重要力量，但全国保障房建设目标的完成却面临着近万亿的资金缺口。因此，如何解决保障房融资困难问题成为理论界和学术界关注的焦点问题。当下，我国保障房建设是以政府为主导的，政府主导保障房建设融资模式难以解决大量保障房建设中的资金缺口，这就需要通过政策和制度来吸引社会资本参与保障房建设。

3.2 文 献 综 述

　　目前，现有研究主要集中在保障房融资模式方面，探讨如何通过创新融资模式来引入社会资本，且均是从定性视角来探讨的。这些融资模式主要涉及 REITs、PPP、BOT、BT、资产担保债券、市政债券和封闭性金融体系等方面。

　　具体来讲，刘方强等[1]介绍了 REITs 在公共租赁房建设中的重要意义，并构建了收购改造住房和新建公共租赁房的 REITs 运作模式，并从利益和风险分配机制、法律法规、信息披露制度、组织机构建设和人才培养等方面给出了公共租赁房 REITs 运作模式的保障措施。郭明杰等[2]以焦作市棚户区改造项目为例，介绍了 PPP 模式的基本框架和各参与方的职能，并从协调各方利益关系和重视项目运行中的绩效管理等方面对 PPP 模式运作过程中的关键环节进行了论述，深入剖析

　　* 作者：刘广平，田祎萌，陈立文。原载于《管理现代化》2016 年第 4 期。

了 PPP 模式应用中存在的问题。曹大飞等[3]为了弥补保障房建设中的融资困难问题，绘制了包括资金来源、融资瓶颈、土地供应和运营机制等几个方面的融资模式关系图，并对 BOT、PPP、债券融资、REITs 等国内较为常用的融资模式和美国模式、德国模式、新加坡模式等国外保障房融资模式进行了详细介绍，最后对我国保障房融资模式给出了一些政策建议。吴伟科等[4]为了解决高覆盖率保障房建设的大规模融资问题，给出了"先租后售"保障房模式，提出了发行资产担保债券，并结合公积金制度为保障房建设提供融资。李海超等[5]指出，通过发行市政债券、房地产信托基金和地方政府投融资平台公司债权等金融方式集聚社会资本，以实现利用资金市场化解决公共租赁房的融资困难问题，并从公共财政体制、融资透明化、法制化和规范化机制以及市场融资主体构建等方面构建了公共租赁房市场化融资的长效机制。韦颜秋等在对我国租赁型保障房融资特征分析的基础上，系统探讨了美国公共住房供应封闭性金融体系的特点和运作机制，并结合我国资产支持票据产品的创新实践，给出了我国建立封闭性金融体系支持租赁型保障房融资的建议[6]。

尽管学者们设计了不同的保障房融资模式，但社会资本是否参与保障房建设的关键仍在于是否存在着可观的收益。因此，开展保障房社会资本融资参与决策研究十分必要。本研究将采用定量分析方法，针对不同类型保障房，分别构建不同情形下社会资本参与保障房投资的决策模型，并以实际案例来对决策模型展开应用研究。

3.3　研究假设

本研究是基于以下几个研究假设而展开的。

（1）考虑社会资本投资决策的可比性，社会资本参与不同性质的房屋投资均是针对某一特定区段的土地。

（2）社会资本参与的商品房和保障房投资均能全部成功销售或租赁。

（3）为了易于不同投资方案下投资收益率的比较与分析，社会资本投资决策采用静态分析，且未考虑社会资本参与租赁型保障房投资时租金价格的变化，并不影响政府和社会资本的投资博弈。

（4）社会资本均为自有资金。政府选择社会资本参与保障房建设是一种重要的融资渠道，能够解决政府资金不足的问题，并加快促进社会闲置资金的使用效率。如果社会资本中含有银行贷款（政府也可以通过银行贷款获得这部分资金），并不能实现完全调动社会资本参与保障房建设的目的。因此在分析中不涉及社会资本的融资成本问题。

3.4 模型构建与分析

3.4.1 社会资本参与商品房投资

假设土地成本为 LP_1，房价为 HP_1，房屋建筑面积为 S_1，与房屋销售有关的税金为 T_a，其他税金为 T_1，其中，$T_a = h(HP_1 \times S_1)$，且 $h'(HP_1 \times S_1) > 0$。房屋建造成本为 HC_1，为房屋建筑面积 S_1 的增函数，即 $HC_1 = f(S_1)$，且 $f'(S_1) > 0$。

可知，社会资本参与商品房投资的净收益为：

$$E_{s1} = HP_1 \times S_1 - LP_1 - T_a - T_1 - HC_1 \qquad (3-1)$$

投资收益率为：

$$ERR_{s1} = \frac{HP_1 \times S_1 - LP_1 - T_a - T_1 - HC_1}{LP_1 + T_a + T_1 + HC_1} \qquad (3-2)$$

3.4.2 社会资本参与产权型保障房投资

（1）方案1：政府在土地和税金方面提供优惠，销售收入完全归社会资本所有。

假设优惠后的土地成本为 LP_2，优惠后的与房屋销售有关的税金为 T_b，优惠后的其他税金为 T_2，其中 $T_b = h(HP_2 \times S_2)$，且 $h'(HP_2 \times S_2) = k > 0$。产权型保障房的价格为 HP_2，房屋建筑面积为 S_2。房屋建造成本为 HC_2，为房屋建筑面积 S_2 的增函数，即 $HC_2 = g(S_2)$，且 $g'(S_2) > 0$。

社会资本参与保障房投资的净收益为：

$$E_{s2} = HP_2 \times S_2 - LP_2 - T_b - T_2 - HC_2 \qquad (3-3)$$

社会资本投资收益率为：

$$ERR_{s2} = \frac{HP_2 \times S_2 - LP_2 - T_b - T_2 - HC_2}{LP_2 + T_b + T_2 + HC_2} \qquad (3-4)$$

可知，若社会资本参与保障房投资，其预期收益率需要大于或等于投资商品房的预期收益率，即：

$$ERR_{s2} \geqslant ERR_{s1} \qquad (3-5)$$

将式（3-2）和式（3-4）代入式（3-5），经计算可得出，社会资本参与保障房投资决策时的保障房价格需要满足下面的条件：

$$HP_2 \geqslant \frac{(HP_1 \times S_1) \times (LP_2 + T_b + T_2 + HC_2)}{(LP_1 + T_a + T_1 + HC_1) \times S_2} \qquad (3-6)$$

从式（3-6）可得出结论：社会资本参与商品房投资时的销售价格越高，保障房价格也越高；政府给予社会资本优惠后的土地成本和税金越高，保障房房价也越高；社会资本参与商品房投资时的房屋建造成本越高，保障房房价则越低。

（2）方案2：社会资本出资比例为 r，土地价格、税金和建造成本按双方出资比例分担，并按出资比例分配收益。

此时，社会资本与政府为了争取各自更大的利益，两者存在着博弈关系。社会资本参与保障房投资的净收益为：

$$E_{s3} = (HP_2 \times S_2 - LP_1 - T_b - T_1 - HC_2) \times r \tag{3-7}$$

社会资本的投资收益率为：

$$ERR_{s3} = \frac{HP_2 \times S_2 - LP_1 - T_b - T_1 - HC_2}{LP_1 + T_b + T_1 + HC_2} \tag{3-8}$$

可知，若社会资本参与产权型保障房投资，其投资收益率需要满足下面的条件：

$$ERR_{s3} \geqslant ERR_{s1} \tag{3-9}$$

即：

$$HP_2 \times S_2 \times (LP_1 + T_a + T_1 + HC_1) \geqslant HP_1 \times S_1 \times (LP_1 + T_b + T_1 + HC_2) \tag{3-10}$$

此时，政府的净收益为：

$$E_{g2} = (HP_2 \times S_2) \times (1 - r) + (LP_1 + T_b + T_1) \times r - (LP_1 + T_b + T_1 + HC_2) \times (1 - r) \tag{3-11}$$

其中，式（3-11）等号右边第一项为政府部门投资保障房建设的销售收入；第二项为社会资本所支出的土地成本和税金；第三项为政府部门自身所承担的土地成本和税金以及房屋建造成本。

政府的期望效益函数为：

$$\begin{cases} \max[E_{g2}] \\ s.t.\ ERR_{s3} \geqslant ERR_{s1} \end{cases} \tag{3-12}$$

将式（3-2）、式（3-9）和式（3-11）代入式（3-12），利用式（3-12）构造拉格朗日函数，λ_1 为拉格朗日乘数，可得：

$$\begin{aligned} L(HP_2,\ LP_1 + T_1,\ \lambda_1) =& (HP_2 \times S_2) \times (1 - r) + (LP_1 + T_b + T_1) \times r \\ & - (LP_1 + T_b + T_1 + HC_2) \times (1 - r) + \lambda_1[(HP_2 \times S_2) \\ & \times (LP_1 + T_a + T_1 + HC_1) - (HP_1 \times S_1) \\ & \times (LP_1 + T_b + T_1 + HC_2)] \end{aligned} \tag{3-13}$$

令 $\dfrac{\partial L(HP_2 \times S_2,\ LP_1 + T_1,\ \lambda_1)}{\partial(HP_2 \times S_2)} = 0$，$\dfrac{\partial L(HP_2 \times S_2,\ LP_1 + T_1,\ \lambda_1)}{\partial(LP_1 + T_1)} = 0$，

$\dfrac{\partial L(HP_2 \times S_2,\ LP_1 + T_1,\ \lambda_1)}{\partial \lambda_1} = 0$，可得：

$$\frac{\partial L(HP_2 \times S_2,\ LP_1 + T_1,\ r,\ \lambda_1)}{\partial HP_2} = 1 - k - r + 2kr$$

$$+ \lambda_1 [LP_1 + T_a + T_1 + HC_1 - HP_1 \times S_1] = 0 \qquad (3-14)$$

$$\frac{\partial L(HP_2 \times S_2, \ LP_1 + T_1, \ r, \ \lambda_1)}{\partial (LP_1 + T_1)} = r - (1 - r)$$

$$+ \lambda_1 [(HP_2 \times S_2) - (HP_1 \times S_1)] = 0 \qquad (3-15)$$

$$\frac{\partial L(HP_2 \times S_2, \ LP_1 + T_1, \ r, \ \lambda_1)}{\partial \lambda_1} = (HP_2 \times S_2) \times (LP_1 + T_a + T_1 + HC_1)$$

$$- (HP_1 \times S_1) \times (LP_1 + T_b + T_1 + HC_2) = 0 \qquad (3-16)$$

利用式（3-14）、式（3-15）和式（3-16），可以得出社会资本参与产权型保障房投资时的最优投资比例和最优房价分别为：

$$r^* = \frac{LP_1 + T_a + T_1 + HC_1 - HP_2 \times S_2 + k(HP_2 \times S_2 - HP_1 \times S_1)}{(2k - 1)(HP_2 \times S_2 - HP_1 \times S_1) + 2(LP_1 + T_a + T_1 + HC_1 - HP_1 \times S_1)}$$

$$\qquad (3-17)$$

$$HP_2^* = \frac{(HP_1 \times S_1) \times (LP_1 + T_b + T_1 + HC_2)}{S_2 \times (LP_1 + T_a + T_1 + HC_1)} \qquad (3-18)$$

从式（3-17）和式（3-18）可以看出，社会资本参与产权型保障房投资时的最优投资比例小于1。由于 $\dfrac{\partial r^*}{\partial (HP_2 \times S_2)} = \dfrac{HP_1 \times S_1 - (LP_1 + T_a + T_1 + HC_1)}{[(2k-1)(HP_2 \times S_2 - HP_1 \times S_1) + 2(LP_1 + T_a + T_1 + HC_1 - HP_1 \times S_1)]^2} > 0$，表明保障房的销售数额越高，社会资本参与产权型保障房投资的比例也越高。由于 $\dfrac{\partial HP_2^*}{\partial (LP_1 + T_1)} > 0$，表明政府提供的土地价格和税金越高，保障房的房价则随之越高。由于 $\dfrac{\partial HP_2^*}{\partial (S_2)} = \dfrac{(HP_1 \times S_1) g'(S_2)[S_2 (LP_1 + T_a + T_1 + HC_1)] - (LP_1 + T_a + T_1 + HC_1)(HP_1 \times S_1)(LP_1 + T_b + T_1 + HC_2)}{S_2^2 (LP_1 + T_a + T_1 + HC_1)^2}$，可知 $\dfrac{\partial HP_2^*}{\partial (S_2)}$ 是否大于0取决于 $S_2 \times g'(S_2) - (LP_1 + T_b + T_1 + HC_2)$ 的大小，表明保障房建筑面积越大，保障房价格随之变动的趋向不确定。

3.4.3　社会资本参与租赁型保障房投资

（1）方案1：政府提供土地价格和税金优惠，社会资本采用BOT模式投资租赁型保障房。

假设社会资本采用BOT模式参与租赁型保障房投资，政府提供给社会资本优惠的土地价格和税金分别为 LP_3 和 T_3，房屋的建筑面积为 S_3，房屋的建造成本为 HC_3，为房屋建筑面积 S_3 的增函数，即 $HC_3 = h(S_3)$，且 $h'(S_3) > 0$。特许权期为T，年租金价格为R元/平方米。

可知，社会资本在特许权期时间内的净收益为：

$$E_{s4} = -(LP_3 + T_3 + HC_3) + (R \times S_3 \times T) \qquad (3-19)$$

其中，式（3-19）中的第一项为社会资本对租赁型保障房的总投资；第二项为社会资本在特许权期内的租金总收益。

社会资本的投资收益率为：

$$ERR_{s4} = \frac{-(LP_3 + T_3 + HC_3) + (R \times S_3 \times T)}{LP_3 + T_3 + HC_3} = \frac{R \times S_3 \times T}{LP_3 + T_3 + HC_3} - 1 \quad (3-20)$$

若社会资本参与 BOT 模式下的保障房投资，其投资收益率需要大于或等于投资商品房的收益率：

$$ERR_{s4} \geqslant ERR_{s1} \qquad (3-21)$$

即：

$$T \geqslant \frac{(HP_1 \times S_1 - LP_1 - T_1 - HC_1 + 1)(LP_3 + T_3 + HC_3)}{S_3 \times R} \qquad (3-22)$$

（2）方案 2：社会资本出资比例为 β，土地价格、税金和建造成本按双方出资比例分担，并按出资比例分配租金收益。

假设租赁型保障房的运营年限为 N，社会资本和政府部门为了获得更多的租金收益，双方存在博弈关系。此时，社会资本的净收益则为：

$$E_{s5} = \beta(R \times S_3 \times N) - \beta(LP_1 + T_1 + HC_3) \qquad (3-23)$$

社会资本的投资收益率为：

$$ERR_{s5} = \frac{\beta(R \times S_3 \times N) - \beta(LP_1 + T_1 + HC_3)}{\beta(LP_1 + T_1 + HC_3)} = \frac{R \times S_3 \times N}{LP_1 + T_1 + HC_3} - 1 \quad (3-24)$$

可知，若社会资本参与租赁型保障房投资，其投资收益率需要满足下面的条件：

$$ERR_{s5} \geqslant ERR_{s1} \qquad (3-25)$$

即：

$$(R \times S_3 \times N)(LP_1 + T_1 + HC_1) \geqslant HP_1 \times S_1 \times (LP_1 + T_1 + HC_3) \qquad (3-26)$$

政府部门的收益为：

$$E_{g3} = \beta(LP_1 + T_1) - (LP_1 + T_1 + HC_3)(1 - \beta) + (R \times S_3 \times N) \times (1 - \beta)$$
$$(3-27)$$

其中，式（3-27）等号右边的第一项为社会资本购买土地和交付税金所支付的价款；第二项为政府部门建设租赁型保障房的开支；第三项为政府从租赁型保障房租金所获得的收益。

政府部门的期望效益函数为：

$$\begin{cases} \max[E_{g3}] \\ s.\ t.\ ERR_{s5} \geqslant ERR_{s1} \end{cases} \qquad (3-28)$$

将式（3-2）、式（3-26）和式（3-27）代入式（3-28），利用式（3-28）

构造拉格朗日函数，λ_2 为拉格朗日乘数，可得：

$$L(R,\ LP_1 + T_1,\ \lambda_2) = \beta(LP_1 + T_1) - (LP_1 + T_1 + HC_3)(1-\beta)$$
$$+ (R \times S_3 \times N) \times (1-\beta) + \lambda_2 [(R \times S_3 \times N)$$
$$(LP_1 + T_1 + HC_1) - HP_1 \times S_1 \times (LP_1 + T_1 + HC_3)]$$

$$(3-29)$$

令 $\dfrac{\partial L(R,\ LP_1 + T_1,\ \lambda_2)}{\partial R} = 0,\ \dfrac{\partial L(R,\ LP_1 + T_1,\ \lambda_2)}{\partial (LP_1 + T_1)} = 0,\ \dfrac{\partial L(R,\ LP_1 + T_1,\ \lambda_2)}{\partial \lambda_2} = 0$，可得：

$$\frac{\partial L(R,\ LP_1 + T_1,\ \lambda_2)}{\partial R} = S_3 \times N \times (1-\beta)$$
$$+ \lambda_2 [S_3 \times N \times (LP_1 + T_1 + HC_1)] = 0 \qquad (3-30)$$

$$\frac{\partial L(R,\ LP_1 + T_1,\ \lambda_2)}{\partial (LP_1 + T_1)} = \beta - (1-\beta) + \lambda_2 (R \times S_3 \times N - HP_1 \times S_1) = 0$$

$$(3-31)$$

$$\frac{\partial L(R,\ LP_1 + T_1,\ \lambda_2)}{\partial \lambda_2} = (R \times S_3 \times N)(LP_1 + T_1 + HC_1)$$
$$- HP_1 \times S_1 \times (LP_1 + T_1 + HC_3) = 0 \qquad (3-32)$$

利用式（3-30）、式（3-31）和式（3-32），可以得出社会资本参与租赁型保障房投资时的最优出资比例和最优年租金分别为：

$$\beta^* = \frac{R \times S_3 \times N - HP_1 \times S_1 + (LP_1 + T_1 + HC_1)}{R \times S_3 \times N - HP_1 \times S_1 + 2(LP_1 + T_1 + HC_1)} \qquad (3-33)$$

$$R^* = \frac{HP_1 \times S_1 \times (LP_1 + T_1 + HC_3)}{(S_3 \times N)(LP_1 + T_1 + HC_1)} \qquad (3-34)$$

从式（3-33）和式（3-34）可知，$\dfrac{\partial \beta^*}{\partial (R \times S_3 \times N)} > 0$，表明租赁型保障房的租金收益越多，社会资本投资比例越高；$\dfrac{\partial R^*}{\partial N} < 0$，表明租赁型保障房运营年限越长，年租金随之越低；$\dfrac{\partial R^*}{\partial S_3} = \dfrac{HP_1 \times S_1 \times h'(S_3) \times (S_3 \times N)(LP_1 + T_1 + HC_1) - N(LP_1 + T_1 + HC_1) \times HP_1 \times S_1 \times (LP_1 + T_1 + HC_3)}{(S_3 \times N)^2(LP_1 + T_1 + HC_1)^2}$，可知 $\dfrac{\partial R^*}{\partial S_3}$ 是否大于 0 取决于 $S_3 \times h'(S_3) - (LP_1 + T_1 + HC_3)$ 的大小，表明保障房建筑面积越大，保障房价格随之变动的趋向不确定。

3.5 案 例 分 析

在此仅以社会资本参与产权型保障房和租赁型保障房投资决策中的方案 2 为

例，运用上述得出的决策模型展开案例应用分析。

现有一块土地待开发。若开发为商品房，假设房价为 $HP_1 = 10000$ 元/平方米，规划的房屋建筑面积为 $S_1 = 50000$ 平方米，土地成本为 $LP_1 = 5000$ 万元，房屋建造成本为 $HC_1 = 15000$ 万元，与房屋销售有关的税金为 $T_a = 10000$ 万元，其他税金为 $T_1 = 5000$ 万元。

若社会资本参与产权型保障房投资，假设房屋建筑面积为 $S_2 = 80000$ 平方米，优惠后的与房屋销售有关的税金为 $T_b = 8000$ 万元，房屋建造成本为 $HC_2 = 20000$ 万元，$k = 0.2$。根据式（3-17）和式（3-18），可以得出社会资本参与产权型保障房投资方案 2 时的房价和最优出资比例分别为 $HP_2^* = 6786$ 元/平方米，$r^* = 56.58\%$。

若社会资本参与租赁型保障房投资，假设房屋建筑面积为 $S_3 = 100000$ 平方米，运营年限为 $N = 70$ 年，房屋建造成本为 $HC_3 = 25000$ 万元。根据式（3-33）和式（3-34），可以得出社会资本参与租赁型保障房投资方案 2 时的最优年租金和出资比例分别为 $R^* = 100$ 元/平方米，$\beta^* = 64.29\%$。

3.6　政　策　建　议

一是建立科学的政府财政投入长效机制。目前，我国保障房建设是在政府主导下开展的，然而，政府的财政投入远远低于保障房建设所需资金。另外，土地出让金作为保障房建设资金的重要来源，存在着提取比例过低、计算口径不统一和提取比例不达标的问题。因此，为了保障政府财政的持续和合理投入，需要合理分担中央政府和地方政府的投入比例，设计合理的土地出让金提取比例，严格落实各项政策和加强监管，为建立科学的政府财政投入长效机制奠定基础。

二是设计合理的风险分担机制。为了激励社会资本积极参与保障房建设，需要设计政府部门和社会资本双方的风险分担机制问题。具体来讲，首先应当遵循有效控制原则，双方谁对风险最有控制力，则由谁来承担相应的风险，例如土地风险、法律风险、政策风险、拆迁风险、税率风险等应由政府部门来承担。而市场风险、质量风险、进度风险等应主要由社会资本来承担；其次应遵循收益与风险对等原则，即谁收益较大，则谁来承担大部分风险；最后应遵循风险上限原则，尤其是社会资本承担的发生概率和损失较大的风险，应设定承担风险的上限，以避免影响社会资本参与保障房建设的积极性。

三是盘活住房公积金。我国住房公积金具有专款专用和存易提难的特点，致使大量住房公积金处于闲置状态，使用效率较低。笔者建议，首先应当修订《住房公积金条例》，使住房公积金用于保障房建设合法化；其次在国家和各地区成立负责住房公积金运营的专门机构，将住房公积金转变为专项投资基金，由专业性的投资管理公司负责这部分资金的使用；最后根据各地区保障房建设的需求情况，建立全国范围内的住房公积金异地调度制度，加快住房公积金的流动性。

参 考 文 献

［1］刘方强，李世蓉．REITs 在我国公共租赁房建设中的应用［J］．建筑经济，2010（12）：104 – 107.

［2］郭明杰，王燕．城市保障房建设中的融资模式探析［J］．财政研究，2011（11）：37 – 39.

［3］曹大飞，何文思．刍议我国保障房建设的融资模式［J］．农村金融研究，2011（12）：39 – 44.

［4］吴伟科，赵燕菁．高覆盖率保障房建设的融资方式［J］．城市发展研究，2012，19（10）：67 – 73.

［5］李海超，蒲实．公共租赁房市场化融资研究［J］．国家行政学院学报，2012（2）：46 – 50.

［6］韦颜秋，游锡火，马明．封闭性金融体系与租赁型保障房融资——来自美国 LIHTC 的经验［J］．城市发展研究，2013（6）：135 – 140.

4

保障性住房需求量的组合预测研究[*]

4.1　引　言

　　住房保障制度是市场经济条件下关系到民生的重大政策内容，促进和完善保障性住房建设是推动城镇化健康发展、和谐社会顺利建设的重要动力。就河北省而言，截至 2014 年 10 月底，保障性安居工程已开工项目 813 个、20 万套，提前完成全年开工任务；已竣工保障性安居工程项目 691 个、18.8 万套；已入住保障性安居工程项目 558 个、16.6 万套。目前看来，河北省保障性住房建设已经取得了一定成果[1]。然而，在河北省城镇化水平日趋增长的情况下，保障性住房仍存在着覆盖水平低、供需缺口大等问题[2]，影响了河北省保障性住房的可持续发展。本研究通过建立组合预测模型，对河北省保障性住房的需求量进行预测，降低随机因素的影响，提高需求量的预测精度，为今后保障性住房的建设提供政策建议。

4.2　文　献　回　顾

　　国内外学者对保障性住房的供需问题进行了大量的研究。何佰洲、张磊应用灰色 GM（1，1）新陈代谢模型对天津市廉租房的供给量进行了预测[3]。刘玉洁利用加权灰色模型 PGM（1，1）对广州市的保障性住房进行了预测[4]。向为民、彭丽娟从需求方角度建立基于居民支付能力的保障性住房需求量模型，从供给方角度建立基于政府财政支付能力的保障性住房供给量模型，对重庆市保障性住房适度规模进行了测算[5]。卢媛、刘黎明通过拟合居民人均可支配收入分布

---

　　*　作者：陈立文，王迎。原载于《企业经济》2015 年第 8 期。

函数曲线族，结合相应的匹配关系运算公式，测算出北京市保障性住房的供需缺口[6]。

综观国内外对于保障房需求规模的预测研究，较多集中在运用 Malthus 和 Logistic 模型、GM（1，1）模型、神经网络预测模型等，对保障性住房需求量进行预测，得出城镇保障性住房需求量并给出政策建议。基于国内外有关保障性住房需求量预测的相关研究，可以看出，GM（1，1）预测是最常用的一种预测模型，但灰色预测对历史数据的依赖性较高，且预测精度有限[7]。支持向量机 SVM 预测方法对于小样本、非线性等问题具有很好的效果，而且其结构简单，泛化能力较好[8]。鉴于以上几点原因，为了提高传统模型对保障性住房需求量进行预测的准确性，利用组合预测模型来处理此问题就具有很大的优越性。本研究利用 GM（1，1）和 SVM 两个模型进行组合预测，以降低单一预测模型中随机因素带来的影响，并利用蛙跳算法确定组合预测的权值，提高预测精度，以取得更好的预测效果。

4.3　组合预测模型建模原理

组合预测是指对一个问题，采用两种或两种以上不同的预测方法，对预测结果选取适当的权重进行加权平均的一种预测方法。组合预测可以综合单一预测方法的结果，弥补单一预测方法的不足，从而有效提高预测结果的准确率。本研究选用灰色预测 GM（1，1）和支持向量机 SVM 模型分别对河北省城镇人口以及河北省城镇居民人均住房面积进行预测，再利用组合预测的思想对两种预测的结果进行综合，以得到更为理想的结果。下面以河北省城镇人口为例，说明其原理。

设 y_i 为第 i 年的实际人口（i = 1，2，…，n，n 为预测人口的年数），则由 n 年人口的实际值可以得到序列（y_i）$_n$。设 f_{ik} 为第 k 种方法第 i 年的人口预测值，ω_k 为第 k 种方法对应于组合预测的权重，$\hat{y}_i$ 为组合预测值，$e_{ik} = y_i - f_{ik}$ 为第 k 种方法第 i 年人口预测的预测误差，有：

$$\hat{y}_i = \sum_{k=1}^{k} \omega_k f_{ik} \tag{4-1}$$

权值 ω_k 的确定是基于误差平方和最小原理，公式如下：

$$minE = \sum_{i=1}^{n} \left(y_i - \sum_{i=1}^{k} \omega_k f_{ik} \right)^2$$

$$s.t. \sum_{k=1}^{k} \omega_k = 1, \ \omega_k \geq 0 \tag{4-2}$$

对比目前其他组合预测模型的权值选择方法，本研究选择蛙跳算法作为组合预测模型权值优化的方法，其优点为参数少、计算速度快、全局寻优能力强等。建模过程如图4－1所示。

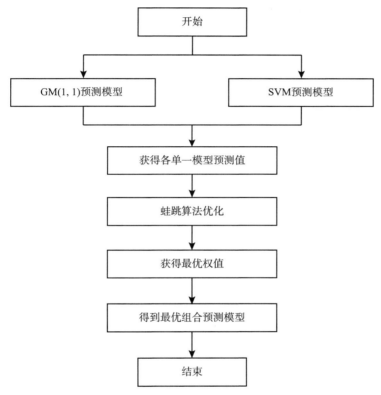

图4－1 优化组合预测模型流程

4.4 优化组合预测模型的建立

4.4.1 灰色预测 GM(1，1) 模型

GM(1，1) 模型是最常用的一种灰色模型，其建模过程如下：

（1）对原始数据 $X^{(0)} = (x^{(0)}(1)，x^{(0)}(2)，\cdots，x^{(0)}(n))$ 进行一次累加，生成累加序列 $X^{(1)} = (x^{(1)}(1)，x^{(1)}(2)，\cdots，x^{(1)}(n))$。

（2）构造累加矩阵 B 和常数项 Y：

$$B = \begin{bmatrix} -\frac{1}{2}(x^{(1)}(1) + x^{(1)}(2)) & 1 \\ -\frac{1}{2}(x^{(1)}(2) + x^{(1)}(3)) & 1 \\ \vdots & \vdots \\ -\frac{1}{2}(x^{(1)} + (n-1) + x^{(1)}(n)) & 1 \end{bmatrix}, \quad Y = \begin{bmatrix} x^{(0)}(2) \\ x^{(0)}(3) \\ \vdots \\ x^{(0)}(n) \end{bmatrix} \quad (4-3)$$

（3）由最小二乘法求灰参数$\hat{a}$：

$$\hat{a} = \begin{bmatrix} a \\ b \end{bmatrix} = (B^T B)^{-1} B^T Y \quad (4-4)$$

（4）建立预测模型：

$$\frac{dx^{(1)}}{dt} + ax^{(1)} = b \quad (4-5)$$

可得，$X^{(1)}$的灰色预测模型为：

$$\hat{x}^{(1)}(t) = \left(x^{(1)}(1) - \frac{b}{a}\right)e^{-at} + \frac{b}{a} \quad (4-6)$$

（5）对$\hat{X}^{(1)}$作一次累加还原得$X^{(0)}$的预测模型：

$$\hat{x}^{(0)}(t+1) = \hat{x}^{(1)}(t+1) - \hat{x}^{(1)}(t) = (1 - e^{a})\left(x^{(0)}(1) - \frac{b}{a}\right)e^{-at} \quad (4-7)$$

（6）对所建立的模型进行验证及应用模型进行预测。

4.4.2 支持向量机 SVM 预测模型

支持向量机方法是一种较新的智能算法，其建立在统计学习理论的 VC 维理论和结构风险最小原理的基础上，根据有限的样本信息在模型的复杂性和学习能力之间寻求最佳折中，以获得最好的推广能力。支持向量机在解决小样本、非线性及高维模式识别中具有许多特有的优势，并且具有良好的泛化能力。支持向量机的回归函数为：

$$f(x, \alpha, \alpha^*) = \sum_{i=1}^{N} (\alpha_i - \alpha_i^*) K(x_i, x_j) + b \quad (4-8)$$

式中：x 为训练样本；α_i 和 α_i^* 为拉格朗日乘子；b 为偏置常数；$K(x_i, x_j)$ 为核函数，本研究选取最常用的径向基核函数 $K(x_i, x_j) = \exp\left(-\frac{\| x_i - x_j \|^2}{2\sigma^2}\right)$。其中 σ 称为核宽度，其取值与学习样本的范围有关，样本越大，其取值越大，反之越小。

应用 SVM 预测还需要确定惩罚因子 C 和不敏感损失参数 ε 等参数。惩罚因子 C 用于控制模型的精确程度和泛化能力，其值越大，对本研究中往年的人口和人均住房面积等历史数据的拟合程度越高，但若太大，则会导致过学习现象而使预测效果变差。不敏感损失参数 ε 影响所建立模型的复杂程度，ε 较大时，模型较为简单，计算量较小，但预测精度较低，反之，模型较为复杂，计算量较大，预测精度较高。

4.4.3　基于蛙跳算法的组合预测方法

蛙跳算法（SFLA）是一种受自然生物模仿启示而产生的基于群体的协同搜索方法，多应用于参数优化、组合优化等方面。其基本思想为：随机生成 N 只蛙，组成初始种群体 P = {X₁，X₂，…，X_N}，对于 S 维的问题，第 i 只蛙可以表示为 $X_i = [x_{i1}, x_{i2}, \cdots, x_{iS}]$。生成初始群体之后，将整个种群内蛙的个体按适应值降序排列，记录种群中具有最优适应值的蛙为 X_g；然后将整个蛙群体分成 m 个子种群，每个子种群包含 n 只蛙，满足关系 N = m × n。其中：第 1 只蛙分入第 1 个子种群，第 2 只蛙分入第 2 个子种群，第 m 只蛙分入第 m 个子种群，第 m + 1 只蛙重新分入第 1 子种群……以此类推，直至所有青蛙都被分配完毕。

在每个子种群中，将适应值最好的蛙记为 X_b，将适应值最差的蛙记为 X_w，然后对每个子种群进行局部搜索，每次迭代只更新 X_w，其更新方式为：

$$D = r \cdot (X_b - X_w) \tag{4-9}$$

$$X'_w = X_w + D, \quad \| D \| \leq D_{max} \tag{4-10}$$

式中 r 表示 0 与 1 之间的随机数，D_{max} 表示蛙所允许的位置改变的最大值。更新后，如果得到的蛙 X'_w 优于原来的蛙 X_w，则用 X'_w 取代 X_w；如果没有改进，则用 X_g 取代 X_b，按式（4-9）和式（4-10）进行局部搜索；如果依然没有改进，则随机产生一个新蛙直接取代 X_w。重复上述更新操作，直到设定的迭代次数，当完成局部搜索后，将所有子种群的蛙重新混合、排序、划分子种群，再进行下一轮的局部搜索，如此反复，直到满足终止条件结束为止。本研究利用 GM（1，1）和 SVM 两个模型进行组合预测，降低了单一预测模型中一些随机因素带来的影响，并利用蛙跳算法确定组合预测的权值，提高了预测精度，从而取得更好的预测效果。

4.5　河北省保障性住房需求量预测实例

住房需求量预测的关键是人均住房建筑面积和城镇人口总数的预测，因此，下面分别对这两方面进行预测。

4.5.1　河北省城镇居民人均住房建筑面积预测

根据《河北经济年鉴》，2000～2013 年河北省城镇居民人均住房面积如表 4-1 所示：

表 4-1　　　　　　　　　河北省 2000~2013 年城镇居民人均住房面积　　　　　单位：平方米

年份	2000	2001	2002	2003	2004	2005	2006	2007	2008	2009	2010	2011	2012	2013
人均住房面积	15.42	15.75	18.74	18.91	19.33	21.53	21.81	30.45	29.51	29.95	30.52	32.21	32.51	33.65

本研究利用河北省 2000~2013 年城镇居民人均住房面积为样本进行实证分析。第一步，对已知的数据样本建立灰色预测模型，得到回归方程，利用回归方程计算得到未来几年河北省城镇居民人均住房面积的预测值；第二步，对已知的数据样本建立 SVM 模型并进行预测，得到未来几年河北省城镇居民人均住房面积的预测值；第三步，应用组合预测的思想对上述两种方法所得的预测结果进行加权求和，利用蛙跳算法对权值进行优化，使得到的预测值与真实值之间的误差平方和达到最小。本研究利用 2000~2008 年数据构建预测模型，2009~2013 年数据用于测试模型的准确性，根据河北省城镇居民人均住房面积的数据样本，将蛙跳算法中的参数设置为：青蛙群体数 N=160，子群数 M=8，子群内更新次数为 10，混合迭代次数 1000。支持向量机模型中，利用 MATLAB 软件中 SVM 工具包的参数寻优功能，确定参数为：不敏感损失参数 $\varepsilon=0.01$，核宽度参数 $\sigma=0.42$，惩罚因子 C=3.4。

对所建立模型的准确性的验证结果如表 4-2 和图 4-2 所示。通过验证结果可以看出，采用蛙跳优化组合预测模型所得到的预测效果比单独应用 GM(1，1)预测和 SVM 预测的效果更好，精度更高，更逼近真实值。

表 4-2　　　　　　　　　　　不同预测模型的预测结果　　　　　　　　　单位：平方米

年份	真实值	GM(1，1)	SVM	蛙跳组合预测
2009	29.95	28.38	30.90	29.76
2010	30.52	30.11	31.22	30.73
2011	32.21	31.95	31.94	31.81
2012	32.51	33.90	32.41	32.40
2013	33.65	35.98	32.89	33.70
平均相对误差（%）	—	3.72	1.77	0.61
精度（%）	—	96.28	98.23	99.39

由上述结果可以看出，本研究建立的蛙跳优化组合预测模型的预测精度较高，可以用来对未来河北省城镇居民人均住房面积进行预测，利用此模型对河北省城镇居民人均住房建筑面积的预测结果见表 4-3。

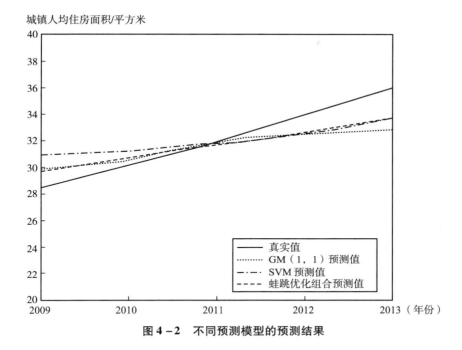

图4-2　不同预测模型的预测结果

表4-3　　　　2014~2020年河北省城镇居民人均住房面积预测结果　　　单位：平方米

年份	2014	2015	2016	2017	2018	2019	2020
人均住房面积	34.58	35.50	36.43	37.35	38.28	39.20	40.13

4.5.2　河北省城镇人口数预测

根据中华人民共和国统计局发布的数据，河北省 2005~2013 年城镇人口数量如表 4-4 所示。

表4-4　　　　　　　2005~2013年河北省城镇人口　　　　　　单位：万人

年份	2005	2006	2007	2008	2009	2010	2011	2012	2013
城镇人口	2582	2674	2795	2928	3077	3201	3302	3411	3528

资料来源：中华人民共和国国家统计局网站，http://www.stats.gov.cn。

本研究利用 2005~2013 年河北省城镇人口数为样本进行实证分析，方法步骤与上文中对河北省城镇人均住房面积的分析类似，这里不再赘述。其中，利用 2005~2010 年数据构建预测模型，2011~2013 年数据用于测试模型的准确性。

为了取得较好的效果，这里先对数据进行了归一化处理。根据河北省城镇人口的数据样本数量，将蛙跳算法的参数设置为：蛙跳算法的青蛙群体数 $N = 100$，子群数 $M = 4$，子群内更新次数为 10，混合迭代次数为 800。支持向量机模型中，利用 MATLAB 软件中 SVM 工具包自带的参数寻优功能，参数设置为：不敏感损失参数 $\varepsilon = 0.01$，核宽度参数 $\sigma = 0.48$，惩罚因子 $C = 2.6$。

通过对所建模型的验证结果进行分析，如表 4 - 5 和图 4 - 3 所示，可以看出采用蛙跳优化组合预测模型所得到的预测效果比单独应用 GM(1, 1) 预测和 SVM 预测的效果更好，精度更高，更逼近真实值。

表 4 - 5　　　　　　　　　不同预测模型的预测结果　　　　　　　　　单位：万人

年份	真实值	GM(1, 1)	SVM	蛙跳组合预测
2011	3302	3289	3301	3296
2012	3411	3421	3408	3413
2013	3528	3558	3504	3526
平均相对误差（%）		0.51	0.27	0.10
精度（%）		99.49	99.73	99.90

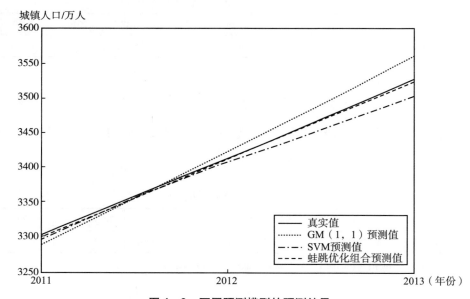

图 4 - 3　不同预测模型的预测结果

由上述结果可以看出，本研究建立的蛙跳优化组合预测模型的预测精度较高，可以用来对未来河北省城镇人口进行预测，利用此模型对河北省城镇人口的预测结果见表4－6。

表4－6　　　　　　　　2014～2020年河北省城镇人口预测结果　　　　　　单位：万人

年份	2014	2015	2016	2017	2018	2019	2020
城镇人口	3633	3733	3826	3913	3993	4067	4135

4.5.3　河北省保障性住房需求量预测

根据《河北省城镇保障性安居工程"十二五"规划（2011～2015年)》的内容，自2011年起，河北省逐步扩大住房保障覆盖范围，住房保障对象由城市低收入住房困难家庭逐步扩大到城镇中低收入住房困难家庭、新就业职工及外来务工人员等其他住房困难群体。同时根据《河北省统计年鉴》对河北省城镇居民不同收入层次家庭年收入情况的统计，河北省最低收入人口约占总人口的10%，中低收入人口约占30%，中等以上人口约占60%。据此，选取40%的保障人口标准进行河北省保障性住房2015～2020年需求量的预测。同时，保障房的人均建筑面积略低于人均住房建筑面积，根据国际上一些国家的相关经验，保障房的标准不高于人均住房面积的60%[9]。因此，根据以上研究，得到公式：河北省保障人口数＝河北省城镇人口数×40%，河北省保障房人均住房面积＝河北省城镇居民人均住房面积×60%。河北省城镇住房需求总量＝保障房人均建筑面积×河北省保障人口总数，保障房年度需求量＝该年保障房需求量－前一年保障房需求量。结合上述实证分析结果，可得出2015～2020年河北省保障房需求量预测值，结果见表4－7。

表4－7　　　　　　　　2015～2020年河北省保障房需求量预测

年份	2014	2015	2016	2017	2018	2019	2020
保障人口数（万人）	1453	1493	1530	1565	1597	1627	1654
保障房人均住房面积（平方米）	20.75	21.30	21.86	22.41	22.97	23.52	24.08
保障房需求总量（万平方米）	30150.99	31805.16	33451.48	35076.13	36684.49	38262.34	39825.01
保障房年度需求量（万平方米）	—	1654.17	1646.32	1624.65	1608.36	1577.85	1562.68

根据表4－7计算可知，未来"十三五"规划期间（2016～2020年），河北省保障性住房建筑面积的累计需求总量预测约为8019.85万平方米。

4.6　结论及建议

本研究利用蛙跳算法将 GM(1，1) 和 SVM 的单一预测模型进行组合优化，应用到河北省保障性住房需求量的预测中，发挥了组合优化预测模型的优点，降低了随机因素的影响，提高了保障性住房需求量预测的精度。通过实证分析可以看出，利用蛙跳算法优化的组合预测效果优于单一方法的预测效果，所得的预测结果更为理想。

随着城镇化进程的不断加快，保障性住房建设已成为政府工作的重中之重，但目前保障性住房建设工作仍然存在着一些问题。本研究利用组合预测模型对河北省保障性住房需求量进行预测，得出 2016～2020 年保障房理论需求值，为今后政府制定"十三五"规划的保障性住房政策提供理论支持。由预测数据可以看出，河北省保障性住房需求量逐渐增加。但由于土地稀缺、政府财力有限等原因，除了对地方政府的保障性住房建设进行激励外，还应该创新保障性住房的投融资和建设模式，充分调动民间资本的积极性，这样才能跨越保障性住房供给的最低门槛，提高河北省保障性住房的供给量，保证河北省保障性住房建设的可持续发展。

参 考 文 献

［1］赵建，周珊. 全省保障房年度开工任务提前完成 ［N］. 河北日报，2014 - 11 - 26 （001）.

［2］宋立根，宋超，周纯朴等. 河北省保定市保障性住房建设实证研究 ［J］. 经济研究参考，2012 （44）：42 - 68.

［3］何佰洲，张磊. 基于灰色新陈代谢模型的廉租房供给量预测——以天津市为例 ［J］. 建筑经济，2013 （7）：101 - 103.

［4］刘玉洁. 基于改进 GM(1，1) 模型的广州市保障性住房预测研究 ［D］. 东南理工大学，2012 （6）：10 - 26.

［5］向为民，彭丽娟. 供需视角的重庆市保障性住房适度规模 ［J］. 重庆社会科学，2014 （8）：40 - 46.

［6］卢媛，刘黎明. 北京市保障性住房供求缺口分析 ［J］. 统计与决策，2012 （2）：102 - 104.

［7］Tian Y. , Shen H. , Zhang L. , et al. , Utility Water Supply Forecast via A GM （1，1） Weighted Markov Chain ［J］. Journal of Zhejiang University SCIENCE A, 2010, 11 （9）：677 - 682.

［8］刘俊娥，安凤平，林大超等. 采煤工作面瓦斯涌出量的固有模态 SVM 建模预测 ［J］. 系统工程理论与实践，2013，33 （2）：505 - 511.

［9］李剑阁. 中国房改现状与前景 ［M］. 北京：中国发展出版社，2007.

5

我国保障性住房融资模式的选择研究[*]

5.1 引　言

中低收入家庭的住房问题，关乎我国民生。自房地产金融性凸显，并成为中国经济增长的重要引擎以来，我国住房价格急剧上升，中低收入家庭无力购买商品房，随之而来的社会问题也越来越多。保障性住房能否有效供应，将会影响到社会公平与稳定。而近些年在我国，保障性住房需求巨大，供给却严重不足，政府也正逐年加大保障性住房的建设力度。中央的"十二五"规划中，计划新建或改造保障性住房、棚户区改造住房合计约 3600 万套。保障房建设任务艰巨，其资金不足、融资模式有限将直接影响建设任务的完成。为完成政府硬性指标，同时鼓励社会资本参与，本研究将对保障性住房融资模式进行研究，并对不同类型保障性住房做出模式选择。

5.2 保障性住房的融资现状

保障性住房由政府融资建设，提供给符合限定条件的家庭，其建设标准和价格都有所限制，具有社会保障性质。目前，我国保障性住房类型较多，主要有公租房、经济适用房、自住房、限价房、棚户区改造安置住房等。

1994 年，我国正式提出建设保障性住房。中央和地方政府从 2007 年开始投入大量资金建设保障性住房，此后，每年各个省市持续加大建设力度，住房保障项目不断增加。近年来，通过大规模推进城镇保障性安居工程，取得了一些成效，一定程度上解决了群众的住房问题。据住建部数据，至 2014 年 9 月底，通过建设或改造保障性住房及发放补贴，累计 4000 多万户家庭的住房问题得到解

＊　作者：陈敬武，尹润雨，陈立文。原载于《建筑经济》2016 年第 8 期。

决。并且 2015 年《政府工作报告》已明确，保障性安居工程建设任务约 740 万套，要求基本建成 480 万套，棚户区改造工作继续加强。

但是，我国的保障性住房建设覆盖比例与国际水平相去甚远。若 2015 年能顺利完成规划目标，期末中国城镇保障性住房覆盖面才在 20% 左右，与日本 44% 的保障房覆盖率相去甚远[1]，我国保障性住房建设力度亟须加强。

而建设资金短缺、融资困难是我国保障性住房建设缓慢、落后的一个主要原因。根据国家"十二五"规划，2015~2017 年规划以及中国住房金融市场分析，保障房建设每年需要融资支持规模大约为 1 万亿元，而目前估算，每个季度实际融资规模（包括政府财政投入）约为平均 1500 亿~2000 亿元，全年保障性住房融资缺口大约是 2000 亿~4000 亿元[2]。建设资金严重短缺，而政府投入有限且债务繁重，社会资本庞大却缺乏投资动力，则需要寻求更为有效的融资模式获取建设资金。

早期我国保障性住房的建设资金来源主要有政府投入、银行贷款等。随着保障性住房需求量逐年增加，面对巨额新建、改造资金，单纯依靠政府投入和贷款，远远不能解决其资金问题。近些年市场经济繁荣发展，国家越来越鼓励社会资本参与公共建设，保障性住房融资模式由单纯政府参与向银行、债券、基金等资本市场及政府、企业或私人等共同参与的市场化融资方式转变[3]。目前，我国保障性住房建设资金主要来源于中央财政补助及地方政府资金投入、土地出让净收益、银行贷款、住房公积金增值收益及贷款、发行债券、REITs、PPP 模式等。这七种融资渠道可归类为以下三种融资模式：中央财政补助和地方政府资金投入、土地出让净收益、住房公积金增值收益属于政府直接财政投入融资模式，银行贷款、地方政府发行债券、住房公积金贷款等属于政府主导负债类融资模式，REITs、PPP 等则属于政府与企业或私人共同参与的融资模式。

5.3 不同类型保障性住房的融资模式选择

不同融资模式各具优缺点和不同的适用性，地方政府对不同类型的保障性住房的关注度和投资程度也会变化。在保障性住房的融资模式优劣势、类型差异、政府关注度高低这一动态组合中，要使政府和社会资源相互配合、得到充分利用，并且实现政府的建设目标，就必须对不同保障性住房类型分别进行融资渠道组合，以便在实际的融资过程中做出合理判断与选择。

我国保障性住房主要分为公租房、经济适用房、自住房、两限房和棚户区改造等几种类型。其中，两限房自提出以来，尽管解决了部分中等收入家庭的住房问题，但其相关发展不完善，只在我国少部分地区实行，特点越来越接近于经济适用房和自住房。并且，经济适用房、两限房、自住房通常由地产开发企业承担其大部分融资建设问题，特点和所对应的融资模式类似。因此，本研究将重点探讨公租房、经济适用房、棚户区改造的融资特点及相应融资模式的选择。

5.3.1 公租房融资模式组合及选择

公租房主要由地方政府建设提供，建设资金回收所依靠的主要收入来自租金，收益相对稳定，但由于其公共产品的性质，租金较低。对于园区公租房，其收入还来自周边商业设施的出租、出售等，在融资模式设计时需予以考虑。另外，公租房资金回收期最短也需要 10 多年的时间，而最长可达到 100 多年。同时，在公租房建设、运作过程中，政府全程干预，政策的变动等将直接影响投资者投资决策。

公租房的融资特点决定了其融资模式必须以政府直接财政投入为主。政府作为公共租赁住房的投资和建设主体，利用财政资金，统一组织协调建设公租房，并且依靠政府的补贴来达到建设及后期运营的财政平衡。中央和地方政府的直接资金支持成为公租房、廉租房建设及后期运营的基本保障。但政府财政负担也越来越大，还需要配合其他资金的参与。

利用公租房中政府作为融资主体、收益相对稳定等特点，银行中长期贷款、发行债券也可作为有效方式参与公租房融资。通过收取租金、公租房周边配套商业设施出租或买卖以及后期公租房向特定对象出售等方式获取资金，以偿还债务本金和利息，实现可持续融资。

同时，社会资金通过 REITs 和 PPP 的方式参与公租房建设，以租金收入、政府补贴、园区公租房周边商业设施出租或出售的资金作为回报，并且利用公租房长期稳定投资回报的优势，通过 REITs 的方式募集民间中小投资者投资[4]或通过 PPP 模式与企业合作完成建设。将 REITs 和 PPP 模式应用在公租房融资中，能够有效减轻政府的财政负担，同时起到为银行体系解压的作用。但实际市场投资者基于对公租房偏低的收益、建设资本过长的回收期及期间政策的不稳定等风险的考虑，大都持观望态度。因此，REITs 和 PPP 模式只能作为公租房建设资金的补充来源，并不能实现大范围应用。

综上，公租房的融资模式即为以政府直接财政投入为主，以银行贷款和发行债券为辅助，并以 REITs 和 PPP 模式作为补充的模式组合。在我国已有的公租房融资模式中，一些地方也采用了类似的组合模式，并付诸实践，但是也存在不足。其中最具代表性的是重庆市公租房融资的组合模式。

重庆市公租房采用的是典型的以政府直接投入为主，银行贷款、发行债券为辅的融资渠道组合模式。具体资金来源包括中央专项资金、地方预算安排资金、土地出让收益的5%、金融机构贷款、公积金贷款、发行企业债券等。重庆市充分利用国有资产，构建以国有的城投和地产等企业为主体的公租房融资平台，组建项目公司，通过该平台和项目公司，同时进行银行贷款和发行债券，不仅筹得了大量建设资金，还实现了资源共享，节约融资成本。2011 年，重庆市采用"1 + 3"的融资模式，政府直接财政出资 300 亿元作为资本金，通过银行等金融机构筹得 700 亿元贷款，然后通过收取租金、公租房周边配套商业设施出租或买卖、后期公租房向特定对象出售等这三种方式获取资金，偿还债务本金及利息。另外，重庆市通过融资平台发行企业债券进行融资，2012 年即正式发行企业债券 50 亿元，全部应用于公租房建设。同时，重庆市也进行了公租房REITs 和 PPP 模式的研究，但由于地方政府相关政策的缺乏，只在少部分项目中有所应用且成效不明显。总体来说，重庆市政府直接投资、银行贷款、发行债券的融资模式组合，取得了不错的效果，对我国公租房建设融资具有很大的借鉴意义。

5.3.2　经济适用房融资模式组合及选择

经济适用房由地方政府负责开发建设，建成后以较低价格出售给符合条件的中低收入家庭，其产权转移至购买者。因此经济适用房同时具备商品住房和保障住房的特点，其建设资金能够随经济适用房的出售而得到较快回收，且能够有所收益，但因为其保障性质，政府严格控制销售价格，资金回报率较低。

在经济适用房融资过程中，政府主要提供税费优惠等政策支持，直接投入较少，且主要集中在房建项目外的基础设施建设方面。尽管直接投资较少，但政府在整个融资过程中发挥引领、监督、管理的重要作用及主导地位不能动摇[5]。

银行贷款相对占有较高的比重，不仅包括政府直接向商业银行进行贷款，或通过公积金贷款等，也包括开发商在承接建设任务之后，以未来建成后的经济适用房价值作为抵押获取银行贷款，且可享受国家规定的利息优惠等。建成后的经济适用房能够通过国家政策很快得到出售，资金回收较快，较公租房而言，经济适用房能够容易获取银行中长期贷款。

社会资金通过 PPP 模式和 REITs 的方式参与经济适用房的建设，在这一融资模式组合的资金结构中占有很大比例。PPP 模式中，政府和中标单位组建经济适用房项目公司，中标单位可通过项目公司对建设项目进行投资，或以项目公司的名义获取银团贷款等。项目公司负责整个建设、运营过程，由政府对项目公司进行控制、监督，其后期获得的收益也将归属于项目公司，以此使私营资本获得回报。或通过 BT、BOT 等模式新建保障房，购买积压的商品住房或二手房，将其他公用住房改建为保障房等模式完成建设[6]。当项目中部分保障房建设完成后，以政府信用作担保，组建融资平台，将已建成的保障房和未来收益打包，委托信托机构发行和管理 REITs，筹集社会资本[7]。经济适用房 REITs 以短期可预见较高投资回报率、运作风险较低的特点吸引民间资本投资。因此，PPP 模式和 RE-ITs 融资方式，在经济适用房的建设融资过程中具有较高可行性。

综上，经济适用房的融资特点决定了其以 REITs 和 PPP 模式为主，政府投资、银行贷款等作为辅助的融资模式。

目前，在我国最具代表性的则是上海市经济适用房建设融资模式。上海市经济适用房又称为共有产权保障房，主要采用的是企业投入、银行贷款和政府补贴相结合的资金组合模式。因为上海市经济适用房在定价方面，主要综合使用项目结算价格和销售基准价格的计算方法，尽管售价较商品房价格低，但通常也是有利可图，加上政府在土地获取使用等方面的优惠政策支持，房地产开发企业对此具有较高积极性。所以，上海市在经济适用房融资建设上，除政府在一些相关基本设施建设等方面给予财政补助外，则主要利用政府招投标、企业兴建的融资建设，即 PPP 模式。这一模式充分发挥上海地产集团等国有大型房地产企业集团的主力军作用，要求这些中标企业将一定量的资本投入至开发项目中，并且经过几个周期的资金滚动后，获取超额资金回报，从而为经济适用房筹得一定的建设资金。银行贷款也基于对短期高回报率及政府信誉的考虑，积极参与其中。同时，上海市作为我国 REITs 融资方式的首批试点，在经济适用房的建设融资中也积极尝试此种方式，但尚处于尝试摸索阶段，实际应用较少。上海市"社会企业投资、金融机构贷款、政府直接补贴"相结合的经济适用房融资模式，能够充分调动社会企业资本参与保障性住房建设，但是作为我国经济发达的东部城市，上海市在充分筹集大型企业集团的资本之外，还应通过 REITs 等方式增加对社会闲散资本的利用。

5.3.3 棚户区改造融资模式组合及选择

近些年来，棚户区改造项目逐渐成为各地保障性安居工程的工作重点。项目具体包括前期计划制订、拆迁安置等，中期房屋、街道、环境等规划建设，后期居民回迁等环节。整个过程需要庞大的资金支持，时间跨度较大，参与其中的部门、企业等众多，同时涉及各个方面的资源及利益。其中，资金量要求最高的则是建设中期。中期建设不仅包括原有居民的补偿安置房屋建设、基础设施建设及部分公租房、经济适用房建设，还包括多余的可以出售的商品住房、商业用房、商业设施等的建设。

作为棚户区改造项目的实施、责任和监管主体，政府除了对融资过程进行整体规划、控制资金运转、监督资金使用外，还需要制定优惠政策吸引外界投资、处理各利益主体间的关系、降低投融资风险等。政府将不可避免地承担项目规划、监督管理成本、部分建设运行资金。而此时，政府可充分利用土地出让净收益作为这部分投入的重要来源。但完全的政府直接投入不利于项目风险分散，资金利用率偏低，利用项目特点吸引其他资金投入非常必要。

负债类融资在棚户区改造项目中也扮演着必不可少的角色。一方面，棚改项目一旦开始，短期内需要大量资金，银行贷款是解决资金紧缺问题最有效、快捷的方式。政府可直接与银行、银团合作或以保障房融资平台为依托获取贷款，利用融资平台能够减少和控制风险，目前较为常用[8]。但通常商业性银行出于对项目收益及中长期贷款风险等的考虑，出现不愿贷款现象，则需要政府制定相关优惠政策调动其积极性。而政策性银行则以国家政策为准给予低"门槛"和低利息的支持。另一方面，政府也可充分利用融资平台，发行市政建设债券，为项目提供长期稳定的资金。政府可利用部分财政投入和土地出让净收益支付银行贷款利息和债券利息。

社会资本通过 PPP 模式和 REITs 参与到棚改项目，主要针对棚改安置房、部分基础设施及政府用于保障安居工程的其他建设。不同于公租房和经济适用房中社会资金的融入，棚改项目可充分利用其中商业建设部分的优势吸引社会资本，例如可规定在商品房住宅小区内必须建有多少比例的保障性住房，建成后的保障性住房通过 BT 或 BOT 等方式移交政府。但由于棚改中所涉及的建设项目种类较多，建设方式存在很大不同，PPP 模式和 REITs 的方式只能为部分项目筹集资金，作为辅助参与到部分棚改项目中。

因此，棚户区改造项目的融资特点决定了其以银行贷款、发行债券为主，政府投资、REITs 和 PPP 模式为辅的融资组合模式。

河南省棚户区改造融资是我国较为成功的项目融资的代表。其改造项目，采用最多的则是银行贷款、发行债券的方式。据住建部门统计，河南省棚户区居住居民 218 万户，棚改任务艰巨，资金缺口巨大。为解决融资难题，河南省构建了由农发行河南省分行与河南省豫资城乡投资发展有限公司合作共同提出的新型融资模式，开展保障性住房统一贷款、统一还款付息的工作。截至目前，这种模式共为棚户区改造筹资 1183 亿元，在 16 个省辖市支持城中村改造项目 50 个。其主要运行方式为"政府主导、子公司承贷、母公司担保、委托代建、项目地财政还款"，能够充分利用政府信用；母子公司合作，可以解决地方政府在重大项目融资中的担保难题，这种承贷和担保方式同样可以应用于其他政府大型融资活动中。此外，省政府积极与国家开发银行等金融机构合作，通过多种渠道共同融资。自国务院确定发行住宅金融专项债券以来，国开行河南分行通过省市平台统贷、市场化企业直贷和货币安置等融资模式，迅速向河南省 213 个棚户区改造区累计发放贷款 466.5 亿元。同时，省政府也积极探索研究通过发行市政债券筹集棚改资金的方式，争取获批省级政府发行市政债券试点。政策性银行贷款、发行债券的模式在河南省棚户区改造中取得了很大成效。但是这一模式对债务资金、政府扶持政策太过依赖，缺乏社会市场资金参与。地方政府可尝试将 PPP 模式和

REITs 融资方式引入其项目中，并且应注重对相关法律的完善，使社会资本充分发挥其作用。

三种类型保障性住房融资特点及模式选择如表 5 - 1 所示。

表 5 - 1　　　　　　　　保障性住房融资融资特点及模式选择

保障性住房类型	资金回收期	融资特点				融资模式组合
		收益率	资金用途	政府干预度	主导方	组合方式
公租房	长	低	唯一	高	政府	政府直接财政投入为主，银行贷款和发行债券为辅，鼓励社会资本以 REITs 和 PPP 的方式参与
经济适用房	较短	较高	唯一	较高	政府	REITs 和 PPP 模式为主，政府投资、银行贷款等为辅
棚户区改造	较长	较高	多样	较高	政府	银行贷款、发行债券为主，政府投资、REITs 和 PPP 模式为辅

保障性住房融资模式的选择是一个动态变化的过程，为使各种融资方式在组合后发挥"1 + 1 > 2"的效应，在进行模式选择时要遵循一定的原则。首先，应结合各类融资模式优劣势和保障性住房的特点，规划融资渠道、资金构成，再进行选择。其次，各个地区政治经济文化环境不同，不要一味效仿其他地区成功的融资模式，需因地制宜，探索适合本地区的融资模式。最后，融资模式要根据建设阶段有所变化，同时考虑本地区的发展及法律环境等的变化，逐渐改变或创新融资模式。

5. 4　实践三种融资模式的问题与建议

5. 4. 1　公租房融资模式存在的问题与建议

公租房建设以政府直接投入为主的融资模式，需要地方财政给予大力支持，但在融资模式实践时仍会遇到不少问题。一方面，地方政府投资积极性不高，往往会为完成建设任务且节约资金，而将公租房建设在郊外且交通等基础设施不发达的地区，导致公租房出租率低，影响建设资金回收，造成政府财政资金浪费，严重增加政府财政负担，并且也阻碍了银行贷款、社会资金的参与；另一方面，土地出让净收益、住房公积金增值收益等，作为政府直接投资融资模式，在各地的保障性住房建设中并没有得到充分利用，尽管存在有相关规定，但由于缺乏监管，不能得到有效利用。

公租房建设融资模式组合的实现，则把公租房建设与当地的民生情况相结合综合纳入地方住房保障的绩效评价中，建立奖罚机制，引导地方官员从长远将选址、住房质量、城市发展布局等进行综合考虑合理规划公租房，使得出租资金能够有效回收。同时，拓宽政府财政收入中用于公租房建设的资金来源渠道，加强用于保障性住房建设的土地出让金、住房公积金增值收益等的管理，构建完善的监督体系。

5.4.2 经济适用房融资模式存在的问题与建议

经济适用房建设融资中，对社会资金的引进非常重要，但就目前来说，无论是采用 REITs 还是 PPP 融资模式，将社会资金引入保障性住房建设困难重重。首先，宏观投融资环境不稳定，严重增加了社会资金参与保障性住房建设的风险，特别是缺乏相关法律政策的支持，虽然个别城市出台了关于 REITs 和 PPP 模式的暂行规定及管理办法，但仍有许多细节没有详细规定，例如融资模式中运作过程的监管制度、资金的进入及退出机制等，并且国家针对社会资本参与公共项目的鼓励政策等也不确定，可能存在很大变动；其次，经济适用房的收益对社会资本投资吸引力不足，单单使用保障性住房的资金收益吸引社会资本是远远不够的，而政府往往与投资主体之间缺乏沟通，忽视投资主体除收益外的其他需求，而私人部门因为信息不对称也可能出现对政府不信任而造成投融资的失败。

因此，作为经济适用房建设的主导方，政府一方面应规范 REITs 操作，完善《信托法》《证券法》、PPP 项目设立、特许经营协议、风险分配等相关法律规定，规范操作，降低保障性住房融资中的法律风险；另一方面，应充分发挥当地宏观经济发展的优势，从社会资金投资主体的多方面需求角度着手，加强与私人部门的沟通，在金融、信贷、税收等方面制定具有针对性的优惠政策，激励社会资本积极参与其中。

5.4.3 棚户区改造融资模式存在的问题与建议

自鼓励以国家开发银行为主的政策性银行贷款、发行债券成为棚改项目主要融资渠道以来，各地棚改融资问题得到了很大缓解，但不少地方也出现了对债务资金、政府扶持政策过于依赖的现象，一方面表现为政府融资积极性下降，针对棚改项目集中使用政策性银行贷款及政府直接投资的模式，而忽视社会资金、金融市场资金等融资渠道；另一方面随着大面积棚户区改造任务的进行，政府偿还银行贷款的压力逐渐增强，也将增加银行发放贷款的风险，久而久之阻碍资金的良性运转，对政府信用也将产生不良影响。

　　棚改项目工程种类较多，政府应明确其中每个工程项目的性质特点并加以分类，针对其中的不同工程采取不同的融资方式，将政策性银行贷款、商业银行贷款、政府直接投资、社会资本参与的融资模式融合其中，综合发挥作用；其次，棚户区改造项目所需资金量巨大，政府在使用贷款资金为棚改项目资金缓解压力的同时，可利用棚改项目中所涉及商业项目的高盈利、低风险优势，将保障性住房和商业设施捆绑进行建设，或积极制定优惠政策吸引社会资本；最后，政府应充分发挥其监管、协调职能，保障棚户区改造项目各项资金的充分利用和良性循环。

　　整体而言，政府应明确其在不同类型保障性住房建设融资中的作用，除公租房建设需政府对其进行大力财政支持外，对于其他几类住房更应通过对政策、制度等的完善引入社会资金、市场资金等，并对自己在其中所处的位置进行准确定位，对地方政府财政中的有限资金进行合理计划和分配以及对资金的运用、回收等进行控制、监督。同时应注意各类保障性住房建设特点不同，保障对象有所区别，同时所处的政治、经济、文化、法律政策等宏观环境方面也存在差别，一套完整保障性住房融资模式评价体系的构建非常重要，使用科学合理的方法，对融资模式进行评价，并为融资模式选择提供依据。

5.5　结　　语

　　保障性住房建设是我国各级政府解决中低收入家庭住房难问题的有效手段，实现居民住有所居的重要保障。融资模式组合融合了各融资渠道的优点，使得每一类保障性住房的资金来源有所侧重，能够有效协调各方资金，为政府建设保障性住房分担财政压力，使保障性住房资金短缺问题得到有效解决。在这些组合中，创新型融资模式如 PPP、REITs 等的运用也至关重要，通过它们能够有效地将社会资本引入到保障性住房建设中来。总之，多元化的融资模式组合已是保障性住房融资的大势所在，各地应充分利用模式组合的优势，实现保障性住房的有效供应，从而改善民生。

参 考 文 献

　　［1］张影强. 中国房地产市场发展与展望［A］//中国房地产市场发展与展望（2014～2015）［C］. 2015：11.

　　［2］倪鹏飞，高广春，高培勇等. 中国住房发展报告（2014～2015）［R］. 社会科学文献出版社，2015.

　　［3］唐玉兰，肖怡欣. 我国保障性住房融资策略探讨［J］. 经济纵横，2012（3）：37－40.

［4］李静静，杜静. 保障性住房融资中运用 REITs 的探讨［J］. 工程管理学报，2011（1）：75－79.

［5］何元斌，王雪青. 创新我国保障性住房的融资模式研究［J］. 经济问题探索，2013（1）：29－35.

［6］陈华，张梅玲. 基于公私合作（PPP）的保障房投融资创新研究［J］. 财政研究，2012（4）：42－45.

［7］谢煜. 保障性住房建设的融资模式研究——以深圳市为例［J］. 建筑经济，2014，35（11）：50－53.

［8］王晓莹. 对保障性住房融资模式的设想［J］. 财会月刊，2011（35）：29－30.

6

保障性住房建设规模测度研究[*]

6.1 引　　言

保障性住房建设是政府为解决人民基本住房问题的一项重要举措，是保障和改善人民生活的重大事项，该政策的合理施行对促进社会公平与和谐有着非常重要的意义，同时也意味着对保障性住房建设规模测度准确性的要求较高。其中，各类保障房的建设比例划分是保障性住房体系中的一个关键环节[1]。科学地划分保障房的建设比例与规模，不仅可以合理地解决住房保障的覆盖面问题，而且有助于政府制定公平、合理的住房保障标准以及保障规模[2]。由于不同地区的社会发展和经济水平不同，可以视情况建立各地区多元化的、针对不同层次困难群体的住房保障体系。然而，现有研究在对保障房建设比例与建设规模进行测算时，存在测算方法不妥和测算程序不科学等方面的缺点。

保障性住房具有不同于一般商品房的特征，是具有保障功能的住房[3]。一般来说，保障性住房由廉租房、公共租赁住房、经济适用住房和限价商品房几类构成。由于不同地域的经济水平和发展程度不同，保障性住房的建设比例与规模应与之相匹配。如果保障性住房的建设比例与规模过大，则会对政府的财政经济造成较大负担，进而阻碍当地的经济增长与社会发展；反之过小，就会影响住房保障制度的公平，进而影响保障性住房的可持续发展与社会和谐[4]。

近年来，国内外关于保障房建设问题的研究取得了一定成果。洛瑞（Lowry）将著名住房过滤理论引入住房市场领域中以分析其价值变动过程。奎格利（Quigley）等在研究中提出，保障房政策的制定必须以市场规律为基础，提出住房在家庭支出中占比最大，住房政策将对每一个家庭产生影响，协调住房分配中的公平问题才会提高住房配置效率。国内学术界关于住房保障问题的研究起步相对较

*　作者：王迎，陈立文，刘广平，尹志军。原载于《工程管理学报》2016 年第 4 期。

晚，研究的重点主要在于其社会福利效应和住房保障水平等方面[5]。在保障效应方面，李梦玄等[6]通过建立指标体系，测算了居民入住保障房社区前后福利水平的变化程度；唐文进等[7]对我国"十二五"期间保障性住房建设的经济效应进行了相关研究。从保障房供求均衡的角度，张肇宇等[8]基于住房支付能力衡量保障性住房的供求均衡问题。从家庭收入的角度，研究住房保障标准及规模的多数学者计算出经济适用房的保障家庭比例[9]。但是，关于保障房实际建设过程中不同类型保障房供给比例及建设规模的研究相对较少，这给保障房建设带来了一定困扰。本研究构建了建设保障房规模测度的分析框架，并以河北省为例，应用回归分析的方法从定量角度测算了廉租房、公共租赁住房、经济适用房和限价商品房四类保障房的保障比例及建设规模。

6.2　城镇居民住房保障家庭收入保障线确定

6.2.1　各类保障房的单套建筑面积标准的确定

保障房单套面积标准的确定，不仅要与特定地区的经济发展目标、政府财政能力相适应，还要符合家庭的平均居住水平和住房支付能力。这个面积标准需满足家庭基本生活需求，同时，也必须在家庭和政府的承受范围之内。根据河北省2011 年发布的《河北省城镇保障性安居工程"十二五"规划（2011～2015 年）》的相关内容，各类保障性住房单套建筑面积标准如表 6－1 所示。

表 6－1　　　　　　　　河北省保障性住房单套建筑面积　　　　　　　单位：平方米

保障房类型	廉租房	公共租赁住房	经济适用房	限价商品房
单套建筑面积	45	55	60	90

6.2.2　住房保障收入标准的确定

对于一般的城镇居民家庭来说，在购置住房时，资金一般分为首付款和贷款两部分。因此，衡量一个家庭的住房支付能力时也要从这两方面进行考虑：由家庭净资产来衡量支付住房首付款的能力，由家庭年收入来衡量贷款偿还时月还款额或年还款额的能力。不过现阶段我国尚未建立收入申报制，家庭净资产方面的数据还无法获得。因此，本研究以家庭年收入为基础对住房保障收入标准进行测算，通过计算购买不同类型、不同面积标准下保障房的年还款额，除以一定的住房消费支出比例，得到家庭购房年支出的下限，即住房保障收入线＝年还款额/住房消费支出比例。如果一个家庭的实际年收入在该收入线以上，则说明该家庭能够独立支付住房费用；反之，则应该被纳入保障范畴。

1. 城镇商品房均价预测

为了合理地计算出收入标准的划分情况，准确预测住房价格均价是首先要确定的。考虑到保障房的特殊性，衡量标准的住房价格均价要结合河北省实际情况。各类保障房建设方案的制定，都是以该地区商品房的销售价格为依据提出的。根据规定，限价商品房的实际销售价格由政府规定，其价格应为当地同类商品住房价格的75% ~ 80%。因此，本研究中取限价房价格为普通商品房价格的80%。由2014年《河北省经济年鉴》的数据，河北省2003 ~ 2013年的商品房销售价格如表6 – 2所示。

表6 – 2　　　　　2003 ~ 2013年河北省城镇商品房销售价　　　单位：元/平方米

年份	商品房销售价格	年份	商品房销售价格
2003	1463	2009	3263
2004	1612	2010	3539
2005	1862	2011	3983
2006	2111	2012	4478
2007	2586	2013	4897
2008	2779		

资料来源：《河北省经济年鉴》。

根据表6 – 2中的数据，利用曲线回归分析的方法对其进行分析研究。利用Matlab软件中的Curve Fitting工具包对2003 ~ 2013年河北省城镇商品房销售价格进行回归分析，通过对比，最终选择的回归方程为：

$$I = 1283.06 - 130.37T + 24.76T^2 - 0.61T^3$$

式中，I代表商品房销售价格；T代表时序。

回归方程的相关指数$R^2 = 0.998$，表明其拟合程度较高，能够表征原始数据样本的变化趋势。利用得到的回归方程对2014 ~ 2020年河北省城镇商品房销售价格进行测算，结果如表6 – 3所示。

表6 – 3　　　　　　河北省城镇住房销售价格预测　　　　　单位：元/平方米

年份	商品房销售价格	限价房销售价格	年份	商品房销售价格	限价房销售价格
2014	5352	4281	2018	7193	5754
2015	5814	4651	2019	7639	6111
2016	6277	5021	2020	8072	6457
2017	6738	5390			

由表 6 - 3 的预测数据可以看出，未来几年商品房价格仍呈上升趋势，这一方面反映了房地产行业的不断发展，同时也是我国经济增长一个重要体现。

2. 各类保障性住房家庭年还款额

在房屋使用年限为 50 年的前提下，计算不同类型的保障房每月还款额。根据现行住房贷款利率的规定：1 ~ 3 年年利率为 5.5%，3 ~ 5 年年利率为 5.5%，5 年以上年利率为 5.65%（此数据为商业银行 2015 年 5 月 5 日公布的利率，利率的变动将导致结果的不同）。同时，假设在研究的时间区间内住房贷款利率不变。在现行的房贷政策中，对于第一套住房可享受利率优惠，故本研究计算时按 7 折的利率优惠进行计算。即实际年利率为 3.96%，月利率为 0.3296%。按揭偿还贷款年限确定为 20 年，则贷款期数为 240 期。购买保障性住房首付 30%，同时贷款按月偿还，采用等额本息还款的方式。

按贷款总额 = 单套住房总价 × 贷款成数，银行贷款月还款额可按式（6 - 1）计算：

$$M = \frac{L \cdot i \cdot (1+i)^n}{(1+i)^n - 1} \tag{6-1}$$

式中，M 代表月还款额；L 代表贷款总额；i 代表商业银行住房贷款月利率；n 代表贷款期数。由此，年还款额 Y = M × 12。

按式（6 - 1）分别计算出 2015 ~ 2020 年廉租房住房贷款情况，如表 6 - 4 所示。

表 6 - 4 　　　　　　　　**2015 ~ 2020 年住房贷款情况** 　　　　　　单位：元

年份	廉租房（45m²）		公租房（55m²）		经适房（60m²）		限价房（90m²）	
	单套购房总价	年还款额	单套购房总价	年还款额	单套购房总价	年还款额	单套购房总价	年还款额
2015	261630	13266	319770	16214	348840	17688	418608	21225
2016	282465	14322	345235	17505	376620	19096	451944	22915
2017	303210	15374	370590	18790	404280	20499	485136	24598
2018	323685	16413	395615	20060	431580	21884	517860	26259
2019	343755	17430	420145	21303	458340	23240	550008	27888
2020	363240	18418	443960	22511	484320	24557	581184	29469

3. 住房保障收入线的确定

根据国际经验，如果一个家庭的住房消费支出大于其总收入的 30%，则该家庭可视为住房保障对象，由此，本研究中的住房消费支出比例定为家庭总收入的 30%。在此基础上，能够计算得到住房保障对象的收入标准为：

$$I_s = Y/R \qquad\qquad (6-2)$$

式中，I_s 为住房保障收入线；Y 表示住房年还款额；R 表示住房消费支出比例。进而可以计算出 2015～2020 年不同类型保障性住房的家庭年收入保障线，如表 6-5 所示。

表 6-5　　　2015～2020 年不同面积标准的保障房对应的城镇居民家庭收入线　　单位：元

年份	廉租房（45m²）	公租房（55m²）	经适房（60m²）	限价房（90m²）
2015	44219	54045	58958	70750
2016	47740	58349	63654	76385
2017	51246	62634	68329	81995
2018	54707	66864	72943	87532
2019	58099	71010	77466	92959
2020	61392	75035	81857	98228

6.3　城镇居民家庭保障比例及规模的确定

根据上述确定的不同层次住房保障对象的收入和面积标准，计算相应标准下需要住房保障家庭占家庭总数的比例。

6.3.1　城镇居民家庭年收入预测

根据 2006～2013 年《河北省经济年鉴》公布的数据，2005～2012 年河北省不同收入水平的城镇居民家庭的收入情况如表 6-6 所示。考虑到居民城镇住房需求层次不同，在计算不同的收入线水平划分时，利用统计分组法来进行家庭年收入这一指标的层级划分。由于 2013 年开始河北省城镇居民家庭收入分类方法发生变化，故本研究 2013 年的数据采用预测数据。

表 6-6　　　　　　　2005～2012 年城镇居民家庭年可支配收入　　　　　单位：元

年份	最低收入户	低收入户	中等偏下户	中等收入户	中等偏上户	高收入户	最高收入户
2005	10849.64	15841.08	20226.66	24432.99	29823.10	35613.65	48461.84
2006	12601.55	17350.79	22538.62	27378.02	34017.74	38506.40	55249.51
2007	14544.76	21315.49	26630.23	32577.64	38786.67	46040.41	58793.37
2008	16419.24	23833.34	30359.75	36690.47	43480.12	50519.56	73730.99
2009	17859.92	24807.58	34243.67	40251.41	46494.22	56077.92	79844.16

续表

年份	最低收入户	低收入户	中等偏下户	中等收入户	中等偏上户	高收入户	最高收入户
2010	19139.04	29095.99	37761.97	44170.16	51449.77	58695.75	88073.71
2011	21074.40	32149.92	41316.31	48729.97	55710.69	67906.06	102358.33
2012	25169.22	37938.05	45804.81	52134.73	61558.10	76514.06	109586.69

资料来源:《河北省经济年鉴》。

利用 Matlab 软件中的 Curve Fitting 工具包对表 6 - 6 中的数据进行回归分析,并应用所得的回归方程对 2013～2020 年河北省城镇居民家庭年可支配收入进行预测,结果如表 6 - 7 所示。

表 6 - 7   **2013～2020 年城镇居民家庭可支配收入预测值**   单位:元

年份	最低收入户	低收入户	中等偏下户	中等收入户	中等偏上户	高收入户	最高收入户
2013	25662.12	38844.57	48978.89	56456.94	65072.89	79278.45	117585.8
2014	27540.98	41856.36	52671.92	60492.78	69496.86	84954.94	126602.2
2015	29419.85	44868.15	56364.95	64528.62	73920.83	90631.44	135618.5
2016	31298.72	47879.93	60057.98	68564.46	78344.79	96307.93	144634.8
2017	33177.59	50891.72	63751.01	72600.30	82768.76	101984.4	153651.2
2018	35056.45	53903.51	67444.05	76636.13	87192.72	107660.9	162667.5
2019	36935.32	56915.30	71137.08	80671.97	91616.69	113337.4	171683.9
2020	38814.19	59927.09	74830.11	84707.81	96040.66	119013.9	180700.2

6.3.2   城镇居民家庭保障比例预测

假定河北省城镇家庭年收入在各等级区间是均匀分布的,且家庭收入七分法中的收入值为各区间的均值。由此,住房保障家庭比例计算如下:

$$K = r_{i-1} + \left(\frac{I_s - I_{i-1}}{I_i - I_{i-1}} \right) (r_i - r_{i-1}) \qquad (6-3)$$

式中,K 为城镇居民需要住房保障的家庭户数比例;r_i 为城镇居民分类家庭年收入线区间比例,i = 1,2,…,7;I_s 为镇居民住房保障家庭收入保障线;I_i 为城镇居民分类家庭年收入线,i = 1,2,…,7。

结合表 6 - 5 等相关数据,采用区间百分比计算法(如面积为 55m² 的公租房的保障比例为 55m² 面积的住房保障比例与 45m² 面积的住房保障比例之差)计算得到 2015～2020 年河北省城镇居民家庭各类保障性住房的保障比例,如

表 6 - 8 所示。

表 6 - 8		2015 ~ 2020 年城镇居民家庭保障房的保障比例		单位：%
年份	廉租房（45m²）	公租房（55m²）	经适房（60m²）	限价房（90m²）
2015	14.58	12.39	9.38	4.18
2016	14.92	12.98	10.56	4.34
2017	15.20	13.50	11.65	4.48
2018	15.43	13.93	12.61	4.61
2019	15.59	14.27	13.41	4.72
2020	15.69	14.51	14.02	4.82

通过对不同类型保障房的保障比例进行测算分析，可以看出，公租房和廉租房需保障的家庭比例大于经适房和限价房。同时，2015 ~ 2020 年不同类型保障房的保障比例虽呈增加趋势，但波动浮动很小。这一结论也为城镇保障房建设的稳定、可持续发展奠定了良好的基础。

6.3.3　河北省各类保障房新增规模计算

1. 预测城镇家庭户数

根据《中国统计年鉴》的数据整理得到 2005 ~ 2013 年河北省城镇家庭户数，如表 6 - 9 所示。

表 6 - 9		2005 ~ 2013 年河北省城镇家庭户数		单位：万户	
年份	城镇家庭户数	年份	城镇家庭户数	年份	城镇家庭户数
2005	851.90	2008	881.92	2011	990.26
2006	808.60	2009	929.79	2012	1015.81
2007	847.28	2010	907.48	2013	1069.14

根据表 6 - 9 的数据，利用 Matlab 软件中的 Curve Fitting 工具包对 2005 ~ 2013 年河北省城镇家庭户数进行回归分析，选取的回归方程为：

$$I = 688.8 + 24.9T - 0.96T^2$$

回归方程的相关指数 $R^2 = 0.981$，表明其拟合程度较高，能够表征原始数据样本的变化趋势。利用得到的回归方程对 2014 ~ 2020 年河北省城镇家庭户数进行测算，结果如表 6 - 10 所示。

表 6 - 10 　　　　　　　2014～2020 年河北省城镇家庭户数　　　　　　单位：万户

年份	城镇家庭户数	年份	城镇家庭户数
2014	1092.20	2018	1199.50
2015	1122.04	2019	1221.50
2016	1149.77	2020	1241.70
2017	1175.69		

由表 6 - 10 的预测数据可以看出，从 2014 年的 1092.20 万户增长到 2020 年的 1241.70 万户，增长率为 13.7%，幅度较大，表明未来几年内河北省城镇家庭户数增长得较为迅速。从社会发展的角度分析，新增的城镇家庭多为本地市民、外来务工定居人员、大学毕业生等中低收入群体，与此同时，家庭户数的快速增长将导致居民的住房供应量不足。因此，需要增加社会保障性住房的供给量，扩大保障性住房的建设范围。

2. 河北省各类保障房的新增规模的测算

结合上文计算得到的河北省各类保障性住房的保障比例（见表 6 - 8）以及预测得到的 2014～2020 年河北省城镇家庭户数（见表 6 - 10），可以根据式（6 - 4）计算得出 2015～2020 年河北省各类保障房的新增规模。式中，H 为城镇居民保障房的新增保障量，R 为住房保障比例，P 为该年城镇家庭总户数减去上一年城镇家庭总户数，A 为保障面积标准，计算结果如表 6 - 11 所示。

$$H = RPA \qquad\qquad (6 - 4)$$

表 6 - 11 　　　　　　　2015～2020 年各类保障性住房新增规模

年份	城镇总户数（万户）	45m² 廉租房		55m² 公租房		60m² 经济适用房		90m² 限价房		新增保障性住房总量（万平方米）
		比例（%）	规模（万平方米）	比例（%）	规模（万平方米）	比例（%）	规模（万平方米）	比例（%）	规模（万平方米）	
2015	1122.04	14.58	195.79	12.39	203.42	9.38	167.96	4.18	112.40	679.57
2016	1149.77	14.92	186.12	12.98	197.95	10.56	175.68	4.34	108.28	668.03
2017	1175.69	15.20	177.29	13.50	192.41	11.65	181.15	4.48	104.50	655.35
2018	1199.50	15.43	165.30	13.93	182.45	12.61	180.11	4.61	98.72	626.58
2019	1221.50	15.59	154.39	14.27	172.73	13.41	177.02	4.72	93.44	597.58
2020	1241.70	15.69	142.65	14.51	161.22	14.02	169.92	4.82	87.53	561.32

由表 6－11 可以看出，在 2015～2020 年期间，随着城镇家庭数和住房保障比例的增长，河北省各类保障性住房的需求量也持续稳步增加。根据预测数据，2015～2020 年河北省保障性住房的总需求量为 3788.43 万平方米。其中，廉租房、公租房、经适房、限价房的需求量分别为 1021.54 万平方米、1110.18 万平方米、1051.84 万平方米、604.87 万平方米。可以看出，在保障性住房的总需求量中，公租房所占比例最大，限价房所占比例最小。因此，政府可以根据各类保障性住房的分配比例继续加大保障性住房的建设力度，扩大住房保障范围。

6.4　政策建议

（1）河北省保障性住房建设规模的预测测度要有较强的针对性和实效性，省政府可以根据本地区的经济条件综合考虑，适当给予政策协调，进一步完善该地区的住房保障制度。因此，未来几年，河北省政府可进一步推动保障房建设改革，保证中低收入人群的正常住房需求。

（2）对于各类不同类型的保障性住房，其建设比例以及规模应有不同。鉴于公租房建设更符合河北省省情的发展，顺应中低收入家庭的需求，应加大其激励机制以及建设力度。对于其他各类保障房，河北省政府应适当缩小建设指标。

（3）河北省可继续深化改革，在国家政策的指导下，完善各类保障房的供给类型，建立以公租房为主的建设体系。同时，为了更好地提高供给效率，政府应建立有效的供给及激励机制，鼓励企业对生产、服务等体系的运营效率做进一步改进。

6.5　结　　语

本研究通过住房保障收入线的测定方法，分析商品房价格及各类保障性住房家庭年还款额，结合各类保障性住房对应的居民家庭收入线，最终得到各类保障性住房建设比例及规模。研究结果表明，廉租房、公租房、经济适用房、限价房的新增建设规模呈递减趋势，符合保障性住房建设的可持续性。其中，经济适用房的新增建设规模相对其他保障房建设规模为最低；公租房的建设规模为最高。研究成果证实：河北省保障房建设政策的制定与理论测算的结论相符，建设规模逐年递减；河北省的建设规划是合理且符合保障性住房可持续发展要求的，河北省应大力建设公租房，同时辅助建设廉租房以及小面积的经济适用房。对于测度结果显示的建设规模较小的对应类型保障房，可以适当减少相应供应，同时缩小其建设范围。

参 考 文 献

［1］ Long Z. , The Impact of Tax and Non – Tax Policies on Adjusting Housing Prices China ［J］. Journal of Chinese Tax and Policy, 2015 (4)：73 – 88.

［2］ Zou Y. , Contradictions in Chinese Affordable Housing Policy：Goals vs. structure ［J］. Habitat International, 2014 (6)：8 – 16.

［3］ Alaghbari W. , Salim A. , Dola K. , et al. , Developing Affordable Housing Design for Low Income in Sana'a Yemen ［J］. International Journal of Housing Markets and Analysis, 2011, 4 (1)：84 – 98.

［4］ 黎民, 陈峙臻. 保障房供给中的"负保障"现象及其消除——兼议我国"十二五"期间的保障房供给 ［J］. 武汉大学学报：哲学社会科学版, 2012, 65 (1)：113 – 117.

［5］ 张占斌, 王海燕. 城镇化建设的保障房研究 ［M］. 石家庄：河北人民出版社, 2013.

［6］ 李梦玄, 周义. 保障房建设的社会福利效应测度和实证研究 ［J］. 中南财经政法大学学报, 2012 (5)：29 – 34.

［7］ 唐文进, 宋朝杰, 陈畅. "十二五"期间保障房建设的经济效应 ［J］. 城市问题, 2012 (11)：2 – 9.

［8］ 张肇宇, 刘树枫. 基于住房支付能力的保障性住房供求均衡分析 ［J］. 经济问题探索, 2014 (5)：21 – 26.

［9］ 张淑萍, 黄奕辉, 李蒙. 灰色预测在厦门市保障性住房需求量中的应用 ［J］. 武汉理工大学学报, 2013 (2)：240 – 243.

7

基于住房支付能力的住房保障
对象界定研究[*]

7.1 引　言

我国已经建立了涉及廉租房、公租房、经济适用房和限价房等针对不同群体的住房保障体系。为了响应中央政府加快保障房建设力度的号召和实际解决中低收入群体的住房困难问题，我国各地方政府从保障房规划、建设资金筹集、保障对象申请与准入、使用与退出等方面制定了一系列政策，在一定程度上解决了部分群体的住房困难问题，但在保障房准入政策方面存在不合理的地方亟待解决。例如，2008 年广州保利西子湾限价房有超过 40% 的申请者弃购[1]；2009 年石家庄某经济适用房楼盘价格仅低于周围商业楼盘 200 元，导致 3000 多套住房仅有不到一半的人申购[2]；2013 年东莞由于廉租房准入"门槛"和租金相对价格过高，加上房屋所处地段偏远，导致九成房源无人问津[3]。导致弃购或弃号的原因除了房屋地理位置偏僻、户型结构不合理等因素外，还涉及房价过高，导致符合政府申请条件但无能力支付的现象出现。

笔者通过查阅各地方政府有关住房保障相关政策法规发现，很多地区并没有统一的针对各类保障性住房的保障范围和家庭收入线标准，大部分省政府将保障性住房的家庭收入考核权利交给了各市级地方政府。因此有必要在考虑居民住房支付能力的前提下，制定科学的设计思路与方法来为各地方政府制定保障房准入标准提供宏观指导，以真正实现保障房的保障效率和效果。

7.2 文 献 回 顾

目前，我国保障房准入标准通常是从申请对象的户籍、家庭收入和住房条件

* 作者：刘广平，陈立文，尹志军。原载于《技术经济与管理研究》2015 年第 12 期。

等三个方面来考察的。现有大部分研究多采用定性分析方法对如何完善保障房准入机制给出对策建议。例如，巴曙松建议采用剩余收入法来计算保障房准入标准[4~5]。但作者并未开展剩余收入法的实际应用，另外，这一方法也存在缺陷导致难以科学界定保障对象。李欣欣从制定与保障房准入机制相配套的规章制度、完善保障房准入运转体系、加大保障房准入跟踪监测监管力度等方面给出了完善保障性住房准入机制的对策[6]。但文章对如何科学设定保障房准入标准未给出相应的测算方法；魏丽艳建议从家庭年收入视角来界定住房困难标准，但并未给出如何判断住房困难的具体方法和标准[7]。

针对上述定性研究方法的缺陷，一些学者倡议采用定量的分析方法来解决保障房的准入标准问题。例如，卢媛等在将廉租房、经适房和限价房等保障房住房保障规模均界定为20%的前提下，对2007~2011年北京市廉租房、经适房和限价房的保障准入标准进行了分析。结果发现，北京市廉租房和经适房的准入标准过低，致使保障规模覆盖范围过低；而限价房准入标准过高，保障规模覆盖人口比例过大[8]。然而，该文章是在明确界定各层次保障房的保障规模前提下来分析保障准入标准问题的，并未实际考虑到保障对象的住房支付能力问题，可能会导致符合准入条件但无能力支付现象的出现。"基于家庭收入的保障性住房标准研究"课题组以厦门为例，在界定"中低收入组"的基础上，利用格点映射法识别出保障性住房的准入标准，并结合"按年人均收入限值"指标，将家庭组别按人口细分，给出了针对不同家庭规模的保障性住房准入标准[9]。然而，由于保障性住房分为产权型和租赁型两种类型，其保障的范围不同，并没有对两种不同类型的家庭收入进行区别性的界定。另外，本研究以厦门市保障性住房保障目标为指引，没有实际考虑申购者是否具有真正的购房或租赁能力的问题。

经上述分析可知，现有保障房准入标准研究以定性研究为主，少数定量研究也均存在着部分缺陷，需要采用科学的方法来重新展开深入的研究。

7.3 住房保障对象界定设计思路与方法

7.3.1 设计思路

传统的保障性住房准入标准是以分别预先设定各层次保障性住房覆盖范围为前提来展开研究的。但这种研究方法没有考虑到住房保障对象是否具有实际的住房支付能力问题，容易导致"符合条件但无能力支付"现象的出现。笔者认为，保障性住房准入标准设计应当从具体房屋的"价格"（销售价格或租赁价格）着手，充分考虑到保障对象的住房支付能力，分别对不同层次的保障房准入标准进行设计，实现保障性住房的保障"效率"和"效果"。

在此，以销售价格和租赁价格为导向，考虑申请者的住房支付能力，分别来确定产权型保障房和租赁型保障房的准入标准。申请产权型保障性住房的家庭，通常仅凭自身经济实力无能力购买保障房，需要通过按揭贷款来提升自身住房支付能力。通过找出"合理的"贷款偿还额占家庭收入的比例范围，再通过后续的研究方法可计算出产权型保障房的保障对象覆盖范围的上限和下限。而申请租赁型保障房的家庭则需要通过确定"合理的"公租房租金价格占家庭收入比例范围以及"合理的"廉租房租金价格占家庭收入比例范围，再结合后续的研究方法来界定公租房和廉租房保障覆盖的范围的上限和下限。这样不仅可以更加准确界定出哪些范围内的人群属于保障对象的范畴，还可提高保障性住房的效率，为科学制定不同类型保障房供给数量提供指引。

7.3.2 研究方法

针对产权型保障性住房，为了扩大住房保障范围，基于按揭贷款视角取首付比例最低值 20% 和贷款年限最高值 30 年来计算限价房和经济适用房对应的购买对象家庭收入上下限值。假设房屋价格为 P_j，房屋面积为 S_j，按揭贷款首付比例为 k，月利率为 i，贷款或租金月偿还额为 a_j，n 为还款期（单位：月），其中 $j=1$ 或 2，分别代表限价房和经济适用房。采用等额还款方式，可通过如下房地产价格模型计算出房屋购买者的家庭贷款月偿还额：

$$P_j \times S_j = k \times P_j \times S_j + \frac{a_j}{1+i} + \frac{a_j}{(1+i)^2} + \cdots + \frac{a_j}{(1+i)^n} \qquad (7-1)$$

式（7-1）的含义为：按揭贷款申请人在交付首付款之后，每月偿还银行一笔固定的资金，直到贷款年限到期截止。可知，房屋价格等于首付款与每月还款额折现之和。

然后，根据获得的限价房和经济适用房的贷款月偿还额占家庭月收入合理比例，通过计算公式：

$$r_{jd} \leqslant \frac{a_j}{I_j/12} \leqslant r_{ju} \qquad (7-2)$$

可计算出产权型保障房准入标准的家庭年收入上限和下限。其中，I_j 为购买第 j 类房屋的家庭年收入，r_{jd} 为购买第 j 类房屋的贷款月偿还额占家庭月收入合理比例下限，r_{ju} 为购买第 j 类房屋的贷款月偿还额占家庭月收入合理比例上限。

针对租赁型保障房，基于租金收入比视角，通过调研可获取特定地区合理的公租房和廉租房租金占家庭收入比例。以租金价格为导向，通过式（7-3）可计算出租赁型保障房准入标准的家庭年收入上限和下限。

$$r_{kd} \leqslant \frac{b_k}{I_k/12} \leqslant r_{ku} \qquad (7-3)$$

其中，b_k 为第 k 类房屋的月租金额，I_k 为租赁第 k 类房屋的家庭年收入，r_{kd} 为租赁第 k 类房屋的月租金额占家庭月收入合理比例下限，r_{ku} 为租赁第 k 类房屋的月租金额占家庭月收入合理比例上限，k =3 或 4，分别代表公租房和廉租房。

7.4 案 例 应 用

为了直观地展示本研究所构建的基于住房支付能力视角的保障房准入标准设计思路，在此以天津市为案例，对不同类型的保障房准入标准范围进行界定。

7.4.1 天津市各类保障房保障对象界定

2008 年《关于印发天津市廉租住房管理办法的通知》（津政发［2008］38号）适用对象为城市低收入住房困难家庭，即家庭收入、住房状况等符合规定条件的家庭。具体来讲，享受廉租住房租房补贴的家庭上年人均月收入低于 600 元（含）；享受廉租住房实物配租的家庭为享受城镇最低生活保障待遇的家庭或民政部门定期定量补助的社会优抚对象。2011 年《关于印发天津市公共租赁住房管理办法（试行）的通知》将公共租赁住房界定为向符合条件的中等偏下收入住房困难家庭等群体供应的保障性住房。具体来讲，具有本市市内六区、环城四区非农业户籍，上年人均年收入 3 万元（含）以下且尚未享受其他住房保障政策的家庭。2008 年《关于印发天津市经济适用住房管理办法的通知》规定，经济适用住房是指面向低收入家庭销售，享受政府政策优惠，限定建设标准、供应对象和销售价格的具有保障性质的政策性住房。具体来讲，购买定向销售经济适用住房的家庭须同时具备以下条件：家庭上年收入低于市统计局公布的城镇单位从业人员人均劳动报酬 2 倍的；2008 年《关于印发天津市限价商品住房管理暂行办法的通知》规定，限价商品房的保障对象为家庭上年人均收入低于市统计局公布的本市上年城市居民人均可支配收入的 1.5 倍的家庭。天津市保障房的保障对象定位和家庭人均收入考核详见表 7 –1。

表 7 –1　　　　天津市保障房保障对象定位和家庭人均收入考核标准

保障房类别	保障对象定位	家庭人均收入考核
廉租住房	低收入住房困难家庭	租房补贴：家庭上年人均月收入低于 600 元（含）；实物配租：享受城镇最低生活保障待遇的家庭或民政部门定期定量补助的社会优抚对象
公共租赁房	中等偏下收入住房困难家庭	上年人均年收入 3 万元（含）以下

保障房类别	保障对象定位	家庭人均收入考核
经济适用房	低收入家庭	家庭上年收入低于市统计局公布的城镇单位从业人员人均劳动报酬2倍的
限价房	—	家庭上年人均收入低于市统计局公布的本市上年城市居民人均可支配收入的1.5倍的家庭

通过表7-1可知，廉租住房的保障对象为低收入住房困难家庭，享受住房补贴的家庭人均年收入应当不高于 $600 \times 12 = 7200$ （元）。目前，天津市最低生活保障待遇为640元/月/人，可知享受实物配租的家庭人均年收入应当不高于 $640 \times 12 = 7680$ （元）。因此，参照表7-2可知，廉租住房的保障对象应当界定为最低收入户群体。公共租赁房的保障对象家庭人均年收入不高于3万元，参照表7-2可知，公共租赁房的保障应当界定为中等收入户以下的家庭。

表7-2　　　　　2012年天津市城市不同收入水平居民家庭基本情况
（按平均每人每年可支配收入分组）

收入群体分组	最低收入户	低收入户	中等偏下收入户	中等收入户	中等偏上收入户	高收入户	最高收入户
人均可支配收入分组	14675.75元以下	14693.81~18061.67元	18085.23~24018.86元	24022.50~30345.69元	30346.61~40679.17元	40700.79~51775.50元	51787.92元以上

资料来源：2013年《天津市统计年鉴》。

目前，关于天津城镇单位从业人员劳动报酬的数据缺失，相关统计年鉴中并未提及。笔者通过网络搜索发现，2010年天津城镇单位从业人员人均劳动报酬为51489元[10]，可知2012年的天津城镇单位人均报酬肯定高于51489元。按照表7-1中经济适用房的家庭收入考核标准并借鉴表7-2可知，经济适用房的保障对象家庭收入肯定位于最高收入户一组，这与其保障对象为低收入家庭相去甚远。

众所周知，经济适用房销售单价应当低于限价房销售单价，即经济适用房保障对象的家庭收入分组应当不大于限价房保障对象所位于的高收入户。在此，我们将天津经济适用房保障对象界定为中等偏上收入家庭以下的家庭。2012年天津市城市居民人均可支配收入为29626.41元，根据表7-1可获得2013年天津市限价商品住房的保障对象的家庭人均可支配收入应当低于44439.615元，限价房的保障对象与表7-2的高收入户相对应。在此，将天津市限价商品房的保障对象界定为高收入户以下的家庭。具体如表7-3所示。

表 7 - 3 　　　　　　　　　　　　天津市保障房保障对象界定

保障房类别	廉租住房	公共租赁房	经济适用房	限价房
保障对象界定	最低收入户	中等收入户以下	中等偏上收入户以下	高收入户以下

7.4.2 天津市各类保障房 r_{jd}、r_{ju}、r_{kd} 和 r_{ku} 确定

最低生活保障是政府对家庭人均收入低于当地政府公告的最低生活标准的人口给予一定现金资助，以保证该家庭成员基本生活所需的社会保障制度。最低生活保障待遇是维持当地最低生活标准所需的最少资金。按照天津市月最低生活保障标准为 640 元/人，可计算得出年最低生活保障标准为 7680 元/人。按照不同收入群体年最低生活支出为 7680 元/人计算，可得出家庭购买或租赁保障房所支出费用占家庭收入的上限。将年最低生活保障标准 7680 元/人定位为最低收入户的最低生活支出水平，按照不同收入群体剔除居住方面人均消费性支出的人均消费性支出的比例计算其最低生活支出。家庭将剔除最低生活保障标准的资金后的家庭收入全部用于申请保障房，可得出家庭购买或租赁保障房所支出费用占家庭收入的下限。由于廉租房保障对象为最低收入户，其覆盖范围为合理比例上限计算出的家庭收入以下的保障对象。根据上述分析，可获得如表 7 - 4 的不同收入群体各类保障房支出费用占家庭收入的上限与下限。

表 7 - 4 　　　　2012 年天津市不同收入群体各类保障房支出费用占家庭收入的上限与下限

收入群体分组	最低收入户	低收入户	中等偏下收入户	中等收入户	中等偏上收入户	高收入户	最高收入户
人均可支配收入（A）	11769.34	16514.01	21099.03	27198.11	34877.57	45869.14	66492.98
人均消费性支出（B）	9351.55	12490.85	15947.28	18181.09	23462.16	28128.57	41214.23
居住方面人均消费性支出（C）	923.44	1316.37	1683.10	1766.45	2019.65	2343.43	3481.74
最低生活支出（D）	7680	10183	12998	14958	19539	23496	34383
合理比例下限 $\left(\dfrac{A-D}{A}\right)$	—	38.34%	38.40%	45.00%	43.98%	48.78%	48.29%
合理比例上限 $\left(\dfrac{A-7680}{A}\right)$	34.75%	53.49%	63.60%	71.76%	77.98%	83.26%	88.45%

综合表 7 - 3 和表 7 - 4 的结果，可得出天津市限价房的 $r_{1d}=48.78\%$，$r_{1u}=83.26\%$；经适房的 $r_{2d}=43.98\%$，$r_{2u}=77.98\%$；公租房的 $r_{3d}=45.00\%$，$r_{3u}=71.76\%$；廉租房的 $r_{4u}=34.75\%$。

7.4.3　天津市保障房准入标准案例

1. 产权型保障房准入标准

考虑到天津地区整体限价房相关数据的缺失，在此以天津美震瑞景时代住宅小区的限价房为例，计算其准入标准。2012 年 8 月，此楼盘开盘房屋均价为6900 元/平方米，即 $P_1=6900$ 元/平方米，户型面积为 75 平方米，即 $S_1=75$ 平方米。已知 $k=20\%$，$n=360$，$r_{1d}=48.78\%$，$r_{1u}=83.26\%$。根据当时 5 年以上贷款利率 6.55% 可计算出 $i=0.55\%$。根据式（7 - 1），可计算出美震瑞景时代限价房申请者贷款月偿还额为 $a_1\approx2630$ 元；根据式（7 - 2），可计算出美震瑞景时代限价房的准入标准为 37905 元 $\leqslant I_1\leqslant$ 64699 元。

由于 2010 年之后的经济适用房数据缺失，在此以 2010 年天津市经济适用房为例来计算保障房准入标准。通过查阅《中国房地产统计年鉴（2011）》可知，2010 年天津经济适用房销售面积为 1661283 平方米，销售套数为 21659 套，销售额为 789768 万元。可计算出经济适用房平均价格 $P_2=4754$ 元/平方米，经济适用房平均每套面积 $S_2=76.70$ 平方米。已知 $k=20\%$，$n=360$，$r_{2d}=43.98\%$，$r_{2u}=77.98\%$。选择 2010 年 5 年期以上贷款利率为 0.53%（对应 2010 年 12 月26 日商业银行 5 年期以上贷款年利率 6.40%，为 2006 年最高贷款利率水平），即 $i=0.53\%$。根据式（7 - 1），可计算出经济适用房申请者贷款月偿还款额 $a_2\approx1793$ 元，根据式（7 - 2），可计算出经济适用房的准入标准为 27592 元 $\leqslant$ $I_1\leqslant$ 48922 元。

通过比较上述限价房与经济适用房的准入标准可知，两组数据存在着交叉部分。家庭收入位于交叉部分的保障对象可同时申请限价房和保障房，这样赋予保障对象更多的不同类型保障房选择机会。

2. 租赁型保障房准入标准

由于天津廉租房的分配形式以租金补贴为主，政府按人发放租金补贴，由保障对象自己去市场租赁住房，因此真实的廉租房租金数据难以获取。在此仅以天津康泽雅园公租房为例，计算其保障准入标准。此公租房平均租金为 20 元/月/平方米，二居室套均 50.1 平方米。可以得出平均月租金 $b_1=20\times50.1=1002$ 元/月。已知 $r_{3d}=45.00\%$，$r_{3u}=71.76\%$。根据式（7 - 3），可计算出此公租房的准入标准为 16756 元 $\leqslant I_3\leqslant$ 26720 元。

经上述分析可知，本研究充分考虑到保障对象的住房支付能力。而且，相比较于传统，仅以某一准入上限作为准入标准，本研究构建的保障房准入标准思路与方法可扩大保障范围，赋予申请者更多的保障机会。

7.5 政 策 建 议

为了确保能够科学界定出各类保障性住房的保障对象，且保障对象具有相应的支付能力，除了应用本研究给出的思路与方法之外，还需要在保障房定价、贷款风险和保障对象家庭财产动态审查等方面做好配套工作，这样才能从系统视角来提高保障房的保障效率和效果。

（1）完善保障性住房的配套措施。目前，各地方的保障性住房绝大多数建设在城市边缘地带，这些地区交通、医疗、就业、教育等配套设施十分不健全，导致许多欲购买或租赁保障性住房的人们最终做出了放弃的选择。例如，2012 年石家庄廉租房申请时，一些居民嫌廉租房位置比较偏远，主动放弃了租赁资格；2013 年惠州市两次保障房选房过程中，由于保障房位置偏远且缺乏配套，导致近百户家庭弃房。因此，各地方政府在建设保障房过程中，首先要做好保障房的选址决策，将配套措施作为决策重要参考依据，提高保障房的保障效果，避免属于保障房考核范围内的家庭因生活、工作等方面的不便利而放弃机会。

（2）合理确定各类保障性住房的价格。当前，全国各地围绕保障性住房制定的相关法规、条例和办法只是笼统地给出了价格制定应遵守的规则，这为地方政府寻租行为提供了一定的空间。例如，《深圳市保障性住房条例》中规定："保障性住房的租金，应当与住房困难群体的经济承受能力相适应，在适当考虑建设成本、公共配套设施、房屋折旧等因素的基础上，按照同期、同区域、同类型普通商品住房市场指导租金标准的一定比例下浮确定""保障性住房的销售价格应当低于同期同区域同类型普通商品住房市场均价并保持合理差价"。这些规定使用了"一定比例""合理差价"等难以准确把握的词语，致使当权者在追求自身效益最大化的过程中可能损害人们的利益。在此笔者建议，各地方政府应当在法规、规章层面针对不同区域和不同类别的保障性住房，量化保障性住房的租金价格和销售价格波动幅度，这样可约束地方政府官员的寻租行为，降低保障对象的成本和提高住房支付能力。

（3）制定科学的贷款风险评估体系。本研究针对产权型保障性住房，基于按揭贷款视角给出了住房保障对象家庭收入考核的方法。若采用本方法可导致居民贷款总量大幅度上升，加上这些消费群体的收入数量比较低且稳定性较差，势必会给各商业银行带来一定的风险，2008 年的美国次贷危机就是一个典型的示例，不可小觑。因此，这就需要各商业银行制定科学和完善的贷款风险评估体系，包括风险评估指标、方法、时机等多个方面。严格审查贷款者的资金收入及其稳定性、家庭资产现状、家庭信用记录等情况降低商业银行的贷款风险。

（4）健全保障性住房的退出机制。尽管我国一些地区已经制定了保障性住房的退出机制，但仍然存在以下几个方面的问题：一是退出程序缺乏合理的退出期限；二是缺乏退出动态监管机制；三是不同保障性住房间缺乏衔接机制。针对上述问题，笔者在此给出以下建议：首先在退出期限方面，由于固定年限审核机制是目前常被采用的退出方法，但这种方法并没有考虑到家庭收入条件的变化问题，导致一些保障家庭在条件大幅度改变的情况下仍然占用房源，因此建议地方政府可采用与各商业银行、信用机构建立合作机制，实时动态监测保障家庭的收入情况，同时通过在保障房区域安排固定岗位人员来动态监测保障对象的家庭经济状况来对其进行动态监测。其次，应当在不同类别的保障房之间建立动态的衔接机制。针对同一房源可通过赋予其不同的房屋性质来实现不同类别保障房间的衔接。例如，保障对象正在租赁某廉租房，当保障对象不再符合租赁该廉租房条件时，但符合经济适用房的申购条件，可让该保障对象申购目前居住的同一房源来实现对其的在此保障。

7.6　研究结论

本研究在对住房支付能力测度方法和保障房准入标准的现状与问题进行系统回顾的基础上，分别采用不同思路和方法对产权型保障房和租赁型保障房的准入标准进行了方案设计，弥补了现有研究存在的不足。该方案不仅能够实现住房保障的真实效果，还能够扩大住房保障的覆盖范围。具体来讲，本研究得出以下两个方面的研究结论：

（1）保障房准入标准设计需要兼顾考虑"价格"和"住房支付能力"。目前，我国建立了较为完善的住房保障体系，包括商品房、限价房、经济适用房、公租房和廉租房，其中后四类为保障性住房。其中，限价房定价略低于商品房，相对于其他保障房来讲盈利空间最大；经济适用房有较为微薄的盈利空间；而公租房和廉租房则需要政府填补大量的资金。一方面，由于不同地段的保障房销售价格和租金价格存在着差异性，政府应当在对各类型保障房合理定价的基础上，从住房"价格"视角出发来设计保障房准入标准，以降低政府在保障房建设方面的资金压力，以保障有充足资金投入到保障房建设中来。另一方面，保障对象在购买或租赁保障房后应当不影响家庭的基本日常生活水平，避免符合申请条件但无能力支付的现象出现，即在保障房准入标准设计过程中，应当考虑保障对象的住房支付能力问题。通过考虑保障房价格和保障对象的住房支付能力两个因素，可以同时实现保障房保障的效果和效率。

（2）应当以家庭收入"范围"取代"界线"来界定保障房准入标准。目前，我国各地区的各类保障房准入标准是以低于某一家庭收入"界线"来界定的，例如天津限价房申请条件之一为家庭上年人均收入低于 4.5 万元；公租房申请条件之一为上年人均年收入 3 万元（含）以下。这种保障房准入标准并没有考虑因家庭消费观念、人口数量和健康情况等因素而带来的家庭基本日常生活支出的不同，即不同家庭的基本日常生活支出是在某一范围之内波动的。因此，应当以家庭收入"范围"代替"界线"来审核申请者。而且，经本研究案例分析发现，用家庭收入"范围"来界定保障房准入标准，会带来不同类型保障房准入标准存在着交叉现象的出现，这样不仅有利于申请者拥有更多的保障房选择机会与权利，也可避免申请者家庭收入条件稍微超出某一申请"界线"后无机会或无能力继续申请保障房或商品房情形的出现。

参 考 文 献

［1］中原楼市网. 广州第 2 个限价房遭弃购，逾 40 个号无人确认［EB/OL］. http：// news. zyloushi. com/NewsShow. asp？ArticleID = 18254&Page = 1［2008 - 03 - 22］.

［2］搜房网. 石家庄经适房遭遇弃购门，全体弃购的反思［EB/OL］. http：//m. fang. com/news/shijiazhuang/0_2684564. html［2009 - 07 - 20］.

［3］搜房网. 地段差，门槛高，租金高，东莞廉租房持续遇冷［EB/OL］. http：// sjz. focus. cn/news/2013 - 09 - 03/3919888. html，2013 - 09 - 03.

［4］巴曙松. 中国保障性住房进入与退出制度的改进［J］. 发展研究，2012（9）：4 - 6.

［5］巴曙松. 中国保障性住房进入与退出机制研究［J］. 金融理论与实践，2012（11）：80 - 83.

［6］李欣欣. 建立和完善保障性住房进入与退出机制的国外经验借鉴及措施［J］. 经济研究参考，2009（70）：4 - 6，28.

［7］魏丽艳. 保障性住房公平分配的准入退出机制研究［J］. 东南学术，2012（3）：40 - 48.

［8］卢媛，刘黎明. 北京市保障性住房准入标准线的统计测度研究——基于收入函数拟合方法［J］. 调研世界，2013（10）：43 - 45，56.

［9］"基于家庭收入的保障性住房标准研究"课题组. 基于家庭收入的保障性住房标准研究［J］. 统计研究，2011，28（10）：22 - 27.

［10］新华网. 2010 天津城镇单位人均报酬 51489 元，金融业最高［EB/OL］. http：// www. xinhuanet. com/chinanews/2011 - 05/31/content_22904283. htm［2011 - 05 - 31］.

8

我国保障性住房供给预测研究[*]

8.1 引　言

自 1998 年国务院颁布《关于进一步深化城镇住房制度改革加快住房建设的通知》以来，我国积极开展保障性住房建设工作。目前，我国已经基本建立了以经济适用房、廉租房、安居型商品房、公租房为主体的"四房联动"的保障性住房供应体系。尽管保障性住房的大力建设在一定程度上解决了中低收入群体的住房问题。然而，随着我国城镇化进程的不断加快，大量农村人口向城市转移，现有保障性住房的供给远远不能满足居民的住房需求，再加上保障性住房建设缓慢等原因致使保障性住房往往处于供不应求的状态。因此，合理量化保障性住房的年度供给量对于解决中低收入群体住房困难问题和提高保障性住房投资效率来说具有重要的意义。

在保障性住房供给预测理论方面，国内外学者进行了较为广泛的研究[1~5]。但这些研究存在以下两个方面的缺陷：一是采用的研究方法测算精度较低，导致对保障性住房供给量的预测误差较大；二是缺乏针对全国范围的保障性住房供给量测算。本研究将运用组合预测方法对我国人均建筑面积和城镇人口总数进行预测，并在此基础上进一步得到了我国保障性住房的供给量。

8.2　保障性住房供给预测模型的构建

本研究依据 GM(1，1) 模型和等维递补的方法建立 m 个 GM(1，1) 模型，进一步对这 m 个单个模型运用熵值法进行加权得到组合预测模型。这种组合预测的预测精度要比原始 GM(1，1) 模型更精确。

* 作者：陈立文，张涛，刘广平。原载于《建筑经济》2015 年第 8 期。

8.2.1　构建等维递补 GM(1，1) 模型

设原始数列

$$X^{(0)} = (x^{(0)}(1)，x^{(0)}(2)，\cdots，x^{(0)}(n))\tag{8-1}$$

用累加生成法对 $X^{(0)}$ 进行累加，得到一次性累加生成序列

$$X^{(1)} = (x^{(1)}(1)，x^{(1)}(2)，\cdots，x^{(0)}(n))\tag{8-2}$$

其中，$x^{(1)}(k) = \sum_{i=1}^{k} x^{(0)}(i)$，$k = 1，2，\cdots，n$

随后对 $X^{(0)}$ 序列进行光滑性检验，对 $X^{(1)}$ 进行准指数律检验。

当 k > 3 时，若

$$\rho(k) = \frac{x^{(0)}(k)}{x^{(1)}(k-1)} < 0.5\tag{8-3}$$

则满足光滑性检验。

当 k > 3 时，若

$$1 < \sigma^{(1)}(k) = \frac{x^{(1)}(k)}{x^{(1)}(k-1)} < 1.5\tag{8-4}$$

则满足指数规律。

原始数据满足光滑性检验和指数规律要求后，则对前 m 个数据序列建立 GM(1，1) 模型得到：

$$\hat{x}_1^{(0)}(k+1) = (1 - e^{a_1})\left(x^{(0)}(1) - \frac{b_1}{a_1}\right)e^{-a_1(k-1)}，k = 2，3，\cdots，n\tag{8-5}$$

然后，去掉一个最老的数据，增加一个新的原始数据，使数据等维，则对后 m 个数据建立 GM(1，1) 模型，得：

$$\hat{x}_2^{(0)}(k+1) = (1 - e^{a_2})\left(x^{(0)}(2) - \frac{b_2}{a_2}\right)e^{-a_2(k-1)}，k = 2，3，\cdots，n\tag{8-6}$$

且约定 $\hat{x}(1) = \frac{1}{2}(x^{(0)}(1) + x^{(0)}(2))$。

随后对这（n - m + 1）个 GM(1，1) 模型建立组合预测模型：

$$\hat{x}^{(0)}(k+1) = \sum_{i=1}^{n-m+1} w_i \hat{x}^{(0)}(k)，k = 1，2，\cdots，n\tag{8-7}$$

其中，w_i 由熵值法确定。

8.2.2　熵值法确定权系数

熵值法确定权系数 w_i 具体建模步骤为：

（1）首先计算第 i 种预测方法在第 t 时刻的预测相对误差比重：

$$r_{it} = \frac{e_{it}}{\sum_{t=1}^{N} e_{it}} \quad 其中，e_{it} = \left| \frac{x_t - x_{it}}{x_t} \right|，i = 1，2，\cdots，m\tag{8-8}$$

（2）计算第 i 种方法的熵值 f_i：

$$f_i = -k \sum_{i=1}^{N} r_{it} \ln r_{it}, \ i = 1, 2, \cdots, m \qquad (8-9)$$

其中，$k > 0$，$f_i > 0$

对第 i 种单项预测方法而言，如果 r_{it} 全相等，即 $r_{it} = \dfrac{1}{N}$，那么 f_i 取极大值，即 $f_i = k \ln N$，所以取 $k = \dfrac{1}{\ln N}$。

（3）计算各单项预测方法的权系数 w_i，$i = 1, 2, \cdots, m$

$$w_i = \frac{1}{m-1}\left(1 - \frac{d_i}{\sum\limits_{i=1}^{m} d_i}\right), \ \text{其中，} d_i = 1 - f_i, \ i = 1, 2, \cdots, m \qquad (8-10)$$

（4）利用计算结果表示组合预测模型。

$$\hat{x}_t = \sum_{i=1}^{m} w_i x_{it} \qquad (8-11)$$

8.2.3　精度检验

模型精度由相对误差、均方差比值和小误差概率共同评定。其中相对误差和均方差比值越小，小误差概率越大，则预测模型的精度越高。模型精度分级标准见表 8-1。

表 8-1　　　　　　　　　　精度检验等级参照

指标临界值 精度等级	相对误差 a	均方差比值 c	小误差概率 p
一级	0.01	0.35	0.95
二级	0.05	0.50	0.80
三级	0.10	0.65	0.70
四级	0.20	0.80	0.60

相对误差 $\varepsilon(k) = \dfrac{q(k)}{x^{(0)}(k)} \times 100\%$，其中，$q(k) = x^{(0)}(k) - \hat{x}^{(0)}(k)$　（8-12）

相对平均误差　　　　　$\varepsilon(\text{avg}) = \dfrac{1}{n-1} \sum_{k=2}^{n} |\varepsilon(k)|$　　　　　　（8-13）

均方差比值 $C = \dfrac{S_2}{S_1} \times 100\%$，其中，$S_1^2 = \dfrac{1}{n} \sum_{k=1}^{n} [x^{(0)}(k) - \bar{x}]^2$，$S_2^2 = \dfrac{1}{n} \sum_{k=1}^{n}$

$$[q(k) - \bar{q}]^2 \tag{8-14}$$

小误差概率 $\qquad P = P[\, |q(k) - \bar{q}| < 0.674S_1\,] \tag{8-15}$

8.2.4 保障性住房的年度供给建模

关于保障性住房供给预测的大量研究表明：保障性住房的供给量远不能满足居民的住房需求，政府要加大保障性住房的供应量。但政府也要适度控制保障性住房年度供给量的增长速度，既要避免供给量严重不足，也要防止由于供给量增长速度过快而带来的负面影响。因此，假定保障性住房的年度供给量全部用于满足居民的住房需求，从而建立模型：

设第 k 年的保障性住房年度供给量为：

$$S_k = (A_k B_k - A_{k-1} B_{k-1}) \alpha \beta \tag{8-16}$$

其中，S_k 表示第 k 年保障性住房的供给量，A_k 表示第 k 年人均建筑面积，B_k 表示第 k 年城镇人口总数，A_{k-1} 表示第 k-1 年人均建筑面积，B_{k-1} 表示第 k-1 年城镇人口总数，α 表示中低收入者所占城镇人口比重，β 表示保障性住房人均建筑面积占当地人均建筑面积的比重。

8.3 我国保障性住房供给量预测

GM（1，1）模型主要解决小样本、贫信息的数据预测问题，因而原始数据不宜选取过多。本研究基于 GM（1，1）模型和熵值法的组合预测方法，以 2006～2012 年相关数据作为样本值，分别对我国城镇人口和城镇居民人均建筑面积进行预测，在此基础上，并进一步预测出 2013～2017 年我国保障性住房的供给量。

8.3.1 我国城镇人口数量预测

我国 2006～2012 年城镇人口数量见表 8-2。数据均来自中国统计年鉴中的统计资料。

表 8-2 　　　　　　　2006～2012 年我国城镇人口数量 　　　　单位：万人

年份	2006	2007	2008	2009	2010	2011	2012
城镇人口	58288	60633	62403	64512	66978	69079	71182

资料来源：《中国统计年鉴（2013）》。

首先利用式（8-1）～式（8-4）对 2006～2012 年的数据进行光滑性检验

和准指数律检验，检验结果表明我国城镇人口数量通过了光滑性检验和准指数律检验，可进行 GM(1，1) 建模。因此利用 2006～2011 年的数据建立灰色 GM(1，1) 预测模型，得到预测模型：

$$\hat{x}^{(1)}(k+1) = \left(x^{(0)}(1) - \frac{\hat{b}}{\hat{a}}\right)e^{-\hat{a}k} + \frac{\hat{b}}{\hat{a}} = 1791478e^{0.03321k} - 1733190$$，然后利用

2007～2012 年的数据建立灰色 GM(1，1) 模型，得到预测模型：

$$\hat{x}^{(2)}(k+1) = \left(x^{(0)}(2) - \frac{\hat{b}}{\hat{a}}\right)e^{-\hat{a}k} + \frac{\hat{b}}{\hat{a}} = 1858207e^{0.0331k} - 1797574$$，最后利用熵

值法确定这两组预测值的权系数，其中 $w_1 = 0.730630569$，$w_2 = 0.26936943$，预测后的结果见表 8-3。

表 8-3 我国年度城镇人口等维递补模型预测值及组合预测值

年份	2006	2007	2008	2009	2010	2011	2012
原始数据 x_t	58288	60633	62403	64512	66978	69079	71182
第一组预测值 x_{1t}	58288.00	60493.93	62536.66	64648.37	66831.40	69088.13	71421.07
第二组预测值 x_{2t}	59460.50	60633.00	62535.91	64640.49	66815.89	69064.51	71388.80
组合预测值	58603.84	60531.39	62536.46	64646.25	66827.22	69081.77	71412.38

最后利用式 (8-12)～式 (8-15) 进行精度检验，其中相对平均误差 $\Delta = 0.24\% < 1\%$，精度符合一级要求。$S_1^2 = 18477522.86$，$S_2^2 = 24325.98$，$C = \frac{S_2}{S_1} \times 100\% = 0.036 < 0.35$，精度符合一级要求。小误差概率 $P = P[|q(k) - \bar{q}| < 0.674S_1] = 1$，小误差概率精度为一级。因此，可用 $x_t = 0.730630569x_{1t} + 0.26936943x_{2t}$ 进行我国城镇人口数量的预测。预测结果见表 8-4。

表 8-4 **2013～2017 年我国城镇人口预测** 单位：万人

年份	2013	2014	2015	2016	2017
城镇人口	73821.62	76312.13	78886.68	81548.08	84299.25

8.3.2 我国人均建筑面积预测

我国 2006～2012 年人均建筑面积见表 8-5，表 8-5 中的数据均来自中国统计年鉴中的统计资料。

表 8 - 5　　　　　　　　　　　2006～2012 年我国人均建筑面积　　　　　　单位：平方米

年份	2006	2007	2008	2009	2010	2011	2012
人均建筑面积	28.5	30.1	30.6	31.3	31.6	32.7	32.9

资料来源：《中国统计年鉴（2013）》。

首先利用式（8-1）～式（8-4）对 2006～2012 年的数据进行光滑性检验和准指数律检验，结果表明我国人均建筑面积通过了光滑性检验和准指数律检验，可进行 GM（1，1）建模。因此利用 2006～2011 年的数据建立灰色 GM（1，1）预测模型，得到预测模型：

$$\hat{x}^{(1)}(k+1) = \left(x^{(0)}(1) - \frac{\hat{b}}{\hat{a}}\right)e^{-\hat{a}k} + \frac{\hat{b}}{\hat{a}} = 1471.652263e^{0.02017124k} - 1443.152263,$$

然后利用 2007～2012 年的数据建立灰色 GM（1，1）模型，得到预测模型：

$$\hat{x}^{(2)}(k+1) = \left(x^{(0)}(2) - \frac{\hat{b}}{\hat{a}}\right)e^{-\hat{a}k} + \frac{\hat{b}}{\hat{a}} = 1610.6e^{0.01884k} - 1580.5,$$ 最后利用熵

值法确定这两组预测值的权系数，其中 $w_1 = 0.500316432$，$w_2 = 0.499683567$，预测后的结果见表 8 - 6。

表 8 - 6　　　　　我国年度居民建筑面积等维递补模型预测值及组合预测值

年份	2006	2007	2008	2009	2010	2011	2012
原始数据 x_t	28.5	30.1	30.6	31.3	31.6	32.7	32.9
第一组预测值 x_{1t}	28.50	30.03	30.64	31.27	31.91	32.55	33.22
第二组预测值 x_{2t}	29.30	30.10	30.63	31.22	31.8	32.42	33.02
组合预测值	28.90	30.06	30.64	31.25	31.86	32.49	33.12

最后利用式（8-12）～式（8-15）进行精度检验，其中相对平均误差 $\Delta = 0.81\% < 1\%$，精度符合一级要求。$S_1^2 = 2.01428$，$S_2^2 = 0.123596$，$C = \frac{S_2}{S_1} \times 100\% = 0.25 < 0.35$，精度符合一级要求。小误差概率 $P = P[|q(k) - \bar{q}| < 0.674S_1] = 1$，小误差概率精度为一级。因此，可用 $x_t = 0.500316432x_{1t} + 0.499683567x_{2t}$ 进行我国人均建筑面积的预测。预测结果见表 8 - 7。

表 8 - 7　　　　　　　2013～2017 年我国人均建筑面积预测　　　　　　单位：平方米

年份	2013	2014	2015	2016	2017
人均建筑面积	33.75	34.42	35.24	35.10	36.49

8.3.3　2013~2017年我国保障性住房供给量预测

自1999年以来，国家层面有关保障性住房保障对象定位的法律法规主要涉及《城镇廉租住房管理办法》《经济适用住房管理办法》《关于加快发展公共租赁住房的指导意见》。其中，上述三个文件分别将廉租住房、经济适用房和公共租赁住房的保障对象分别界定为最低收入家庭、低收入住房困难家庭和中等偏下收入住房困难家庭。其次，《我国城镇住房保障"十二五"规划思路研究》中明确规定未来我国收入不及平均收入10%的最低收入家庭，应全部纳入廉租房保障范围内；没有房产、收入水平在平均收入20%~30%的低收入家庭应全部纳入经济适用房保障范围内[6]。另外，汤腊梅通过构建基于收入增长的住房支付能力模型，表明目前我国至少有40%的居民不具备住房支付能力[7]。同时，国家统计局将居民年实际收入划分为最低收入户（10%）、较低收入户（10%）、中等偏下户（20%）、中等收入户（20%）、中等偏上户（20%）、较高收入户（10%）和最高收入户（10%）七类群体。通过将现有法律与国家统计局对居民年实际收入划分进行对比，可以将我国保障性住房的保障对象界定为处于最低收入户（10%）、较低收入户（10%）和中等偏下户（20%）三组的群体，即我国保障性住房保障对象为全国城镇居民40%的群体。

根据《城镇最低收入家庭廉租住房管理办法》的要求：城镇最低收入家庭人均廉租住房保障面积标准原则上不超过当地人均住房面积的60%。这与建设部政策研究中心发布的文件中所提出的居民住房面积要求和与经济合作发展组织确定将公共援助计划标准确定为个人中位收入的2/3的国际惯例也基本吻合[8]。另外，李剑阁在研究中也指出，保障性住房的标准不高于人均住房面积的60%[9]。因此，本研究把各城市保障性住房的基本住房面积确定为该地人均住房面积的60%。根据公式（8-16），结合上述实证分析结果，可得出2013~2017年我国保障性住房的年度供给量预测值，其结果见表8-8。

表8-8　　　　　　　　　2013~2017年我国保障性住房供给量预测

年份	2013	2014	2015	2016	2017
城镇人口（万人）	73821.62	76312.13	78886.68	81548.08	84299.25
人均建筑面积（平方米）	33.75	34.42	35.10	35.79	36.49
保障性住房年度供给量（万平方米）	25271.74	32444.12	34142.15	35924.00	37793.72

8.4　结论与政策建议

本研究基于GM（1，1）模型和熵值法的组合预测方法，分别对我国2013~

2017 年我国城镇人口和城镇人均建筑面积进行了预测，并通过相对误差和均方差比值检验，精度符合要求，预测结果可信度较高。在此基础上，根据保障性住房的供给对象和其人均建筑面积占比，进而得到了我国保障性住房的年度供给量。其结果表明，未来我国保障性住房的年度供给量基本上呈现明显的上升趋势，将由 2013 年的 25271.74 万平方米上升至 2017 年的 37793.72 万平方米，且五年的住房面积供给总量达到 165575.73 万平方米。自 2014 年以后，我国保障性住房的年度供给量平稳增长，年平均增长率为 5.2%。政府可以根据未来我国保障性住房的年度供给量，结合保障性住房的建设资金状况、土地供给情况、竣工状况等因素，适时调整，以便更好地保障中、低收入群体的住房问题。

为了确保保障性住房市场的健康发展，给出以下建议：

（1）建立财税、金融、行政体制为一体的综合配套体系。目前我国保障性住房的建设资金主要依赖于政府财政资金和住房公积金，建设资金相对匮乏，因此可以采取吸收外资和民间资本投入，开展房地产信托资金、资本证券化等方式丰富融资手段，并构建一个完善的财政补贴机制和创新行政体制，建立一个符合我国国情的保障性住房管理系统。

（2）创新住房供给模式，增加保障性住房的有效供给。随着住房供给量的不断增加，应当创建具有选择性的住房供应模式，构建出一套适合大、中、小城市的住房供给体系，各城市根据自身的供需状况，按照"以需定供"的原则进行选择和配建，采取租赁、配售或补贴等供应方式。

（3）保障保障性住房的土地供应，并合理整合存房、旧房。根据预测出来的保障性住房年度供给量，制订与之相应的土地储备和供给计划，另外，保障性住房的供给不能完全依赖于新建住房，应多渠道筹措房源，例如各地政府可对闲置建筑（公房、二手房）进行回购，对其维修和改造后，纳入保障性住房，并对其进行分配和管理。

（4）建立保障性住房动态调整机制，提高住房的公正性和有效性。住房保障应与各个地方经济发展和居民生活水平相适应，随着社会环境的变化，不断调整保障的范围、方式和标准等，同时各级政府也要建立对住房保障对象、保障标准、保障水平、准入退出、资金来源等实施情况的监督管理机制，确保保障性住房的合理分配。

参 考 文 献

［1］ Andrew C., Worthington, The Quarter Century Record on Housing Affordability, Affordability Drivers, and Government Policy Responses in Australia ［J］. International Journal of Housing Markets and Analysis, 2012, 5（3）: 235 – 252.

［2］何佰洲，张磊．基于灰色新陈代谢模型的廉租房供给量预测——以天津市为例［J］．建筑经济，2013（7）：101-103.

［3］刘玉洁．基于改进 GM（1，1）模型的广州市保障性住房预测研究［D］．南京：东南理工大学，2012.

［4］卢媛，刘黎明．北京市保障性住房供求缺口分析［J］．统计与决策，2012（2）：102-104.

［5］田宜君，朱峰峰．灰色 GM（1，1）模型和灰色关联度的组合预测新方法［J］．科学技术与工程，2009（2）：843-851.

［6］我国城镇住房保障"十二五"规划思路研究［EB/OL］.（2010-9）http：//wenku.baidu.com/view/182e560316fc700abb68fc13.html.

［7］汤腊梅．基于住房支付能力的住房保障对象的界定［J］．城市发展研究，2010（10）：41-45.

［8］焦怡雪．关于保障性住房面积标准问题的探讨［A］．生态文明视角下的城乡规划——2008 中国城市规划年会论文集［C］.2008.

［9］李剑阁．中国房改现状与前景［M］．北京：中国发展出版社，2007.

［10］卓远志，刘家军，王明军，张小庆，刘益瑾．基于熵值法的组合预测模型用电量预测方法研究［J］．电网与清洁能源，2011（5）：48-54.

住房品质、公共物品供给与
保障房居民福利[*]

9.1 引　言

　　作为政府提供的一种准公共物品，保障性住房满足了中低收入居民的基本居住需求，获得了极大的社会认同[1]。而保障性住房的价值本质上是基于住有所居的中低收入居民居住满意以及深层的社会参与和互动，即保障性住房居民福利问题。目前的研究表明保障性住房带给中低收入居民的效用，主要来源于保障性住房本身及其公共物品，且随着中低收入居民的居住需求层次的不断提升，公共物品越来越成为影响这部分居民福利状况的重要因素。但不同于市场机制决定资源配置的商品住房，保障性住房的规划、建设、选址和空间布局是由政府的住房保障政策决定。与通过市场选择自主购买商品住房的居民不同，无力购置商品住房的中低收入居民只能通过申请政府提供的保障性住房来解决居住问题。由于该群体迁居能力有限，其对居住福利的选择是不充分的、被动的[2]，而且会由于居住—就业空间失配而引致居民的福利损失[3]。因此，在注重保障性住房建设数量的同时，更应加强和完善公共服务设施建设，满足中低收入居民的居住福利需求，提升居住质量，真正实现保障性住房促进社会包容与和谐的功能。

　　从这一意义上来说，相对于目前保障性住房的建设，本研究认为保障性住房居民入住之后的生存和发展等福利问题更为重要，值得进行认真的探讨。基于此，本研究聚焦于住房品质和公共物品与居民福利的关系，探讨住房品质和公共物品供给对保障性住房居民福利的影响，具体考察三方面问题：（1）保障性住房品质和公共物品供给分别由哪些维度或层面构成；（2）住房品质和公共物品供给如何影响居民福利；（3）各类公共物品之间如何相互影响以及它们如何直接或间

　　* 作者：踪程，闫浩，陈立文。原载于《经济问题》2017 年第 2 期。

接影响居民福利。

9.2　概念界定

9.2.1　居民福利

居民福利属于个人福利的研究范畴，俞海山等认为个人福利是由人生在世各种各样的欲望或需要的满足而感受到的生理或心理的幸福或快乐[4]，是个人对其生活质量的主观感受[5]。庇古认为个人福利可用效用进行测量和评价。另一种观点认为，个人福利就是个人的快乐或幸福，是可用基数来测量的。还有一种观点从可行能力的角度来阐释个人福利，认为个人福利包含功能性活动和行使这些功能的能力两个层面，可通过对功能性活动的评估来测量个人福利。

一般认为，居民福利影响的因素主要有个人特征和微观经济变量两类。彭代彦和赖谦进结合我国农村的特殊环境，选择个人特征、经济状况和社会关系三类变量作为农民福利的控制变量[6]。黄河、杨琴和李慧使用经济学中福利的概念来描述用户在关键词搜索过程中对搜索引擎的使用体验，其福利水平表示搜索引擎对用户搜索需求满足程度[7]。

9.2.2　住房品质

住房品质并不是一个单一的概念，应该用多指标来评价。国外早期的研究主要从住宅的内部和外部状况构建了住房品质的评价指标（Zey Ferrell et al.，1977），用建筑状况、住宅特征、家庭特征、区位特征等来衡量住房品质（Golan & La Greca 1994）。国内学者在国外研究的基础上对住房品质的概念进行了深化和扩展。吴硕贤通过实证研究发现，景观因子、设施因子、安全和交通因子共同决定居住环境的主观评价[8]。徐磊青等从社会、空间和舒适性有关的服务设施三大类因素来研究城市居民的居住品质[9]。马培生认为住房品质不仅要注重建筑产品的物质功能，更应体现"人"的因素以及住房使用价值的充分利用[10]。蒋云霞认为住房品质应从客观的建筑实体评价和居民居住的主观感受两个方面进行考察[11]。综合以往的研究成果，本研究从成本和收益的角度将住房品质细分为购房价格、住房质量、住宅功能和社区管理四个维度，并以此为研究变量，探讨其对居民福利的影响。

9.2.3　公共物品

公共物品理论是经济理论热点之一。公共物品具有广义和狭义之分，本研究采用目前被广泛接受的公共物品的概念界定，认为公共物品是指一定程度上共同享用的事物，即每个人消费这种物品不会导致别人对该物品消费的减少[12]。保障性住房居民由于经济条件的劣势，除了居住需求之外，对教育、医疗、就业等方面的需求也尤其强烈。基于此，本研究从居民福利需求出发，认为保障性住房公共物品应该包括保障性住房居民可及的道路交通设施、医疗卫生设施、生活服务设施和公共教育资源。

9.3　研究假设与模型构建

作为人类生存和生活的基本需要，住房状况的好坏直接关系到居民的福利状况。住房具有商品性与民生性的双重属性。首先住房是一种商品，而且是一种比较奢侈的商品，因为它的购买价格占家庭收入的比重比其他普通商品要高得多。同时，住房还有民生的属性，具有社会保障的作用，政府需要满足无力购买商品住房的中低收入居民的居住需求。尽管改革开放以来我国城镇居民人均住房建筑面积有所增加，但这并不代表中低收入居民住房状况的改善[13]。吴莹、陈俊华认为，居住体验是影响保障性住房居民满意度的主要因素，这种居住体验受到住房质量和配套设施、居民自身的需求和经济能力、居民对居住条件的认可程度等因素的影响[14]，并可以有效提升居民福利。

由于住房品质的低下和公共物品的缺乏，保障性住房的边缘化现象凸显，其居民很容易被排斥、歧视，其边缘性和弱势地位更加明显[15]。另外，当保障性住房居民在接受到外部的负面评价后，会不自觉地加入这种负面评价的再生产和强化过程，这会进一步加剧自身的弱势地位感知和公平感认知，进而造成自身的孤立[16]，严重影响着保障性住房居民的福利。

9.3.1　住房品质与居民福利

房价变化影响着社会居民的福利[17]，房价上涨给消费者带来的财富效应显著[18]，一方面可以给拥有住房的家庭带来财富效应，增加其家庭福利；但另一方面，又给没有住房的家庭增加购房负担，带来预算约束效应，造成家庭福利损失[19]。因此，保障性住房要使中低收入居民具有支付能力，就必须在价格上给予优惠，为便于与一般商品房作对比，本研究选取的研究对象为经济适用房。购房价格本身衡量不出居民福利，必须与周边同类商品房价格进行对比，从对比中感知价格上的优惠以获得心理的公平感。与周边商品房价格相比，保障性住房具有价格上的优惠，优惠幅度越大，价格感知就越好，越能使居民感到心情愉悦。因此，提出如下假设：

H1：保障性住房的购房价格感知正向影响居民福利。

作为一种建筑产品，保障性住房质量影响着入住居民的居住体验。在满足基本居住需求之外，好的住房质量可以促进居民身心愉悦、提升居民的心理福利。但诸多被广泛报道的渗水、沙墙、劣质地板等保障性住房质量问题，严重打击了居民对于保障性住房的信心，降低了居民的居住体验，造成居民心理福利的损失。因此，提出如下假设：

H2：保障性住房的质量正向影响居民福利。

中低收入居民是保障性住房的主要保障对象，这就要求当前我国的保障性住房首先要解决的是中低收入居民的永久性功能需求和核心功能需求[20]。居住需求决定居住行为，居住行为产生住宅功能，住宅功能又应适应居住行为。因此，住宅功能的完善只有满足居民的基本生活问题，才会形成中低收入居民在生活层面上的满意。因此，提出如下假设：

H3：保障性住房的住宅功能正向影响居民福利。

社区管理的内容主要包括社区卫生的治理、景观、绿化地带的维护、基本水电气等设施故障的维修服务等。居住社区绿化、卫生、安全、景观环境等因素在影响保障性住房社区形象的同时，也严重影响着保障性住房社区内部居民的身心发展[21]。因此，提出如下假设：

H4：保障性住房社区管理水平正向影响居民福利。

9.3.2 公共物品供给与居民福利

随着社会经济发展水平的提高和公民意识的增强，居住权得到了全新的诠释，包括基本生存条件的满足和公共服务的有效获取。因此，保障性住房在满足中低收入居民基本居住条件的基础上，要重视周边公共物品的供给和优化配置[22]，其外生的公共物品会影响中低收入居民的生活质量、发展机会和福利水平[23]。克拉森（Klasen）分析了教育、收入、财富、住房、水、卫生、能源、就业、交通、金融服务、营养、保健、安全和可感知的福利多方面功能的实现[24]。可见，公共物品供给深刻影响保障性住房居民的福利水平。

城市保障性住房的郊区化、边缘化的同时，道路交通设施不完善造成了居住—就业空间失配现象，中低收入家庭由于缺乏远距离出行交通工具而引致居民的福利损失[3]。这就要求在保障性住房建设的同时要保证交通网络通达性，最大限度地降低居民的通勤成本，提高居民出行满意度，减少居民的福利损失。因此，提出如下假设：

H5：保障性住房周边道路交通的完善程度正向影响居民福利。

库克利斯（Wiebke Kuklys）认为健康是住房功能实现的基本要素[25]，医疗卫生资源的可获得性是居民健康的基本保障条件。现有的研究表明，居民对医疗保障的福利认同较高，医疗卫生资源的可获得性可提升居民的居住满意度[26]。因此，提出以下假设：

H6：保障性住房周边医疗卫生资源的可获得性正向影响居民福利。

集贸市场、邮局、有线电视、公厕等生活设施可以满足保障性住房居民的基本生活需求，这些公共物品的供给可以有效提升居民满意度，进而对居民福利产生积极影响。因此，提出如下假设：

H7：保障性住房周边生活设施的可获得性正向影响居民福利。

托儿所、幼儿园、小学、中学、社区再教育等公共教育资源可以使保障性住房居民的子女享有受教育的机会[7]，使得居民无后顾之忧，而同时教育可以提升人的素质，有利于这些弱势群体从根本上改变自己的处境。因此，提出如下假设：

H8：保障性住房周边公共教育资源的可获得性正向影响居民福利。

道路交通是可达性的基础条件，道路通畅、公共交通发达有助于中低收入居民高效获得医疗卫生、生活设施和公共教育资源；同时，道路交通在居民共享公共物品上具有基础性作用[14]，因此，提出如下研究假设：

H9：保障性住房周边道路交通的完善程度正向影响医疗卫生资源的可获得性。

H10：保障性住房周边道路交通的完善程度正向影响生活设施的可获得性。

H11：保障性住房周边道路交通的完善程度正向影响公共教育资源的可获得性。

9.3.3 理论模型

本研究在参考借鉴其他专家学者的研究成果的基础上，通过对住房品质、公共物品和居民福利的理论分析与研究假设，以保障性住房居民福利作为研究对象，构建了住房品质和公共物品供给对保障性住房居民福利影响的理论模型（如图 9 - 1 所示），揭示了住房品质和公共物品供给对保障性住房居民福利的影响机制。

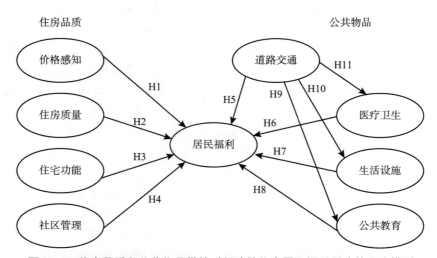

图 9 - 1　住房品质和公共物品供给对保障性住房居民福利影响的理论模型

该模型中，选取保障性住房居民福利作为因变量，选取住房品质（价格感知、住房质量、住宅功能、社区管理）和公共物品（道路交通、医疗卫生、生活设施、公共教育）作为自变量，住房品质和公共物品与居民福利之间存在着假定的正向影响关系。此外，道路交通对居民对医疗卫生、生活设施和公共教育资源的获取亦有假定的正向影响关系。

9.4　实证研究和模型检验

9.4.1　问卷调查与数据来源

本研究在参考大量国内外关于住房满意度、主观幸福感、城镇居民福利等理论研究的基础上，借鉴在这些领域中广泛采用的成熟量表并进行适当修正，以满足对问卷的信效度要求，并适合本研究测量使用。本研究对测量题项采用五点李克特量表进行测量。由于本研究主要研究保障性住房的居民福利问题，在相对较长的居住生活过程中居民会对自己最初的居住体验进行修正，也相对稳定，数据也较为真实，更有可信性。因此在调研对象的选取上以居住时间在 3 年以上作为限定条件，即以居住时间 3 年以上的保障性住房居民为对象进行调研，以符合本研究的要求。问卷调研选择天津市瑞宁嘉园等 9 个经济适用房小区，先深入居委会等基层单位获取居民的基本信息，筛选出符合调研条件的家庭，然后在这部分家庭中从每一个小区随机抽取 50 户，通过入户调查，共发放问卷 450 份，收回有效问卷 223 份，有效问卷率 72.4%。

9.4.2　测量模型检验

为全面地反映住房品质和公共物品的构成维度以及住房品质、公共物品和居民福利之间的相互关系，住房品质、公共物品和居民福利均不是可直接观察到的变量，但都可以通过构成维度的分解由观察变量进行描述，整体上属于探求住房品质、公共物品与居民福利的影响，因此本研究基于理论研究及研究假设，通过调查问卷的方法获得数据，运用结构方程模型（SEM）进行实证研究。本研究采用 AMOS7.0 和 SPSS 17.0 对研究模型进行验证。对于模型的检验，采用 BOLLEN（2000）的方式进行，先进行测量模型的验证，然后再进行整体结构模型的检验[27]。

测量模型使用 Cronbach'α 系数检验变量的内部一致性信度、建构信度和平均方差抽取量。自变量的数据检验结果见表 9 - 1，结果显示所有自变量的 Cronbach'α 系数都超过了 0.7 的信度系数接受标准，说明本研究中测量模型的内部一致性信度较高。此外，在本研究中得出的 AVE 最小值为 0.56，超过了 0.5 的判别标准，表明自变量的收敛效度较好。

表 9 - 1 自变量的数据检验结果

自变量	建构信度（CR）	平均方差抽取量（AVE）	Cronbach'α 系数
价格感知	0.92	0.81	0.93
住房质量	0.93	0.80	0.94
住宅功能	0.89	0.73	0.89
社区管理	0.83	0.76	0.83
道路交通	0.86	0.72	0.86
医疗卫生	0.80	0.56	0.79
生活设施	0.90	0.67	0.91
公共教育	0.90	0.75	0.89

整体模型结构的拟合优度通常使用验证性因子分析方法来进行检验，常用的拟合优度指标及结果如表 9 - 2 所示。通过表 9 - 2 可以看出，本研究模型具有较好的拟合度。

表 9 - 2 拟合优度检验

检验指标	检验结果	评判标准
卡方与自由度比（χ^2/df）	2.493	2.0 - 5.0
拟合优度指数（GFI）	0.927	> 0.90
规范拟合指数（NFI）	0.931	> 0.90
比较拟合指数（CFI）	0.912	> 0.90
近似误差均方根（RMSEA）	0.078	< 0.10

9.4.3 结构模型检验

住房品质和公共物品供给对保障性住房居民福利影响的理论模型的标准化路径系数的相关检验结果如表 9 - 3 所示。

表 9 – 3　　　　　　　　　　　　　　　研究假设检验结果

假设	路径关系	标准化路径系数	t 值	检验结果
假设 1	价格感知→居民福利	0.381	2.938	支持
假设 2	住房质量→居民福利	0.404	6.515	支持
假设 3	住宅功能→居民福利	0.651	2.776	支持
假设 4	社区管理→居民福利	0.731	2.847	支持
假设 5	道路交通→居民福利	0.501	3.095	支持
假设 6	卫生医疗→居民福利	0.663	6.192	支持
假设 7	生活设施→居民福利	0.734	6.789	支持
假设 8	公共教育→居民福利	0.632	5.334	支持
假设 9	道路交通→卫生医疗	0.527	7.671	支持
假设 10	道路交通→生活设施	0.661	7.693	支持
假设 11	道路交通→公共教育	0.435	2.037	不支持

注：t 值的判断标准为 $|t| > 2.58$。

通过表 9 – 3 可以看出，价格感知、住房质量、住宅功能、社区管理、道路交通、卫生医疗、生活设施、公共教育对居民福利，道路交通对卫生医疗，道路交通对生活设施等要素之间影响的路径系数的 t 检验值均大于 2.58，在 0.01 以上的统计水平上显著，该检验结果支持前文所提出的从假设 1 到假设 10；但道路交通对公共教育影响的路径系数的 t 检验值为 2.037，小于 2.58，该检验结果不支持假设 11。

9.5　分析与讨论

研究结果表明，在保障性住房价格对比、住房质量、住宅功能和社区管理对保障性住房居民福利产生积极的正向影响，影响程度依次为社区管理、住宅功能、住房质量和价格对比。其中，保障性住房价格对比对于居民福利的影响与普通商品房有所不同，因为保障性住房的价格相对于商品房要低得多，可以使中低收入居民负担得起，有效维护了居民的尊严，使得这部分居民对保障性住房感到满意。同时，作为准公共物品的保障性住房，除了切实减轻居民的购房价格、对保障性住房的建设质量进行有效管理和实现住宅功能之外，更需要加强对保障性住房社区的后期管理，关注中低收入居民在保障性住房社区的居住体验，增强居民的平等感和归属感，提升居民福利水平。

同时，道路交通、卫生医疗、生活设施和公共教育对居民福利具有积极的正向影响。通过公共物品对居民福利的影响假设可以看出，道路交通对居民福利的综合影响包括直接影响和通过医疗卫生、生活设施和公共教育对居民福利的间接影响。通过表 9 - 3 的检验结果可以得出，道路交通对居民福利的综合影响为1.336。即公共物品对居民福利的影响程度依次为道路交通、生活设施、卫生医疗和公共教育。因此，保障性住房的建设与分配只是对中低收入居民进行住房保障的一环，对于公共物品的供给也同时是住房保障的应有之义，不能割裂。同时还应注意到，道路交通设施的供给是保障性住房公共物品供给首要考虑的因素，而道路交通对居民福利的直接影响程度为 0.501，间接影响程度为 0.835，可见由于保障性住房多选址在偏远的城郊地带，道路交通作为公共物品中的基础因素，道路交通可直接影响其他公共物品的可达性，进而影响其他公共物品的供给效果，道路交通设施应该予以优先供给，以提高中低收入居民对其他公共物品的可达性和可得性，实现保障性住房的保障功能，提升居民福利。

9.6 结 论

保障性住房是满足中低收入居民基本居住需求的一个主要途径，是维护社会公平、实现公民尤其是中低收入居民居住权、构建和谐社会的重要内容。本研究基于居民福利需求视角，研究保障性住房居民福利及其与住房品质和公共物品之间的互动关系。从住房品质方面来看，价格感知、住房质量、住宅功能和社区管理可以提升保障性住房居民的福利水平；从公共物品供给方面来看，道路交通、生活设施、医疗卫生和公共教育都可以提升保障性住房居民的福利水平。此外，道路交通通过对生活设施、医疗卫生和公共教育间接影响着居民福利。

随着社会的进一步发展，中低收入居民的住房问题不仅仅解决其居住问题，更应该是解决住房品质不高和公共物品缺乏，通过对住房品质和公共物品对居民福利影响的研究，可以更好地了解保障性住房这一中低收入居民共享发展成果的重要载体和平台，有助于政府实现基于民生改善的保障性住房规划、建设与管理策略。

参 考 文 献

[1] 宋吟秋，高鹏，董纪昌. 政府提供住房补贴的福利损失 [J]. 系统工程理论与实践，2011（10）：993 - 999.

[2] 吴莹，陈俊华. 保障性住房的住户满意度和影响因素分析：基于香港公屋的调查 [J]. 经济社会体制比较，2013（4）：109 - 117.

[3] 李梦玄，周义，胡培. 保障房社区居民居住——就业空间失配福利损失研究 [J]. 城市发展研究，2013，20（10）：63 - 68.

[4] 俞海山，许蕾，鲁杉. 消费外部性的福利影响分析 [J]. 宁波大学学报（人文科学版），2007（1）：94－98.

[5] 田国强，杨立岩. 对"幸福—收入之谜"的一个解答 [J]. 经济研究，2006（11）：4－15.

[6] 彭代彦，赖谦进. 农村基础设施建设的福利影响 [J]. 管理世界，2008（3）：175－176.

[7] 黄河，杨琴，李慧. 考虑用户福利的关键词拍卖机制研究 [J]. 管理工程学报，2012（4）：146－153.

[8] 吴硕贤等. 居住区生活环境质量影响因素的多元统计分析与评价 [J]. 环境科学学报，1995，15（3）：354－362.

[9] 徐磊青，杨公侠. 上海居住环境评价研究 [J]. 同济大学学报（自然科学版），1996（5）：546－551.

[10] 马培生. 品质住宅：新建住宅小区的发展方向 [J]. 中国质量，2006（6）：45－47.

[11] 蒋云霞. 城市居民住房品质评价研究 [J]. 经济视角，2011（5）：41－43.

[12] 臧旭恒，曲创. 从客观属性到宪政决策——论"公共物品"概念的发展与演变 [J]. 山东大学学报（人文社会科学版），2002（2）：37－44.

[13] 方福前，吕文慧. 中国城镇居民福利构成要素分析——基于阿马蒂亚·森的能力方法和结构方程模型 [J]. 管理世界，2009（4）：17－26.

[14] 吴莹，陈俊华. 保障性住房的住户满意度和影响因素分析：基于香港公屋的调查 [J]. 经济社会体制比较，2013（4）：109－117.

[15] Forrest, R. and Y. Wu, People Like US? Public Rental Housing and Social Differentiation in Contemporary Hong Kong [C]. Conference Paper for APNHR 2011 Conference, Hong Kong, 2011.

[16] Blokland, T. , You Got to Remember You Live in Public Housing. Place－Making in An American Housing Project [J]. Housing, Theory and Society, 2008, 25（1）：31－46.

[17] Case, Shiller K. E. , Quigler, Comparing Wealth Effects：The Stockmarket versus the Housingmarket [R]. NBER Working Paper, 2001.

[18] Dougherty A. , Van Order R. , Intlation, Housing Costs and the Consumer Price Index [J]. American Economic Review, 1982（72）.

[19] 王斌，高波. 房价上涨与我国居民福利效应的实证分析 [J]. 当代财经，2008（1）：15－18，22.

[20] 文铮，漆平，洪惠群. 保障性住房的公共服务体系建构 [J]. 建筑学报，2013（4）：106－109.

[21] 蒙春运. 高容积率保障性住房品质保证及实现途径 [J]. 规划师，2012（1）：109－114.

[22] 王祖山，张志军. 保障性住房非产权化的选择、困境与多元化道路 [J]. 现代经济探讨，2012（2）：7－11.

[23] 郑思齐，张英杰. 保障性住房的空间选址：理论基础、国际经验与中国现实 [J].

现代城市研究, 2010 (9): 18 - 22.

　　［24］ Klasen, Measuring Poverty and Deprivation in south Africa ［J］. Review of Income and Wealth, 2000, 46 (8): 33 - 58.

　　［25］ Wiebke Kuklys, Amartya Sen's Capability Approach: Theoretical Insights and Empirical Applications, Springer, 2005.

　　［26］ 于长永. 农民对新型农村合作医疗的福利认同及其构成要素 ［J］. 中国农村经济, 2012 (4): 76 - 86.

　　［27］ Bollen K. A. , Modeling Strategies: in Search of the Holy Grail ［J］. Structural Equation Modeling, 2000, 7 (1): 74 - 81.

10

保障性住房项目 PPP 模式可行性与投资决策研究：基于博弈论[*]

10.1 引　　言

　　保障性住房是政府为收入较低、住房困难的居民提供的住房。为解决城市中低收入家庭安居这一关键的民生问题，全面实现"住有所居"目标，政府提出要不断加大力度进行保障房建设，对此党中央高度重视，并将建设保障房作为政府未来工作的重要范畴：在"十二五"规划纲要中，政府提出要加快构建以政府为主提供基本保障、以市场为主满足多层次需求的住房供应体系。党的十八大报告明确提出，"要结合政府保障以及市场配置来建立住房制度，完善保障房的建设以及管理，使住房困难群体需求得到基本满足"，这是将"保障房建设"首次写入党代会报告，可见其作为民生问题的重要性。2013 年 10 月 29 日，习近平总书记也提出要加快推动保障房建设及供应体系构建。2017 年住建部等部门再推"购租并举"，加大租房市场供应，以缓解房价上涨压力。但是我国保障性住房建设存在融资困难、效率低下等问题，这些问题制约着保障性住房的顺利建设。采用 PPP 模式建设保障性住房能有效改善保障性住房资金缺口大的状况，稳定社会经济发展。近年来，政府颁布一系列文件鼓励 PPP 模式应用于公共设施建设等领域，2015 年 5 月，六部委印发相关文件首次明文鼓励地方运用 PPP 模式实现公共租赁房的建设。宽松的政策环境加上充足的社会资本为 PPP 模式应用于保障性住房项目创造了条件。

　　PPP 模式在保障性住房建设中的应用是当下学术界的研究热点。当前研究成果主要集中在 PPP 模式在我国保障性住房方面的可行性与适用性研究，并且大多以定性研究为主，缺少相应的定量研究，也缺少对多种不同 PPP 模式细分下的投

---

　　* 作者：陈立文、杜泽泽。原载于《资源开发与市场》2018 年第 4 期。

资决策研究。周雪峰以河南省为例分析了 PPP 模式在保障性住房项目中的可行性，设计了 PPP 模式的运作流程，并从政策、税金优惠、金融支持三方面给出建议。刘广平等分别针对产权型保障性住房和租赁型保障性住房，构建了在 PPP 模式下的社会资本投资决策模型，并给出吸引社会资本参与保障性住房建设的政策建议。郝生跃等探索了"十三五"时期的保障性住房建设模式，提出了针对保障性住房建设的更完善的 PPP 模式。张明宇借鉴英国 PPP 模式在保障性住房建设中的应用经验，探讨 PPP 模式在我国保障房建设中的适用性并给出相关建议。

根据田祎萌等的研究可得，PPP 模式不适用于产权型保障性住房项目，适用于租赁型保障性住房项目。适用于租赁型保障性住房的 PPP 模式主要有四种：BOT、TOT、完全私有化和部分私有化。本研究选取完全私有化中的 BOO 模式，部分私有化合资建设模式进行研究。研究构造了保障性住房项目四种 PPP 模式的投资回报率模型，以判断 PPP 模式的可行性。同时构造了四种 PPP 模式的投资决策模型，在判断可行性的基础上得出企业的最优决策。进而采用等额年金法对四种 PPP 模式进行比较优选，改进了投资回报率未考虑时间因素的不足。最后用案例进行应用研究并给出相关建议。

10.2　研究假设

投资回报率是企业通过投资所获得的经济回报，投资回报率越高，表示每单位投资获得的企业价值越高，投资效果越好。企业根据项目投资回报率与该行业投资回报率作对比，判断项目是否可行，从而进行项目选择决策。在构建保障性住房项目 PPP 模式下的投资回报率模型和博弈模型前假设如下：

假设 1：企业参与投资的保障性住房项目全部租赁，即入住率为 100%。保障性住房项目在运营期结束后残值为零。

假设 2：项目初始建设成本在不同 PPP 模式下相同，在选定需要建设的保障性住房项目时即可确定，建设成本在项目建设初期一次性投入。不同 PPP 模式下项目建设期相同。不同 PPP 模式下保障性住房项目运营效率相同，即运营成本相同且每年的运营成本不变。不同 PPP 模式下政府给予的税金优惠相同，同时给予优惠后的税金每年保持不变。

假设 3：企业参与投资保障性住房项目的收入主要是租金收入，忽略其他收益来源。租金收入以名义租金计算，实际租金为租户实际缴纳的租金，名义租金与实际租金的差额由政府补贴，即企业参与投资保障性住房项目过程中的租金收入一定等于名义租金。不同 PPP 模式下的名义租金相同且每年保持不变。同时，企业参与投资保障性住房项目的收益率必须满足企业要求收益率。要求收益率由企业根据行业水平确定。

假设 4：构建的保障性住房项目 PPP 模式下的投资回报率模型是评价企业盈利能力的静态指标，未考虑资金的时间价值，但不影响政府与企业间的投资博弈。同时不考虑企业社会资本融资问题。

10.3　模型建立与求解

投资回报率为利润总投入比，以 ROI 表示，则：

$$投资回报率（ROI）= \frac{利润}{总投入} \tag{10-1}$$

若项目可行，则需要项目投资回报率大于该行业最低投资回报率，即：

$$ROI \geqslant ROI_{行MIN} \tag{10-2}$$

假设政府自行建设保障性住房项目建设成本为 I，土地成本为 L_1，建筑面积为 S（平方米），需缴纳的税金为 TAX_1（元/年），运营成本为 Q（元/年），项目建设期为 t_1，运营期为 t_2，向租户实际收取租金为 P_1（元/年/平方米）。若企业采用 BOT 模式投资参与保障性住房项目，假设优惠后的土地成本为 L_2，优惠后需缴纳的税金为 TAX_2（元/年），名义租金为 P_2（元/年/平方米），特许经营期为 t_3，特许经营期转交给政府后的政府剩余经营期为 t_4，由假设可知 $t_2 = t_3 + t_4$。

10.3.1　采用 BOT 模式参与保障房项目

由假设可得 BOT 模式下企业的投资回报率为：

$$ROI_1 = \frac{P_2S - Q - TAX_2}{I + L_2} \tag{10-3}$$

若 $ROI_1 > ROI$，则此模式可行。企业采用 BOT 模式参与保障房项目时，企业会同政府谈判特许经营期的期限长度，以期获得企业收益最大化。根据假设可知，企业参与投资保障性住房项目必须满足其要求收益率，即企业此时的净现值不小于要求收益，设要求收益率为 R，则：

$$NPV_1 \geqslant (I + L_2)R \tag{10-4}$$

即：

$$NPV_1 = (P_2S - Q - TAX_2)(P/A, i, t_3)(P/F, i, t_1)$$
$$- (I + L_2) \geqslant (I + L_2)R \tag{10-5}$$

式中左边为企业在 BOT 模式下收益净现值，其中第一项为企业收益现值，第二项为项目建设初期总投资，右边是企业要求收益。$(P/A, i, t)$ 为年金现值系数，$(P/F, i, t)$ 为复利现值系数。此时企业与政府为了各自利益存在博弈关系。政府的净收益为：

$$E_1 = (P_2S - Q - TAX_2)(P/A, \ i, \ t_4)(P/F, \ i, \ t_3)(P/F, \ i, \ t_1) - S(P_2 - P_1)$$
$$(P/A, \ i, \ t_2)(P/F, \ i, \ t_1) + TAX_2(P/A, \ i, \ t_3)(P/F, \ i, \ t_1) + L_2$$

$$(10-6)$$

式中右边第一项为企业以 BOT 模式参与保障性住房项目的政府剩余经营期期间的收益现值,第二项为政府租金补偿现值,第三项为企业支付政府税金现值,第四项为企业支付的土地成本。

政府的期望收益函数为:

$$\begin{cases} \max[\ E_1\ ] \\ s.\ t.\ NPV_1 \geqslant (I + L_2)R \end{cases} \qquad (10-7)$$

把式(10-5)和式(10-6)代入式(10-7),并引入拉格朗日因子 λ_1 构造拉格朗日函数为:

$$L(t_2, \ \lambda_1) = (P_2S - Q - TAX_2)(P/A, \ i, \ t_4)(P/F, \ i, \ t_3)(P/F, \ i, \ t_1)$$
$$- S(P_2 - P_1)(P/A, \ i, \ t_2)(P/F, \ i, \ t_1) + TAX_2(P/A, \ i, \ t_3)$$
$$(P/F, \ i, \ t_1) + L_2 + \lambda_1 [(P_2S - Q - TAX_2)(P/A, \ i, \ t_3)(P/F, \ i, \ t_1)$$
$$- (I + L_2) - (I + L_2)R]$$

$$(10-8)$$

令 $\dfrac{\partial L(t_2, \ \lambda_1)}{\partial t_2} = 0$, $\dfrac{\partial L(t_2, \ \lambda_1)}{\partial \lambda_1} = 0$,可得最优特许经营期 t_3 的决策公式为:

$$(P/A, \ i, \ t_3^*) = \frac{(I + L_2)(1 + R)}{(P_2S - Q - TAX_2)(P/F, \ i, \ t_1)} \qquad (10-9)$$

10.3.2　采用 BOO 模式参与保障房项目

若企业采用 BOO 模式投资参与保障性住房项目,假设在满足企业要求收益的基础上,多余的收益以一定比例返还给政府,返还比例为 k,则 BOO 模式下企业的投资回报率为:

$$ROI_2 = \frac{(P_2S - Q - TAX_2)(1 - k)}{I + L_2} \qquad (10-10)$$

若 $ROI_2 > ROI_行$,则此模式可行。企业采用 BOO 模式参与保障性住房投资时,为保障企业收益,需同政府谈判现金流返还比例,同时企业收益也需满足要求收益,则:

$$NPV_2 \geqslant (I + L_2)R \qquad (10-11)$$
$$NPV_2 = (P_2S - Q - TAX_2)(1 - k)(P/A, \ i, \ t_2)(P/F, \ i, \ t_1)$$
$$- (I + L_2) \geqslant (I + L_2)R \qquad (10-12)$$

式(10-12)中左边为企业在 BOO 模式下净现值,其中第一项为企业收益现值,第二项为项目建设初期总投资,右边是企业要求收益。此时企业与政府存在博弈关系。政府的净收益为:

$$E_2 = (P_2S - Q - TAX_2)k(P/A, i, t_2)(P/F, i, t_1)$$
$$- S(P_2 - P_1)(P/A, i, t_2)(P/F, i, t_1)$$
$$+ TAX_2(P/A, i, t_2)(P/F, i, t_1) + L_2 \qquad (10-13)$$

式中右边第一项为企业以 BOO 模式参与保障性住房项目时政府获得的返还比例现金流现值，第二项为政府租金补偿现值，第三项为企业支付政府税金现值，第四项为企业支付土地成本。

政府的期望收益函数为：

$$\begin{cases} \max[E_2] \\ s.t. \ NPV_2 \geqslant (I + L_2)R \end{cases} \qquad (10-14)$$

把式（10-12）和式（10-13）代入式（10-14），引入拉格朗日因子 λ_2 构造拉格朗日函数为：

$$L(k, \lambda_2) = (P_2S - Q - TAX_2)k(P/A, i, t_2)(P/F, i, t_1)$$
$$- S(P_2 - P_1)(P/A, i, t_2)(P/F, i, t_1) + TAX_2(P/A, i, t_2)(P/F, i, t_1)$$
$$+ L_2 + \lambda_2[(P_2S - Q - TAX_2)(1 - k)(P/A, i, t_2)(P/F, i, t_1) - (I + L_2)$$
$$- (I + L_2)R] \qquad (10-15)$$

令 $\dfrac{\partial L(k, \lambda_1)}{\partial k} = 0$，$\dfrac{\partial L(t_2, \lambda_2)}{\partial \lambda_2} = 0$，可得最优决策返还比例 k 为：

$$k^* = 1 - \frac{(I + L_2)(1 + R)}{(P_2S - Q - TAX_2)(P/A, i, t_2)(P/F, i, t_1)} \qquad (10-16)$$

10.3.3　采用部分私有化模式参与保障房项目

若企业采用部分私有化模式投资参与保障性住房项目，企业出资比例为 r，土地成本、税金和建设成本按照双方出资比例分担，同时收益按照出资比例分配，则此模式下企业的投资回报率为：

$$ROI_3 = \frac{(P_2S - Q - TAX_1) \times r}{(I + L_1) \times r}$$
$$= \frac{(P_2S - Q - TAX_1)}{I + L_1} \qquad (10-17)$$

由式（10-17）可以看出，企业采用部分私有化模式投资参与保障性住房项目的投资收益率与企业出资比例无关。

若 $ROI_3 > ROI_{行}$，则此模式可行。企业采用部分私有化模式参与保障性住房项目时，企业和政府之间为了各自利益仍然存在博弈关系，通过博弈，可以确定企业的最优出资比例。同时企业收益也需满足要求收益。即：

$$NPV_3 \geqslant (I + L_1) \times r \times R \qquad (10-18)$$

$$NPV_3 = (P_2S - Q - TAX_1)r(P/A, i, t_2)(P/F, i, t_1)$$
$$- (I + L_2)r \geqslant (I + L_1) \times r \times R \tag{10-19}$$

化简为：

$$(P_2S - Q - TAX_1)(P/A, i, t_2)(P/F, i, t_1)$$
$$- (I + L_1) \geqslant (I + L_1)R \tag{10-20}$$

即必须满足式（10-20），企业才会参与投资。可见企业是否参与投资与出资比例无关。

式（10-20）中左边为企业在部分私有化模式下净现值，其中第一项为企业收益现值，第二项为企业初始投资额；右边为要求收益。此时，政府净收益为：

$$E_3 = (P_2S - Q - TAX_1)(1 - r)(P/A, i, t_2)(P/F, i, t_1)$$
$$- (I + L_1)(1 - r) - S(P_2 - P_1)(P/A, i, t_2)(P/F, i, t_1)$$
$$+ rL_1 + rTAX_1(P/A, i, t_2)(P/F, i, t_1) \tag{10-21}$$

式中右边第一项为政府收益现值，第二项为政府初始投资额，第三项为政府租金补偿现值，第四项为企业支付土地成本，第五项为企业支付税金现值。

政府的期望收益函数为：

$$\begin{cases} \max[E_3] \\ s.\, t.\ NPV_3 \geqslant (I + L_1) \times r \times R \end{cases} \tag{10-22}$$

把式（10-20）和式（10-21）代入式（10-22），并引入拉格朗日因子 λ_3，构造拉格朗日函数为：

$$L(r, \lambda_3) = (P_2S - Q - TAX_1)(1 - r)(P/A, i, t_2)(P/F, i, t_1)$$
$$- (I + L_1)(1 - r) - S(P_2 - P_1)(P/A, i, t_2)(P/F, i, t_1) + rL_1$$
$$+ rTAX_1(P/A, i, t_2)(P/F, i, t_1) + \lambda_3[(P_2S - Q - TAX_1)$$
$$(P/A, i, t_2)(P/F, i, t_1) - (I + L_1) - (I + L_1)R] \tag{10-23}$$

可以发现，$L(r, \lambda_3)$ 是关于 r 的减函数，即随着社会资本出资比例的增加，政府收益减少，所以政府为获得最大收益，社会资本出资比例最小，由于政府为缓解建造保障性住房项目的资金压力，会给出一个企业最小出资比例 r_T。因此可得最优决策出资比例 r^* 为：

$$r^* = r_T \tag{10-24}$$

10.3.4 采用 TOT 模式参与保障房项目

若企业采用 TOT 模式参与投资保障性住房项目，设企业购买价格为 H，H > $I + L_1$。因为企业未参与建设保障性住房，所以无税金优惠。采用此模式下的特许经营期为 t_5，期满后政府的剩余经营期为 t_6，由假设可知，$t_2 = t_5 + t_6$。则 TOT 模式下企业的投资回报率为：

$$ROI_4 = \frac{(P_2S - Q - TAX_1)}{H} \tag{10-25}$$

若 $ROI_4 > ROI_行$，则此模式可行。企业采用 TOT 模式参与保障性住房项目也需满足其要求收益，即：

$$NPV_4 \geqslant HR \tag{10-26}$$

$$NPV_4 = (P_2S - Q - TAX_1)(P/A, i, t_5) - H \geqslant HR \tag{10-27}$$

式中左边为企业在 TOT 模式下净现值，其中第一项为企业收益现值，第二项为企业购买特许经营权的支付价格，因为在 TOT 模式下，企业不参与建设保障性住房项目，所以其初始投资额为企业购买特许经营权的支付价格；右边为企业要求收益。此时政府的净收益为：

$$
\begin{aligned}
E_4 &= (P_2S - Q - TAX_1)(P/A, i, t_6)(P/F, i, t_5)(P/F, i, t_1) \\
&\quad + H(P/F, i, t_1) - I - L_1 - S(P_2 - P_1)(P/A, i, t_2)(P/F, i, t_1) \\
&\quad + TAX_1(P/A, i, t_5)(P/F, i, t_1) \tag{10-28}
\end{aligned}
$$

式中右边第一项为 TOT 模式下政府经营期的收益现值，第二项为企业购买特许经营权支付价格现值，第三项为项目建设初始投资额，第四项为土地成本，第五项为租金补偿现值，第六项为企业支付税金现值。

政府的期望收益函数为：

$$
\begin{cases}
\max[E4] \\
\text{s. t. } NPV_4 \geqslant HR
\end{cases} \tag{10-29}
$$

把式（10-27）（10-28）代入式（10-29），引入拉格朗日因子 λ_4 构造的拉格朗日函数为：

$$
\begin{aligned}
L(t_5, \lambda_4) &= (P_2S - Q - TAX_1)(P/A, i, t_6)(P/F, i, t_5)(P/F, i, t_1) \\
&\quad + H(P/F, i, t_1) - I - L_1 - S(P_2 - P_1)(P/A, i, t_2)(P/F, i, t_1) \\
&\quad + TAX_1(P/A, i, t_5)(P/F, i, t_1) \\
&\quad + \lambda_4[(P_2S - Q - TAX_1)(P/A, i, t_5) - H - HR] \tag{10-30}
\end{aligned}
$$

令 $\dfrac{\partial L(t_5, \lambda_4)}{\partial t_5} = 0$，$\dfrac{\partial L(t_5, \lambda_4)}{\partial \lambda_4} = 0$，可得最优决策特许经营期 t_5 的求取公式为：

$$(P/A, i, t_5^*) = \frac{H(1 + R)}{(P_2S - Q - TAX_1)} \tag{10-31}$$

10.3.5　四种 PPP 模式的投资决策选择

投资回报率的缺点是没有考虑资金的时间价值因素，不能正确反映建设期长短、投资方式不同和回收额的有无等对项目的影响，用以直接比较四种模式的优劣时缺乏必要的可比性。本研究选取等额年金法，考虑了时间因素并改善了投资回报率法的不足。指标值越大，方案越优。等额年金法计算如式（10-32）所示：

$$NAV = \frac{NPV}{(P/A, \ i, \ n)} \qquad (10-32)$$

则四种 PPP 模式下的等额年金分别为：

$$NAV_1 = \frac{NPV_1}{(P/A, \ i, \ t_1 + t_3)} \qquad (10-33)$$

$$NAV_2 = \frac{NPV_2}{(P/A, \ i, \ t_1 + t_2)} \qquad (10-34)$$

$$NAV_3 = \frac{NPV_3}{(P/A, \ i, \ t_1 + t_2)} \qquad (10-35)$$

$$NAV_4 = \frac{NPV_4}{(P/A, \ i, \ t_1 + t_5)} \qquad (10-36)$$

保障性住房项目四种 PPP 模式的选择为初始投资额不同、项目期不同的互斥方案选择，选用等额年金法考虑了时间因素且能得出可靠的结论。比较四种模式下的等额年金，等额年金越大，方案越优。

10.4 案例分析

M 市拟建立保障性住房项目 H，政府自行建设项目时的建设成本为 180000000 元，土地成本为 50000000 元，项目建设期为 2 年，项目运营期 70 年，年末无残值。企业采用 PPP 模式参与保障性住房项目的优惠后土地成本为 30000000 元，优惠后需缴纳的税金保持 4000000 元不变，企业采用 TOT 模式参与保障性住房项目时的特许权支付价格为 250000000 元，企业所得税为 25%。折现率为 7%，企业要求利润率为 10%，该地区房地产普通住宅长期租赁投资回报率最低为 6.1%。若采用部分私有化模式，企业出资比例最低为 50%。项目的基本情况构成见表 10-1。

表 10-1 保障性住房项目 H 基本情况

保障房项目 H	总建筑面积（万平方米）	单位建设成本（元/平方米）	运营成本（元/年）	税金（元/年）	优惠后税金（元/年）	名义租金（元/平方米/年）	实际租金（元/平方米/年）
	6	3000	8000000	7000000	4000000	600	250

首先判断四种 PPP 模式可行性与相关最优投资决策，把相关数据分别代入式（10-3）、式（10-9），得出 ROI_1 为 11.43%，大于行业最低投资回报率 6.1%，所以 BOT 模式可行，得出最优投资决策特许经营期为 22 年；把相关数据代入式（10-10）、式（10-16），得出 ROI_2 为 8.91%，大于行业最低投资回报率

6.1%，所以 BOO 模式可行，得出最优投资决策返还比例为 0.22；把相关数据分别代入式（10-17）、式（10-24），得出 ROI_3 为 9.13%，大于行业最低投资回报率 6.1%，所以部分私有化模式可行，得出最优投资决策投资比例为 50%；把相关数据分别代入式（10-25）、式（10-31），得出 ROI_4 为 8.4%，大于行业最低投资回报率 6.1%，所以 TOT 模式可行，得出最优投资决策特许经营期为 37 年。

然后对四种模式进行比较选择，得出最优投资模式。把式（10-5）和上一步计算得出的最优投资决策特许经营期代入式（10-33），可得 BOT 模式下的等额年金 NAV_1 为 1970865.47 元；把式（10-12）和上一步计算得出的最优返还比例代入式（10-34）可得 BOO 模式下的等额年金 NAV_2 为 1622002.82 元；把式（10-19）和上一步计算得出的最优投资比例代入式（10-35），可得部分私有化模式下的等额年金 NAV_3 为 740479.55 元；把式（10-27）和上一步计算得出的最优特许经营期代入式（10-35）可得 TOT 模式下的等额年金 NAV_4 为 1884658.88 元。因为 $NAV_1 > NAV_4 > NAV_2 > NAV_3$，可得 BOT 模式最优，TOT 模式次之，BOO 模式较差，部分私有化模式最差。

对于此保障性住房项目，企业的最优决策为采用 BOT 模式参与投资，且特许经营期为 22 年。

通过比较式（10-33）、式（10-34）、式（10-35）、式（10-36），企业可以得出最优投资决策，选择最优投资模式。经计算可知，若同时满足 $t_2 > t_3$、$r \leqslant 1$、$\dfrac{I+L_2}{H} > \dfrac{(P/A, i, t_1+t_3)}{(P/A, i, t_1+t_5)}$ 时，BOT 模式最优；若同时满足 $t_2 < t_3$、$r < 1$、$\dfrac{I+L_2}{H} > \dfrac{(P/A, i, t_1+t_2)}{(P/A, i, t_1+t_5)}$ 时，BOO 模式最优；若同时满足 $\dfrac{I+L_2}{H} < \dfrac{(P/A, i, t_1+t_3)}{(P/A, i, t_1+t_5)}$、$\dfrac{I+L_2}{H} < \dfrac{(P/A, i, t_1+t_2)}{(P/A, i, t_1+t_5)}$ 时，TOT 模式最优；因 $r \leqslant 1$，所以企业合资建设模式劣于 BOO 模式或者与 BOT 模式无差异，若同时满足 $t_2 < t_3$、$r = 1$、$\dfrac{I+L_2}{H} > \dfrac{(P/A, i, t_1+t_2)}{(P/A, i, t_1+t_5)}$ 时，企业合资建设模式与 BOO 模式同时最优。

10.5　结论与政策建议

10.5.1　结论与讨论

博弈论模型下的保障性住房项目 PPP 模式的投资决策从政府和企业两方面均衡考虑，选择出政府限制下的最优 PPP 模式。本研究建立四种 PPP 模式的投资回报率模型判断 PPP 模式的可行性，并建立博弈投资决策模型，判断出企业在政府限制下四种 PPP 模式的最优决策，考虑了时间价值，并全面考虑了项目在整个寿命期的经济状况。采用动态指标等额年金法对四种 PPP 模式进行比较优选，为企业参与保障性住房项目建设中 PPP 模式的选择提供参考，同时为国家促进企业以 PPP 模式参与投资保障房项目、制定相应政策提供有关依据。

通过以上研究我们可以得出以下主要结论：一是基于本假设情况下，BOT 模式为最优 PPP 模式，实际情况中，企业可能会根据不同的模式，选择不同的建设成本和运营成本，进而影响最优模式的选择，不影响选择模型的适用性；二是投资收益率作为效益性指标不能直接应用于多种方案的优选，投资收益率小的方案可能优于投资收益率大的方案。

10.5.2 政策建议

综合上述，保障性住房 PPP 模式是一种可行且有效的融资模式。PPP 模式既保证了企业的经济利益，也保证了政府的社会利益。据此，提出促进企业以 PPP 模式投资参与保障性住房项目的政策建议。

首先，加大优惠力度。保障性住房项目因其租金低的特点，很难吸引企业进行投资，因此就需要政府在其他方面刺激企业进行投资，适当加大优惠力度。比如税金优惠，加大政府补贴，延长 BOT 模式下企业特许经营期期限，减小 BOO 模式下的资金返还比例，减少土地成本等。

其次，合理分担风险。风险是影响企业参与投资保障性住房项目的最重要影响因素之一。政府在和企业合作时应明确风险的承担者和承担情况，并设置合理条款适当规避企业风险，如为企业贷款提供保证等。同时为了促进企业积极性，不能将最大风险设置为企业承担，对企业承担的损失较大的风险设置上限。

最后，完善法律法规。PPP 模式被我国引入已久，但是相关政策法规仍不健全，缺少针对 PPP 有关项目的专项立法，在出现争议时无法可循、无法可依。对企业来说，这无疑增加了风险负担，也加大了企业在项目实施中具体细节上的时间成本。为了改善这种情况，政府应提高立法步伐，对相关条文进行细节完善，为企业以 PPP 模式参与保障性住房建设奠定法律基础。

参 考 文 献

［1］邢海峰.“十二五”保障性住房供应体系建设思考［J］.现代城市研究，2012（5）：8－12.

［2］倪铭娅.六部门鼓励地方运用 PPP 推进公租房建设［N］.中国证券报，2015（A02），2015－05－23.

［3］李秀辉，张世英.PPP：一种新型的项目融资方式［J］.中国软科学，2002（04）：42－44.

［4］赖丹馨，费方域.公私合作制（PPP）的效率［J］.经济学报，2010（07）：97－

104.

　　[5] 刘志强，郭彩云．基础设施建设项目引入 PPP 融资方式探讨 [J]．建筑经济，2005
(06)：40 – 42.

　　[6] 邹星昙．浅析我国基础设施建设中 PPP 模式应用问题 [J]．商业时代，2009 (24)：
79，60.

　　[7] 周雪峰．保障性住房 PPP 融资模式研究——以河南为例 [J]．建筑经济，2015
(01)：91 – 94.

　　[8] 刘广平，田祎萌，陈立文．保障性住房 PPP 模式下社会资本投资决策研究 [J]．管
理现代化，2016 (04)：20 – 23.

　　[9] 郝生跃，卢玉洁，任旭．"十三五"时期保障性住房建设可持续模式研究 [J]．经济
纵横，2017 (01)：46 – 51.

　　[10] 张明宇．PPP 模式在英国保障性住房中的应用 [J]．价值工程，2012 (05)：328 –
329.

　　[11] 田祎萌，刘广平，陈立文．保障性住房项目 PPP 模式识别与选择研究 [J]．管理现
代化，2016 (06)：71 – 73.

　　[12] 刘广平，张静超，陈立文．公共租赁住房项目 PPP 模式比选研究 [J]．项目管理技
术，2017，15 (02)：7 – 13.

▶▶▶ 第三部分

住房价格相关问题研究

城镇化、城乡收入差距与房价研究：
一个调节效应模型的实证分析*

1.1 引　　言

十八届三中全会提出，完善城镇化健康发展体制机制，旨在通过城镇化的健康发展带动农村经济的发展。2014 年 3 月，国家新型城镇化规划（2014 ~ 2020年）出台，为新型城镇化发展设定了发展目标及目标实现的一系列策略。在城镇化发展不断引起中央高度重视并提升至国家战略层面的现状下，城镇化已经成为了学者们经常议论和研究的热门话题，但人们对城镇化发展的看法褒贬不一。一些学者认为，城镇化发展推动了我国的经济发展水平的提升，增加了农民收入[1~2]。还有学者认为，城镇化是城乡收入差距不断扩大的重要因素，城镇化率的提升也引起了房价的上涨[3~4]。也有学者认为城镇化并未扩大城乡收入的差距，高房价与城镇化不存在必然的联系。因此，目前学者们对城镇化、城乡收入差距和房价三者之间关系的研究结论不一，到底城镇化、城乡收入差距和房价存在着何种关系？鉴于现有研究关于城镇化与房价关系的分歧结论，有必要重新对两者之间的关系进行研究。在此，笔者将通过本研究深入探讨城镇化是否对房价产生影响以及产生何种影响。另外，笔者抛弃一些学者将城乡收入差距作为解释变量或被解释变量的惯用研究策略，从调节变量视角来解析城乡收入差距在城镇化与房价之间关系中的交互作用。

1.2　文献回顾与研究假设

目前，学者们对城镇化是否推动了房价的上涨这一焦点话题存在着不同的见

＊ 作者：刘广平，陈立文，陈晨，李丹妮。原载于《软科学》2016 年第 6 期。

解。一种观点认为，城镇化是房价高涨的"罪魁祸首"，即房价的高涨是城镇化进程推进的必然结果。陈石清等（2007）运用协整分析方法和误差纠正模型，检验了城镇化水平与房地产价格之间的关系。研究发现，城镇化的提高是房价上涨的原因，而且城镇化与房价两者之间存在着长期稳定的正向变动关系[5]；任木荣等（2009）构建了城镇化与房价的动态理论模型，利用省际面板数据，采用界面估计和时间估计模型实证研究发现，城镇化对房价具有积极的影响。但这种影响在各地域存在一定的差异，东部地区房价对城镇化的弹性值普遍高于中西部地区，而且随着城镇化水平的提高，城镇化对房价的弹性也越大[6]；骆永民（2011）基于我国 30 个省份 1998 ~ 2009 年的面板数据，运用四种回归模型研究发现，城镇化对本地区和相邻地区的房价产生显著的正向影响，而且这种影响随着该地区经济发展水平和人力资本集聚的提高而增强[7]；于守华（2013）运用 VAR 模型分析了城镇化、工业化与房地产价格之间的动态关系，研究表明，无论从长期还是短期来看，城镇化水平的提升引起了房价的不断上涨，但这种影响有一定的滞后性[8]。

另一种观点则认为，城镇化不是房价上涨的动力，而是高房价阻碍了城镇化的推进。马光远（2013）指出，城镇化只是房地产开发商销售商品房所惯用的噱头，而真实情况是房价的居高不下阻碍了农民转为市民的步伐，减缓了城镇化的顺利推进[9]；文辉（2012）认为，房价的上涨绝不是农民进城推动的，高房价反而成为城镇化的阻碍[10]；中国区域经济协会副理事长肖金成认为，城镇化会给房地产业带来巨大的需求，但并不必然带来房地产价格的上涨；宣晓伟对城镇化加速带来刚需而导致房价上涨的逻辑产生了质疑，他认为人们对城镇化带来房价上升的预期更是房价上涨的根本性因素[11]；中国城市和中小镇改革发展中心主任李铁表示，城镇化与房价没有必然的联系，城镇化会带来一部分住房需求，但房价被推高与民众对城市相对稀缺的公共服务的追逐有直接关系[12]；还有观点认为，房价的上涨不是农民进城推动的，相反，城镇化的推进会促使房价回归到合理价位[13]。

通过上述文献回顾可以发现，研究方法的不同带来了研究结果的差异，持城镇化推动房价上涨观点的学者们所展开的研究多为实证分析，而持相反观点的学者们多采用定性理论分析。众所周知，理论分析只是一种归纳和演绎的规范研究，其科学性需要通过实证检验。近年来我国各地房价普遍连年上升，同时各地城镇化水平也在逐年上升，可通过经验分析推出房价负向影响着城镇化水平的结论与实际不符。由图 1 - 1 可以看出，1987 ~ 2012 年我国商品房平均销售价格与城镇化率的趋势变化大致相同，两变量的皮尔逊相关系数为 0.971（p < 0.001）。自我国改革开放以来，城镇化率从 1978 年的 17.92% 上升至 2012 年的 52.57%，平均每年增长 1.02%，平均每年由农民转变为市民的人口数量在 1000 万以上，

农村大量的人口涌进城市，势必会大大增加对房屋的需求。根据上述分析，可得出下面的假设：

假设1：城镇化对房价具有显著的正向影响。

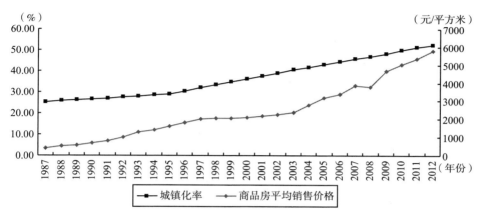

图1-1　1987~2012年我国城镇化率与商品房平均销售价格发展变化趋势

农民选择转变身份为市民的原因之一是能够在城市获得高于农村的经济收入。在城乡收入差距较大的条件下，城镇化水平的提高正是因为人们追求城市更多的财富而吸引大量农村人口进入城市导致的，致使新进市民对房屋的需求量增加，进而推动房价的高涨。而当城乡收入差距较小时，意味着人们在城市和农村所赚取的收入比较接近。如果城市房价依然居高不下，市民的生活压力相较于农村来说将会增加，人们就会选择向收入水平与城市相当但生活压力较低的农村迁移，城镇化水平会随之降低。因此，在城乡收入差距较小的情境下，随着城镇化的推进，城镇人口增加会从需求层面在一定程度上推动房价的上涨，但城乡收入差距的缩小也会在一定程度上弱化人们进城的欲望，从而对房价产生阻碍影响。由此，我们可以得出以下结论：城乡收入差距越大，城镇化对房价的正向影响也越大；城乡收入差距越小，城镇化对房价的正向影响也越小。根据上述分析，可得出下面的假设：

假设2：城乡收入差距调节着城镇化与房价的正向关系。

1.3　变量选取与数据来源

1.3.1　变量选取

本研究主要分析城乡收入差距在城镇化与房价之间的调节作用。被解释变量为房价,解释变量为房价,调节变量为城乡收入差距。由于影响房价的因素众多,在此从供给、需求和利率三个层面来选择控制变量。其中,供给层面的控制变量为房屋竣工面积,需求层面的控制变量为城镇居民人均可支配收入,利率层面的控制变量为以天数为权重计算的 1~3 年贷款利率。各变量的定义与说明详见表 1-1。

表 1-1 变量定义与说明

变量名称	变量代码	变量说明
房价	HP	各地区年平均商品房价格
城镇化	URB	各地区年末城镇人口比重
城乡收入差距	GUR	各地区城镇居民家庭平均每人全年可支配收入/农村人均实际收入
房屋竣工面积	HCA	各地区房屋竣工面积
城镇居民人均可支配收入	URDC	各地区城镇居民人均可支配收入
利率	RATE	1~3 年贷款利率

(1)城镇化、城乡收入差距与房价。本研究主要分析城乡收入差距在城镇化与房价之间的调解作用。城镇化是运用各地区年末城镇人口比重计算得出的;城乡收入差距为各地区城镇居民家庭平均每人全年可支配收入与农村人均实际收入的比值;房价为各地区商品房的平均价格。

(2)影响房价的控制变量。房屋竣工面积作为商品房供给层面的一项重要指标,其数值的增加意味着商品房供给量的增加;而供给量的增加在一定程度上可缓解供小于求的住房供给短缺的局面,进而逐渐降低商品房价格。

城镇居民人均可支配收入在一定程度上反映居民家庭可用于购买商品房的能力大小,其数值越大,表明居民家庭能够拿出越多的资金用于购买商品房,居民的住房支付能力随之越大。因此,城镇居民人均可支配收入与房价之间应当存在正向的影响关系。

目前,有关利率对房价的影响存在着两种分歧的意见。一种观点认为,利率与房价呈反向关系,较低的实际利率刺激了房价的上涨[14];另一种观点认为,利率与房价的关系已被金融创新所弱化,利率和房价之间存在正向关系[15]。本研究将重新对两者之间的关系进行检验。

1.3.2 数据来源

选取我国 31 个省、自治区、直辖市作为本研究的样本数据来源。由于本研究城镇化数据是用各地区年末城镇人口比重来测度，在 2006～2013 年《中国统计年鉴》中可获得 2005～2012 年的数据，而各地方年鉴只能获得 2005 年之前的非农业人口比重，但非农业人口与城镇人口数据统计口径不一致，因此样本数据的考察时间为 2005～2012 年，共 248 个观测值。房价、城乡收入差距、城镇居民人均可支配收入等数据来源于 2006～2013 年《中国统计年鉴》。房屋竣工面积来源于 2006～2013 年《中国房地产统计年鉴》。利率来源于中国人民银行官方网站公布的 2005～2012 年的 1～3 年贷款利率。

1.4　模型构建与实证分析

1.4.1　模型构建

按照巴恩（Baron，1986）对调解作用检验程序的介绍[16]，采用层级回归检验城乡收入差距在城镇化与房价之间的调解作用。具体分析步骤如下：

首先，分析房价与各控制变量之间的关系，构建模型 1：

$$\ln HP_{it} = \alpha_0 + \alpha_1 \ln HCA_{it} + \alpha_2 \ln URDC_{it} + \alpha_3 RATE_{it} + \varepsilon_{it}$$

其次，检验房价与各控制变量、解释变量和调节变量之间关系，构建模型 2：

$$\ln HP_{it} = \beta_0 + \beta_1 \ln HCA_{it} + \beta_2 \ln URDC_{it} + \beta_3 RATE_{it} + \beta_4 URB_{it} + \beta_5 \ln GUR_{it} + \varepsilon_{it}$$

最后，将解释变量与调节变量的乘积作为交互项纳入到模型 2 中，得到模型 3：

$$\ln HP_{it} = \gamma_0 + \gamma_1 \ln HCA_{it} + \gamma_2 \ln URDC_{it} + \gamma_3 RATE_{it} + \gamma_4 URB_{it} + \gamma_5 \ln GUR_{it} + \gamma_6 URB_{it} \times \ln GUR_{it} + \varepsilon_{it}$$

其中，i 代表第 i 个地区（i = 1，2，…，31），t 代表第 t 年（t = 2005，2006，…，2012）。

1.4.2　实证分析

（1）单位根检验。采用 LLC、IPS、ADF 和 PP 四种方法对面板数据的单位根进行检验。由于每个变量的水平值都是非平稳过程，在此对一阶差分后变量的平稳性进行检验。其中，单位根检验的滞后期采用 Schwarz 标准自动选择，检验式中只包括截距项，检验结果详见表 1-2。从检验结果可以看出，每个变量取一阶差分后都是平稳的，除了城乡收入差距和利率的 IPS 方法检验结果以及利率的 ADF 方法检验结果在 5% 水平下显著之外，其他变量在多种方法检验下的结果均是在 1% 水平下显著，即各变量都是一阶单整的。

表1-2 面板序列单位根检验结果

变量	一阶差分方程			
	LLC	IPS	ADF	PP
$\ln HP_{it}$	-11.6668 ***	-3.61974 ***	118.423 ***	146.454 ***
URB_{it}	-9.05332 ***	-2.12005 **	92.0152 ***	121.316 ***
$\ln GUR_{it}$	-12.6533 ***	-3.45726 ***	113.531 ***	152.447 ***
$\ln HCA_{it}$	-14.8743 ***	-5.48148 ***	150.741 ***	191.645 ***
$\ln URDC_{it}$	-11.9136 ***	-2.35486 ***	92.7405 ***	106.025 ***
$RATE_{it}$	-10.8186 ***	-2.00635 **	86.1015 **	113.164 ***
$URB_{it} \times \ln GUR_{it}$	-12.3371 ***	-3.23119 ***	109.268 ***	137.430 ***

注：** 和 *** 分别表示统计量在 5% 和 1% 水平下显著。

（2）协整检验。表1-3为采用 Engel - Granger 二步法的 Kao 方法对模型1、模型2和模型3开展协整关系检验的结果，检验式中只包括截距项。可知，3个模型中各变量均存在协整关系，这也表明房价、城镇化、城乡收入差距、利率、房屋竣工面积、城镇居民人均可支配收入和城乡收入差距与城镇化的交互项等变量之间存在着长期稳定的关系。

表1-3 基于 Engle - Granger 二步法的 Kao 协整检验

	模型1的协整检验		模型2的协整检验		模型3的协整检验	
	t - Statistic	Prob.	t - Statistic	Prob.	t - Statistic	Prob.
ADF 检验	-8.853800	0.0000	-7.851272	0.0000	-7.880823	0.0000

（3）计量检验与结果分析。本研究面板数据单位根和协整均通过了检验，说明可开展面板数据的回归分析。采用 Hausman 检验来判断各模型应当建立随机效应模型还是固定效应模型。Hausman 检验结果详见表1-4。可知，模型1、模型2和模型3中的 P 值均大于 10% 的显著性水平，也即接受随机效应回归模型的原假设，表明各模型均适宜采用随机效应回归模型。

表1-4 Hausman 检验结果

	Chi - Sq. Statistic	Prob.
模型1	0.000000	1.0000
模型2	0.000000	1.0000
模型3	0.000000	1.0000

运用最小二乘法与 AR 组合方法分析三个模型的随机效应回归模型，分析结果详见表 1-5。就控制变量而言，城镇居民人均可支配收入与房价之间在三个模型中均呈现出正向影响关系，且均在 0.01 水平下显著，回归系数分别为 1.0250、0.9150 和 0.9221。同样，利率与房价之间在三个模型中均呈现出负向影响关系，且均在 0.01 水平下显著，回归系数分别为 -0.0343、-0.0312 和 -0.0319。而房屋竣工面积在三个模型中均呈现出对房价产生负向影响的关系，但这种负向影响并不显著，原因可能在于，随着城镇化的快速推进，人们对房屋的需求量较大，尽管房屋供给量也在增加，但在供远远小于求的现状下，房屋供给难以对房价产生较大的冲击。在模型 2 和模型 3 中，城镇化与房价之间的回归系数分别为 0.0104 和 0.0204，均在 0.01 水平下显著，表明城镇化进程是推动房价上涨的动力，假设 1 得到了验证。而城乡收入差距与房价之间的关系呈现出正负两种影响效果，但均不显著。通过观察模型 3 可知，城镇化与城乡收入差距的交互项与房价之间的回归系数为 -0.0104，在 0.01 水平下显著，说明城乡收入差距在城镇化对房价的正向影响过程中起着调节作用，假设 2 得到了验证。

表 1-5　　　　　　　　　　面板模型回归结果

	模型 1	模型 2	模型 3
	随机效应回归模型	随机效应回归模型	随机效应回归模型
C	-1.4216 ***	-0.4228	-0.9453
$\ln HCA_{it}$	-0.0035	-0.0308	-0.0254
$\ln URDC_{it}$	1.0250 ***	0.9150 ***	0.9221 ***
$RATE_{it}$	-0.0343 ***	-0.0312 ***	-0.0319 ***
URB_{it}		0.0104 ***	0.0204 ***
$\ln GUR_{it}$		-0.2470 **	0.1828
$URB_{it} \times \ln GUR_{it}$			-0.0104 **
Adj. R2	0.9058	0.9151	0.9164
F - statistic	792.4973 ***	533.4238 ***	452.2588 ***
No	248	248	248

注：** 和 *** 分别表示统计量在 5% 和 1% 的显著性水平下显著。

（4）调节效应分析。为了更直观地了解城乡收入差距的调节作用，笔者首先对各地区 2005~2012 年城乡收入差距变量的数值取平均值，并对此平均值进行排序，按照中位数将面板数据划分为两组。其中高于城乡收入差距中位数的地区包括四川、广东、新疆、安徽、内蒙古、山西、宁夏、重庆、青海、广西、西藏、陕西、甘肃、云南和贵州等 15 个省、自治区，低于城乡收入差距中位数的地区包括上海、北京、天津、黑龙江、浙江、江苏、辽宁、吉林、河北、江西、湖北、山东、福建、海南和河南等 15 个省、直辖市。

为了分析两组面板数据中城镇化对房价的影响，首先对两组面板数据开展单位根检验和协整检验。从表 1 - 6 可以看出，城镇居民人均可支配收入的 IPS 和 ADF 检验不显著，但其 P 值分别为 0.1074 和 0.1095，非常接近于 0.1，在此可视为通过了单位根检验。因此，两组面板序列的各变量均是一阶单整的。

表 1 - 6   两组面板序列的单位根检验结果

	第一组：中位数以上				第二组：中位数以下			
	一阶差分方程				一阶差分方程			
	LLC	IPS	ADF	PP	LLC	IPS	ADF	PP
$lnHP_{it}$	- 8.812 ***	- 2.791 ***	60.682 ***	82.270 ***	- 7.570 ***	- 2.274 **	54.338 ***	59.472 ***
URB_{it}	- 5.979 ***	- 1.301 *	43.186 *	55.242 ***	- 6.868 ***	- 1.902 **	49.388 **	68.378 ***
$lnGUR_{it}$	- 10.626 ***	- 3.324 ***	65.923 ***	90.275 ***	- 7.133 ***	- 1.581 *	45.057 **	59.393 ***
$lnHCA_{it}$	- 10.510 ***	- 3.838 ***	74.224 ***	98.874 ***	- 9.334 ***	- 3.202 ***	65.000 ***	79.373 ***
$lnURDC_{it}$	- 9.373 ***	- 2.028 **	49.875 **	55.745 ***	- 7.048 ***	- 1.241	39.763	46.640 **
$RATE_{it}$	- 7.526 ***	- 1.396 *	41.662 **	54.757 ***	- 7.525 ***	- 1.396 *	41.662 *	54.757 **

注：*、** 和 *** 分别表示统计量在 10%、5% 和 1% 水平下显著。

同样，采用 Engel - Granger 二步法的 Kao 方法对模型 2 开展协整检验，检验式中只包括截距项，检验结果详见表 1 - 7。由于两组协整检验的结果 P 值均小于 0.01，可知，两组面板数据均通过了协整检验。

表 1 - 7   两组面板序列的协整检验结果

	第一组：中位数以上		第二组：中位数以下	
	模型 2 的协整检验		模型 2 的协整检验	
	t - Statistic	Prob.	t - Statistic	Prob.
ADF 检验	- 7.524375	0.0000	- 5.009093	0.0000

两组面板序列的 Hausman 检验结果如表 1 - 8 所示，可以看出中位数以上的面板数据适宜采用固定效应模型，而中位数以下的面板数据适宜采用随机效应模型。

表 1 - 8　　　　　　　　　　两组面板序列的 **Hausman** 检验结果

	第一组：中位数以上		第二组：中位数以下	
	Chi - Sq. Statistic	Prob.	Chi - Sq. Statistic	Prob.
模型 2	17. 706000	0. 0033	9. 081747	0. 1058

运用最小二乘法与 AR 组合方法分析第一组的固定效应模型和第二组的随机效应模型，分析结果详见表 1 - 9。数据显示，中位数以上面板数据回归模型中城镇化与房价的系数为 0. 022759（P < 0. 01），中位数以下面板数据回归模型中城镇化与房价的系数为 0. 010287（P < 0. 01）。图 1 - 2 给出了在其他因素不变条件下城乡收入差距的调节示意图，可以看出，在高城乡收入差距条件下城镇化对房价的影响大于低城乡收入差距条件下城镇化对房价的影响。

表 1 - 9　　　　　　　　　　　两组面板模型回归结果

	第一组：中位数以上	第二组：中位数以下
	固定效应回归模型	随机效应回归模型
C	1. 511745 **	− 0. 848268 *
$\ln HCA_{it}$	0. 066036 **	− 0. 122175 ***
$\ln URDC_{it}$	0. 608331 ***	1. 044061 ***
$RATE_{it}$	− 0. 022801 **	− 0. 040501 ***
URB_{it}	0. 022759 ***	0. 010287 ***
$\ln GUR_{it}$	− 0. 474145 ***	− 0. 297201
Adj. R2	0. 960519	0. 908151
F - statistic	153. 3734	236. 3215
No	120	120

注：*、** 和 *** 分别表示统计量在 10%、5% 和 1% 水平下显著。

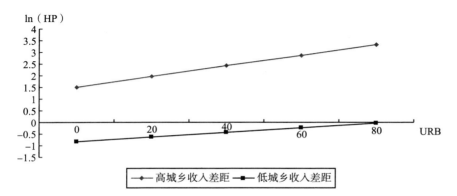

图 1 - 2　城乡收入差距的调节作用

1.5 政策建议

本研究发现，缩小城乡收入差距可以抑制城镇化推进过程中对房价的正向影响程度。而利率则负向影响着房价。针对上述研究结论，在此给出抑制房价过快上涨的政策建议：

一是构建差异化利率定价机制。近年来，央行多次通过利率手段试图抑制过快上涨的房价，但由于通货膨胀率对名义利率产生了较大程度的抵消，导致效果甚微。笔者建议，应当根据商业银行自身的管理能力、盈利能力和风险控制能力构建差异化的利率定价机制。具体来讲，一方面根据购房套数的多少继续推进购房贷款利率差异化政策，抑制因投机性需求所引起的房价上涨；另一方面根据房地产开发公司规模和信誉的大小制定差异化的贷款利率政策，不断淘汰规模小和信誉低的房地产开发公司，规范房地产市场秩序。

二是缩小城乡收入差距。本研究表明，城乡收入差距越小，城镇化对房价的正向影响程度也越低。目前，城市集聚了较多的物质资本和人力资本，而农村则对这两种资本的占有量较少，这些直接造成了一些地区农村收入远远低于城市收入的现状。笔者建议，应当加快推进土地流转，实现农村土地的抵押权和转让权，以增加物质资本；增加农村教育资源配置与投入，加大对农村地区二次分配投入的力度，并制定吸引人力资本入驻农村的政策；利用自然禀赋条件和产业优势，在政府统筹安排和引导下大力搞活农村经济。这就需要政府通过财政激励构建农村金融体系，做好金融政策对部分领域和农民的重点扶持，引导金融服务"三农"。同时，通过政策引导社会资本向农业和农村投资的动力，逐步形成财政、金融的合力，不断缩小城乡收入差距。

参 考 文 献

[1] 喻开志，黄楚蘅，喻继银. 城镇化对中国经济增长的影响效应分析 [J]. 财经科学，2014（7）：52－60.

[2] 宋元梁，肖卫东. 中国城镇化发展与农民收入增长关系的动态计量经济分析 [J]. 数量经济技术经济研究，2005（9）：30－39.

[3] 肖尧. 城镇化、房地产价格与城乡收入差距 [J]. 财经科学，2013（9）：100－107.

[4] 王立平，李艳萍. 城镇化水平、FDI 与房价——基于泛长三角的空间计量研究 [J]. 华东经济管理，2014，28（7）：42－47.

[5] 陈石清，黄蔚. 中国房地产价格与城市化水平实证分析 [J]. 财经理论与实践，2007（2）：109－112.

[6] 任木荣，刘波. 房价与城市化的关系 [J]. 南方经济，2009（2）：41－49.

［7］骆永民. 城市化对房价的影响：线性还是非线性？——基于四种面板数据回归模型的实证分析［J］. 财经研究，2011，37（4）：135－144.

［8］于守华. 城镇化、工业化与房地产价格之间的动态关系［J］. 财经理论与实践，2013（4）：16－23.

［9］马光远. 城镇化引发房价暴涨？［J］. 中外管理，2013（2）：23.

［10］文辉. 城镇化不是房价上涨动力［N］. 深圳商报，2012－12－24（B07）.

［11］张倪. 城镇化是房价上涨的推手吗［N］. 中国经济时报，2013－10－28（010）.

［12］环球华网. 城镇化与房价没有必然的联系［EB/OL］. http：//www. 509. cc/n/xin-wen/gnxw/2014/0404/25527. html，2014－04－10.

［13］搜狐网. 房价上涨租在城镇化，呼吁房价回归合理价位［EB/OL］. http：//yt. focus. cn/news/2013－06－17/3461401. html，2013－05－24.

［14］沈悦，周奎省，李善燊. 利率影响房价的有效性分析——基于 FAVAR 模型［J］. 经济科学，2011（1）：60－69.

［15］MaCarthy，J.，Peach，R.，Monetary Policy Transmission to Residential Investment［J］. Economic Policy Review，2002（5）：139－158.

［16］Baron R. M.，Kenny D. A.，The Moderator－Mediator Variable Distinction in Social Psychological Research：Concept，Strategic，and Statistical Considerations［J］. Journal of Personality and Social Psychology，1986，51（6）：1173－1182.

2

房地产价格、贷款利率对房地产开发投资影响的实证研究[*]

2.1 引　　言

近十年来，房地产企业上缴税费在我国税收中所占比例不断上升，对财政收入的贡献持续增加。因此，房地产开发投资市场的平稳发展对于保持我国经济、社会的稳定具有不可忽视的作用。由于房地产市场价格与贷款利率的变动对房地产开发投资市场有着重要的影响[1~2]，依据房地产市场价格、贷款利率的走势来预测房地产开发投资市场的变动并进行投资决策是一个值得探讨的问题。

本研究在总结前人关于房地产投资影响因素研究的基础上，选取天津市为研究对象，以协整理论和 VAR 模型为基础，利用 Johansen 协整检验、Granger 因果关系检验、脉冲响应函数等方法，对房地产市场价格、贷款利率与房地产开发投资额两两之间以及三者之间的定量关系进行实证研究，通过分析研究结果，为政府部门制定严谨科学的房地产发展战略提出建议。

2.2 研 究 现 状

房地产投资是指资本所有者将其资本投入到房地产开发经营中以期在未来获取更多收益或规避风险的经济活动[3]。由于房地产商品的特殊性和市场的复杂性，房地产投资决策受多种因素影响，目前研究多为贷款利率、通货膨胀、房价、房地产投资额这几个变量之间的两两作用关系。一般认为贷款利率对房地产

　＊　作者：牟玲玲，魏玥，刘广平。原载于《建筑经济》2015 年第 10 期。

价格呈负相关关系，但有的实证结果表明，利率政策冲击对房地产价格的影响是正向的，造成这种结果的原因是我国房地产价格增长过猛，调整利率已经不能有效控制房价[4]。也有人认为调整利率对房地产价格的影响只是短期内并不明显，从长期来看利率对房地产价格和房地产投资均有显著影响[5]。房价、房地产开发投资和通货膨胀三者之间存在复杂的互动关系，房价对房地产开发投资和通货膨胀均有显著的正向刺激作用[6]。

值得注意的是，上述研究均只关注了房价、贷款利率、房地产投资额三者中两者的关系，而没有考虑第三变量的影响，而实际上两者的关系必定受第三方的影响。本研究将综合考虑三者之间的互动关系，建立三者之间的 VAR 模型，研究房地产价格、贷款利率与房地产开发投资之间的动态作用，研究结果将更加贴近真实情况。

2.3 数据的选取与数据来源

2.3.1 变量的选择

本研究选取天津市（包括市内六区、四郊五县）房地产价格、贷款利率、房地产开发投资额作为主要研究指标，来分析房地产价格、贷款利率与房地产开发投资额三变量之间的定量关系。模型中涉及的变量名称、标识及其含义如表 2 – 1 所示。

表 2 – 1   模型中的变量、符号及含义

变量	符号	含义
房地产价格	HP	1993 ~ 2013 年天津市商品房平均销售价格
房地产开发投资额	HI	房地产企业取得土地使用权后，进行一系统开发所包含的相关投资额度
贷款利率	R	我国 1 ~ 3 年贷款实际利率

2.3.2 数据的来源及预处理

本研究选取 1994 ~ 2013 年天津市商品房平均销售价格，房地产开发投资额以及我国银行 1 ~ 3 年贷款实际利率，总共 20 组年度数据，其中商品房平均销售价格、房地产开发投资额的数据来自历年《天津市统计年鉴》；贷款利率来源于中国人民银行网站。本研究对原始变量商品房平均销售价格、房地产开发投资额

进行对数化处理，以避免原始变量受异方差的影响，分别用 lnhp，lnhi 表示，贷款利率本身即为百分数，无须取对数，用 r 表示。

2.4 实证分析

本研究实证分析的步骤是：首先对变量 lnhp，lnhi，r 序列进行单位根检验，看数据是否平稳，若非平稳进行差分，直到所有变量序列服从同阶单整。然后检验变量两者及三者之间的协整关系，判断变量之间的均衡性，并通过 Granger 因果检验判断某个变量的变化对另一个是否有影响。然后在此基础上构建房地产市场价格、贷款利率、房地产开发投资额三者之间的 VAR 模型，并进行脉冲响应和方差分解分析。

2.4.1 单位根检验

对 lnhp，lnhi，r 序列进行单位根检验，以判断数据的平稳性。检验结果如表 2-2 所示，在 10% 的显著性水平下，所有变量的水平序列都是非平稳的，其一阶差分是平稳的，即都是 I(1) 序列。

表 2-2　　　　　　　　　　　　　单位根检验结果

序列		ADF 检验值	1% 临界值	5% 临界值	10% 临界值	结论
lnhp	原序列	-0.726054	-3.831511	-3.029970	-2.655194	不平稳
	I(1) 序列	-6.442048	-3.857386	-3.040391	-2.660551	平稳
lnhi	原序列	-0.488447	-3.920350	-3.065585	-2.673459	不平稳
	I(1) 序列	-13.32618	-3.959148	-3.081002	-2.681330	平稳
r	原序列	-1.025585	-3.831511	-3.029970	-2.655194	不平稳
	I(1) 序列	-2.820717	-3.857386	-3.040391	-2.660551	平稳

2.4.2 协整关系分析

协整检验将分别验证房地产市场价格、贷款利率与房地产开发投资额两两之间的协整关系，判断其均衡性，并作为建立 VAR 模型的前提。由于 lnhp，lnhi，r 均为同阶单整序列，所以可对原序列进行协整检验，以判断各变量之间是否存在长期均衡关系。多变量间的协整关系主要采取由 Johansen 和 Kuselius 共同提出的基于向量自回归模型进行检验的 Johansen 检验方法。

（1）房地产价格与房地产开发投资额的协整关系。从检验结果表2-3可知，第一行的似然比检验值30.45310大于0.05临界值14.26460，拒绝原假设两变量之间没有协整方程，第二行的似然比检验值0.059399小于0.05临界值3.841466，接受原假设两变量之间至多存在一个协整方程，由此认为在5%的显著水平下变量之间存在一个协整关系，即房地产价格和房地产开发投资额之间存在长期均衡关系，两者之间的协整方程为：

$$Lnhi = 1.634239Lnhp + 1.842811$$

表2-3　　　　　　　　Johansen 协整检验结果及标准化系数

特征根	似然比检验值	0.05 临界值	P	原假设方程个数
0.815819	30.45310	14.26460	0.0001	没有
0.003295	0.059399	3.841466	0.8074	至多一个

（2）贷款利率与房地产开发投资额的协整关系。从检验结果表2-4可知，第一行的似然比检验值40.30951大于0.05临界值14.26460，拒绝原假设两变量之间没有协整方程，第二行的似然比检验值3.757511小于0.05临界值3.841466，接受原假设两变量之间至多存在一个协整方程，由此认为在5%的显著水平下变量之间存在一个协整关系，即贷款利率和房地产开发投资额之间存在长期均衡关系，两者之间的协整方程为：

$$Lnhi = -0.284775r + 9.215734$$

表2-4　　　　　　　　Johansen 协整检验结果及标准化系数

特征根	似然比检验值	0.05 临界值	P	原假设方程个数
0.771247	40.30951	14.26460	0.0000	没有
0.534343	3.757511	3.841466	0.0002	至多一个

（3）房地产价格与贷款利率的协整关系。从检验结果表2-5可知，第一行的似然比检验值16.85064大于0.05临界值14.26460，拒绝原假设两变量之间没有协整方程，第二行的似然比检验值0.143706小于0.05临界值3.841466，接受原假设两变量之间至多存在一个协整方程，由此认为在5%的显著水平下变量之间存在一个协整关系，即房地产价格和贷款利率之间存在长期均衡关系，两者之间的协整方程为：

$$Lnhp = 0.247867r - 13.93965$$

表 2 - 5   **Johansen 协整检验结果及标准化系数**

特征根	似然比检验值	0.05 临界值	P	原假设方程个数
0.316543	16.85064	14.26460	0.5783	没有
0.007952	0.143706	3.841466	0.7046	至多一个

（4）房地产市场价格、贷款利率、房地产开发投资额三者之间的协整关系。由于 lnhi，lnhp 和 r 之间存在双因素协整关系，所以对三因素进行协整分析，检验结果如表 2 - 6 所示。

表 2 - 6   **Johansen 协整检验结果**

特征根	似然比检验值	0.05 临界值	P	原假设方程个数
0.953412	55.19553	21.13162	0.0000	none
0.694727	21.35786	14.26460	0.0032	At most 1
0.030620	0.559779	3.841466	0.4543	At most 2

根据表 2 - 6 可以看出，房地产市场价格、贷款利率、房地产开发投资额存在长期协整关系，且存在两个协整方程，方程为：

$$CointEq1 = lnhi - 0.693668 lnhp + 0.028915 r$$

2.4.3 格兰杰因果关系检验

格兰杰因果关系检验只能建立在平稳变量或存在协整关系的非平稳变量之间，它用来检验某个变量的所有滞后项是否对另一个或几个变量的当期值有影响[7]。对三对变量 lnhp - lnhi，lnhp - r，lnhi - r 进行格兰杰因果关系检验，以判断变量间的因果关系，检验结果如表 2 - 7 所示。

表 2 - 7   **变量的 Granger 因果关系检验结果**

原假设	滞后期	P 值	结论
LNHP 不是 LNhi 的 Granger 原因	4	0.0012	拒绝
LNhi 不是 LNHP 的 Granger 原因	4	0.7068	接受
R 不是 LNhi 的 Granger 原因	4	0.0050	拒绝
LNhi 不是 R 的 Granger 原因	4	0.1450	接受
R 不是 LNHP 的 Granger 原因	4	0.0078	拒绝
LNHP 不是 R 的 Granger 原因	4	0.2572	接受

可以看出，第一，由房地产价格到房地产开发投资额的格兰杰单向因果关系较为显著；第二，由贷款利率到房地产开发投资额的格兰杰单向因果关系较为显著；第三，由贷款利率到房价的格兰杰因果关系较为显著。由于房地产价格、贷款利率、房地产投资额两者之间存在 Granger 因果关系，可以进一步建立 VAR 模型进行脉冲响应和方差分析，判断它们之间如何作用。

2.4.4　VAR 模型构建

1. VAR 模型建立

向量自回归模型是用于分析和预测存在相互联系的多变量时间序列系统，分析随机干扰项所探讨的经济系统的动态冲击，解释各种经济冲击对经济变量的影响[8]。通过 VAR 视图检验可知（详见图 2-1），全部根模的倒数值均小于 1，没有一个特征根落在单位圆之外，说明所建立的 VAR 模型符合平稳性的要求。由房地产价格、房地产开发投资额、贷款利率三个变量所构成的经济系统是稳定的。

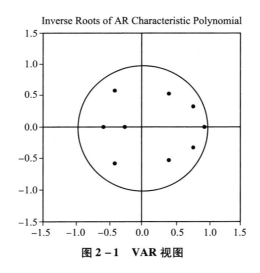

图 2-1　VAR 视图

2. 脉冲响应和方差分析

在上述 VAR 模型及协整检验的基础上，通过建立变量间的脉冲响应函数进一步探讨房地产价格、贷款利率和房地产开发投资额短期影响关系，考察房地产价格、贷款利率和房地产开发投资额在 10 年内的相互动态影响过程，如图 2-2 所示。

图 2-2 结果是结合了房地产价格和贷款利率之间的相互作用得出的两者对房地产投资额的影响情况。从图 2-2 可以看出，房地产价格对投资额基本上呈现较显著的正反馈作用，这是由于房地产市场是否景气是开发商做决策的依据之一，良好的市场会明显刺激开发商的投资热情，个别年份呈现负反馈状态，这可

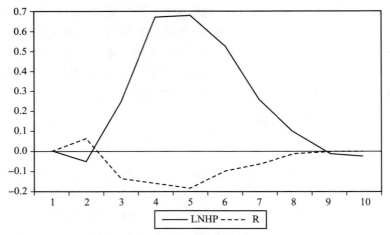

图 2 – 2　LNHI 对 LNHP 和 R 的脉冲

能是受当年的土地供应量、经济环境、税收等因素的影响。图 2 – 2 还显示除前两年以外，贷款利率与房地产投资额呈负相关的状态，即房地产投资额会随着贷款利率的下调而增加，这是由于下调利率会降低房地产投资成本，促进房地产投资额增加，个别年份呈正反馈状态可能是由当年的宏观经济等其他因素造成的。

脉冲响应只能反映变量之间的影响方向，不能反映具体的影响程度，为解释各变量对房地产开发投资额的影响程度所占的权重，还需用方差分解的方法来进一步分析房地产价格、贷款利率对房地产开发投资额变化的影响程度。方差分析的结果如图 2 – 3 所示。

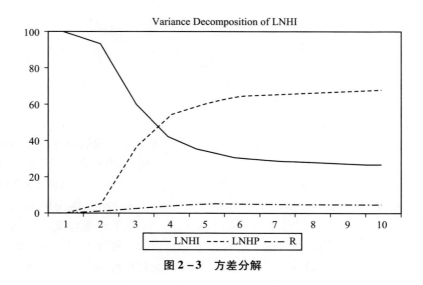

图 2 – 3　方差分解

由图 2-3 可知，房地产开发投资额的变动有一定的趋向性，即房地产开发投资额变动在一定程度上受前期投资额的影响，该现象的出现是投资决策者惯性思维的结果，即用"趋势分析"的方法来进行房地产开发投资决策，但是房地产开发投资额对自身变动的影响程度会随着时间的推移逐渐降低并趋于平缓，房地产价格变动则是投资额变动的主要原因，贷款利率变动影响程度不大。

2.5 结论与建议

在协整检验和 VAR 分析的基础上，本研究研究了房地产价格、贷款利率和房地产开发投资额之间的定量关系。依据本研究数据分析的结果，得出如下结论：

（1）房地产价格对房地产投资额有正向促进作用。通过脉冲响应在考虑房地产价格和贷款利率相互作用的前提下，发现房地产价格对房地产投资额存在显著的正反馈作用。

（2）贷款利率对房地产投资额呈负反馈作用。通过脉冲响应在考虑房地产价格和贷款利率相互作用的前提下，发现贷款利率对房地产投资额存在显著的负向抑制作用。

（3）通过方差分析发现，房地产投资额主要受房价和自身影响，即房地产开发投资额变动在很大程度上受市场反馈和前期投资额的影响，贷款利率则只是房地产投资额变动的诱因。三者对房地产投资额的影响程度从大到小依次为：房地产价格、房地产投资额、贷款利率。

本研究分析了房地产价格、贷款利率、房地产投资额两两之间以及三者之间的定量关系，为了保证房地产开发投资额的平稳发展，提出以下对策建议：

（1）加大管控房价的力度，基于市场调节采取措施控制房价。针对结论一房地产价格对房地产投资额增长有引领作用，因此为了避免房地产过度投资，政府应继续加大力度调控房价。目前我国降低房价多靠宏观政策管控，但房地产行业的产出物为商品，最终还是要靠市场调节来达到平衡，从住房供需关系入手，增加住房的供应量，如增加土地供应面积、根据实际需求建设保障性住房；降低投资性住房的需求量，如限购第二套住房、提高第二套房的首付比例及贷款利率等。

（2）实行差异化利率，提高房地产行业贷款利率。针对结论二贷款利率对房地产投资额呈负反馈作用，政府可通过提高贷款利率来控制房地产的过度开发，但考虑到促进经济发展等其他问题，近期国家的金融政策是降低利率，针对这个问题，政府可以实行差异化利率，制定专门的房地产行业信贷政策，区别于其他行业，差别化对待房地产行业，以此来调节房地产行业的发展。制定房地产行业信贷政策时，还应该将商品房和保障性住房区分开来，商品房提高贷款利率的幅度要大，而针对保障性住房的贷款利率应当降低或不变。

（3）建立房地产信息公开平台，揭露房地产投资风险。针对结论三房地产投资额主要受房价和自身影响，所以在重点采取措施控制房价外，还应该建立针对性机制来打破房地产商惯性思维的模式，实现不动产信息公开透明，避免住房信息不对称，保证房地产交易、个人住房产权信息变更等进行实时监控。另外建立房地产信息公开平台可以及时发布土地购买成本、房屋建筑面积、市场交易量、国家相关政策等信息，以提高房地产开发商的投资风险意识，避免盲目投资过度增长。

参 考 文 献

［1］张莉. 我国利率政策对房地产价格传导效应研究［J］. 统计与决策，2010，19：122 – 124.

［2］黄飞雪，王云. 基于 SVAR 的中国货币政策的房价传导机制［J］. 当代经济科学，2010，03：26 – 35，124 – 125.

［3］林志红，张琼芳. 房地产投资的影响因素及风险控制研究［J］. 当代经济，2012，13：84 – 85.

［4］郭娜，翟光宇. 中国利率政策与房地产价格的互动关系研究［J］. 经济评论，2011，3：43 – 50.

［5］邓富民，王刚. 货币政策对房地产价格与投资影响的实证分析［J］. 管理世界，2012（006）：177 – 179.

［6］张红，杨飞. 房价、房地产开发投资与通货膨胀互动关系的研究［J］. 经济问题，2013，01：49 – 52，96.

［7］Dolde Walter, Tirtiroglu Dogan. Housing Price Volatility Changes and Their Effects［J］. Real Estate Economics，2002，30（1）：41 – 66.

［8］Dag Henning Jacobsen, Bjorn E. N. , What Drives House Prices? ［J］. Economic Bulletins，2005，76（1）. 29 – 44.

3

房价上涨对城镇居民消费挤出效应的
区域差异分析*

3.1 引　　言

　　20 世纪 90 年代以来，由于我国的制度改革、经济增长、城镇化等原因房地产业已经逐渐发展成为我国的支柱性产业，而且自 2000 年以来我国的房价也处于增长的趋势。根据 2013 年 3 月 22 日清华大学政治经济学研究中心、中国社科院社科文献出版社、河南财经政法大学联合发布的《房地产买卖行为与房地产政策》调查研究结果推算，我国城镇房价收入比为 12.07，房价处在较高的位置。然而近几年来我国的居民消费率却处于低水平。因此，房地产市场的繁荣对于我国消费的拉动到底起了多大的作用开始引起了广大学者的关注。房价的上涨是带来了财富效应还是给居民的消费带来了挤出效应都是值得我们去思考的问题。

　　由于我国土地面积大，区域间的经济发展水平有较大差距，因而各地居民的消费观念和消费水平也有很大的差别。因此按照相应的消费水平分析房地产价格上涨对居民消费的挤出效应有着非常重要的意义。

　　近年来，关于我国房地产投资与居民消费关系的研究普遍认为，国内房地产投资的增长，抑制了居民消费（孔煜，2009）。邓建等（2011）通过分析得出中国高房价对消费的挤出效应，源于国内金融市场的不完善。戴颖杰等（2012）运用 FAVAR 模型对房价和居民消费进行的实证研究，研究结果表明，总体上房价没有体现出财富效应，而是挤出效应，房价的上涨抑制了居民的消费支出。李春风（2013）认为在居住性住房的消费上，中东西三个地区还是存在着差异，因此房地产价格上涨对三个地区的影响强度也不同。

　　上述关于房地产价格上涨对居民消费的影响研究中，大多是在研究是否存在

---

　　* 作者：郑宁，陈立文。原载于《商业时代》2015 年第 16 期。

挤出效应，而鲜有文章以消费水平为基础，来研究不同的消费水平的地区房地产价格上涨对居民消费的挤出效应的不同。

3.2 房价上涨对居民消费挤出效应的理论分析

1. 直接挤出效应

房价上涨会对租房者的个人消费产生直接的挤出效应。房租会随着房价的上升而上升，因此租房者就需要支付较高的房租并减少个人消费。对于即将购买住宅的城镇居民来说，如果房价上涨也会对他们个人消费产生直接的挤出效应，因为消费者会面临较高的首期付款，并且要求取得更多的贷款来应对房价上升。在现有资金的约束下，居民往往会选择降低现有的消费水平或者选择较小的房子。

2. 间接挤出效应

由于近几年房价的不断攀升，房地产市场的繁荣，政府和个人对房地产行业的资金投入开始加大导致社会上的资金供应开始紧张，在资金需求方面的竞争导致资金的市场利率提高，利率高意味着获取资金的成本增加，使得人们增加对货币的储蓄而减少对货币的消费。

从宏观经济 IS－LM 模型中我们可以清晰地得到第二种挤出效应，如图 3－1 所示：横轴 Y 为均衡国民收入，纵轴 r 为市场利率，政府扩张性财政政策引起 IS 曲线右移（IS_0—IS_1），在 LM 曲线位置相对不变时，均衡点向右上方移动（E_0—E_1）。尽管政府购买使得产出总量增加，但也同时提高了市场利率水平，挤出私人部门投资。

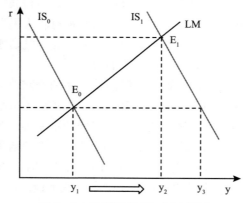

图 3－1　宏观经济 IS－LM 模型

3. 财富转移效应

Martin Wolf 提出房价的上涨只是把收入在不同的人手中进行了重新的分配，

把居住性购买者的收入分配到投资性购买者手中，或将购买住房的年轻人的收入分配到拥有住房的人手里，这种重新分配并不会使得一个国家的收入增多。徐滇庆也在《房价与泡沫》提出了房价飞涨带来的 5 个财富转移效应，即社会财富向富人、城市、投机者、房地产商和政府转移[7]。一个国家的中低收入阶层往往会支撑一个国家的消费，房价上涨带来的财富效应的转移会降低中低收入阶层的收入，因而会使得一个国家的消费水平整体性下降。

3.3　模型的建立

3.3.1　理论模型的建立

本研究的理论模型是以生命周期—永久收入理论模型为基础构建的，LCH – PIH 认为消费的是永久收入：消费者以一生收入作为基础考虑消费效用最优。

$$C_t = aY^p$$

其中 a 是一个常数，Y^p 表示永久性收入，弗里德曼对永久收入估计的公式为：

$$Y^p = b \sum_{i=0}^{\infty} (1 - b)^i Y_{t-i}$$

其中 b 是大于零的常数，该式的意义我们可以理解为，人们将采取通过对过去收入的分析来预期未来收入的方式来判断他的永久性的收入。因此消费函数可以为：

$$C_t = ab \sum (1 - b) Y_{t-i}$$

从而可以得到：$C_t = abY_t + (1 - b) C_{t-1}$

考虑到财富的影响：$C_t = abY_t + (1 - a) C_{t-1} + k\theta A_t$

A_t 为当期的财富：$A_t = Y_{t-1} - C_{t-1}$

可得到消费的函数为：$C_t = abY_t + (1 - b - a\theta) C_{t-1} + a\theta Y_{t-1}$

两边取对数可得消费函数：$C_t = \alpha_0 + \alpha_1 Y_t + \alpha_2 C_{t-1} + \alpha_3 Y_{t-1} + \mu_t$

3.3.2　实证模型的建立

因为需要研究房价的上涨对居民的消费的挤出效应，所以在反映居民消费变动的模型中增加了房地产价格、房地产价格平方两个解释变量。其中用房地产价格变量来衡量房地产价格变动所带来的财富效应或挤出效应，用房地产价格的平方来辅助房地产价格这个变量来衡量各个地区房地产价格上涨是否给居民消费带来了挤占效应以及挤占效应的大小。本研究所建立的模型如下：

$$\ln(cs_{j,it}) = cs_j + \alpha_{1j}\ln pcs_{j,it} + \alpha_{2j}\ln y_{j,it} + \alpha_{3j}\ln p_{j,it} + \alpha_{4j}(\ln p_{j,it})^2 + \mu_{j,it}$$

其中 j 代表全国、第一级到第六级各个消费区域等级，i 表示各个省市，t 代表时间。其中 $cs_{j,it}$ 为各省（市）城镇居民平均消费；$pcs_{j,it}$ 为各省（市）城镇居民的消费习惯，即前一期的城镇居民平均消费；$y_{j,it}$ 为各省份城镇个人平均可支配收入；$p_{j,it}$ 为各省（市）住宅商品房平均销售价格。其中住宅商品房平均销售价格 $p_{j,it}$ 的系数 α_{3j} 用来反映房地产价格上涨对城镇居民消费的财富效应或挤出效应，如果 α_{3j} 为正值，说明房地产价格上涨对居民消费具有财富效应，这时需要 $(\ln p_{j,it})^2$ 的系数 α_{4j} 来判定当房价上涨到一定程度后是不是财富效应就转化成为了挤出效应，如果 α_{4j} 为正值，说明房地产价格对居民消费只有财富效应，如果 α_{4j} 为负值，就说明房地产价格上涨到一定程度后，财富效应就转化成了挤出效应；如果 α_{3j} 为负值，就说明房地产价格的上涨只是对消费产生了挤出效应。

3.3.3 消费层次的划分

由于我国土地面积较大、人口众多、消费习惯不同等原因，我国各地区的消费水平存在着明显的差距，本研究采取聚类分析法对我国的 31 个省区市的城镇居民家庭平均每人消费性支出进行分类，利用 SPSS21 软件对我国 2013 年的城镇居民家庭平均每人消费性支出进行分析，分类如表 3 - 1 所示。

表 3 - 1　　　　　　　　　　　　2013 年我国消费水平划分

级别	包含地区
第一级	上海市　北京市
第二级	浙江省　广东省
第三级	江苏省　福建省　天津市　内蒙古自治区
第四级	辽宁省　重庆市
第五级	吉林省　湖南省　湖北省　海南省　云南省　新疆维吾尔自治区　广西壮族自治区　宁夏回族自治区　河南省　安徽省　四川省　陕西省　山东省
第六级	黑龙江省　甘肃省　河北省　贵州省　青海省　江西省　山西省　西藏自治区

3.4　房价上涨对居民消费挤出效应的区域差异性实证分析

本研究利用我国 31 个省市地区 2003 ~ 2012 年的数据，分别建立全国、第一级到第六级 7 个反应居民消费变动的 Panel Data 模型。为了避免伪回归，本研究对 Panel Data 进行了平稳性检验，结果表明 $\ln pcs_{j,it}$，$\ln y_{j,it}$，$\ln p_{j,it}$，$(\ln p_{j,it})^2$，都是一阶单整的，其一阶差分序列均为平稳序列。具体的估计结果见表 3 - 2。

表3－2　　　　　　　　　　　　各消费水平参数估计结果

	全国	第一级	第二级	第三级	第四级	第五级	第六级
α_1	0.28	0.43	—	0.43	0.18*	0.17	0.15
α_2	0.50	0.50	0.45	0.46	0.75	0.76*	0.80*
α_3	−0.17	—	0.48*	0.35	−0.30*	−0.23*	−0.28
α_4	0.01	—	−0.63*	−0.38	0.044*	—	—
R-sq	0.994	0.993	0.991	0.998	0.997	0.995	0.994

注：＊表示在10%显著水平拒绝原假设，不带＊的数字表示在5%显著水平拒绝原假设，—表示估计量不显著进而被剔除。

从表3－2的估计结果可以看到，大多数参数都可以在5%显著水平下拒绝原假设，对于不能通过显著检验的参数，本研究已经全部剔除。

（1）消费习惯对中高消费地区的消费影响较大。从表3－2中的估计结果我们可以看出全国、第一级到第六级消费水平七个 Panel Data 模型中，只有第二级消费水平地区的估计值是不显著，从而被舍弃掉了。其余六个模型中，随着消费水平的提高参数结果从第六级的0.15上升到第一级消费水平地区的0.43，说明随着地区消费水平越来越高，消费习惯对消费的影响就越大，而消费习惯对于低消费地区的影响比较小。

（2）收入水平对低消费地区的消费影响较大。在7个面板数据模型中对 α_2 的估计值都是显著的，说明不论是在全国还是在各个消费水平地区，平均个人可支配收入对消费的影响都是显著的。全国的可支配收入水平的系数达到了0.50，说明当收入增加1%时，人们的消费会增加0.5%。全国六个等级消费水平的可支配收入水平的系数分别为0.5、0.45、0.46、0.75、0.76、0.80，这进一步说明，人均可支配收入对于中高消费地区的影响相对较小，而对于中低消费水平地区的第四级、第五级、第六级的影响相对较大。在中低消费地区人们的消费水平的高低在很大程度上是依赖于可支配收入水平，在最低消费水平的第六级，当人们的可支配收入增加1%时，人们的消费水平会提高0.8%。

（3）房地产价格上涨对全国消费的挤出效应要大于财富效应。如表3－3所示，从2004～2012年10年中，除了2008～2009年受到全球金融危机的影响房价出现了小幅的回落外，全国的房价都处在缓慢上涨的趋势。在全国的面板数据模型中，对 α_3 的估计值为 −0.17，说明随着房价的上涨，从全国范围来看存在着对消费的挤出效应，当房价上涨1%时，人们的消费会减少0.17%。这意味着房价已经上涨到一定程度，以至于房价的上涨只会挤占人们的消费。通过房价上涨刺激消费的政策已经完全起不到预期的效果。

表 3 - 3　　　　　　　　　全国住宅商品房平均销售价格　　　　　　单位：元/平方米

年份	2004	2005	2006	2007	2008	2009	2010	2011	2012
房价	2197	2608	2936	3119	3645	3576	4459	4725	5429

（4）在中高消费地区房地产价格上涨的财富效应和挤出效应并存。对于具有最高消费水平的第一级地区，房地产价格上涨对消费的影响不显著，因此在估计的过程中被剔除。在具有较高消费水平的第二级和第三级地区 α_3 的估计值分别为 0.48 和 0.35，说明房价上涨会对消费水平具有财富效应，也就是说，随着房价的上涨会刺激人们的消费。但房价上升到一定水平后，还是会对消费具有挤出效应，因为 α_4 的估计值分别为 - 0.63 和 - 0.38，说明房价的上涨对消费的财富效应存在着拐点。

（5）在较低消费地区房地产价格上涨对消费有着显著的挤出效应。从表 3 - 3 中我们可以看到对于第四级、第五级和第六级的 α_3 的估计值分别为 - 0.30、- 0.23、- 0.28，说明在消费水平较低的这三个区域里，房价上涨对消费产生的都是挤出效应，当房价上涨时，人们会减少自己的消费。

3.5　结　　论

根据上述实证分析，我们可以得出以下结论：消费习惯对第一级和第三级消费水平的影响比较大，但对中低消费的第四级到第六级消费水平的居民影响不大。人均可支配收入对中低消费的第四级到第六级的居民影响比较大，但对较高收入水平的第一级到第三级的居民的影响相对较小。房地产价格上涨对消费的影响在不同消费水平地区影响效果也不同。房地产价格在较高消费水平的第二级和第三级地区财富效应明显，对消费起到了促进作用，但同时也存在挤占效应，即抑制居民的消费支出。房地产价格对全国和较低消费水平的第四级、第五级、第六级地区的挤出效应明显。

参 考 文 献

［1］况伟大. 房价变动与中国城市居民消费［J］. 世界经济，2011（10）：21 - 34.

［2］Gan, Jie. Housing Wealth and Consumption Growth：Evidence form a Large Panel Households［R］. SSRN Working Paper Series，2007.

［3］Bosic Raphael Stuart，Gabriel Stuart，Painter Gary. Housing Wealth，Financial Wealth，and Consumption：New Evidence from Micro Data［J］. Regional Science and Urban Economics，2009（39）：79 - 89.

［4］李成武. 中国房地产财富效应地区差异分析［J］. 财经问题研究，2010（2）：124 –129.

［5］钱龙，张芬. 金融发展影响城乡收入差距的机制研究［J］. 金融监管研究，2012（1）：56 – 58.

［6］谢洁玉，吴斌珍，李宏彬等. 中国城市房价与居民消费［J］. 金融研究，2012（6）：13 – 17.

［7］徐滇庆. 房价与泡沫经济［M］. 北京：机械工业出版社，2006：115 – 1261.

［8］李子奈，潘文卿. 计量经济学［M］. 北京：高等教育出版社，2000.

货币供给对商品房价格影响的效应分析[*]

4.1　引　　言

近年来，我国房产价格飙升，从 2001～2013 年 2 季度，房产价格从 2170 元/平方米上涨到 6500 元/平方米，平均上涨 3 倍左右，有的涨幅较大的城市甚至已达 10 余倍。在此期间管理层先后出台房产相关的宏观政策达 43 次，但政策收效甚微，出现了越调越涨的尴尬局面。与此同时，中国央行的货币供应量先后超过日本、美国、欧元区，成为目前全球最大的"印钞机"，2012 年全球新增货币供应量超 26 万亿元人民币，中国占近一半。高房价和货币增发的关系已成为了近期关注的焦点，有些媒体认为高房价是"印出来"的，但有的媒体则持反对态度，认为高房价不是"印"出来的，而是"炒"出来的。本研究对该问题拟通过 VAR 模型进行论证，以阐述货币供给对房产价格的影响程度。

4.2　国内外相关文献评述

房产价格和货币供给一直是社会争论的热点问题，国内外学者对两者之间的关系已经做出了大量的研究。

有些学者认为货币供给是影响房产价格的显著因素。乔纳森（Jonathan Richard，2002）[1]认为 20 世纪 80 年代以后的紧缩的货币政策对房地产价格有影响；马克等（Marco Del Negro，Christo Pher Otrok，2007）[2]指出松动的货币政策对房地产价格的繁荣起到了一定的作用；安斯加尔（Ansgar Belke，2008）[3]使用主要 OECD 国家的总量数据建立 VAR 模型估计了全球流动性与资产价格的关系，表明全球流动性的增加会首先引起房地产价格的上涨，而后再传导至商品价格上

＊　作者：周稳海，陈立文，赵桂玲。原载于《商业时代》2014 年第 23 期。

来。李学林（2008）[4]认为房价上涨和我国宏观经济中流动性过剩存在密切的关系。在我国生产力不平衡结构下，流动性过剩造成大量资金涌入房地产市场，导致房地产价格快速上涨；贺建清（2009）[5]得出流动性过剩是影响房价波动的重要原因的结论；周建军、邬丽萍（2009）[6]认为流动性过剩也是房价过快上涨、房市波动的重要力量；王苏望（2010）[7]认为流动性过剩是造成当前我国房地产价格大幅上涨的根本原因。任碧云、梁垂芳（2010）[8]发现我国货币供应量对居民消费价格指数和房屋销售价格指数的影响较为显著；王丹丹、陈天宇、陈磊（2010）[9]研究表明房地产价格和广义货币供应量之间存在稳定的均衡关系，货币流动性过剩会是房地产价格波动的前提条件和根源，货币流动性的增加使得我国房地产价格不断上涨；李斌（2010）[10]认为流动性过剩在一定程度上导致了房地产价格的上涨；许永胜（2010）[11]认为流动性过剩问题被认为是房地产价格上涨的重要解释。方燕、唐瑞雪（2012）[12]认为货币流动性的增强会导致房地产价格上涨，货币流动性变化对房地产价格波动的贡献率随着时间的推移逐渐增强，且房地产价格波动受到自身供给与需求不均衡的影响较大；陈昌（2013）[13]实证分析发现，货币供给量对房地产市场需求和供给均带来长期的正相关的影响。

而有些学者则认为货币供给对房产价格的影响并不显著。如格拉赫（Gerlach，2005）、李健飞（2005）[14]研究了香港住宅与银行信贷之间的关系，认为流动性过剩不是房地产繁荣与萧条的根本原因，而是人们预期的变化对投资动机产生影响造成的；李雅静、杨毅（2005）[15]研究了利率和货币供应量对我国房地产投资的影响，结果表明利率、货币供应量这两个变量对房地产投资的影响在短期和长期内存在正相关，但影响并不显著。韩鑫韬、王擎（2011）[16]研究结果表明，汇率的变化对房地产价格增长率的变动会产生显著的线性影响，但是货币供应量和利率的变化对房地产价格增长率变动的线性影响不大；央行调查统计司司长盛松成等（2013）[17]认为与其说高房价是"印"出来的，确实还不如说是"炒"出来的，从全球范围看，货币与房价上涨并不总保持一致。

还有些学者认为货币供给与房产价格存在着双向的因果关系。如李宗怡（2007）[18]运用格兰杰因果检验证明了房地产价格与流动性过剩存在双向因果关系。魏博文（2009）[19]研究表明房地产价格和货币供给量互为格兰杰原因，互相影响，它们之间存在反向变化的关系；贺晨（2009）[20]运用一个简化的内生货币经济模型描述了商品房价格与货币供应量的关系，指出了我国房价和货币供应量互相推动变化的关系。

以上学者对于货币供给对房产价格的影响已经做出了大量的研究，并取得丰硕成果，但由于研究的时代背景、研究方法、研究数据以及研究角度的不同，研究结论还存在很多差异，因此对该问题有必要做进一步的研究。本研究立足在房产价格与货币供给出现双增的经济背景下，选取最新数据，构建 VAR 模型对货币供给对房产价格的影响进行深入探讨。

4.3　模型选择和数据来源说明

4.3.1　模型选择和设计

传统的经济计量模型，是以经济理论为基础来描述变量关系的模型，其主要缺点是不能对变量之间的动态联系提供严密的说明，而 VAR 模型是使用所有当期内生变量对所有内生变量的若干滞后值进行回归，该模型正好弥补了传统模型的这一缺陷，适合用来分析变量之间的动态影响，因此本研究构建 VAR 模型和相应的脉冲响应函数、方差分解函数来检验货币供应量与房产价格之间存在的动态关系。VAR 模型数学表达式为：

$$Y_t = C + \sum_{i=1}^{p} \Phi_i Y_{t-i} + H x_t + \varepsilon_t$$

其中，C 为常数项；Y_t 为 k 维内生列变量，在本研究中包括房产价格 P、货币供应量 M2；x_t 表示外生变量，在本研究中并未涉及；ε_t 为 k 维扰动列向量；p 为滞后阶数，t 是样本个数，Φ 和 H 是系数矩阵。通过上述分析，模型的最终表达形式为：

$$Y_t = C + \sum_{i=1}^{p} \Phi_i Y_{t-i} + \varepsilon_t$$

4.3.2　数据来源说明

本研究选取 2001～2011 年的季度数据，所有数据来源于《中国统计年鉴》《中国房地产年鉴》《中国金融年鉴》、中国人民银行网站、中经网、国泰安网站等。由于所选数据为季度数据，季节变动和其他不规则要素掩盖了经济发展中的客观变化，因此为了消除季度因素的影响，对数据进行 HP 滤波调整。并且将消除季度影响的数据取自然对数，以消除数据的波动性和可能存在的异方差，而且取对数后可以显示变量相互间的弹性关系，便于对结果分析。变量的最终表达形式为房产价格的对数 LP、货币供应量的对数 LM2。

4.4　实　证　分　析

4.4.1　样本数据的平稳性检验

由于时间序列数据通常是不平稳的，如果直接回归分析则可能产生虚假回归，在做回归分析之前，首先通过 ADF 检验方法对选取的各个变量进行单位根检验，检验结果如表 4 - 1 所示。

表 4 - 1　　　　　　　　　　　ADF 单位根检验结果

变量	ADF 检验形式	ADF 值	临界值	概率值	是否平稳
LP_t	（C，T，2）	- 0.052162	- 3.192902 *	0.9370	非平稳
ΔLP_t	（C，0，1）	- 7.686629	- 3.6009877 ***	0.0000	平稳
$LM2_t$	（C，T，4）	- 2.821794	- 3.196411 *	0.1985	非平稳
$\Delta LM2_t$	（C，T，3）	- 3.939781	- 3.529758 **	0.0195	平稳

注：（1）ΔLP_t 表示 LP_t 的一阶差分；
（2）*、**、*** 分别表示 10%、5%、1% 显著水平；
（3）（C，T，L）表示检验模型中截距项，趋势项和滞后阶数，0 表示不包含该项，最优滞后阶数根据 SIC 准则确定。

ADF 分析结果表明，原序列都是非平稳序列，而 LP_t 和 $LM2_t$ 的一阶差分都是一阶单整时间序列，即是 I(1) 过程。

4.4.2　VAR 模型的 Granger 因果检验和滞后期的选择

1. Granger 因果检验

为了验证货币供给和房产价格两者之间的因果关系，本研究借助 Granger 因果检验工具对其进行分析，检验结果如表 4 - 2 所示：结果显示，在滞后 2～3 期内，货币供给是房产价格的因，这意味着货币供给的变动将会引起房产价格的变动。与此同时，在滞后 1～3 期内，房产价格均是货币供给的原因，这表明房产价格的变动也会引起货币供给的变动。综上所述，两者存在着相互影响、相互作用的因果关系。

表 4 - 2　　　　　　　　$M2_t$ 和 P_t 的 Granger 因果检验结果

原假设	滞后期 K、F 统计量及相应（P 值）		
	K = 1	K = 2	K = 3
$\Delta LM2$ 不是 ΔLP_t 的原因	0.68648（0.4124）	6.14291（0.0051）***	4.89813（0.0063）***
ΔLP_t 不是 $\Delta LM2$ 的原因	29.0460（4.E - 06）***	105.662（9.E - 16）***	2.42291（0.0833）*

注：（1）*、*** 分别表示 10%、1% 显著水平；
（2）K、F、P 分别代表滞后期选择、F 统计量值和相伴概率。

2. VAR 模型滞后期的选择

VAR 模型选择滞后阶数越大，就越能更完整地反映模型的动态特征，但估计参数也越多，模型的自由度减少，影响参数的有效性。所以进行选择时，需要综合考虑，既要有足够多的滞后项，又要有足够多的自由度。确定 VAR 模型的滞后阶数，可用多种定阶方法进行筛选。结果显示，五项评价指标（LR、FPE 准则、AIC 准则、SC 准则、HQ）都认为应选择滞后期为 3，所以建立 VAR（3）。

4.4.3 VAR 模型估计结果与平稳性检验

经过上述平稳性检验、Granger 因果检验，表明这些变量适合构建 VAR 模型，使用 EVIEWS6.0 进行自回归分析，得到 VAR（3），将参数估计结果写成矩阵形式，结果如下：

$$\begin{bmatrix} \Delta LP_t \\ \Delta LM_t \end{bmatrix} = \begin{bmatrix} 1.764505 \\ -0.013091 \end{bmatrix} P_{t-1} + \begin{bmatrix} -0.812595 \\ 0.041313 \end{bmatrix} P_{t-2} + \begin{bmatrix} -0.008435 \\ -0.024150 \end{bmatrix} P_{t-3}$$

$$+ \begin{bmatrix} 0.322567 \\ 2.936168 \end{bmatrix} M_{t-1} + \begin{bmatrix} -0.759027 \\ -2.901320 \end{bmatrix} M_{t-2} + \begin{bmatrix} -0.430709 \\ 0.963276 \end{bmatrix} M_{t-3} + \begin{bmatrix} 0.001155 \\ -0.0000364 \end{bmatrix}$$

整个模型的拟合优度为 0.999，表明拟合效果较好。同时，通过计算模型的 AR 特征多项式，发现特征多项式的根的倒数全部位于单位圆内，如图 4-1 所示，这表明所建立的 VAR(3) 模型是稳定的。

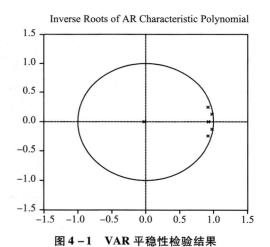

图 4-1 VAR 平稳性检验结果

由分析结果可以看出，房产当期价格受到其本身和货币供应量的 1~3 阶滞后项的影响。$\Delta LP_t(-1)$、$\Delta LP_t(-2)$、$\Delta LP_t(-3)$ 的系数分别时是 1.765、-0.813、-0.008，其影响的总和为 0.944，方向为正。表明房产价格前期的上涨对后期具有推动作用，存在着自我发展、自我膨胀的"炒作"过程。$\Delta LM2_t(-1)$、$\Delta LM2_t(-2)$、$\Delta LM2_t(-3)$ 的系数分别为 -0.323、0.759、-0.431，其影响的总和为 0.005，方向为正。表明货币供应量的变动也会对房产价格产生一定的影响。基于以上分析，表明房产价格的变动既存在自身"炒作"的因素，也存在"印"的因素，即货币增发的因素。

4.4.4 脉冲响应分析

脉冲响应函数描述的是在随机误差项（信息）上施加一个标准差大小的外部冲击后，对内生变量的当期值和未来值所带来的影响，其能够比较直观地刻画出变量之间的动态相互作用。为了进一步分析货币供给量对房产价格的动态影响过程，对变量进行脉冲影响分析，分析结果如下：

如图 4 - 2 所示，房产价格对其本身一个标准差信息的正向冲击立即产生较明显的反应，随后并迅速增强，达到 0.00016 左右，随即逐渐走低，到 13 期影响为负值，到第 20 期影响趋近于 0。这表明房产价格的正向冲击对其本身价格的推动具有显著和长期的作用，在 1 ~ 12 期（前 3 年）影响方向为正，以后逐渐由正变负，最终影响逐渐消失。这主要是因为房产近期价格的上涨会使房产投资者保持良好的价格上涨预期，增加对房产投资的力度，进一步促使房产价格上涨。但随着房产价格上涨，也反映出了房产投资者对价格上涨的担忧，所以在 13 ~ 20 期（前 4 ~ 5 年），房产价格对自身的影响为负值。

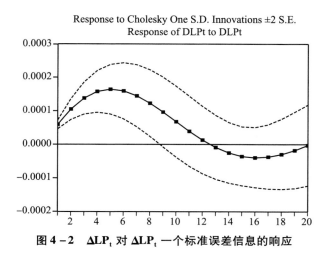

Response to Cholesky One S.D. Innovations ±2 S.E.
Response of DLPt to DLPt

图 4 - 2 ΔLP_t 对 ΔLP_t 一个标准误差信息的响应

如图 4 - 3 所示，货币供应量对房产的影响从开始到 7 期之前对房产价格影响非常小，这说明货币供给增加对投资者在房产市场增加投资具有滞后性。从第 8 期对房产价格的影响逐渐增大，最大值达到 0.0014，到 20 期仍然保持在较高的水平，说明货币供应量的变动对房产价格也具有显著性和长期性的特征。

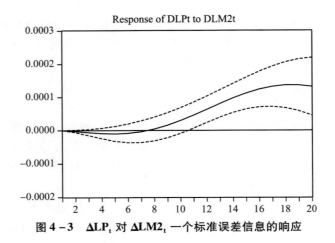

图 4 - 3 　ΔLP_t 对 $\Delta LM2_t$ 一个标准误差信息的响应

4.4.5　方差分解

为了确定货币供给增加对房产价格变动的作用大小，可以进行方差分析。方差分解法是把系统中每个内生变量的波动按其成因分解成各随机扰动项影响的总和，通过方差贡献度的大小，可以衡量随机扰动项对变量的相对重要程度。

为了了解各变量新息对房产价格变化的贡献度，我们对房产价格变动进行了方差分解。从方差分解的结果图 4 - 4 可以看出，在第 10 期以前房产价格 LP 对其自身波动的贡献度几乎占到了 98% 以上，而货币供给对房产价格波动的贡献度只占到 2% 以下。从第 10 期到 23 期，房产价格对其自身波动的贡献度逐渐减少，货币供给的贡献度逐渐增加，而 25 期之后，两者分别稳定在 51.5% 和 48.5% 左右的位置。

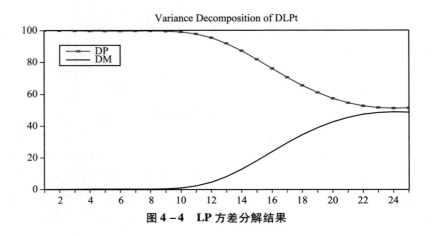

图 4 - 4 　LP 方差分解结果

　　这表明房产价格自身对其价格变动的贡献度与货币供给对房产价格变动的贡献度基本相同。也就是说高房价存在"炒"的因素，也存在"印"的因素，在两者共同的作用下逐渐推高了房价。

4.5　结论与启示

　　本研究通过 Granger 因果检验，表明货币供给和房产价格两者之间存在密切的因果关系。通过 VAR 模型研究表明房产价格前期的上涨对后期具有推动作用，存在着自我发展、自我膨胀的"炒作"过程；货币供应量的变动也会对房产价格产生一定的影响。通过方差分析和脉冲分析表明前期房地产价格和货币供应量的变动对当期房产价格具有显著性和长期性的影响，房产价格对其自身波动的贡献度为 51.5%，货币供给的贡献度为 48.5%。因此，目前的高房价既存在自身"炒作"的原因，也存在"印"的原因，即货币增发的原因。

　　根据以上结论得到如下启示：首先，消除房产炒作的环境和动机是治理房产价格上涨的有效途径，应疏堵并重。比如增加新的实物与金融投资产品，有效分流房产市场资金；繁荣规范股票、基金、债券、期货等金融市场，提高投资回报率；调整城市产业和社会资源分布，防止过度集中；注重产业结构调整，引导合理投资；配合税收和金融政策，减小房产投资收益率。其次，还应根据宏观经济走势，通过利率、信贷等货币政策适当调节货币供给，降低通货膨胀，减小货币因素造成的房产价格泡沫。

参 考 文 献

　　[1] Mareo Jonathan McCarthy, Richard W. Peaeh, Monetary Policy Transmission to Residential Investment [J]. FRBNY Conomics Policy Review, 2002, (1)：139 – 145.

　　[2] Marco Del Negro, ChristoPher Otrok：Monetary Poliey and the House Priee Boom Across U. S. States, Journal of Monetary Economies, October 2007, Vol. 54.

　　[3] Ansgar Belke, Walter Orth, Ralph Setzer, Sowing the Seeds for the Subprime Crisis：Does Global Liquidity Matter for Housing and other Asset Prices? [J] International Economics and Economic Policy, 2008 (4).

　　[4] 李学林，张俊. 我国房地产价格上涨与流动性过剩关系的实证研究 [J]. 中国物价，2008 (8).

　　[5] 贺建清. 基于流动性过剩视角的房价波动分析 [J]. 南京财经大学学报，2009 (2).

　　[6] 周建军，邹丽萍. 流动性过剩与我国房地产价格上涨：理论及对策 [J]. 湘潭大学学报，2009 (4).

　　[7] 王苏望. 流动性过剩对我国房地产价格的影响 [J]. 中国房地产，2010 (6).

［8］任碧云，梁垂芳．从历史数据看货币供给对消费价格与房地产价格的影响——基于货币数量论的分析［J］.中央财经大学学报，2011（1）.

［9］王丹丹，陈天宇，陈磊．货币流动性过剩与房地产价格波动的实证分析［J］.商业研究，2010（20）.

［10］李斌．流动性过剩与房地产价格的关联性研究［J］.价格月刊，2010（9）.

［11］许永胜．基于流动性过剩视角下的房价上涨的分析［J］.商业经济，2010（21）.

［12］方燕，唐瑞雪．我国货币流动性对房价波动的动态影响研究［J］.价格理论与实践，2012（8）.

［13］陈昌．货币供给对房地产市场影响的实证分析［J］.现代经济信息，2013（2）.

［14］李健飞，史晨昱．我国银行信贷对房地产价格波动的影响［J］.上海财经大学学报，2005（2）.

［15］李雅静，杨毅．利率和货币供应量对我国房地产投资的影响［J］.西安财经学院学报，2005（5）.

［16］韩鑫韬，王擎．我国房地产价格波动与中央银行货币政策调控——来自货币供应量、汇率和利率的证据［J］.南方金融，2011（11）.

［17］盛松成，刘西．单一商品价格与价格总水平决定因素是不同的［J］.中国金融，2013（15）.

［18］李宗怡．货币政策如何应对房地产泡沫——中日比较分析［J］.河北金融，2007（5）.

［19］魏博文．我国房地产价格与流动性过剩的实证分析［J］.河北金融，2008（10）.

［20］贺晨．商品房价格与货币供应量关系研究——兼论我国宏观经济政策［J］.管理世界，2009（1）.

5

货币政策对房价影响的区域比较[*]

5.1 引　　言

自 20 世纪 90 年代以来，以开发住宅为主的我国房地产行业已经逐步发展成为支撑我国经济发展的支柱产业。使我国的房地产行业健康和稳定发展对我国经济稳步发展有着十分重要的意义。然而，在房地产业快速发展的过程中也存在着一些问题，一个突出的问题就是近年来我国房价不断的上涨。近几年来，我国的很多学者对我国的房价进行测算，都得出我国高居不下的房价存在着房地产泡沫的结论。姜春海（2005）、顾然（2006）、葛杨等（2011）、李文慧（2013）、唐薇（2014）、李平等（2015）都通过各种测算方式测算出中国房地产泡沫已经产生并且较为严重。为了抑制房价的非理性攀升，国家也先后出台了一系列宏观调控政策，其中国家采取的货币政策对我国房价的调整作用也成为很多学者研究的重点。

货币政策对房价的调整作用，国内外学者已经进行了大量的研究。一些学者认为货币政策对房价的调整虽然有一定作用但不是很明显。多尔德等（Dolde & Tirtiroglu，2002）运用美国连续 18 年的数据进行考察，发现当利率较低时房价的波动比较小，反之亦然。俞康泽、余泽庭（2007）利用脉冲响应函数进行分析显示，货币政策对房价的影响存在 3~4 个月的滞后期，并且货币政策对房价调控能力有限。况伟大（2010）研究了利率政策对房价的影响，得出结论：利率对当期房价的变动影响并不显著，但对本期经济增长的影响比较显著。董志勇、官皓（2010）对 31 个省市的面板数据进行分析，结果表明货币政策对房价的影响有限，但实际利率对房价的影响显著。常飞、李秀婷等（2013）运用脉冲响应对货币政策对 10 个不同城市商品住宅市场的作用进行了分析得出结论：政府的调控

---

* 作者：郑宁，陈立文，任伟。原载于《商业经济研究》2016 年第 1 期。

政策在很大程度上引导房价一时的走势，但最终市场供求状况将是影响房价的决定性因素。张中华、林众（2013）对我国房价进行了实证研究后得出货币供应量对房价的冲击效果显著，利率冲击对房价的影响较复杂且相对较小的结论。

而另一些学者认为，货币政策对房价的调整具有非对称性，也就是说因为区域不同、市场发展阶段不同等原因，货币政策对房价的调整作用也不同。弗拉坦托尼等（Fratantoni & Schuh，2003）用美国 1966～1998 年各地区的数据进行分析货币政策对不同地区的房价的影响具有非对称性。陈日清（2014）运用马尔科夫区制转换模型研究了中国货币政策对房地产市场的影响，结果表明，货币政策在房地产市场处于"平稳期"时对房地产市场几乎没有作用，但是在房地产市场处于"上行期"和"下行期"时作用明显。马亚明、刘翠（2015）利用 CARCH 模型对货币政策的作用进行实证研究，结果表明，货币政策对房地产市场的影响具有非对称性。

上述研究表明货币政策对我国房价的调整具有一定作用但是不明显，对房价调整的非对称性非常明显。上述研究中大部分都是针对全国或者一线城市的考察，在非对称性的研究中也忽略了不同区域间的非对称性。个别研究考虑了区域的差异，也是简单地对区域进行划分，并未充分考虑房价区域划分的原因。我国之所以要对高房价进行控制就是为了防止房价的非理性攀升导致房地产泡沫，因而对我国房地产市场甚至是我国的经济产生不良影响。因此本研究在进行区域划分时，选择了影响房地产泡沫的三个指标对我国 30 个省市（西藏自治区除外）进行区域划分。

5.2　区域划分

5.2.1　指标的选取与数据来源

本研究选取沈巍（2010）提出的测度我国房地产泡沫的指标作为对 30 个省市（西藏自治区除外）进行区域划分的标准，这三个指标分别是：房地产投资占社会固定资产投资比重、房价增长率与 GDP 增长率的比值和房价收入比。各指标的原始数据来自中经网统计数据库。

5.2.2　聚类分析

本研究利用 2011～2013 年三年的各指标数据进行三次聚类分析。本研究基于 Q 型系统聚类分析的方法进行聚类，结果发现三次聚类结论具有一致性，分类结果如表 5 - 1 所示。

表 5 - 1 聚类分析结果

类别	省份
第一类	北京市
第二类	海南省、上海市
第三类	广东省、天津市、福建省、浙江省
第四类	陕西省、云南省、贵州省、广西壮族自治区、黑龙江省、青海省、河南省、江西省、山东省、内蒙古自治区、安徽省、江苏省、新疆维吾尔自治区、吉林省、宁夏回族自治区、湖南省、四川省、辽宁省、江西省、湖北省、甘肃省、重庆市、河北省

根据聚类结果可知，我国 30 个省份根据房地产泡沫的大小可分为四类：第一类为北京市，该地区的房地产投资占社会固定资产投资比重、商品房施工与竣工面积的比值、房价增长率与 GDP 增长率的比值和房价收入比都属于最高，总体上来看，应该属于我国房地产泡沫最严重的地区。第二类包括海南省和上海市，该类应该属于我国房地产泡沫中高的一类。第三类包括了广东省、天津市、福建省和浙江省，该类属于我国房地产泡沫中低的一类。第四类包括了陕西省、云南省等 23 个省份，应该属于在我国房地产泡沫最低的一类。

5.3 货币政策对房价影响的实证研究

5.3.1 变量的选取

1. 货币政策相关变量

货币政策对房价的影响主要通过货币和信贷两种渠道，因此本研究在选取变量时也选取这两个影响渠道的相关变量。

货币渠道选择广义货币供给量（M2）和商业银行法定存款准备金率（T）两个变量。由于我国的利率是受到严格管制的，因此货币的供应量会直接作用于房地产价格，因此选择广义货币供给量（M2）作为解释变量。存款准备金率的变动可以改变商业银行的货币乘数和存款扩张倍数，因此会导致利率、投资等一系列的变动，通过这一系列的变动也会对房价的变动产生影响，因此选择存款准备金率（T）作为解释变量。

信贷渠道选择滞后一期的 1 ~ 3 年期基准贷款利率（R）和房地产开发投资资金来源中国国内贷款（L）两个解释变量。对于投资者而言，利率是投资项目融资贷款的成本，由于金融机构通常预测房地产商在三年内可以归还贷款并且利率对房价的影响还具有滞后性，因此本研究中选择滞后一期的 1 ~ 3 年期的贷款利率（R）为解释变量。中国国内提供给房地产开发商的贷款直接影响房地产开发商的资金供给从而影响房地产市场的供给。

2. 其他变量

房地产价格与我国国民收入的提高息息相关。近几年来，我国经济得到快速发展，使得我国的国民收入水平得到不断的提高，国民收入水平的提高直接导致城镇居民可支配收入得到了很大的提升。城镇居民可支配收入水平的提升使得人们对生活水平有了更好的要求，对住房的面积也有了更高的要求，对住房的需求的提高导致需求曲线向右移动，使得住房价格得到提升。因此选择城镇居民可支配收入（X）作为解释变量。

以上变量的原始数据都源自中经网统计数据库、国家统计局网站及中国人民银行网站，经过计算后得到指标数据。

5.3.2　模型的构建

面板数据指的是在一段时间内跟踪同一组个体的数据，它既有横截面的维度（n 位个体），又有时间维度（T 个时期）。面板数据的一般表示形式为：

$$Y_{it} = a_i + b_i X_{it} + u_i$$

$$(i = 1, 2, 3, \cdots, N; t = 1, 2, 3, \cdots, T)$$

根据所选择的变量，建立模型如下：

$$\ln P_{i,jt} = C + \alpha_{1i} \ln M2_{i,jt} + \alpha_{2i} T_{i,jt} + \alpha_{3i} R_{i,jt} + \alpha_{4i} \ln L_{i,jt} + \alpha_{5i} \ln X_{i,jt} + \mu_{i,jt}$$

其中 i 代表全国及房地产泡沫最高到最低四个等级，j 表示各个省市，t 代表时间。

5.3.3　面板单位根检验和协整检验

1. 面板单位根检验

为了避免出现伪回归，本研究对含有时间序列的各个变量进行单位根检验以验证平稳性。由于房地产泡沫最高区域、中高区域、中低区域的数据都属于 N < T 的长面板数据，因此对这四个区域的数据进行 LLC 检验和 IPS 检验；由于全国和房地产泡沫最低区域的数据属于 N > T 的短面板数据，因此对这个区域的数据进行 HT 检验和 ISP 检验。以上的三个检验中，LLC 检验和 HT 检验的原假设为存在共同的单位根过程，但是 LLC 检验适用于长面板数据的检验，而 HT 检验适用于短面板数据的检验；而 ISP 检验的原假设为存在独立的单位根过程。检验结果如表 5 - 2 所示。

由表 5 - 2 可知，房地产泡沫最低区域的所有变量都拒绝了存在单位根的原假设，因此该区域的所有变量都是平稳的。全国以及其余三个子区域的大多数变量也是拒绝了原假设，但是还是要对变量进行一阶差分后，差分后所有的变量都拒绝了原假设。

表 5 - 2　　　　　　　　　　　各区域单位根检验结果

区域	变量	LLC 检验		HT 检验		ISP 检验	
		t 值	p 值	z 值	p 值	t 值	p 值
全国	lnP	—	—	− 0.633	0.263	0.673	0.749
	ΔlnP	—	—	− 1.257	0.050 **	− 1.668	0.047 **
	lnM2	—	—	− 0.916	0.179	− 0.205	0.300
	ΔlnM2	—	—	− 1.857	0.031 **	− 1.232	0.048 **
	T	—	—	− 1.613	0.053 *	0.488	0.687
	ΔT	—	—	− 3.830	0.000 ***	− 1.897	0.080 *
	R	—	—	− 2.862	0.020 **	− 0.668	0.252
	ΔR	—	—	− 3.230	0.000 ***	− 1.827	0.072 *
	lnL	—	—	− 1.820	0.034 **	0.294	0.615
	ΔlnL	—	—	− 1.643	0.040 **	− 1.406	0.050 **
	lnX	—	—	− 3.180	0.093 *	0.635	0.336
	ΔlnX	—	—	− 3.308	0.000 ***	− 1.751	0.050 **
最高区域	lnP	− 2.813	0.003 **	—	—	− 1.717	0.119
	ΔlnP	− 3.803	0.002 **	—	—	− 1.814	0.050 **
	lnM2	− 0.252	0.400	—	—	0.705	0.353
	ΔlnM2	− 1.225	0.050 **	—	—	− 1.640	0.088 *
	T	− 1.613	0.053 *	—	—	0.488	0.687
	ΔT	− 3.832	0.000 ***	—	—	− 1.897	0.089 *
	R	− 2.862	0.020 **	—	—	− 0.667	0.252
	ΔR	− 2.231	0.000 ***	—	—	− 1.827	0.092 *
	lnL	− 1.263	0.102	—	—	− 0.463	0.321
	ΔlnL	− 2.198	0.014 **	—	—	− 1.398	0.050 **
	lnX	− 0.823	0.205	—	—	0.289	0.613
	ΔlnX	− 2.090	0.018 **	—	—	− 1.035	0.050 **

续表

区域	变量	LLC 检验		HT 检验		ISP 检验	
		t 值	p 值	z 值	p 值	t 值	p 值
中高区域	lnP	− 1.836	0.033 **	—	—	− 1.448	0.073 *
	ΔlnP	− 2.227	0.050 **	—	—	− 2.251	0.012
	lnM2	− 1.462	0.720	—	—	1.267	0.897
	ΔlnM2	− 2.342	0.009 ***	—	—	− 1.923	0.027 **
	T	− 2.821	0.011 **	—	—	0.692	0.755
	ΔT	− 5.420	0.000 ***	—	—	− 1.269	0.050 **
	R	− 4.090	0.000 ***	—	—	− 0.944	0.172
	ΔR	− 4.569	0.000 ***	—	—	− 1.710	0.050 **
	lnL	0.346	0.635	—	—	1.148	0.874
	ΔlnL	− 2.419	0.007 ***	—	—	− 1.832	0.033 **
	lnX	− 1.880	0.030 **	—	—	2.250	0.987
	ΔlnX	− 5.161	0.000 ***	—	—	− 2.426	0.007 ***
中低区域	lnP	− 3.417	0.000 ***	—	—	0.757	0.775
	ΔlnP	− 1.637	0.050 **	—	—	− 1.912	0.027 **
	lnM2	− 1.790	0.036 **	—	—	− 0.479	0.316
	ΔlnM2	− 1.942	0.050 **	—	—	− 1.617	0.050 **
	T	− 3.227	0.001 ***	—	—	0.976	0.835
	ΔT	− 7.665	0.000 ***	—	—	− 1.974	0.036 **
	R	− 5.725	0.000 ***	—	—	− 1.355	0.090 *
	ΔR	− 6.641	0.000 ***	—	—	− 1.656	0.048 **
	lnL	− 2.209	0.013 **	—	—	− 2.009	0.022 **
	ΔlnL	− 2.195	0.014 **	—	—	− 2.236	0.012 **
	lnX	− 1.642	0.050 **	—	—	0.418	0.662
	ΔlnX	− 4.387	0.000 ***	—	—	− 1.313	0.050 **

区域	变量	LLC 检验		HT 检验		ISP 检验	
		t 值	p 值	z 值	p 值	t 值	p 值
最低区域	lnP	—	—	− 3.381	0.000 ***	− 2.107	0.017 **
	lnM2	—	—	− 9.000	0.000 ***	− 0.160	0.050 **
	T	—	—	− 9.512	0.000 ***	− 2.356	0.000 ***
	R	—	—	− 9.512	0.000 ***	− 2.406	0.008 ***
	lnL	—	—	− 4.421	0.000 ***	− 0.984	0.050 **
	lnX	—	—	− 1.085	0.038 **	− 2.586	0.004 ***

注：1. *、**、*** 表示在 10%、5%、1% 显著水平拒绝原假设；

2. ΔlnP、ΔlnM2、ΔT、ΔR、ΔlnL、ΔlnX 表示对变量进行一阶差分。

2. 协整检验

由于房地产泡沫最低的区域的所有变量都是平稳的，因此不需要再做协整检验就可以直接对原变量进行回归，但全国及其他三个区域都是一阶单整的，需要对全国及其他三个区域的进行协整检验，如果存在协整关系，可以用原变量进行回归。

根据表 5 - 3 可知，全国和三个子区域的六个变量之间是存在协整关系的。

表 5 - 3　　　　　　　　　　面板协整检验结果

检验方法	统计量名	全国	T 统计值		
			最高区域	中高区域	中低区域
卡奥	ADF	− 2.368	− 5.699	− 1.245	− 3.452
		0.001 ***	0.000 ***	0.050 **	0.062 *

注：*、**、*** 表示在 10%、5%、1% 显著水平拒绝原假设。

5.3.4　面板模型的回归结果

面板数据的回归模型分为固定效应模型和随机效应模型，本研究通过对全国及各子区域的面板数据进行豪斯曼检验来确定模型的选择。豪斯曼模型的原假设为选择随机效应模型，检验结果如表 5 - 4 所示，全国、中高区域、中低区域、最低区域都拒绝原假设，因此选择固定效应模型进行回归分析。最优区域因为只有北京一个地区，因此不用进行豪斯曼检验。

从回归结果可以看出，全国及四个子区域的拟合度和回归方程的显著性都很好。货币供给量对房价的影响除了在房地产泡沫最高的北京外，在全国和其他三个区域的影响都是显著的，并且房地产泡沫越高对房价的影响就越大，在最低区域的系数为 0.065，但是在中高区域的系数为 1.479。法定准备金率只对全国和最高区域的影响是显著的，而且对最高区域的影响的系数达到了 5.491。滞后一期的 1~3 年贷款利率对全国和最低区域的房价影响是显著的，而且对最低区域的房价的影响系数高达 -5.362。房地产开发投资资金来源于中国国内贷款对全国、最高区域和最低区域的影响都是显著的，对最高区域的影响比较大，系数为0.403。

表 5-4　　　　　　　　　　　　　　面板回归结果

变量	全国	最高区域	中高区域	中低区域	最低区域
lnM2	0.142 *** (0.008)	-0.800 (0.348)	1.479 *** (0.000)	0.842 *** (0.003)	0.065 * (0.100)
T	1.142 ** (0.017)	5.491 (0.125)	0.861 (0.476)	0.882 (0.301)	0.239 (0.467)
R	-4.313 *** (0.001)	-12.9 (0.397)	-2.339 (0.420)	0.09 (0.975)	-5.362 *** (0.000)
lnL	0.048 ** (0.040)	0.403 * (0.097)	-0.055 (0.259)	0.058 (0.472)	0.053 ** (0.032)
lnX	0.563 *** (0.000)	1.182 * (0.093)	-0.881 ** (0.034)	-0.424 * (0.100)	0.764 *** (0.000)
R2	0.941	0.948	0.978	0.953	0.967
F	556.76 *** (0.000)	24.50 ** (0.011)	104.24 *** (0.000)	125.22 (0.000)	663.98 (0.000)
豪斯曼检验	12.11 ** (0.016)		9.16 ** (0.025)	14.03 ** (0.029)	5.76 * (0.092)

注：*、**、*** 表示在 10%、5%、1% 显著水平拒绝原假设。

5.4　结论与建议

利用聚类分析，选取房地产泡沫的相关指标，把我国 30 个省份（西藏自治区除外）分为房地产泡沫最高区域、中高区域、中低区域和最低区域四个子区域，然后选取 2004~2013 年省份的面板数据实证研究全国及四个子区域的房价与货币供给量、法定准备金率、滞后一年 1~3 年贷款利率、房地产开发投资资金来源中国国内贷款、城镇居民人均可支配收入进行的回归分析，得出如下几条结论：

第一，货币政策对房价有一定的调控作用。全国及四个子区域的回归结果表明，货币政策对全国房价的影响都是显著的；房地产开发投资资金来源中国国内贷款对最高区域房价的影响是显著的；货币供给量对中高区域房价影响是显著的；货币供给量、法定准备金率和房地产开发投资资金来源中国国内贷款对最低区域的房价的影响是显著的。因此当房地产泡沫比较严重时，货币政策可以作为调整房价的一个重要政策来使用。

第二，在文中提到的四种货币政策中，货币供给量对全国及其四个子区域的房价影响最为显著。实证结果表明，货币供给量对房价的调整作用由高到低依次为中高区域、中低区域和最低区域，即货币供给量对区域房价的调控具有非对称性，货币供给量的降低能比较有效地降低房地产泡沫较高地区的房价。因此在选择用货币政策降低房地产市场的泡沫时，货币供给量的调整是比较有效的一种政策。

第三，各区域货币政策对房价的影响存在着较大的差异。北京市是我国房地产泡沫最为严重的地区，只有房地产开发投资资金来源中国国内贷款对北京地区的房价影响显著，说明作为我国的政治中心，由于经济发达、人口流动快和房地产升值潜力较大等原因，居民购房时会考虑求学和投资等多方面的因素，货币政策并不能很大程度上影响居民的购买意愿。对于房地产泡沫最低的区域，货币政策虽然对该区域的影响还比较显著，但只有 1~3 年的贷款利率对房价的影响比较大；并且在该区域人均可支配收入对房价的影响非常大，说明该区域收入是制约房产需求的重要因素，收入增加，房产需求会随之增加，从而推动房价的上涨。

参 考 文 献

[1] 徐滇庆. 房价与泡沫经济 [M]. 北京：机械工业出版社，2006：115 - 1261.

[2] 李子奈，潘文卿. 计量经济学 [M]. 北京：高等教育出版社，2000.

[3] 沈巍. 我国房地产泡沫指标的构建与分析 [J]. 价格理论与实践，2010（10）：50 - 52.

[4] 胡荣才，刘小岚. 货币政策影响房价的区域差异性 [J]. 南京财经大学学报，2010（7）：7 - 13.

[5] 况伟大. 利率对房价的影响 [J]. 世界经济，2010（4）：134 - 145.

[6] 马亚明，刘翠. 我国货币政策对房地产市场的非对称影响 [J]. 河北经贸大学学报，2015（3）：67 - 71.

[7] 董志勇，官皓等. 房地产价格影响因素分析——基础中国各省面板数据的实证研究 [J]. 中国地质大学学报，2010（3）：98 - 103.

［8］陈日清．中国货币政策对房地产市场的非对称效应［J］．统计研究，2014（6）：34 – 41.

［9］常飞，李秀婷等．货币政策对区域房地产住宅市场的差异化影响——基于国内十城市房地产住宅市场的实证研究［J］．管理评论，2013（10）：3 – 9.

［10］董潘，厉召龙．利率政策对房价影响的实证研究：1998 – 2009［J］．重庆理工大学学报 2011（25）：61 – 71.

［11］俞康泽，余泽庭．货币政策对房价的调控能力［J］．河北经贸大学学报，2007（5）：25 – 28.

［12］王先柱，毛中根．货币政策的区域效应——来自房地产市场的证据［J］．金融研究，2011（9）：42 – 53.

［13］Weise C．, The Asymmetric Effects of Monetary Policy：A Nonlinear Vector Autoregression Approach［J］．Journal of Money, Credit and Banking, 1999,（31）：85 – 108.

［14］Constantions Katrakilidis and Emmanouil Trachanas. What Drives Housing Price Dynamics in Greece：New Evidence form Asymmetric ARDL Cointegration［J］．Economic Modelling, 2012,（29）：1064 – 1069.

6

货币政策对西北五省省会
城市房价的影响[*]

6.1 引　言

近十年来，随着房地产业在我国国民经济中的地位越来越高，如何使我国的房地产业健康稳定的发展成为了业界和学界热议的主题之一。近十年来我国商品房房价大多数年份都处在上涨的趋势，"丝绸之路经济带"西北五省省会的房价如图 6 - 1 所示，近十年大多数年份房价的年增长率都保持在 10% 以上，但到2014 年以后五个城市的房价都有回落的趋势。为了保障房地产行业的健康发展，国家先后出台了一系列土地、税收、金融等宏观调控政策。虽然国家采用利率政策的主要目的是稳定物价、充分就业和经济增长，但是由于房地产行业资金密集型的产业性质，国家采取的利率政策是否对房地产市场调整起到了积极作用引起了广大学者的关注。我国曾在 2007 年先后 6 次实行紧缩性货币政策即提高贷款利率，在 2008 年底 2009 年初先后 5 次实行扩张性货币政策即降低贷款利率，又在 2014 年底 2015 年初先后 4 次实行降低贷款利率。学者们针对近十年频繁的利率政策对房价的影响展开了如下研究。

一部分学者对货币政策中的利率政策对房价的调节作用进行了研究，围绕着利率政策的研究一共有三种观点。第一种观点认为利率政策对房价的调节作用并不明显。董志勇、官皓、明艳（2010）；况伟大（2010）；范新英、张所地（2013）选取了我国近十年各省的数据分别运用了面板数据分析、住房存量模型分析、用 VAR 模型中的脉冲响应函数和方差分解等分析方法得出近乎一致的结论：利率政策对房价的调节具有一定的作用，但作用并不明显。第二种观点认为，利率政策在短期内对房地产市场的调整起到积极作用，但从长期来看效果不

* 作者：郑宁，陈立文。原载于《价格月刊》2016 年第 5 期。

明显。黄喻（2010）；王敏、时鹏、于劲（2014）分别建立了状态空间模型和结构向量自回归模型（SVAR）运用近五年的季度数据对利率政策对房价的影响效果进行评价得出结论：利率变动对房价短期有负向影响，但在长期这种影响就趋向于平稳。第三种观点认为，利率政策对房地产市场的调整作用明显，可以作为政府调整房地产市场的有力政策。有学者（Iacoviello，2005；Giulindori，2005；Iacoviello & Minetti，2003）分别建立结构性向量自回归模型（SVAR）、VAR 模型对欧洲的部分国家的利率政策对房价的调整效果进行评价发现：利率上调后，各国的房价会出现不同程度的下降。宋勃和高波（2007）、俞康泽和余泽庭（2007）、董潘和厉召龙（2011）、顾六宝和陈博飞（2013）建立利率指数与房屋销售价格指数的 Almon 滞后模型和 VAR 模型对中国的利率政策对房价的影响进行分析，认为从长期来看，利率的升高会降低房地产的价格。

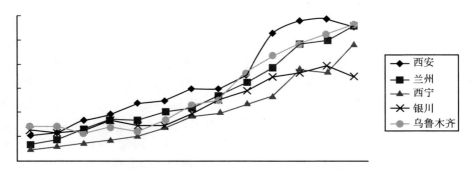

图 6 – 1　"丝绸之路经济带"西北五省省会房价走势

　　一部分学者对货币政策中的货币供给量对房价的影响进行了研究，大多数学者都认为货币供给量对房价的调整作用明显。黄喻（2010）对 2002～2009 年的季度数据进行了分析，分析结果表明货币供给量对房地产市场的短期调节作用明显。而张中华和林众（2013）、顾六宝和陈博飞（2013）则认为货币供给量对房价的影响具有长期性的效果，并且效果显著。

　　上述研究表明货币政策的各个政策都在一定程度上对房价的调整起到作用。上述研究中大部分都是针对全国或者欧洲某些国家的考察，很少有考察某个经济带的货币政策对房价的调整作用，个别考察某个地区的货币政策对房价影响的文章也没能够运用长时间序列的数据进行分析。西北五省区是"丝绸之路经济带"的中国段，西北五省区应借助这一历史契机，更好地发展区域经济。西北五省区房价的变动与该区域经济稳定发展紧密相关，因此关注货币政策对"丝绸之路经济带"西北五省区城市房价的调控作用显得尤为重要。本研究目的在于探究货币政策对西北五省区城市房价的动态影响，也就是货币政策变动对该区域的房屋销售价格变动究竟有多大的影响。笔者利用西北五省的省会城市西安、兰州、西宁、银川和乌鲁木齐的数据建立 VAR 模型，通过脉冲响应函数来观测实际利率和货币供给量对五个城市房地产价格的动态影响。

6.2　模型的建立

6.2.1　数据指标的选取和处理

笔者选取了 2006 年 1 月到 2015 年 11 月共 119 期的月度数据来研究五个城市的房价和货币政策之间的动态关系。数据来源为国家统计局网站和中国人民银行网站，数据处理所使用的软件为 stata12.0。在指标的选取上，用各城市的房屋销售价格指数（月度，环比）替代各城市的房价指标：XPI 表示西安市房屋销售价格指数，LPI 表示兰州市房屋销售价格指数，NPI 表示西宁房屋销售价格指数，YPI 表示银川房屋销售价格指数，WPI 表示乌鲁木齐房屋销售价格指数。用 M2 代表货币供给量；用 R 表示贷款利率，由于房地产开发项目周期一般为 1~3 年，因此选用的是 1~3 年期贷款利率。

为了消除数据的季节趋势，使得实证分析更加科学有效，本研究对房屋销售价格指数（月度、环比）和货币供给量 M2 进行定基处理，基期确定为 2006 年 1 月，将该月份房屋销售价格和货币供给量设定为 100。并且为了降低异方差的影响，在进行实证分析之前对 XPI、LPI、NPI、YPI、WPI、M2 取对数。

6.2.2　建立 VAR 模型

为了进一步研究货币政策对"丝绸之路经济带"西北五省城市房价的影响，本研究选择了向量自回归模型（VAR）。VAR 是不以经济理论为基础的非结构化的多方程模型，因此无须对变量进行先验性的约束。本研究的 VAR 模型变量包括房地产价格指数 PI、货币供给量 M2 和贷款利率 R。

6.2.3　稳定性检验

对时间序列数据进行分析之前，要对各变量进行平稳性检验，如果直接对非平稳的时间序列数据行进回归，将导致误回归现象。利用 stata12.0 对 PI、R 和 M2 进行 VAR 的稳定性检验。从图 6 - 2 ~ 图 6 - 6 结果表明：5 个城市的所有特征值均在单位圆以内，因此 VAR 系统是稳定的，但是西安、兰州、西宁、银川和乌鲁木齐每个城市都有一个特征值非常靠近单位圆，说明有些冲击的持久性较强。

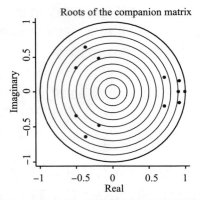

图 6 – 2　西安市 VAR 系统稳定性的判别图

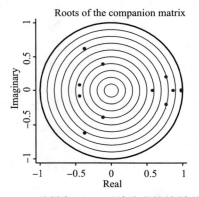

图 6 – 3　兰州市 VAR 系统稳定性的判别图

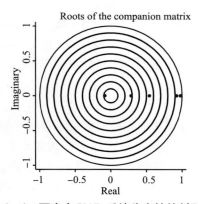

图 6 – 4　西宁市 VAR 系统稳定性的判别图

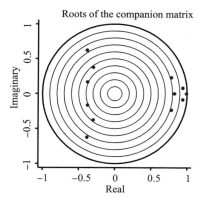

图 6 – 5　银川市 **VAR** 系统稳定性的判别图

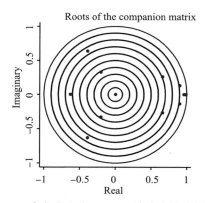

图 6 – 6　乌鲁木齐市 **VAR** 系统稳定性的判别图

6.3　实 证 分 析

6.3.1　滞后阶的确定

根据 FPE、AIC、HQIC、SBIC 四种准则对四个地区滞后阶的判断，具体结果如表 6 – 1 所示，西安、西宁、银川和乌鲁木齐四种准则的滞后阶都是相同的，因此分别确定为 4、2、4 和 4，但兰州地区的滞后阶 FPE、AIC 与 HQIC、SBIC 的判断有较大的差异，为了保证扰动项为白噪声，经过检验把兰州市的滞后阶设定为 4。

表 6 - 1   各城市滞后阶数

地区	FPE	AIC	HQIC	SBIC
西安	4	4	4	4
兰州	4	4	2	1
西宁	2	2	2	2
银川	4	4	4	4
乌鲁木齐	4	4	4	4

资料来源：国家统计局网站。

6.3.2 利率对五城市房价影响的实证分析

在 AVR 模型的基础上建立脉冲响应函数，用正交化脉冲响应图来反映贷款利率对五城市房价指数的动态影响。图 6 - 7 ~ 图 6 - 11 分别是贷款利率 R 对西安市、兰州市、西宁市、银川市和乌鲁木齐市房地产价格的动态影响。如图 6 - 7 所示，当政府实行紧缩性货币政策即提高贷款利率时，西安市的房价短期表现出正向的变动趋势；到第 10 期左右提高利率对房价正向变动趋势达到最大后开始出现反向作用趋势；到 30 期左右，利率政策对西安市房价的作用回归到原点。如图 6 - 8 所示，兰州市房价受到利率的正向冲击后，先出现一个短暂的正向趋势，到 5 期左右房价出现反向作用趋势，到 15 期作用利率政策变动对兰州市房价的作用回到原点。如图 6 - 9 所示，西宁市房价受到利率的正向冲击后，出现一个短暂的正向趋势后开始出现反向趋势，从长期来看，利率政策对西宁市的房价也没有影响。

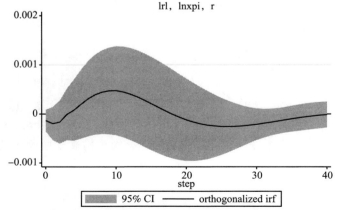

Graphs by irfname, impulse variable, and response variable

图 6 - 7 R 对西安市房价影响的正交化脉冲响应

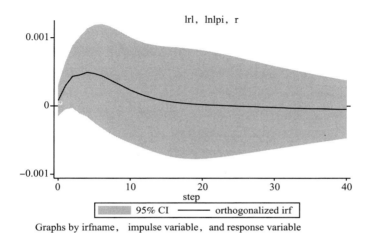

图 6 - 8　R 对兰州市房价影响的正交化脉冲响应

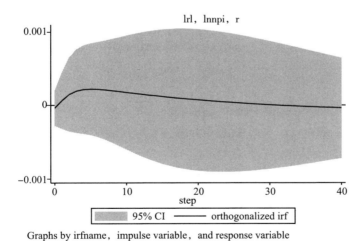

图 6 - 9　R 对西宁市房价影响的正交化脉冲响应

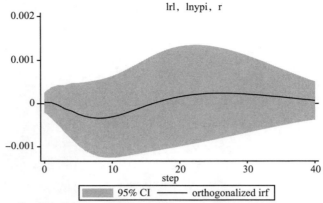

图 6 – 10 R 对银川市房价影响的正交化脉冲响应

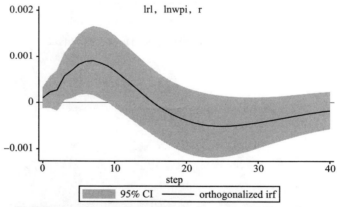

图 6 – 11 R 对乌鲁木齐市房价影响的正交化脉冲响应

如图 6 – 10 所示，银川市房价受到利率的正向冲击后，会出现一个反向趋势，到第 8 期左右开始出现正向趋势，到第 20 期左右回到原点。如图 6 – 11 所示，提高贷款利率在短期内对乌鲁木齐市的房价产生比较大的震动性影响。乌鲁木齐市房价受到利率的正向冲击后，先出现一个正向趋势，第 8 期左右出现反向趋势，到 22 期左右又出现正向趋势，到 40 期左右又回到原点。

6.3.3 货币供给量对五城市房价影响的实证分析

在 AVR 模型的基础上建立脉冲响应函数，用正交化脉冲响应图来反映货币供给量对五城市房价指数的动态影响。图 6 – 12 ~ 图 6 – 16 分别是货币供给量 M2 对西安市、兰州市、西宁市、银川市和乌鲁木齐市房地产价格的动态影响。如图

6-12 所示，西安市房价受到 M2 正向冲击后在短期的变动趋势的变化比较频繁，到第 8 期后开始产生平稳的正向变动趋势。如图 6-13、图 6-14 和图 6-15 所示，当兰州市、西宁市和银川市的房价受到 M2 的正向冲击后，三个城市房价的变动趋势非常相似，不仅在短期内呈现增长趋势，在长期也有稳定的增长趋势。如图 6-17 所示，乌鲁木齐市的房价受到 M2 的正向冲击后短期内的变动趋势也比较频繁，到第 10 期开始产生平稳的正向变动趋势。

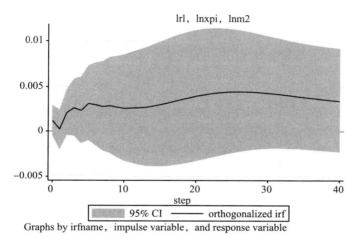

Graphs by irfname, impulse variable, and response variable

图 6-12　M2 对西安市房价影响的正交化脉冲响应

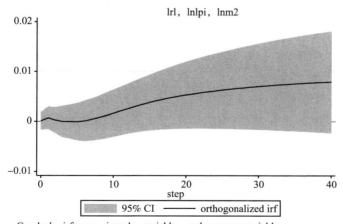

Graphs by irfname, impulse variable, and response variable

图 6-13　M2 对兰州市房价影响的正交化脉冲响应

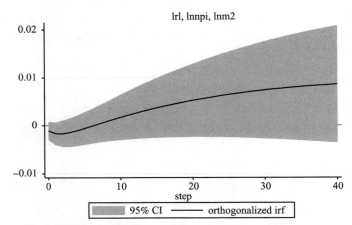

图 6 – 14　M2 对西宁市房价影响的正交化脉冲响应

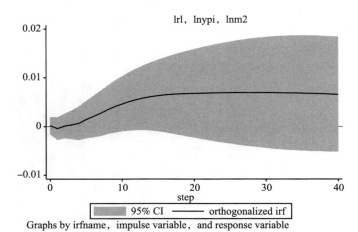

图 6 – 15　M2 对银川市房价影响的正交化脉冲响应

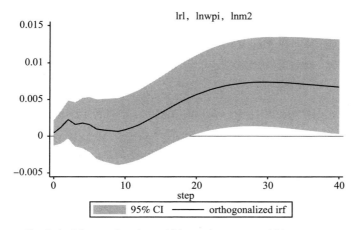

图6 – 16 M2对乌鲁木齐市房价影响的正交化脉冲响应

6.4 结论与政策建议

6.4.1 结论

从实证检验结果来看,货币政策即便是在"丝绸之路经济带"西北五省的省会城市对房地产价格影响效果也是有所差异的。具体结论如下:

第一,在短期内贷款利率变动会使五城市房价发生变动。这是因为,当贷款利率提高时,会增加房地产商的生产成本,因此在短期内供给曲线会向左上方发生移动,从而减少供给提高价格。

第二,在长期内贷款利率变动对五城市房价变动影响不显著。从实证分析可以看出,紧缩的货币政策虽然在短期内对五个地区的房价影响显著,但在长期内,利率政策对房价的调控作用并不明显。在房价增长速度较慢且房价收入比较低的西安、兰州、西宁、银川和乌鲁木齐等地房地产市场的需求曲线弹性相对较小。当政府采取紧缩性货币政策时,贷款利率的提高虽然也会导致供给曲线和需求曲线分别向左上方和左下方移动,但是由于需求曲线的弹性较小,两条曲线在长期内的移动使得房地产市场的均衡价格并没有发生太大的变化。

第三,不论是在短期还是长期,货币供给量变动对五城市房价变动影响显著。房地产行业是资金密集型行业,房地产行业大部分资金来源于银行贷款。当货币供给量变大时,房地产企业就可以获得更充裕的资金,从而使供给曲线向右平移,从而会提高房地产价格。并且从长期来看,货币供给的增加也会给房地产投机者和消费者带来更多的资金,从而刺激需求者增加需求,也会使房地产的价格上升。

6.4.2 政策建议

第一，走差异化宏观经济政策路线。由于我国幅员辽阔，各地区之间差异性较大，在实行经济政策时，在确保政策原则性和方向性跟党中央保持一致的前提下，根据当地具体经济形势和预期达到的经济效果实行差异化的宏观经济政策。

第二，合理控制货币供给量，搭建健康的货币供给平台。房地产市场是对金融市场依赖性较强的市场，健康的金融市场是促进一个地区房地产平稳发展的重要基础。合理的货币供给量能在一定程度上调整"丝绸之路经济带"西北五省的房地产价格，从而把房地产价格控制在合理范围之内。

第三，加快利率市场化步伐，使利率政策的实施更具有针对性。从整体来看，利率政策并没有较好地发挥对房地产市场价格的调整作用。在我国由于利率是由央行直接决定，从而不能根据每个地区的具体情况进行具体调整。如果能根据各地区对利率调整冲击的反映来实行利率政策，会达到更加良好的效果。从而，利率市场化能更好地抑制投机需求，促使房地产价格健康稳定发展。

第四，从供给和需求两方面同时调整，保障居民对住房的合理需求。在每个地区都要保障一定量的中低价位住房土地供应并且加大廉租房、公共租赁房和限价商品房等保障性住房的合理供给，以满足中低收入人群对住房的刚性需求。

参 考 文 献

［1］李子奈，潘文卿．计量经济学［M］．北京：高等教育出版社，2000.

［2］俞康泽，余泽庭．货币政策对房价的调控能力［J］．河北经贸大学学报，2007（5）：25－28.

［3］安虎森，彭桂娥．区域金融一体化战略研究：以京津冀为例［J］．天津社会科学，2008（6）：65－71.

［4］刘伟江，丁一，隋建利．货币政策外溢性对我国房地产价格影响研究［J］——以美国为例［J］．经济问题探索，2015（8）：127－133.

［5］况伟大．利率对房价的影响［J］．世界经济，2010（4）：134－145.

［6］董潘，厉召龙．利率政策对房价影响的实证研究：1998—2009［J］．重庆理工大学学报，2011（25）：61－71.

［7］王先柱，毛中根．货币政策的区域效应——来自房地产市场的证据［J］．金融研究，2011（9）：42－53.

［8］陈辞，马永坤．国家宏观政策对房地产价格影响的协整分析［J］．云南财经大学学报，2011（5）：59－65.

［9］贾祖国．货币政策对房地产价格影响的研究［J］．开发研究，2013（2）：105－109.

［10］顾六宝，陈博飞．货币政策对一、二线城市房地产价格变动影响的比较分析——基于北京、石家庄两地数据的 VAR 模型实证分析［J］．河北经贸大学学报，2013（5）：15－17.

［11］常飞，李秀婷等．货币政策对区域房地产住宅市场的差异化影响——基于国内十城市房地产住宅市场的实证研究［J］．管理评论，2013（10）：3 - 9.

［12］盛广耀．西部大开发战略深化的问题探讨与发展思路研究［J］．开发研究，2015（5）：7 - 11.

［13］Weise C.，The Asymmetric Effects of Monetary Policy：A Nonlinear Vector Autoregression Approach［J］. Journal of Money，Credit and Banking，1999（31）：85 - 108.

［14］Constantions Katrakilidis and Emmanouil Trachanas，What Drives Housing Price Dynamics in Greece：New Evidence form Asymmetric ARDL Cointegration［J］. Economic Modelling，2012（29）：1064 - 1069.

7

京津冀地区收入差距与房地产
价格的互动关系[*]

7.1 引　　言

京津冀地区拥有 1.1 亿人口、21.6 万平方公里的土地，是我国规模最大的城市群。2014 年，京津冀地区城镇居民人均可支配收入达到 33185.67 元，城市化水平 61.1%，分别是全国平均水平的 1.15 倍和 1.11 倍。2015 年 4 月 30 日，《京津冀协同发展规划纲要》在中共中央政治局会议审议通过后，京津冀经济进入了一个持续的高速发展阶段。

不同于其他地区，京津冀地区经济的发展带来的是贫富收入差距的不断缩小，从衡量社会收入差距的基尼系数来看，2014 年京津冀地区的基尼系数达到 0.2466，比上一年缩小了 3.94%。传统的静态局部均衡理论指出，收入差距的扩大会加速房价的上涨，然而，2014 年，京津冀地区商品房销售面积达到 8773.4 万平方米，同比增长了 4.72%，平均销售价格为 8153.74 元，同比增长了 15.95%。对于京津冀整体而言，收入差距的减少却带来了房价的上涨，这种现象是对传统均衡理论的一种背离吗？

在经济学中影响商品价格的基本因素分为需求因素和供给因素，如收入、人口、预期和成本等。在短期，商品价格的波动主要受到需求因素的影响，因此，收入作为影响需求的主要因素，也是影响商品价格的一个重要因素。从凯恩斯提出的边际消费倾向递减规律中知道，消费者的支出是随着收入的增加而递减的。即当收入较低时，消费者的收入将全部用来满足基本生存需求，当收入较高时，增加的收入中用于消费的比例将会下降。就整个社会而言，收入差距的扩大，社会消费占收入的比例将会逐渐降低。然而，房地产不同于一般商品，是具有投资

＊　作者：任伟，陈立文。原载于《中国流通经济》2016 年第 10 期。

和消费双重属性的商品，这种特质使得房价与收入差距之间具有复杂的交互关系，即二者之间存在正向关系，也可能存在负向关系。

1993 年，费城大学的盖尔科（Gyourko）和林纳曼（linneman）认为房价的升高将促进收入差距的加大。实证研究结果显示房价升高带来了低收入群体实际收入水平的下降，而高收入群体的实际收入水平却是缓慢增加的[1]。这个观点也得到了马克（Mark Duda）和郑思齐（2006）以及茅于轼（2010）等的支持。扩大的收入差距会增加房价，使得住房的支付能力降低。同时，财富的集中和投资渠道的匮乏使得房地产投资火爆，使房价上升。

然而，马特拉克等（Matlack & Vigdor，2006）在研究美国大都市 1970~2000年的区域数据后发现，房价上涨是收入差距扩大的重要推手[2]。但区域化的分析则说明收入差距对房价的影响存在地区差异，在经济发展快速的区域，收入差距是房价上涨的重要推手；但在经济发展滞后的区域，收入差距是房价上涨的缓冲器。这一观点在马坦恩等（Määttänen & Terviö，2014）的研究中也得到了支持。他们基于美国六个都市区 1998~2007 年的数据发现，整体上收入差距的增加会抑制房价[3]。

学者对收入差距与房价之间关系的研究大体上有两种观点，一种观点认为收入差距与房价之间存在正向相关关系，另一种观点认为收入差距与房价之间存在负向相关关系。但二者之间动态的互动关系和区域差异性的研究较少。由于京津冀区域内的各城市收入差距不同，对地区房价的影响也会各有不同，因此，本研究从收入差距与房价之间的动态关联视角出发，基于京津冀地区的 13 座城市的数据，按房地产发展速度进行聚类，选择不同类别的成员为代表，分别观测收入差距的变化对房地产价格的动态影响，并进行比较分析。

7.2 收入差距与房地产价格相互影响机理分析

7.2.1 收入差距对房地产价格的影响机制

影响房价的基本因素主要是需求因素和供给因素，因此，收入差距对房地产价格的影响也主要通过需求和供给两个方面进行传导。从需求因素来看，收入差距通过改变居民的住房消费倾向和住房支付能力而实现住房需求的变化。收入差距的加大会使社会财富集中在少数高收入群体手中，增强中高收入群体的住房支付能力，对住房的需求增加，而低收入群体在高涨的房价现实中被挤出部分收入，实际住房支付能力下降，从而面临着继续等待和放弃购房的选择[4]。从供给方面来看，收入差距通过影响居民储蓄率间接地影响房地产开发商的资金供给。根据凯恩斯的边际消费倾向递减规律，收入的增加将带来储蓄率的提高，较高的储蓄率带来较低的利率，降低房产开发商的经营成本，推动住房供给的增加。

7.2.2　房地产价格对收入差距的影响机制

住房具有投资品和消费品双重属性，住房价格的变化主要通过财富效应和挤出效应影响居民收入。（1）房价上涨对高收入家庭的财富增加效应明显。当房地产价格升高时，拥有多套房产的较高收入家庭的财富值增加，实际的支付能力增强，而中低收入家庭因要满足刚性住房需求不得不增加住房消费支出，财富积累速度减缓[5]。（2）房价上涨对低收入家庭消费的挤出效应更为明显。在家庭可支配收入一定的情况下，房价上涨将会增加低收入家庭在基本住房需求上的消费，挤出在教育、医疗等其他方面的消费，而教育、医疗支出的减少又不利于人力资本的提升，更阻碍其收入水平的提升[6]。

7.2.3　京津冀地区收入差距和房地产价格分析

本研究采用基尼系数作为对地区收入差距的测量。基尼系数是比例数值，在0和1之间，是国际上用来综合考查居民内部收入分配差异状况的一个重要分析指标。本研究采用山西农业大学张建华提出的简易公式对基尼系数进行计算：$GINI = 1 - \dfrac{1}{N}(2\sum\limits_{i=1}^{n-1} w_i + 1)$。其中，N代表总人口按收入高低排序分成的组数，$w_i$表示累计收入比重。基尼系数在0.5以上代表收入差距悬殊，0.4~0.5之间代表收入差距较大，0.3~0.4之间代表收入相对合理，0.2~0.3之间代表收入比较平均，低于0.2代表收入绝对平均[7]。

从图7-1可知，长期来看，京津冀三地的基尼系数处于下降趋势，2014年三地的基尼系数在0.24~0.25之间，意味着收入趋向比较平均。分地区看，河北省的基尼系数变化最大，收入从2005年的相对合理趋向2014年的比较平均。天津的基尼系数在2006年突破0.3后开始稳定回落，收入变化速度仅次于河北省。北京的基尼系数呈波动性变化，在2007年和2011年两次达到谷底后分别短期回升，截至2014年达到0.2477。

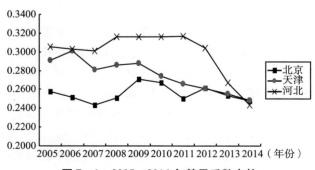

图7-1　2005~2014年基尼系数走势

　　从图 7 - 2 进行定基处理后的京津冀三个地区的住宅商品房平均销售价格走势可以看出，近 10 年北京、天津和河北的房价都处于上涨趋势，但上涨的速度和趋势有较大差别。北京市房价平均上涨的速度最快，在 2010 年达到峰值后有过短暂的回落，之后继续稳步攀升，到 2013 年房价已然超越 2010 年，长期看，北京市房价处于快速上涨趋势。天津市房价平均上涨速度较小，从 2005 ～ 2014 年的时间序列中可看出，2005 ～ 2007 年和 2008 ～ 2011 年两个阶段均处于快速上涨时期，但在中间的 2007 ～ 2008 年和 2011 ～ 2012 年两个阶段又迅速回落，长期来看，房价波动性变化趋势较强。河北省房价缺少波动性，平均上涨速度处于北京和天津之间，从 2011 年与天津房价持平后迅速超越，之后也处于快速上升趋势，长期来看，河北省房价处于稳步攀升态势。

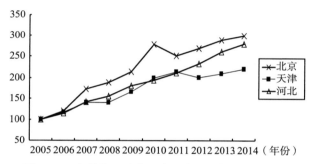

图 7 - 2　定基处理后住宅商品房平均销售价格走势

7.2.4　京津冀地区房地产市场分类

　　由于京津冀三地在收入差距和房地产价格上存在较大差异，如果以京津冀整体层面的数据研究收入差距和房价的关系，会平抑区域差异的影响，结果难以真实反映地区状况[8]。因此，在研究二者的关系前对该地区房地产市场进行划分，选取京津冀地区 13 个城市作为代表，对其进行分类。

　　在指标选取上主要考虑影响房价的两大类因素，供给和需求。房地产开发企业和房屋供给是房地产供给情况的反映，房屋销售和居民收入是房地产需求情况的反映，将三级指标确定为房地产开发企业个数 x_1、房地产本年完成投资额 x_2、住宅施工面积 x_3、住宅竣工面积 x_4、房屋销售面积 x_5、房屋平均销售价格 x_6 和城镇居民人均可支配收入 x_7。具体指标见表 7 - 1。

表 7 - 1　　　　　　　　　　　京津冀房地产市场分类指标体系

一级指标	二级指标	三级指标	代码
供给	房地产开发企业	房地产开发企业个数	x_1
	房屋供给	房地产本年完成投资额	x_2
		住宅施工面积	x_3
		住宅竣工面积	x_4
需求	房屋销售	房屋销售面积	x_5
		房屋平均销售价格	x_6
	居民收入	城镇居民人均可支配收入	x_7

　　通过查阅 2014 年相关城市统计年鉴收集数据后，用 SPSS21 进行聚类分析，得到合适的分类结果，见表 7 - 2。

　　根据分类的情况京津冀地区 13 个城市按照房地产发展速度可分为快速、稳定和较慢三类。北京属于快速发展类型，天津、唐山和廊坊属于稳定发展类型，石家庄、承德、张家口、秦皇岛、保定、沧州、衡水、邢台和邯郸属于较慢发展类型。本研究选取北京、天津、唐山和石家庄为代表，分析观测收入差距与房地产价格之间的动态关系，并进行四个城市的异同比较分析。

表 7 - 2　　　　　　　　　　　京津冀房地产市场分类结果

城市	聚类	距离
北京	1	0.000
天津	2	6025.512
石家庄	3	4708.587
承德	3	2413.181
张家口	3	1298.683
秦皇岛	3	3132.595
唐山	2	2776.322
廊坊	2	3597.540
保定	3	894.798
沧州	3	941.250
衡水	3	2610.606
邢台	3	2219.375
邯郸	3	976.422

7.3 收入差距与房地产价格相互影响的实证分析

7.3.1 数据选取与模型设定

本研究选取了北京、天津、唐山和石家庄四个城市 1999～2014 年的数据来研究收入差距和房地产价格之间的关系。数据来源为国家统计局网站和各城市统计年鉴，数据处理使用的软件为 Eviews 8.0。

7.3.2 建立 VAR 模型

为了研究收入差距和房地产价格之间的互动关系，本研究选取了向量自回归模型（Vector Auto-regression Model，VAR）。VAR 模型用来估计联合内生变量的动态关系，不带有任何事先约束条件，因此无须对变量进行先验性约束。本研究的 VAR 模型变量包括房地产价格 P 和基尼系数 G。房地产价格为住宅商品房平均销售价格表示，基尼系数用上文提到的简易公式计算得出。

利用赤池信息准则（SCI）等相关判定方法，选择模型的最优滞后阶数为 2，在保障自由度的情况下也能有效的解释模型。

$$P = \alpha_1^0 \times P(-1) + \alpha_2^0 \times P(-2) + \beta_1^0 \times G(-1) + \beta_2^0 \times G(-2) + \varepsilon^0$$

$$(7-1)$$

$$G = \alpha_1^1 \times P(-1) + \alpha_2^1 \times P(-2) + \beta_1^1 \times G(-1) + \beta_2^1 \times G(-2) + \varepsilon^1$$

$$(7-2)$$

式中 α，β，ε 分别代表价格的系数，基尼系数的系数和随机扰动项。并且两个模型的拟合优度都达到了 0.97，为了更好地证明模型的整体效果，将进行单位根检验、平稳性检验和协整检验。

7.3.3 检验

1. 单位根检验

为了避免伪回归，在建立 VAR 模型前需要对变量进行平稳性检验。在对定基后住宅商品房价格进行稳定性检验时发现所有检验方法都接受"各截面成员序列有单位根"的原假设；对基尼系数进行稳定性检验时除了 LLC 检验外都接受了"各截面成员序列有单位根"的原假设。即序列均不平稳，需要进行一阶差分检验。一阶差分检验的结果表明，所有的变量都拒绝了存在单位根的原假设，因此符合进行协整检验的条件，对各变量进行单位根检验的结果见表 7-3。

表7-3　　　　　　　　　　各变量单位根检验结果

变量	方法	统计值	概率	结论
P	LLC	2.16977	0.9850	不平稳
	IPS	4.17956	1.0000	不平稳
	ADF	0.25610	1.0000	不平稳
	PP	0.26583	1.0000	不平稳
一阶差分 ΔP	LLC	-4.08976	0.0000	平稳
	IPS	-2.76878	0.0028	平稳
	ADF	22.4111	0.0042	平稳
	PP	28.4058	0.0004	平稳
G	LLC	-1.79756	0.00361	平稳
	IPS	-1.58083	0.0570	不平稳
	ADF	15.1982	0.0554	不平稳
	PP	15.4274	0.0513	不平稳
一阶差分 ΔG	LLC	-6.73505	0.0000	平稳
	IPS	-6.44320	0.0000	平稳
	ADF	49.1844	0.0000	平稳
	PP	64.8368	0.0000	平稳

2. 协整检验

由于所有变量都是一阶单整的，需要对所有变量进行协整检验，以检验变量是否存在长期稳定的均衡关系。检验结果见表7-4。

协整检验结果中＊全部出现在至少有一个协整向量上，均拒绝"不存在协整关系"的原假设，表明四个地区的房地产价格和收入差距之间存在着长期的协整关系，符合建立 VAR 模型的条件。

3. 平稳性检验

为了验证所建立的 VAR 模型是稳定的，利用变量的 AR 根检验得出模型中所有的根的倒数都是小于1的，即 P 和 G 的特征根都落在单位圆内，所以本研究建立的 VAR 模型是平稳的。

7.3.4　脉冲响应函数实证分析

脉冲响应实证分析是通过基尼系数对房地产价格的一个标准差的冲击观察基尼系数的变化情况，从而判断收入差距对房地产价格变动程度的反应情况。

从表 7-4 可见，北京的房地产价格对基尼系数一个标准差的冲击响应呈现出正向的变化，反应程度在第四阶段达到最大，之后趋向缓和，长期来看，北京的房地产价格在收入差距不断上升的情况下稍有下降，但下降趋势不明显；天津的房地产价格对基尼系数一个标准差的冲击响应也呈现出正向的变化，并且整体变化程度较稳定，意味着长期来看天津地区收入差距的增长，房地产价格却保持了一定程度的稳定；唐山的房地产价格对基尼系数一个标准差的冲击响应开始时呈现波动性变化，在第二阶段达到峰值后趋向缓和，并且整体呈正向变化，意味着长期来看，唐山房地产价格对收入差距的响应程度越来越弱；石家庄的房地产价格对基尼系数一个标准差的冲击响应呈现波动性的变化，反应程度越来越大，整体呈正向变化，意味着从长期来看，石家庄的房地产价格随着收入差距的增加会不断上升。

表 7-4　　　　　　　　　　　Johansen 检验秩迹检验结果

原假设	迹统计量	5% 临界值
（北京）0 个协整向量	9.9951	9.3687
至少 1 个协整向量	0.6264 *	1.7842
（天津）0 个协整向量	12.2751	9.6600
至少 1 个协整向量	2.6152 *	7.3920
（唐山）0 个协整向量	11.4836	11.3260
至少 1 个协整向量	0.1577 *	1.0283
（石家庄）0 个协整向量	9.5277	9.1382
至少 1 个协整向量	0.3895 *	0.7213

注：＊表示在 10% 的置信度上显著。

从图 7-4 可见，北京的基尼系数对房地产价格一个标准差的冲击开始呈迅速下降趋势，在第二阶段达到谷底后稍有上升，之后趋于稳定，意味着长期来看，北京的收入差距随着房地产价格的上升趋于稳定；天津的基尼系数对房地产价格一个标准差的冲击呈负向反应，平稳之前经历过稍微地上升后回落，意味着长期来看，天津的收入差距与房地产价格的变化方向相反，而且对房价的反应程度较平稳；唐山的基尼系数对房地产价格一个标准差的冲击平稳之前经历快速下降阶段，第三阶段触底后稍有反弹，整体呈正向变化，意味着长期来看，唐山的收入差距对房价变化程度反应较弱。石家庄的基尼系数对房地产价格一个标准差的冲击呈轻微波动性变化，方向由正转变为负，程度较小，意味着长期来看，石家庄的收入差距与房价变化方向相反，受房价影响程度较弱。

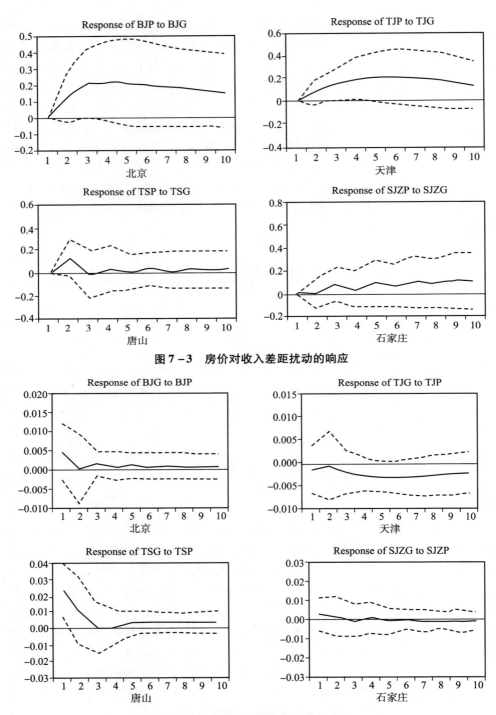

图7-3 房价对收入差距扰动的响应

图7-4 基尼系数对房价扰动的响应

　　由此可见，房价和收入差距之间的关系在不同区域相互影响程度不同。在京津冀地区房地产发展速度较快的北京，房价受收入差距的影响大，并长期保持稳定，但收入差距受房价影响较小。在房地产发展速度较稳定的天津和唐山两个地区，影响却大不相同，天津的情况与北京相似，房价受收入差距的影响较大，但程度次于北京，并且长期较稳定，然而，收入差距受房价的影响表现为负，长期保持稳定。不同于北京和天津，长期看来，唐山的房价与收入差距相互的影响程度均较微弱，二者之间的关系不明显。然而，在房地产发展速度较慢的石家庄地区，房价受收入差距的影响程度较大，并且处于扩大趋势，但收入差距几乎不受房价的影响。

7.3.5　方差分解分析

　　对四个地区两个变量的脉冲响应函数的分析可看出收入差距与房价之间的相互关系因地区发展程度不同而不同。因此进一步分析收入差距对房价的贡献程度以及房价对收入差距的贡献程度得到如下结果，见图7-5、图7-6。

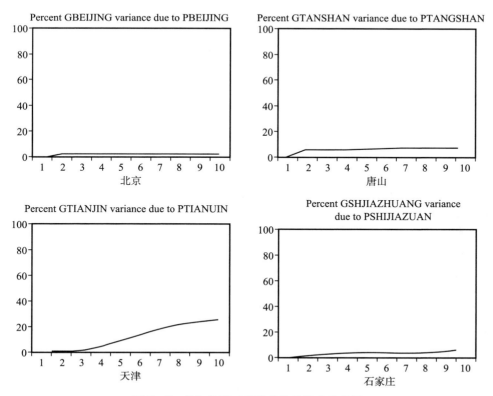

图7-5　收入差距对房地产价格的方差分解

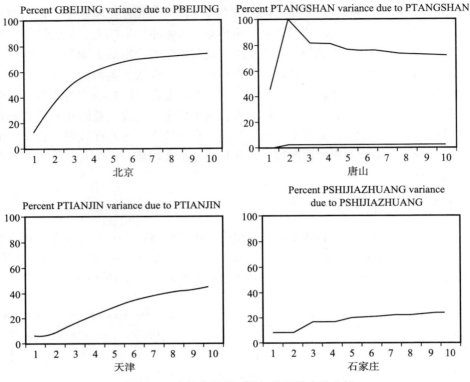

图 7 - 6　房地产价格对收入差距的方差分解

四个地区收入差距对房地产价格的贡献程度很小，房地产发展速度较快的北京地区，房地产发展速度较稳定的唐山地区和房地产发展速度较缓慢的石家庄地区收入差距对房地产价格的贡献率随着时间的延长变化较微弱，一直保持在10%以下，但是不同于其他三个地区，房地产发展速度较稳定的天津地区从第三期开始收入差距对房地产价格的贡献率呈递增趋势，从7%上涨到30%，成为收入差距对房地产价格贡献率最高的城市。

四个地区的房地产价格对收入差距的贡献率随着时间的延长而逐渐上升。房地产发展速度较快的北京，房地产价格对收入差距的贡献率迅速上升，到第四期已经为60%左右，之后增幅放缓，最后接近70%，是变化程度和贡献率最大的城市。房地产发展速度较稳定的天津和唐山两个地区，房地产价格对收入差距的贡献率虽然大体趋势是上升的，但程度上各有不同。天津的上升程度较缓慢，随着时间的推移，上升到40%左右，而唐山是先迅速上升又缓慢下降的过程，从初始的47%迅速上升到70%之后又缓慢下降到57%左右，波动性较强，是房地产价格对收入差距贡献率较大的城市。房地产发展速度较缓慢的石家庄，房地产价格对收入差距的贡献率成阶段性上升趋势，但上升程度较小，第三期和第五期有小型跳跃之后趋于稳定，达到 20% 左右，成为房地产价格对收入差距贡献率最小的城市。

7.4 结 论

由于京津冀各城市经济发展水平和房地产发展程度各有差异，研究该地区的房价与居民收入差距之间的关系不能一概而论，通过对京津冀地区房地产发展市场进行聚类分析，将该地区按照房地产发展速度分为快速、稳定和较慢三类。选取北京、天津、唐山和石家庄作为代表城市，用代表收入差距的基尼系数和定基处理后的房地产价格两个变量构建 VAR 模型，并进行了脉冲响应和方差分解分析。通过各类地区的综合分析结果得知，收入差距与房地产价格之间关系因地区而异。

像北京和天津地区，因其城市特性所带来的住房需求的刚性和价格的平稳上涨，其房价对收入差距的影响较大，然而，收入差距对房价的影响不明显。作为河北省省会的石家庄市，虽然房地产发展处于较慢阶段，但该地区房地产和经济的发展后劲较足，房价对收入差距的影响程度处于不断增加的趋势。唐山市作为房地产市场发展较稳定的城市之一，城市规模和流动人口住房需求均弱于石家庄市，其房价与收入差距之间的关系并没有像石家庄市那样明显，表现出较微弱的关系。

方差分解的结果表明，在房地产价格对收入差距的贡献程度方面：北京的贡献率为 70%，成为贡献率最大的城市；房地产发展速度较稳定的天津和唐山两个地区的贡献程度因经济发展水平和政策倾斜等原因，差别较大，唐山的贡献率在 60% 左右，成为仅次于北京的房地产价格对收入差距贡献率较大的城市，天津的贡献率在 40%，但增长速度较快。房地产发展速度较缓慢的石家庄市，是房地产价格对收入差距的贡献率最小的城市。在收入差距对房地产价格的贡献方面，只有天津表现出了较强的变化趋势，贡献率在 30% 左右，其他城市均稳定维持在 10% 以下。

参 考 文 献

［1］ Gyourko J., Linneman P., The Affordability of the American Dream: An Examination of the Last 30 Years. ［J］. Journal of Housing Research, 1993, (4): 39 – 72.

［2］ Matlack J. K., Vigdor J. L., Do Rising Tides Lift All Prices? Income Inequality and Housing Affordability ［J］. Journal of Housing Economics, 2006, 17 (3): 212 – 224.

［3］ Määttänen N., Terviö M., Income Distribution and Housing Prices: An Assignment Model Approach ［J］. Journal of Economics Theory, 2014, 151: 381 – 410.

［4］姚玲珍，丁彦皓．房价变动对不同收入阶层消费的挤出效应［J］．现代财经，2013（5）：3－15.

［5］刘旭东，彭徽．房地产价格波动对城镇居民消费的经济效应［J］．东北大学学报（社会科学版），2016（2）：143－151.

［6］赖一飞，李克阳，沈丽平．收入差距与房地产价格的互动关系研究［J］．统计与决策，2015（23）：137－140.

［7］杨巧，杨扬长．住房价格与城镇居民收入分配差距关系研究［J］．贵州财经大学学报，2016（2）：11－16.

［8］王文莉．城市居民收入差距对房价租金背离的影响研究［J］．金融理论与实践，2015（3）：41－47.

利率变动对京津冀地区
房价影响的比较分析*

8.1 引 言

十年来，随着房地产业在我国国民经济中的地位越来越高，如何使我国的房地产业健康稳定的发展成为了业界和学界热议的主题之一。为了保障房地产行业的健康发展，国家先后出台了一系列土地、税收、金融等宏观调控政策。我国曾在 2007 年先后 6 次实行紧缩性货币政策即提高贷款利率，在 2008 年底 2009 年初先后 5 次实行扩张性货币政策即降低贷款利率，又在 2014 年底 2015 年初先后 4 次降低贷款利率。虽然国家采用利率政策的主要目的是稳定物价、充分就业和经济增长，但是由于房地产行业资金密集型的产业性质，国家采取的利率政策是否对房地产市场调整起到了积极作用引起了广大学者的关注。以北京和天津为双核心的京津冀区域经济一体化已经成为国家层面的发展战略。京津冀地区房价变动与该区域经济稳定发展紧密相关，因此关注货币政策中的利率政策对京津冀地区房价的调控作用显得尤为重要。

8.2 利率变动对京津冀地区房价影响机理分析

8.2.1 利率政策对房价影响的相关研究

学者们围绕着利率政策的研究一共有三种观点。第一种观点认为利率政策对房价的调节作用并不明显。董志勇、官皓、明艳（2010）；况伟大（2010）；张所地、范新英（2015）选取了我国近十年各省的数据分别运用了面板数据分析、

* 作者：郑宁，陈立文，任伟。原载于《价格理论与实践》2016 年第 2 期。

住房存量模型分析、面板分位数回归模型等分析方法得出近乎一致的结论：利率政策对房价的调节具有一定的作用，但作用并不明显。第二种观点认为，利率政策在短期内对房地产市场的调整起到积极作用，但从长期来看效果不明显。黄喻（2010）；王敏、时鹏、于劲（2014）；施有文、王明甫、林晓红（2014）分别建立了状态空间模型、结构向量自回归模型（SVAR）和局部均衡的理论模型运用近五年的季度数据对利率政策对房价的影响效果进行评价得出结论：利率变动对房价短期有负向影响，但在长期这种影响就趋向于平稳。第三种观点认为，利率政策对房地产市场的调整作用明显，可以作为政府调整房地产市场的有力政策。董潘、厉召龙（2011）；顾六宝、陈博飞（2013）；龚秀国、于恩锋（2015）建立利率指数与房屋销售价格指数的 Almon 滞后模型和 VAR 模型对中国的利率政策对房价的影响进行分析，认为从长期来看利率的升高会降低房地产的价格。

上述研究中大部分都是针对全国的考察，很少有考察利率政策对某个经济圈房价的调整作用，个别考察对某个地区房价影响的文章也没能够运用长时间序列的数据进行分析。本研究选取了河北省的省会石家庄市和地处渤海湾中心地带并且为京津唐地区中心城市的唐山作为河北省各城市的代表。利用北京、天津、石家庄和唐山的数据建立 VAR 模型，通过脉冲响应函数的分析来观测贷款利率对房地产价格的动态影响，并对四个城市的异同进行比较分析。

8.2.2 京津冀地区房价分析

从进行定基处理后四个城市的房屋销售价格走势可以看出，近 10 年四个地区的房价都处于上涨趋势，但是上涨的速度和趋势有很大差别（详见图 8 - 1）。京津冀地区北京市房价上涨的速度是最快的，虽然在 2009 年中旬、2012 年底和 2015 年初房价有过短暂的回落，但从长期看，北京房价依旧处于快速上涨的趋势。天津和石家庄的房价属于稳步上升的趋势，但天津房价上升速度要比石家庄房价上升速度快。在四个城市中，唐山市房价属于上涨速度最慢，定基处理后的房屋销售价格指数一直没有超过 125。

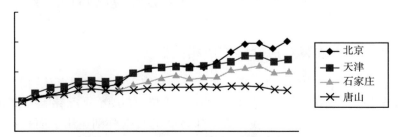

图 8 - 1　定基处理后房屋销售价格指数走势

由于数据采集的原因，本研究选取了京津冀三个地区的数据进行房价收入比的测算，测算结果如表 8－1 所示：在京津冀地区，北京市房价收入比较高，天津和河北地区的房价收入比较低。对于房价收入比较高的城市，购买住房在一个家庭支出中所占比重就较高，会导致该地区房地产市场需求曲线的弹性较大；反之，购买住房在一个家庭支出中所占比重就较低，会导致该地区房地产市场需求曲线的弹性较小。

表 8－1　　　　　　　　　　　　三地区房价收入比一览

地区	2006	2007	2008	2009	2010	2011	2012	2013	2014
北京	8.6	9.6	12.4	12.6	15.3	12.94	13.3	14.5	14.5
天津	8.91	9.47	8.26	8.58	9.33	8.96	9.3	8.4	9.6
河北	6.30	6.49	6.42	6.5	6.49	6.49	6.5	6.5	7.1

8.3　利率政策对京津冀地区房价变动影响的实证分析

8.3.1　数据指标的选取和处理

本研究选取了 2006 年 1 月到 2015 年 9 月共 117 期的月度数据来研究四个城市房价和利率政策之间的动态关系。数据来源为国家统计局网站和中国人民银行网站，数据处理所使用的软件为 Stata12.0。在指标的选取上，用各城市的房屋销售价格指数（月度，环比）替代各城市的房价指标：BPI 表示北京市房屋销售价格指数，TPI 表示天津市房屋销售价格指数，SPI 表示石家庄房屋销售价格指数，TSPI 表示唐山房屋销售价格指数。用 R 表示贷款利率，由于房地产开发项目周期一般为 1～3 年，因此选用的是 1～3 年期贷款利率。

为了消除数据的季节趋势，使得实证分析更加科学有效，本研究对房屋销售价格指数（月度、环比）进行定基处理，基期确定为 2006 年 1 月，将该月份房屋销售价格设定为 100。并且为了降低异方差的影响，在进行实证分析之前对 BPI、TPI、SPI、TSPI 取对数。

8.3.2　建立 VAR 模型

为了进一步研究利率政策对京津冀地区房价的影响，本研究选择了向量自回归模型（VAR）。VAR 是不以经济理论为基础的非结构化的多方程模型，因此无须对变量进行先验性的约束。本研究的 VAR 模型变量包括房地产价格指数 PI（北京为 BPI、天津为 TPI、石家庄为 SPI、唐山为 TSPI）和贷款利率 R。

8.3.3 平稳性检验和协整检验

1. 平稳性检验

为了避免伪回归，在建立 VAR 模型之前需要对各个变量进行平稳性检验。本研究采用的是 DF 单位根检验方法对各变量进行检验，用 ADF 单位根检验方法对各个变量的一阶差分进行检验。在所有的变量中，只有北京的房地产价格指数和贷款利率两个变量不能拒绝存在单位根的原假设。对各个变量进行一阶差分后所有的变量都拒绝了存在单位根的原假设，因此符合进行协整检验的条件。对各变量进行单位根检验的结果见表 8 - 2。

表 8 - 2　　　　　　　　　　各变量单位根检验结果

变量	DF/ADF 统计量	5% 临界值	1% 临界值	P 值	结论
BPI	- 1. 597	- 2. 899	- 3. 505	0. 4851	不平稳
ΔBPI	- 3. 682	- 2. 899	- 3. 505	0. 0044 ***	平稳
TPI	- 4. 751	- 2. 889	- 3. 505	0. 0001 ***	平稳
ΔTPI	- 16. 768	- 2. 889	- 3. 505	0. 0000 ***	平稳
SPI	- 2. 594	- 2. 889	- 3. 505	0. 0943 *	平稳
ΔSPI	- 6. 477	- 2. 889	- 3. 505	0. 0000 ***	平稳
TSPI	- 6. 056	- 2. 889	- 3. 505	0. 0000 ***	平稳
ΔTSPI	- 6. 203	- 2. 889	- 3. 505	0. 0000 ***	平稳
R	- 0. 891	- 2. 889	- 3. 505	0. 7909	不平稳
ΔR	- 7. 185	- 2. 889	- 3. 505	0. 0000 ***	平稳

注：1. * 、 *** 表示在 10% 、1% 显著水平拒绝原假设；
2. ΔBPI、ΔTPI、ΔSPI、ΔTSPI、ΔR 表示对变量进行一阶差分。

2. 协整检验

由于所有的变量都是一阶单整的，需要对变量都进行协整检验，以检验变量是否存在长期稳定的均衡关系。对四个地区进行协整检验的结果见表 8 - 3。

表 8 - 3　　　　　　　　　Johansen 检验秩迹检验结果

原假设	迹统计量	5% 临界值
（北京）0 个协整向量	18. 6282	18. 17
至少一个协整向量	2. 1862 *	3. 74

原假设	迹统计量	5% 临界值
（天津）0 个协整向量	21.9437	15.41
至少一个协整向量	0.7250 *	3.76
（石家庄）0 个协整向量	15.9908	15.41
至少一个协整向量	0.8737 *	3.76
（唐山）0 个协整向量	22.6059	15.41
至少一个协整向量	2.5116 *	3.76

用 Stata12.0 对四个地区的数据进行 Johansen 协整检验，四个地区输出的结果中，＊全部出现在有一个协整向量上，意味着四个地区的房地产价格指数和贷款利率之间存在着长期的协整关系，符合建立 VAR 模型的条件。

8.3.4　脉冲响应函数实证分析

根据 FPE、AIC、HQIC、SBIC 四种准则对四个地区滞后阶的判断，天津、石家庄、唐山四种准则的滞后阶都是相同的，因此分别确定为 2、3 和 4，但北京地区的滞后阶 FPE、AIC 与 HQIC、SBIC 的判断有很大的差异，为了保证扰动项为白噪声，经过检验，把北京市的滞后阶设定为 5。

在 AVR 模型的基础上建立脉冲响应函数，用正交化脉冲响应图来反映贷款利率对四个城市的房价指数的动态影响。图 8 - 2 ~ 图 8 - 5 分别是贷款利率 R 对北京市、天津市、石家庄市和唐山市房地产价格的动态影响。从图 8 - 2 可以看出，提高贷款利率后北京市房价先有一个短时间的上涨，到实施政策后的第五个月贷款利率的上涨对房价的正向影响达到最高后开始对房价产生抑制作用，从长期来看，提高贷款利率对北京房价上涨也有一定的抑制作用。从图 8 - 3 可以看出，提高贷款利率对天津市房地产价格有一个非常短暂的正向促进作用后开始对房价产生抑制作用，但对房价的抑制作用持续时间并不长，到了第 20 期后贷款利率对天津市房价的影响几乎为零。

从图 8 - 4 可以看出，提高贷款利率对石家庄市房价也有一个短暂的正向促进作用，对房价的提升作用到第 3 期左右就达到了最大，之后就对房价产生了抑制作用，从长期来看贷款利率对石家庄房价有一定的抑制作用但是非常小。从图 8 - 5 可以看出，提高贷款利率对唐山市房地产价格的影响效果与石家庄的情况非常类似，即一个短暂的正向促进作用结束后就对房价产生了抑制作用，虽然在长期贷款利率对房价有一定的抑制作用，但是效果非常不明显。

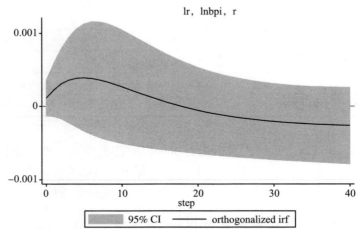

图 8 - 2 R 对北京房价指数变化动态影响

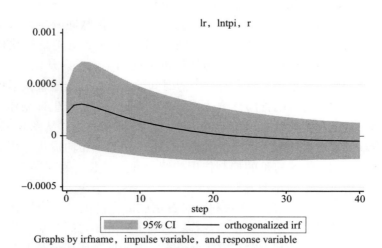

图 8 - 3 R 对天津房价指数变化动态影响

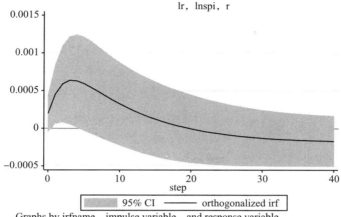

图 8 - 4 R 对石家庄房价指数变化动态影响

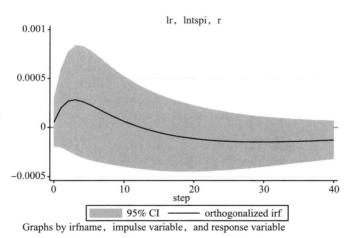

图 8 - 5 R 对唐山房价指数变化动态影响

8.3.5 预测方差分解

从图 8 - 6 ~ 图 8 - 9 可以看出，贷款利率对房地产价格变化的贡献率会随着时间的延长而逐渐变大，但总体来看并不是很大。四个城市 10 期贷款利率对房地产价格变化的贡献率都小于 12%，即四个城市的房价短期内发生变化时贷款利率的贡献率并不是很大。这说明利率政策虽然对四个城市房价有短期调控作用但调控力度有限，必须与其他宏观调控手段同时进行才能达到调整房价的目的。

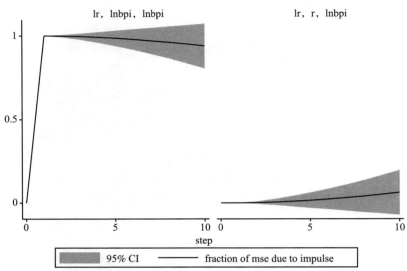

图 8 – 6　北京房价指数预测方差分解

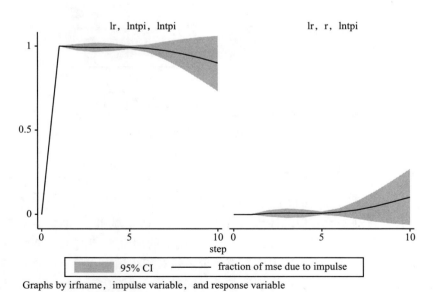

图 8 – 7　天津房价指数预测方差分解

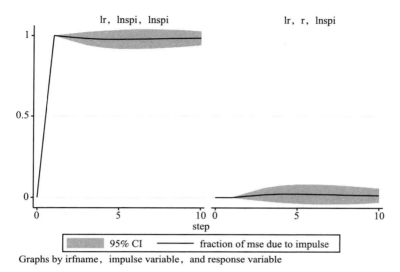

图 8 - 8 石家庄房价指数预测方差分解

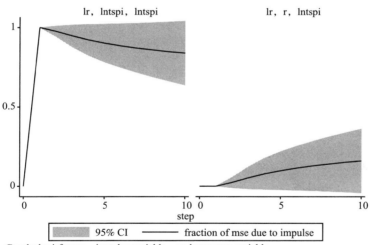

图 8 - 9 唐山房价指数预测方差分解

8.4 结论与政策建议

8.4.1 结论

从实证检验结果来看，利率政策即便是在京津冀一体化区域的不同城市对房地产价格影响效果也是不同的。具体结论如下：

第一，提高贷款利率即实行紧缩的货币政策使京津冀地区房价在短期内先上涨然后再下跌。这是因为，当贷款利率提高时，会增加房地产商的生产成本，因此在短期内供给曲线会向左上方发生移动，从而减少供给提高价格。

第二，利率政策对房价收入比较高的北京地区房价的长期调整作用明显。从实证分析可看出，提高贷款利率对北京房价有着长期的抑制效果。在房价上涨较快的北京，房价与收入比过高导致购买住房在一个家庭中的开支比例占比过重，因此北京市房地产市场需求曲线的弹性较大。贷款利率的升高使得供给者（房地产商）的要素成本升高，导致供给曲线向左上方移动，这时对均衡价格有一个提升作用；同时，贷款利率的升高也导致需求曲线向左下方移动，这时对均衡价格又有一个拉低的作用，由于需求曲线的弹性较大，最终的均衡价格会出现下降的趋势。

第三，利率政策对房价收入比较低的天津、石家庄和唐山地区房价的长期调整作用不明显。从实证分析可以看出，提高利率虽然在短期内对三个城市房价的提升作用后会产生抑制作用，但在长期内利率政策对房价的调控作用并不明显。在房价增长速度较慢且房价收入比较低的天津、石家庄和唐山地区房地产市场的需求曲线弹性相对较小。贷款利率的提高虽然会导致供给曲线和需求曲线分别向左上方和左下方移动，但是由于需求曲线的弹性较小，两条曲线在长期内的移动使得房地产市场的均衡价格并没有发生太大的变化。

8.4.2　政策建议

第一，加快京津冀区域金融一体化进程，搭建健康的货币供给平台。房地产市场是对金融市场依赖性较强的市场，健康的金融市场是促进一个地区房地产平稳发展的重要基础。京津冀地区的金融业虽然已经初具规模，但金融一体化进程缓慢，如果能较好地实现京津冀区域金融一体化，就能在一定程度上构建科学的区域金融协调机制和利益分配机制以及实施金融信息战略化，从而保障京津冀地区金融市场的健康发展。

第二，加快利率市场化步伐，使利率政策的实施更具有针对性。从整体来看，利率政策并没有较好地发挥对房地产市场价格的调整作用。在我国由于利率是由央行直接决定，从而不能根据每个地区的具体情况进行具体调整。如果能在房价收入比较高且房价增长速度较快的地区根据房价的变动来实行利率政策，会达到更加良好的效果。从而，利率市场化能更好地达到抑制投机需求，促使房地产价格健康稳定发展。

第三，从供给和需求两方面同时调整，保障居民对住房的合理需求。在每个地区都要保障一定量的中低价位住房土地供应并且加大廉租房、公共租赁房和限价商品房等保障性住房的合理供给，以满足中低收入人群对住房的刚性需求。

参 考 文 献

［1］王先柱，毛中根. 货币政策的区域效应——来自房地产市场的证据［J］. 金融研究，2011（9）：42 – 53.

［2］顾六宝，陈博飞. 货币政策对一、二线城市房地产价格变动影响的比较分析——基于北京、石家庄两地数据的 VAR 模型实证分析［J］. 河北经贸大学学报，2013（5）：15 – 17.

［3］常飞，李秀婷等. 货币政策对区域房地产住宅市场的差异化影响——基于国内十城市房地产住宅市场的实证研究［J］. 管理评论，2013（10）：3 – 9.

［4］陈建华. 京津冀一体化与金融合作［J］. 中国金融，2014（3）：58 – 59.

［5］施有文，王明甫等. 局部均衡分析框架下利率变动对房价的影响：理论与实证［J］. 华东师范大学学报（哲学社会科学版），2014（1）：128 – 156.

9

人口变化对商品房价格的影响研究：
基于老龄化和城镇化视角[*]

9.1 引　　言

1998 年，国务院印发了《关于进一步深化城镇住房制度改革加快住房建设的通知》，拉开了房地产市场货币化改革的序幕。20 年来，商品房价格飞速上升，2000 ~ 2014 年，我国住宅商品房价格年均增长率为 9.045%，收入水平的提高和人口结构的变化都是房价高企背后的需求增长因素。人口的老龄化和城镇化对住房需求的影响通过房价作用于商品房的资源配置，进而影响经济社会发展的其他层面。因此，要应对中国老龄化和城镇化带来的经济和社会问题，首先应探求老龄化、城镇化与房价之间的关系。

9.2　理论机理与数据描述

9.2.1　模型构建

经济学的价格决定机制揭示了产品的价格是由需求和供给共同决定的。因此，用需求（D）和供给（S）表示住宅商品房的价格，即 $P = F(D, S)$。

住宅商品房市场的需求和供给分别受到价格、收入、人口、成本、社会政策等因素的影响，因此，选用商品房价格（P）代表价格因素，人均可支配收入（PCDI）代表收入因素，人口自然增长率（NR）、人口受教育程度（ED）、老龄化（AEDR）三个指标代表人口因素，实际贷款利率（LR）代表成本因

* 作者：任伟，陈立文。原载于《中国人口资源与环境》2016 年第 11 期。

素，家庭分裂速度（FZ）、城镇化（PUR）两个指标代表社会政策因素，构建房价的多元线性模型，即 $P = C + \lambda_1 PCDI + \lambda_2 AEDR + \lambda_3 NR + \lambda_4 ED + \lambda_5 FZ + \lambda_6 PUR + \lambda_7 LR + \varepsilon$。

9.2.2 数据描述

文章使用全国 2014 年的数据和 31 个省（直辖市）2000～2013 年的年度数据。P 代表住宅商品房平均销售价格，AEDR 为老年抚养比，NR 为人口自然增长率，PCDI 为城镇居民人均可支配收入，ED 为人口受教育程度，FZ 为家庭分裂速度，PUR 为城镇人口比重，LR 为实际贷款利率。其中，人口受教育程度是指大专以上人口占比，即 $ED = \dfrac{各地区大专以上人口}{全国大专以上人口} \times 100$；家庭分裂速度 FZ 是指各地区家庭户规模；实际利率 LR 依据公式 $LR = (r - CPI) \times 100$ 计算得出。r 表示 5 年以上贷款基准利率的年度值，由于利率调整比较频繁，选取年平均值计算得出。CPI 为居民消费价格指数。为消除通货膨胀影响，P、PCDI 数据均经以 2000 年为基期的各地 CPI 转化为实际数据。以上数据均来自《中国统计年鉴》和《中国人口与就业统计年鉴》。

9.3 实 证 分 析

9.3.1 多元线性回归

在 Eviews8.0 环境下，将各变量进行水平项的单位根和一阶差分的单位根检验，一阶差分后所有序列均在 1% 的置信水平上拒绝了原假设，通过了 ADF 平稳性检验。采用最小二乘法（OLS）对 2014 年全国的住宅商品房平均销售价格、城镇居民平均可支配收入、老年抚养比、人口自然增长率、人口受教育程度、城镇人口比重、家庭分裂速度和贷款利率进行回归分析，发现贷款利率（LR）、家庭分裂速度（FZ）、人口受教育程度（ED）并不显著，为了使模型更为精确，采用逐步剔除法，建立三种模型进行比较，结果见表 9 - 1。

剔除 LR、FZ、ED、NR 后，形成的模型三回归结果显示 PCDI、AEDR 和 PUR 显著性较高，DW 值接近于 2。模型三协整检验的迹统计量和 λ - max 统计量均大于各自 5% 显著水平临界值，变量均有协整关系，证明回归结果是真实的。

表 9 - 1　　　　　　　　　　　　逐步剔除法回归结果

	模型一			模型二			模型三		
	相关系数	标准误差	T 统计量	相关系数	标准误差	T 统计量	相关系数	标准误差	T 统计量
C	1.0702	2.3746	0.4507	0.7364	0.9423	0.7815	0.8790	0.2902	3.0288
PCDI	0.6714	0.1923	3.4960	0.7259	0.0919	7.9024	0.7149	0.0584	12.250
AEDR	-0.186	0.1662	-1.117	-0.199	0.1349	-1.473	-0.195	0.1266	-1.544
PUR	0.3075	0.4841	0.6352	0.1886	0.1195	1.5780	0.1914	0.1124	1.7029
NR	0.1064	0.7159	0.1486	0.0312	0.1950	0.1600	—	—	—
ED	0.0465	0.1366	0.3406	—	—	—	—	—	—
FZ	-0.1158	0.3701	-0.313	—	—	—	—	—	—
LR	-0.1026	0.3277	-0.313	—	—	—	—	—	—
R2	0.990092			0.989665			0.987178		
$\overline{R}^2$	0.978532			0.985072			0.983331		
F	85.65016			215.4624			256.6305		
DW	3.102635			2.892596			2.414644		

注："－"表示变量被剔除。

在上述分析后，P = 0.8790 + 0.7149PCDI - 0.195AEDR + 0.194PUR，表明收入和城镇化对房价的冲击是正向的，人口老龄化对房价的冲击是负向的，人口老龄化对房价带来的负向冲击小于收入带来的正向冲击，但大于城镇化对房价带来的正向冲击。

9.3.2　面板回归

在面板回归部分，使用的数据为 30 个省市 2000 ~ 2013 年的年度数据。用 30 个数字代表 30 个省、市、自治区，分别为 1—北京，2—天津，3—河北，4—山西，5—内蒙古，6—辽宁，7—吉林，8—黑龙江，9—上海，10—江苏，11—浙江，12—安徽，13—福建，14—江西，15—山东，16—河南，17—湖北，18—湖南，19—广东，20—广西，21—海南，22—重庆，23—四川，24—贵州，25—云南，26—西藏，27—陕西，28—甘肃，29—青海，30—宁夏，31—新疆。

经过一阶差分后三个变量都能在 1% 的置信区间拒绝原假设。协整检验也表明各变量具有协整关系，见表 9 - 2，意味着可进行面板回归分析。

表 9 - 2 　　　　　　　　　　　　面板检验

变量	面板单位根检验方法			
	LLC 检验	IPS 检验	Hadri 检验	Fishier - ADF 检验
LNP	- 11. 0637　(0. 0000)	- 5. 61326 (0. 0000)	11. 7709 (0. 0000)	134. 786 (0. 0000)
LNAEDR	- 29. 3984　(0. 0000)	- 21. 6692 (0. 0000)	11. 5991 (0. 0000)	62. 676 (0. 0000)
LNPCDI	- 10. 8524　(0. 0000)	- 3. 98569 (0. 0000)	17. 0297 (0. 0000)	109. 878 (0. 0002)
LNPUR	- 22. 9356　(0. 0000)	- 14. 8077 (0. 0001)	10. 2263 (0. 0000)	260. 649 (0. 0000)

Pedroni 协整检验

组内统计量		组间统计量	
Panel v - Statistic	- 3. 666189	Group rho - Statistic	6. 167643
Panel rho - Statistic	4. 125501	Group PP - Statistic	- 7. 125109 ***
Panel PP - Statistic	- 4. 035414 ***	Group ADF - Statistic	- 1. 199448 **
Panel ADF - Statistic	- 2. 168365 **		

KAO 协整检验

KAO 检验	t - Statistic	Prob.
ADF	- 6. 055440 ***	0. 0000

注：括号内为响应的伴随概率，*** 表示在 1% 的置信度上显著，** 表示在 5% 的置信度上显著。

　　面板回归结果如图 9 - 1 显示，收入对房价具有正向的冲击，跟之前利用全国数据进行多元线性回归得出的结果一致，比较符合现实含义，尤其是上海、浙江两个省市，收入对房价的正向冲击作用大于 1，其次是江西和甘肃两省，收入对房价的作用程度为 0. 96。

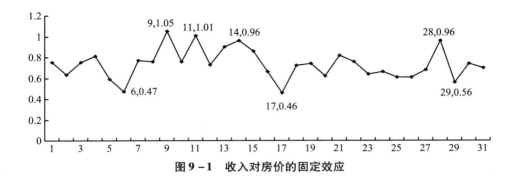

图 9 - 1　收入对房价的固定效应

　　然而，从图 9 - 2 看，老龄化对房价的冲击效应并没有线性回归的结果那么明确，各省市老龄化对房价的影响有正有负，负向作用的省市较多。如北京、山东、广东和甘肃、新疆等地老龄化对房价的冲击是负向的，作用程度在 0.3 ~ 0.6 之间。辽宁、安徽、湖北的老龄化对房价的冲击是正向的，作用程度在 0.2 ~ 0.4 之间。

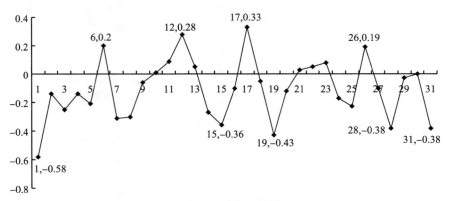

图 9 - 2   老龄化对房价的固定效应

从图 9 - 3 可知，城镇化对房价的冲击也没有对应线性回归的结果，与老龄化类似，城镇化对房价的作用也是有正有负，但具有正向作用的省市较多。正向冲击最大的省市是北京，作用程度为 1.18，其次是天津、湖北、海南和四川，作用程度在 0.5 ~ 0.6 之间。在宁夏、吉林等地区，城镇化对房价的冲击是负向的，作用程度分别为 0.84 和 0.69。

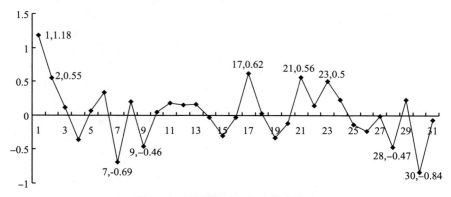

图 9 - 3   城镇化对房价的固定效应

9.3.3　实证结果分析

人口老龄化和城镇化是社会发展的长期趋势，因此本研究关注的主要问题是老龄化和城镇化对房价的长期影响效应。

从多元线性分析结果来看，老龄化对房价的影响是负向的，城镇化对房价的影响是正向的，然而，根据31个省（直辖市）的面板模型计算结果可知，老龄化对房价影响的固定效应在（−0.8，0.4）之间，城镇化对房价影响的固定效应在（−1，1.5）之间，即，老龄化和城镇化对房价的影响有正有负，因地区而异。原因可能是以下几点：

（1）区域经济发展失衡。我国幅员辽阔，人口众多，各区域由于城市化水平、初始资源禀赋、自然环境等方面的差异，导致了各区域发展过程中出现了不平衡。区域发展不平衡必然带来区域经济、居民收入、社会福利等方面的失衡，这种失衡体现在居民生活水平、经济发展速度、房地产发展规模等多方面。

（2）储蓄的代际转移。随着生活水平的提高，人们开始追求更多的私人空间，家庭规模向小型化转变。适婚年龄子女的婚后单独住房需求在父母储蓄代际转移下得到满足。在西南财经大学2011年的"中国家庭金融调查"中发现，我国的北京市、吉林省、山东省和广东省等东部地区，适婚年龄子女购房首付款中依赖父母赠予人群占总按揭人群比率高于其他地区，老年人成为住宅商品房市场价格的隐形推手。

（3）人口迁移。地区经济发展不平衡是人口迁移的主要动因，具有高收入和更好的工作机会的地区吸引了青年就业人口和农民工的大批涌入，人口迁移带来的城镇化和人口年龄结构的改变，带来住房需求的变化。尤其在北京，人口迁移导致的住房需求变化作用于房价，具体体现在老龄化对房价的负向冲击（0.58）小于城镇化对房价的正向冲击（1.18），使得北京房价持续升高。当然，对于迁出地而言，城镇化进程对当地房价的影响是负向的，如甘肃、宁夏等省份。

9.4　结论与建议

本文分析了收入、人口、成本、社会政策等因素对房价的影响程度，选取人均可支配收入、人口自然增长率、人口受教育程度、老龄化、实际贷款利率、家庭分裂速度、城镇化等指标构建房价的多元线性模型，结果显示收入、城镇化和老龄化对房价的影响是长期的，并且收入和城镇化对房价的冲击是正向的，人口老龄化对房价的冲击是负向的。

然而，利用30个省（直辖市）的相关指标进行面板回归的结果与线性回归结果并不一致，在不同地区，老龄化和城镇化对房价的冲击效果不同，有正向冲击也有负向冲击。究其原因，有地区经济发展不平衡、储蓄的代际转移和人口迁移等。从长期看，地区经济发展不平衡所导致的城镇化进程的差异以及人口迁移的方向和速度成为城镇化对房价的冲击动因，老年人口的储蓄习惯和储蓄的代际转移也使得社会老龄化对房价产生冲击。因此，从长期来看，地区经济发展的均衡化和深度的城镇化进程将使城镇化产生对住宅商品房价格的正向冲击，同时，在老年人口住房需求得到满足，前期储蓄在代际转移中充分释放后，不同地区的老年人口对住房价格的影响将与全国线性回归结果一致，产生负向冲击。

因此，提出以下建议：

第一，预测并评估老龄化对住房需求的影响程度，制定住房供给政策，为政府部门应对老龄化问题提供保障。住房供给政策的制定要在完善住房保障体系的基础上进行。我国住房保障体系囊括了经济适用房、公共租赁住房、棚户区改造等，解决了大部分生活困难人群的住房问题，但对于中低等收入家庭来说，高企的房价也成为他们解决刚性住房需求的阻碍。因此，在住房保障体系的构建中，应纳入中低收入家庭的住房保障问题。

第二，建立应对老龄化影响住房需求的住房预警机制。如何建立预警机制呢？要在认清老龄化社会现实的基础上，推进养老、医疗等制度改革，消除老年人的后顾之忧，缓解老年人以养老、医疗保障等为目的的购房需求。预警机制还应包括多样化金融投资渠道，使住房不再成为唯一的保值、增值产品。

参 考 文 献

［1］Barrell, Ray, Simon Kirby, and R. Whitwortld, Real House Prices in the UK ［J］. National Institute Economic Review, 2011 （216）：62 – 68.

［2］Jain, R., Houses Turn Gold as Prices Skyrocket ［J］. Money Todayt, 2011 （10）：2 – 3.

［3］Holly, S., M. H. Pesaran, and T. Yamagata, A Spatio-temporal Model of House Prices in the USA ［J］. Journal of Econometrics, 2010 （1）：158.

［4］Holly, S., M. H. Pesaran, and T. Yamagata, The Spatial and Temporal Diffusion of House Prices in the UK ［J］. Journal of Urban Economics, 2011 （69）：22 – 23.

［5］陈彦斌，陈小亮. 人口老龄化对中国城镇住房需求的影响 ［J］. 经济理论与经济管理，2013 （5）：45 – 58.

［6］邹瑾. 人口老龄化与房价 ［J］. 华东经济管理，2014 （7）：48 – 52.

10

论房地产价格泡沫控制及风险转移途径*

10.1　引　　言

目前房地产行业与其他行业联系十分紧密，而且对我国国民经济又好又快发展具有十分重要的作用。经过多年的发展，我国房地产行业已经得到了长足的发展，但是中国房地产增长势头强劲，导致房地产价格出现了泡沫化的趋势，这主要是因为我国市场流动性价格膨胀、虚拟经济部门中资金不流通、房地产市场价格虚拟化、人们对房地产市场需求刚性、不断上涨的土地价格等。由此可见，当前国家给出的房地产价格泡沫控制方法存在治标不治本的弊端，只有寻找正确的风险转移途径和策略，改拥堵为疏通才是有效方法，只有这样，才能确保我国房地产事业又好又快发展。

10.2　现阶段我国房地产行业发展现状以及存在问题

10.2.1　目前我国房地产行业的发展现状

随着我国社会主义市场经济不断完善，我国房地产行业也得到了充足的发展。据相关数据统计，截至 2014 年，我国房地产总产值已经占全国 GDP 总值的10.2%左右，由此可见，我国房地产行业已经成为国民经济发展的支柱行业之一，而且对其他行业的发展也起到了示范作用。自 2008 年金融危机过后，我国经济增长主要依靠房地产行业，但与此同时带来的问题就是我国房地产价格普遍上涨，分别上涨了 9.4%、10.2%、11.5%。房地产价格出现了泡沫化趋势，不断攀升的房地产价格、资金的过度流入等问题，引起了社会各界的广泛关注。我

＊　作者：陈昭翔，陈立文。原载于《技术经济与管理研究》2016 年第 5 期。

国房地产行业具体可分为房产和地产两个方面的含义，二者既紧切相连又存在着一定的差异。房产属于实体经济中的建筑行业，因此其价格的变动主要取决于建筑材料以及建筑成本。地产属于虚拟化房产行业，没有建筑成本，主要都是依靠其预期的收益，主要是利用资本化来进行定价。房地产价格主要属于经济价格和虚拟价格两个方面的因素，本研究从房地产价格两重性方面出发，具体分析房地产价格泡沫化控制以及风险规避的有效手段。

10.2.2　我国房地产行业存在的问题和不足

目前我国房地产事业发展过程中存在的最严重问题就是房地产价格泡沫化，房地产价格泡沫在广义上指虚拟资本的泡沫化增长，因其土地和房屋价格与其实际价值不相符合，因此称之为泡沫化。房地产虚拟账面上的价格虽然增长得很快，但是实际操作中却很难达到，从而只是一种表面虚假的繁荣，价格泡沫的主要成因就是来源于房地产的过度炒作，导致房地产实际价格并没有那么高。据相关资料显示，最早的房地产价格泡沫发生地是美国佛罗里达，产生时间为 1923 ~ 1926 年，这次房地产价格泡沫不但引发了美国华尔街的股市崩溃，而且还爆发了全球性的金融经济大危机。房地产价格泡沫受到多方面的影响，其中包括货币政策、房地产产业政策、国家财政政策以及社会福利政策等方方面面，但最为主要的影响因素就是货币政策，它不仅是我国国民经济的重要组成部分，而且还在整个房地产价格调控中担任着十分重要的角色。研究房地产价格泡沫首先考虑房地产价格泡沫中的传播机制，这也是间接提高房地产价格的因素之一。随着我国房地产事业的不断发展，货币与房地产市场二者密不可分，才能使得房地产价格得到稳定，因此可以通过调整市场供求关系和货币政策来抑制房地产价格泡沫化趋势。

10.2.3　我国房地产行业出现问题的原因

第一，流动性膨胀是根本原因。流动性膨胀是导致我国房地产价格泡沫形成的根本原因，只要流动性一放松，房地产价格和股市就会高涨，这主要是由于我国大量的房地产和股票资产可以炒作，导致资金能够直接或者间接进入市场，导致房地产投机交易的机会过多，由于资金的承载力过多，从而造成了我国房地产价格泡沫化。我国自 2008 年后中国人民银行就宣布了个人首次购买 90 平方米以下的，就能够将税率调整到 1% 以下。但是效果不佳，房地产价格仍然处于价格泡沫。

第二，房地产市场价格虚拟化是间接原因。目前我国房地价格已经进入了市场化和货币化，从而摆脱了市场价格的物质属性，这会大大提高房地产价格的流动性和虚拟性，从而加强其趋势。我国房地产主要是以个人购买为主，商品房明显增多，补助房减少，因此房地产货币化进程加快，房地产价格的市场化和货币化明显升高。

第三，人们对房地产市场需求刚性是外在原因。人们的需求是房地产市场发展的主要动力所在，人们对房地产市场刚性需求是房地产销售兴旺和房地产价格泡沫化的主要原因。居民预期房价上涨，不但能够增加购房的主要需要，同时也使更多的人选择提前购房。据相关资料表明，在未来 20 年里，我国农村人口将大量涌入城市，随着我国城市化进程加快，对住房的需求也逐渐增多。全世界城市化水平大约为 60% 左右，其中发达国家高达 80% 以上，中国城市化水平也快赶上世界平均水平，因此发展潜力巨大，每年新增的城市人口都会给房地产行业带来巨大的发展空间，不断增加的消费需求也导致了房地产价格的泡沫化趋势。新婚家庭也引发了巨大的住房需求，中国城镇家庭大约有 2 亿多个，新婚家庭占到 2%，每年都有几百万个新婚家庭，这就会增加住房需求。旧房改造和城市规划导致了被动性的住房需求，中国住房贷款、欠债的很多，很多城市为了提升自己的城市形象，因此就对一大批旧房进行改造，整体布局规划，从而出现了很多拆迁户，这无疑会增加人们对房屋的需求量。投资性住房的增加，社会主义市场经济的快速发展，导致我国居民个人财富的不断积累，因此有很多居民会用手中的钱选择投资性住房，从而纷纷提高了房屋的市场化需求。

第四，不断上涨的土地价格是内在原因。房地产土地价格主要可以分为 4 个方面，土地成本、相关税费、开发利润以及建筑成本工程等。我国土地性资源属于稀缺资源，有限的、不能再生的资源，因此土地的供给能力较小，而且土地资源属于国有资源，房地产开发商以及城市居民的使用权限一般为 70 年，这种主要是由于中央政府决定的，从而成为垄断的供给方。由于土地资源的弹性小和垄断性强，导致我国土地开发价格普遍上涨，因此政府要想发展经济，就必须投入大量的资金，建立健全土地转让制度。

10.3　房地产价格泡沫风险转移的种类以及方法

1. 风险转移的多种形式

第一，风险规避。风险规避是根据当前对房地产价格进行风险预测和相应的风险评估，然后通过分析权衡其中的利与弊，采用相关手段停止或者放弃相关的房地产项目，从源头上消除风险的存在，但是也可能会放弃一些利益较大的项目，所以属于消极的风险转移办法。风险规避的本质就是放弃或者停止一切可能引起房地产价格泡沫化的商业买卖活动，这种方法虽然可以减少不必要的风险和损失，同时也可能因为谨小慎微而失去潜在的发展机会。

第二，风险控制。风险控制属于一种积极风险转移手段，主要是在风险事件开始前、过程中以及结束后分别降低风险带来的损失的一种方法，其包括两个方面：一是风险预测，这是以降低风险的发生情况为目标；二是风险抑制，这主要是减少风险转移中存在的安全隐患。总之，风险控制就是从正面积极的采用预防和抑制手段，尽可能减少价格风险中存在的不良因素，而且不会带来任何不良影响，不仅成本较低，还可以获得良好的收益，这也是房地产价格泡沫风险转移中的有效途径之一，应该优先考虑。

第三，风险转移。这是指房地产在进行销售或者制定价格战略的时候，有意识地将自己本不愿意或者不能够承担的一些潜在风险，通过一些合法手段转移给其他与之相关的经济单位。现阶段，常见的风险转移途径有：合同制风险转移、保证制风险转移、期货或者商业保险等。风险转移一般是通过合同制风险转移的方法，使得转移方与被转移方二者达成一定的协议，从而使其承担相应的结果，因此风险转移的成本与其他方法相比，明显较低，值得推广。

第四，风险留取。风险留取是指某些房地产管理者自愿承担房地产价格中存在的风险和风险所导致的财务损失，风险既然无法逃避，而且做不到风险控制与风险转移，只有对风险进行自留才可以在承担一定的风险的同时获得最大的利益。风险留取的措施主要有以下几种：自己进行保险、融资进行补偿、借贷等。这种政策与其他方法相比，是节约风险成本最大化的体现。

第五，风险使用。风险使用就是利用了房地产管理者对风险的惧怕以及确保安全的心理，使其参与存在风险的房地产价格活动，然后通过自身管理工作水平的提高，为房地产企业谋求经济效益和社会效益的最大化，通过使用风险的方法，来有效规避或者转移房地产价格的风险，属于一种有效的准备方法。

2. 房地产价格泡沫风险转移的意义

第一，房地产价格属于一种长期波动的动态价格，正是由于这种不确定性和动态性，才导致房地产价格会出现泡沫化情况，因此加强对房地产价格进行风险转移，识别风险的来源和本质，才能逐渐使我国房地产适应市场经济动态性的大环境。

第二，稳定房地产价格，提高房地产风险管理的质量和水平，确保了房地产规划的稳定性和正确性，有助于房地产事业又好又快的发展。

第三，对房地产价格泡沫进行风险转移，能够减少风险事件的发生，一旦房地产价格受到波动和冲击，就可以获得与之相关的资金和财务补偿，从而确保房地产事业能够健康稳定的发展。

第四，风险转移的目的就是通过将潜在的风险进行转移，从而避免不必要的资金浪费，提高房地产的经济效益和社会效益。

第五，能够有利于房地产管理者更好地为房地产工作者提供经济保障，打消

员工工作的后顾之忧，增加员工的责任意识，使其明确自身的主人翁地位，提高
员工工作的主动性和自觉性，为房地产事业赢得良好的口碑。

第六，通过风险转移，可以加强房地产事业与银行信贷、房地产开发商之间
的联系，使三者能够协调发展，这也对房地产开发和集资有着很大的好处。

3. 房地产价格泡沫的风险转移有效途径

第一，房地产投资价格风险转移。房地产投资价格主要是指房地产价格定性
的风险分析和房地产财务风险分析两个方面，无论从哪个方面出发都是为了预测
和估计房地产价格投资方面的风险，然后根据各种不同的房地产类型，采取多种
规避风险的策略。例如：对房地产价格要进行一个前期的综合性研究分析，主要
是包括前期的房地产成本投资、房地产价格的市场调查、后期的房地产收益等多
方面的考察。通过进行事先的价格投资风险评估，进行风险转移识别和衡量价
格投资中的风险，一旦发现某项投资会导致资金的损失，这就需要改变其风险
投资的途径，放弃此项目，这样不仅能够有效转移风险，同时还能避免不必要
的资金损耗。总而言之，房地产价格的风险转移方法是消除风险隐患的最有
力、最彻底的一种方法，属于自给自足性质的规避风险的手段，从而降低一些
损失的发生。

第二，房地产泡沫价格风险规避。房地产泡沫价格的产生因素较多，因此不
但要对房地产的投资价格进行有效风险转移，与此同时还要控制其成本风险，只
有这样，才能确保我国房地产行业又好又快发展，实现房地产行业经济效益和社
会效益的最大化，具体做法有以下几个方面：（1）价格风险预测。对于一般的房
地产而言，一旦将资金投入进去就要面对更多的竞争和相对狭窄的市场消费空
间，这就会存在很大的不可预见性和风险性。据相关资料表明，我国房地产行业
目前属于供过于求，因此只有选择相对大型的投资项目或者是安全的投资方向，
才能获得一定的收益，由此可见，在进行投资的时候，必须进行价格风险预测，
并且预先做好必要的防护方案和措施。（2）规避风险。在房地产投资过程中，应
该选择风险较小的投资项目，这样也占有价格优势，放弃风险较大的风险投资项
目。将风险降低到 0，虽然这种方法能够有效规避风险，但与此同时也放弃了一
些高额利润的房地产项目，相对的预期收入较小。（3）风险转移。房地产风险转
移主要分为两个方面：一方面是非保险风险转移，另一方面是保险风险转移。非
保险风险转移，主要是指房地产投资方与其他方签订合同，通过已经签订的合
同，将风险带来的损失转移给了其他方。例如：双方可以签订房地产开发建设的
合同，一旦发生了风险，就可以转移出去。又如：房地产工程量大、工期长的工
程，受到市场价格、供求关系、施工所需设备等因素的影响，存在较大的风险，
遇到这种情况，房地产投资方就可以在合同中标注，延误工期所造成的损失必须
由承建方承担。保险风险转移。这种风险转移都是参加保险，但这属于一种更为

公开、公平的博弈，这也就是房地产购买保险的主要原因。（4）风险分散。房地产面临的商业风险都不同，因此获取的能力也不同，从而才能够将风险投资降到最低，然后获得更加相应的风险效益，最为有效的分散风险的方法就是使用组合投资方式。利用不同的房地产类型和功能相互补充，然后利用各种收益作为房地产调整，从而满足当前市场的需求，提高风险分散能力，减少不必要的损失，与此同时还能采用购房贷款、预售、预租以及分期付款等方法来进行风险分散。（5）风险控制。房地产风险控制主要是施工控制，在整个施工过程中节约成本和资金的可能性较小，但是增加资金的可能性较大。因此在签订合同的时候，要确保社会效益和经济效益，从而确保施工过程中按照图纸进行施工。

10.4 关于房地产价格风险转移的对策以及建议

1. 做好房地产价格风险转移的应对策略

首先，树立正确的风险转移理念。风险转移是房地产开发的一个重要组成环节，因此房地产开发管理者要树立正确的风险转移理念，树立正确的价值观，从而重视风险转移的意义，转变风险转移理念，与时俱进，开拓创新，在实践的基础上创新，在创新的基础上实践，搜集到一些与市场房地产相关的信息和资料，从而将风险进行转移。其次，做好房地产市场调研工作。房地产行业要搜集与房地产相关的资料，做好市场调研工作，进行风险识别和预测，实现市场资源的信息共享，进行有效的风险识别和科学的市场信息评估，准确把握其中风险因素。最后，权衡利弊，有效进行风险控制。在整个房地产风险评估体系中，要有效进行风险控制，回避风险。例如：要放弃或者终止风险较大的房地产项目，提高工作方法，房地产人员以及施工人员都要提高自身素质和专业化水平，为企业减少不必要的损失。

2. 房地产价格泡沫控制中应注意的几点事项

虽然我国的房地产事业已经得到很大的发展，但仍然存在诸多亟待解决的问题，因此在控制房地产价格泡沫化的同时，还应该注意以下几点问题：

第一，制订和完善相应的控制计划。房地产价格泡沫的控制计划要具有独特性和针对性，根据实际情况因地制宜地采用合理的方案，这也是风险规避的有效手段，由于房地产价格具有很大的波动性和独特性，因此要制定和完善相应的控制和解决计划，才能克服风险。注意在方案制定过程中存在的侥幸心理和贪小便宜的心理，切莫因小失大，为房地产价格带来更大的风险。

第二，将各种风险规避途径有效结合。无论是风险规避、风险转移、风险控制等哪种减低风险的方法，其都有自身的局限性和复杂性，面对社会主义市场经济激烈的大环境，只有将各种方法相结合，在实践的基础上创新，在创新的基础上实践，按照成本优点进行排序，这样不仅能够有效地对房地产价格泡沫进行控制，同时还能避免出现单一方案无法解决的情况。

第三，注重实现经济效益和社会效益的最大化。控制房地产价格泡沫不但要充分考虑房地产开发管理者的经济利益，还要充分考虑其社会效益，想要得到较高的回报就要承担一定的风险和付出一定的代价。但是也有必要为实现其经济效益，制定一个风险方案的综合评估，按照节约风险成本的方案进行排序，从中选择出一个更加经济高效的价格方案，实现经济效益和社会效益的最大化。从本质上而言，房地产价格泡沫的控制始终伴随着房地产事业的全部过程，正确的风险规避途径就是依靠集体的智慧和力量。

3. 未来房地产价格泡沫风险转移的启示

房地产价格泡沫控制使房地产管理者清楚地意识到，房地产价格泡沫形成离不开宏观因素和货币政策。良好的货币政策不仅能够对房地产市场起到调节作用，还可以抑制因房地产市场过于热烈而产生的价格泡沫情况。货币政策中的信贷手段能够有效调节房地产市场中的供给与需求关系，由此可见，房地产价格泡沫的控制离不开适当的货币政策的辅助，尤其是当房地产价格泡沫化趋势加重的情况，更为适用。虽然通过调整相应的货币政策能够有效控制房地产价格泡沫化趋势，实行紧缩的货币政策在抑制房地产价格泡沫的同时还使得城镇居民的人均可支配收入降低，因此这种方法也存在很大的弊端，由此可见，要选择一种积极、最优的货币政策才能有效控制房地产价格泡沫趋势。

10.5　结　　语

综上所述，目前我国社会主义市场经济飞速发展，人们的生活质量和水平逐渐提高，对房地产工作也提出了更高的要求，因此房地产企业要想在激烈的社会主义市场竞争中处于不败之地，就需要党和国家、相关政府对房地产价格泡沫进行有效的控制，房地产行业也要做好预先准备，规避风险，这样不仅能够提高房地产事业自身的竞争力，与此同时还能满足广大消费者的需求。房地产企业要清楚认识到控制价格泡沫的重要意义，只有这样才能提高我国房地产企业人员的工作质量和工作水平，使房地产企业能够进入一种良性发展的态势。由此可见，房地产价格规避工作不仅是房地产企业日常管理工作的重要组成部分，也是顺应我国社会主义经济发展趋势的必要要求。

由于房地产风险具备一定的规律性和时间性，这就要求市场参与者明确自身的责任，节约房地产开发成本，进行风险控制，房地产价格与风险具有很大的不确定性，这些特点就要求房地产开发行业要准确定位，根据市场最近的动态，制定科学合理的风险转移方案，通过树立正确的风险转移理念、做好房地产市场调研工作、权衡利弊，有效进行风险控制、制订和完善相应的控制计划、将各种风险规避途径有效结合、提高房地产工作人员的自身素质和责任意识，引导房地产工作人员树立为人民服务的理想观念，树立正确的世界观、人生观、价值观等方法，努力做好房地产价格泡沫的风险规避工作，实现房地产行业经济效益和社会效益的最大化。总之，房地产价格泡沫控制以及风险转移工作任重而道远，需要党和国家、政府、房地产开发者等共同努力，只有这样才能推动我国房地产企业又好又快发展！

参 考 文 献

［1］鞠方.房地产泡沫研究——基于实体经济与虚拟经济的二元结构分析框架［M］.北京：中国社会科学出版社，2008.

［2］刘骏民.利用虚拟经济的功能根治我国流动性膨胀——区别经济泡沫化与虚拟化的政策含义［J］.开放导报，2010，（2）.

［3］刘凯文.我国地方政府对房地产价格宏观调控研究［D］.成都：电子科技大学，2009.

［4］杨帆，李宏谨，李勇.泡沫经济理论与中国房地产市场［J］管理世界，2005（06）.

［5］杨玉珍，文林峰，抑制房价过快上涨宏观调控实施效果评价及建议［J］.管理世界，2005（06）.

［6］Huayi Yu，Spatial – Temporal Changes of Housing BUbbles in China's Major Cities：1999 to 2012［J］.Frontiers of Economics in China，2015（01）.

11

基于倾向得分匹配法的高速铁路
开通对城市住宅价格的影响*

11.1 引　　言

随着"八纵八横"战略的提出，高速铁路网络也越来越密集，高铁对城市的影响也越来越大。2017 年，"四横"铁路规划完成，使中国建成了一张世界最大的高铁网。

面对高速铁路如此快速地发展，从经济学直觉上讲，如此大规模地修建高铁势必将直接推动地铁沿线周边房价的上涨，这也是国内外绝大多数经验研究的结论。何里文等基于特征价格模型，在满足异质性假设的条件下，研究武广高铁的开通对沿线城市商品住宅价格的影响。海恩斯（Haynes）等的研究显示，京沪铁路的建立对中小城市住房价值影响较大，对大型省会城市的影响可以忽略不计。张铭洪等基于 2005 ~ 2014 年京沪高铁沿线 13 个主要城市站点周边 2245 个楼盘的面板数据，利用三重差分模型来分析高速铁路开通对住宅价格的影响。可见针对高速铁路开通对城市住宅价格的影响的研究，大多集中在基于对某一条高速铁路沿线的数据进行研究，且多是从微观层面进行的研究。因此，本研究采用倾向得分匹配法，选用全国地级市城市的宏观数据，对高速铁路开通对城市住宅价格的影响进行研究，并在城市规模及区域位置两个方面进行差异分析。

11.2 研　究　设　计

11.2.1 倾向得分匹配法

本研究目的是研究在其他条件或影响因素都相同的情况下，高速铁路的开通

---

* 作者：陈立文，王荣，杜泽泽。原载于《管理现代化》2018 年第 2 期。

这种单一差异的影响给城市住宅价格带来的效应差异有多大。由于无法同时观测到同一个城市开通高速铁路和未开通高速铁路的情况，这时就需要倾向得分匹配法，通过共同影响因素选取相近的城市来代替实际已经开通高速铁路的城市。从而比较实验组和匹配出的对照组之间的差异来对高速铁路开通对城市住宅价格的影响效应进行评估。

针对本研究，通过倾向得分匹配法计算平均处理效应的一般步骤如下：

步骤1：选择协变量 X_i。尽量将影响高速铁路开通与住宅价格的因素包含进来，以保证可忽略性假设得到满足。

步骤2：估计倾向得分，一般使用 Logit 回归。估计城市开通高速铁路的概率，设城市开通高速铁路的状态为 T_i，开通高速铁路为 $T_i = 1$，未开通高速铁路的为 $T_i = 0$，β_i 为向量回归的参数，X_i 为影响实验组和对照组高速铁路是否开通以及城市住宅价格的各协变量。则其概率表达式为：

$$P(T_i \mid X_i = x_i) = E(T_i) = \frac{1}{1 + \ell^{-x_i\beta_i}}$$

步骤3：运用各城市的倾向得分进行倾向得分匹配。这里有最近邻匹配、半径匹配和核匹配。

步骤4：根据匹配后的实验组和对照组样本计算高速铁路开通对城市住宅价格的平均处理效应。假设 i 表示实验组样本个数，y_{1i} 表示实验组住宅价格，y_{0i} 表示匹配后的对照组的住宅价格，则高速铁路开通的实验组平均处理效应（ATT）估计量的一般表达式为：

$$ATT = \frac{1}{N_{1i}} \sum_{i:T_i = 1} (y_{1i} - y_{0i})$$

11.2.2 数据来源与变量的选取

本研究基于我国 285 个地级市 2008～2015 年的相关城市数据进行研究。采用的数据来源于 wind 数据库、中国人民银行网站及中国城市统计年鉴。本研究的研究目标是运用倾向值匹配模型（PSM）考察高速铁路开通对城市住宅价格的影响。所以，需要关注影响高速铁路开通的因素和影响城市住宅价格的因素，以此作为进行匹配的协变量。以下相关变量是影响城市住宅价格的一组控制变量，这些控制变量不仅影响城市的住宅价格，也是影响城市是否建设高铁的协变量。

变量1：人均国内生产总值（GDP，单位：元/人）。在一般的情况下，一个城市的 GDP 水平越高，说明该城市发展的越迅速，其开通高速铁路的可能性也会更大。并且，根据赵强等利用面板数据分位数回归来对影响住宅价格的因素进行分析的结果，人均 GDP 对城市住宅价格也有显著的影响。

变量2：城市固定资产投资（INVESTMENT，单位：亿元）。一个城市的固定资产投资水平也代表着城市的物质资产水平，城市的固定资产投资水平也是影响高速铁路是否开通的一个重要因素。并且，郑世刚等的研究显示，固定资产投资对住宅价格的影响也非常显著。

变量3：利率（INTEREST，单位：百分数）。刘广平等利用实证研究证明利率对住宅价格有显著的影响。利率水平的高低不仅会对城市的住宅价格有一定影响，也会对城市的发展进程和发展速度产生一定的影响，从而影响高速铁路的开通。本研究选用中国银行网站的5年期以上利率按时间加权平均计算。

变量4：人口规模（PEOPLE，单位：万人）。祝宪民等利用地级以上城市面板数据的实证研究结果显示，城市的人口规模对城市的住宅价格有显著的正向影响，其会扩大城市的住宅需求。在一定程度上，高速铁路站点的选择也受到城市人口规模的影响。

变量5：储蓄存款（SAVINGS，单位：亿元）。储蓄存款在一定程度上可以代表城市的购买力。赵丽丽等以济南市的数据为基础，对住宅价格的影响因素进行分析，其研究结果显示储蓄存款可以显著提高城市的住宅价格。

变量6：城市基础设施（BOOKS，单位：册/百人）。本研究选用每百人公共图书馆藏书数代表城市的文化发展水平。

本研究以各个城市的商品房住宅价格（HP）作为反映城市住宅价格的指标，在进行倾向值匹配的基础上，考察有无开通高速铁路的城市在住宅价格指标上的差异。

本研究各因素指标具体数据来源如表11-1所示。

表11-1　　　　　　　　　结果变量和共同影响因素变量来源

指标	含义	单位	数据来源
HP	商品房住宅价格	万元	Wind 数据库
GDP	人均 GDP	元/人	Wind 数据库
INVESTMENT	市辖区固定资产投资	亿元	Wind 数据库
INTEREST	5 年期以上贷款利率	百分数	中国人民银行网站
PEOPLE	市辖区人口数量	万人	中国城市统计年鉴
SAVINGS	储蓄存款	亿元	Wind 数据库
BOOKS	每百人公共图书馆藏书数	册/百人	中国城市统计年鉴

在选取变量的基础上对实验组和对照组数据进行初步的统计分析，其分析结果如表11-2所示。

表 11 –2   匹配变量的描述性统计

变量	实验组		对照组		归一化差值
	均值	标准差	均值	标准差	
HP	1. 0161	2. 1216	0. 3381	0. 1968	0. 3236
GDP	49266. 7300	29852. 0100	33752. 5400	27579. 2000	0. 3817
INVESTMENT	2269. 0100	1979. 5010	596. 0856	454. 3362	0. 8237
INTEREST	0. 0635	0. 0054	0. 0635	0. 0054	0. 0000
PEOPLE	281. 6882	301. 4608	84. 4679	57. 7652	0. 6425
SAVINGS	3273. 6585	4409. 8560	603. 2340	416. 4876	0. 6028
BOOKS	162. 7092	197. 9561	72. 1591	356. 2901	0. 2221

参考李梦洁等的办法，使用归一化差值来比较实验组与对照组的差别。归一化差值可以直观地呈现变量的差异，当其大于 0. 25 时，说明实验组与对照组数据有显著的差异。表 11 – 2 中，除利率变量外，其余变量的归一化差值均大于 0. 25，说明在匹配之前，实验组和对照组之间有显著的差异。

11. 3　实证结果分析

本部分使用倾向值匹配模型（PSM）来估计高速铁路开通对于城市住宅价格的平均处理效应。本研究实证分析的研究思路：第一，参考高速铁路开通资料，将我国各地级市分为处理组和对照组，通过 Logit 模型估计每个城市开通高速铁路的倾向得分值；第二，检验数据是否满足倾向得分匹配法得平行性假设和共同支撑假设；第三，计算分析处理组的处理效应，并运用多种匹配方法进行稳健性检验。

11. 3. 1　倾向值估计

使用 Logit 回归对匹配变量进行筛选，Logit 回归的初始解释变量（X_{ij}）为上文提及的所有协变量，包括国内生产总值、城市固定资产投资、利率、人口、储蓄存款、每百人拥有图书数量，T_{ij} 为虚拟变量，表示城市是否开通高速铁路。表 11 –3 给出了根据 Logit 模型进行回归的结果。

$$Logit(T_{ij} = 1) = \beta_0 + \beta_1 X_{ij} + \varepsilon_{ij}$$

表 11 - 3　　　　　　　　　　　　　　**Logit 回归结果**

变量名	定义	回归系数	标准差	p > |z|
GDP	国内生产总值	0. 0000 ***	6. 80e - 06	0. 000
INVESTMENT	固定资产投资	0. 0024 ***	0. 000299	0. 000
INTEREST	利率	56. 2634 ***	18. 695280	0. 003
PEOPLE	人口	0. 0026 **	0. 001499	0. 077
SAVINGS	储蓄存款	0. 0005 ***	0. 000239	0. 033
BOOKS	每百人图书数	0. 0001	0. 000268	0. 653

注：** 表示在 5% 水平下显著；*** 表示在 1% 水平下显著。

由表 11 - 3 可以看出，除每百人公共图书馆藏书数（BOOKS）的变量系数并不显著外，国内生产总值、固定资产投资、储蓄存款、人口都是显著地提高了城市高速铁路的开通的概率。该 Logit 回归的 PSE - R2 为 0. 4377，说明拟合度较好。因此，在后续具体分析中选取 GDP、INVESTMENT、INTEREST、PEOPLE、SAVINGS 五个变量作为共同影响因素，进行倾向得分匹配。

11.3.2　匹配质量的统计检验

本研究将分别采用最近邻匹配法、半径匹配法、核匹配法进行匹配平均处理效应的分析，以便更好地保证结果的准确性。而匹配之后的结果是否有效的前提是需要利用平行性假设和共同支撑假设来进行检验。

1. 数据的平行性假设检验

数据的平行性假设就是要求"实验组"与"对照组"的各个变量在匹配后没有显著的差异。本研究利用最近邻匹配、半径匹配和核匹配对数据进行了匹配并进行了平行性假设，表 11 - 4 列示了该匹配得到的质量检验结果。

表 11 - 4　　　　　　　　　　　**条件变量匹配质量检验**

变量名	样本	实验组均值	对照组均值	标准化偏差（%）	标准化偏差降低率（%）	p > |t|
GDP	U（未匹配）	49267. 00	33753. 00	54. 00	95. 60	0. 000
	M（匹配上）	31724. 00	28515. 00	2. 30		0. 749
INVESTMENT	U（未匹配）	2269. 00	596. 09	116. 50	97. 60	0. 000
	M（匹配上）	991. 56	927. 14	- 2. 80		0. 493
INTEREST	U（未匹配）	0. 64	0. 64	0. 00	- 7. 00	1. 000
	M（匹配上）	0. 06	0. 06	7. 00		0. 532

续表

变量名	样本	实验组均值	对照组均值	标准化偏差（%）	标准化偏差降低率（%）	p>|t|
PEOPLE	U（未匹配）	281.69	84.47	90.90	96.20	0.000
	M（匹配上）	118.01	124.21	−3.50		0.278
SAVINGS	U（未匹配）	3273.70	603.23	85.30	99.30	0.000
	M（匹配上）	1009.80	973.36	−0.60		0.753

注：U（Unmatched）代表匹配前变量，M（Matched）代表匹配后变量。

如表 11 - 4 所示，匹配前后，除利率变量外，其他变量的标准化偏差均有所变小。Rosenbaum 等认为匹配后变量的标准偏差值的绝对值显著小于 20%，就说明该匹配方法合适且效果较好，本研究匹配后大多数 t 检验的结果表明实验组与对照组的差异已经不显著，且绝对值都小于 10%，说明匹配质量较好。

2. 共同支撑假设检验

共同支持条件要求实验组和对照组在匹配后在共同的取值范围内，剔除未包含在共同范围内的样本值，本研究在处理软件 Stata 中，利用 Command 命令进行剔除筛选，来满足共同支撑的假设，使得每个实验组样本在匹配后都能在对照组中找到匹配的个体。

11.3.3 平均处理效应结果分析

经过上述的分析和处理，实验组和对照组除了高速铁路是否开通这一差异外，在其他因素上已经基本相同。实验组和对照组在住宅价格上的差异即为高速铁路开通的处理效应。本研究利用核匹配方法进行分析，其他方法作为稳健性检验。表 11 - 5 给出了该匹配的估计效应处理结果。从表 11 - 5 可以看出，ATT 的估计值为 0.6781，说明开通高速铁路的城市的住宅价格与没有开通高速铁路的城市的住宅价格之间有较大的差异，而且虽然对应的 T 值比匹配前减小了，但仍大于 2.76，说明高速铁路开通对城市住宅价格的影响作用仍然在 1% 水平上显著。

表 11 - 5　　　　　　　　　　　倾向值匹配的处理效应

变量	样本	实验组均值	对照组均值	差异	T - stat
HP	Unmatched	1.0161	0.3381	0.6781***	7.97
	ATT	0.9637	0.3403	0.6234***	3.35

注：*** 表示在 1% 水平下显著。

11.3.4　稳健性检验

仅使用一种方法可能会导致结果具有较大的误差，本研究利用一对一匹配、一对四匹配和半径匹配方法对所分析数据进行稳健性检验。稳健性检验结果如表 11－6 所示。由表 11－6 中的检验结果可以看出，这几种匹配方法的分析结果较为相似，说明该结果有较高的可信性。

表 11－6　　　　　　　　　　　　PSM 稳健性检验

变量	一对一匹配		一对四匹配		半径匹配	
Inno	ATT	T－stat	ATT	T－stat	ATT	T－stat
	0.6108 ***	3.34	0.6213 ***	3.35	0.4929 ***	3.16

注：*** 表示在 1% 水平下显著。

11.4　城市差异分析

由于不同的城市有一定的差异性，可能受到高速铁路开通的影响的效果也不相同。所以，本研究在本部分从城市规模与城市区域两方面进行差异性分析，对不同大小、不同地域的城市分别进行分析。

11.4.1　城市规模差异性分析

本研究对城市规模大小的划分采用《第一财经周刊》的标准，利用其发布的《2016 中国城市商业魅力排行榜》中对中国地级以上城市的分级排名。其中 4 个一线城市、15 个新一线城市，其多为经济较发达的东部地区发达城市，或者是经济发达的区域中心城市。二线城市 30 个，多是中东部省会城市或沿海较发达城市，有较大的发展潜力。所以，本研究把一线城市和二线城市归类为大城市。三线城市 70 个，其城市总水平还有一定的发展空间。本研究把三等城市归类为中城市。其余的经济较不发达或者交通不太便利的城市归类为小城市。

由表 11－7 的倾向得分匹配分析结果可以看出，高速铁路的开通对中小城市的住宅价格影响较大，其开通对小城市的住宅价格最为显著，显著提高了小城市的住宅价格。对中城市的住宅价格的影响也较为显著，但对大城市住宅价格影响较小且不显著。这也与 Haynes 等对京沪高铁对住宅价格的影响的分析结果相符合，即高速铁路的开通对中小城市的住宅价格影响较大，反而对大城市的住宅价格的影响较小。高速铁路开通对大城市的住宅价格影响虽不显著，但也有一定的正向促进作用。说明高速铁路的开通确实提高了城市的住宅价格，这也与前边的全样本分析结果相符合。

表 11 −7　　　　　　　　　　　　城市规模差异化分析

城市细分	Sample	Treated	Controls	Difference	T − stat
大城市	Unmatched	0. 5723	0. 3381	0. 2342	4. 38
	ATT	0. 3725	0. 3448	0. 0277	1. 14
中城市	Unmatched	0. 3634	0. 3381	0. 3381	0. 80
	ATT	0. 3634	0. 2930	0. 0704 **	2. 21
小城市	Unmatched	0. 6187	0. 3381	0. 2807	5. 72
	ATT	0. 6246	0. 3014	0. 3233 ***	2. 79

注：** 表示在5% 水平下显著；*** 表示在1% 水平下显著。

11.4.2　地域差异性分析

高速铁路开通对城市住宅价格的地域差异分析结果如表 11 − 8 所示。由表 11 − 8 可以看出，高速铁路的开通显著提高了中西部城市的住宅价格，尤其是对西部城市的住宅价格影响较大。其对东部城市的住宅价格虽然有一定的影响，但并不显著。该结果也与城市规模的差异性分析结果相符合，大城市多为经济较发达的东部地区发达城市。

表 11 −8　　　　　　　　　　　　地域差异化分析

城市细分	Sample	Treated	Controls	Difference	T − stat
东部城市	Unmatched	0. 5723	0. 3381	0. 2342	4. 38
	ATT	0. 3725	0. 3448	0. 0277	1. 14
中部城市	Unmatched	0. 3634	0. 3381	0. 3381	0. 80
	ATT	0. 3634	0. 2930	0. 0704 **	2. 21
西部城市	Unmatched	0. 6187	0. 3381	0. 2807	5. 72
	ATT	0. 6247	0. 3013	0. 3234 ***	2. 79

注：** 表示在5% 水平下显著；*** 表示在1% 水平下显著。

11.5　结　　论

本研究主要结论如下：

第一，高速铁路的开通会提高城市的住宅价格，且该影响效应比较显著。

第二，高速铁路的开通对小城市住宅价格的影响最为显著，其显著地提高了小城市的住宅价格，对中城市的住宅价格也有比较显著的提升效应。相反，对大城市的住宅价格影响较小，且不显著。

第三，对中西部城市来说，其住宅价格受高速铁路开通的影响较大，尤其是西部城市。但是，高速铁路的开通对东部城市的住宅价格影响较小，且不显著。

高速铁路建设开通的热潮确实对城市的住宅价格产生了较为显著的影响，尤其是二三线城市，政府现在如此大力支持高速铁路的建设，从住宅价格方面来看，不仅不能缓解大城市的房价压力，也对中小城市的房价产生了相当大的影响。本研究建议对高速铁路的建设可以循序渐进，配合一系列的房价调控政策，在开通高速铁路后，注意根据城市具体情况进行房价调控。

参 考 文 献

［1］何里文，邓敏慧，韦圆兰. 武广高铁对住宅价格影响的实证分析——基于 Hedonic Price 模型和微观调查数据［J］. 现代城市研究，2015（8）：14 – 20.

［2］Chen Z. ，Haynes K. E. ，Impact of High Speed Rail on Housing Values：An Observation From the Beijing-shanghai Line［J］. Journal of Transport Geography，2015，43（5）：91 – 100.

［3］张铭洪，张清源，梁若冰. 高铁对城市房价的非线性及异质性影响研究［J］. 当代财经，2017（9）：3 – 13.

［4］赵强，曹炜婷. 基于面板数据分位数回归的商品住宅价格影响因素分析［J］. 山东财经大学学报，2017（5）：61 – 69.

［5］郑世刚，严良. 房价波动、调控政策立场估计及其影响效应研究——基于 1998 – 2014 年数据的实证分析［J］. 财经研究，2016（6）：98 – 109.

［6］刘广平，陈立文，陈晨. 城镇化、城乡收入差距与房价研究——一个调节效应模型的实证分析［J］. 软科学，2016（6）：39 – 42.

［7］祝宪民. 地方财政支出、城市人口规模与住宅价格——基于全国地级及以上城市面板数据的研究［J］. 广东社会科学，2015（2）：38 – 43.

［8］赵丽丽，焦继文. 房价影响因素的灰色关联度分析［J］. 统计与决策，2007（23）：74 – 75.

［9］李梦洁，杜威剑. 自由贸易协定能有效缓解金融危机吗？——基于倾向得分匹配模型的实证检验［J］. 经济经纬，2017（6）：63 – 68.

［10］Rosenbaum P. R. ，Rubin D. B. ，The Central Role of the Propensity Score in Observational Studies for Causal Effects［J］. Biometrika，1983，70（1）：41 – 55.

基于市场细分视角的城市住房价格影响因素研究

——以天津市为例[*]

12.1 引　言

自城市经济高速增长以及城镇化快速发展以来，房地产业发展迅猛，这也促进了房屋价格的快速走高。关系到社会稳定、居民生活的住房问题一时成为城市社会的一个重要方面，与此同时对房价水平的研究也成为城市住宅产业发展的重要研究课题，受到居民、政府以及相关学者的广泛关注（李雪铭等，2004）。拨开住房价格水平的表象，揭示其区域分布差异以及房价出现空间异质性的原因，对于指导城市居民做出正确的购房选择和决策，政府相关部门动态掌握城市住房价格态势和城市发展均衡程度具有重要的意义。

目前不少学者对城市住房价格空间分异进行了较为深入的研究，王欣（2002），王霞、朱道林（2004）等分别以天津和北京的房价分布为研究对象，描述了房价的空间结构并揭示了房价在空间分布上呈现出一定的规律性，并对导致此格局出现的原因进行了研究。通过对其影响因素进行更加深入细致的探讨，揭开了房价空间分布的面纱，指出区位条件、交通条件、周围环境和基础设施以及生态环境（郑晓燕等，2016）和居民的财富水平（王洋等，2013）等情况对房价空间格局都有一定的影响。并且，郑晓燕等（2016）和王洋等（2013）分别证明了同种影响因素在不同城市区位对房价的影响程度存在一定的差异性和导致不同类型住宅子市场出现价格分异的影响因素也不尽相同（王洋等，2014）。尽管目前本领域的研究结果已经比较丰富，但是由于导致房价

---

* 作者：陈立文，甄亚，刘广平。原载于《管理现代化》2018 年第 5 期。

分异的影响因素的多样性和影响的差异性，导致不同城市区位不同住宅子市场的影响因素不同，然而现有文献缺乏对该问题的研究。鉴于此，本文以天津市为例，建立房价影响因素评价指标体系，通过对城市区位和房产市场进行细分，探讨了影响不同区域、不同类型住房价格的主要影响因素及其差异性。分析房价出现区域差异性的原因，可以使政府清晰掌握天津市区各类资源设施发展均衡状况，进而可为规划部门实施城市规划、实现各区均衡发展提供参考。

12.2　数据与方法

12.2.1　研究区域

选择天津市 10 个行政区为研究区域，划分成中心六城区和环城四城区。其中，中心区域是天津市目前经济商业发展的核心区域，房地产发展已经比较成熟，能代表天津市房地产发展水平；环城四城区是"十二五"期间房地产业发展建设核心区域之一；两大区域形成两个同心圆，综合研究导致两大区域内的房价呈现差异性的影响因素，能够使研究更加全面，研究结果更符合天津市房产发展现状。

12.2.2　研究对象

由于房地产市场是个区域性很强的特殊商品市场，集中于某一特定区域内的样本可以在相当程度上避免由于市场细分而引起的偏差。本文研究范围为中心六城区和环城四城区，范围比较广，如果从整体视角下进行统一研究，难以对房价影响因素形成精确的定论和进行科学的把握。因此本文在细分视角下进行，一方面由于研究范围比较广，对研究区域进行细分，包括中心六城区和环城四城区；另一方面，由于房产市场难以统一，对房产市场按照物业类型进行合理细分（刘畅，2012），包括住宅和别墅，研究不同区域、不同类型房产价格的主要影响因素及其差异性。

本文以 544 个信息完整的小区作为本次房价分布及影响因素分析的样本，形成如表 12 - 1 所示的样本，以此样本为基础建立特征价格模型对房价影响因素进行详细研究。

表 12 – 1 房产样本分布特征 单位：个

	区域	样本数量
中心六城区	河北区	72
	红桥区	47
	和平区	39
	南开区	97
	河东区	64
	河西区	64
环城四城区	北辰区	45
	西青区	31
	津南区	41
	东丽区	40

12.2.3 数据来源

1. 住宅价格

文中所用房价均为小区的当月平均挂牌单价，房价来源选用"房天下"以及城市房产上的价格，然后利用房地产价格指数将房价调整到 2016 年 11 月份（采集时间为 2017 年 11 月份）。由于房价数据采用的是小区的均价，避免了单个房产的特征对房价的影响，消除了房产内部的差异性。

2. 地理信息及影响因素

（1）住宅房龄、容积率、绿化率、物业费等物理特征以及房产的学区属性等数据主要来源于"房天下"、天津城市房产、安居网等房产网站上的小区公布数据以及向中介公司的询问，对小区进行的实地考察等。

（2）利用百度电子地图获取房产周边的公交站和地铁站等数据。

（3）房屋的中心区位、区位交通、生活配套以及自然景观等外部特征数据的获取主要通过利用天津电子矢量文件以及 ArcGIS 技术中点距离计算、缓冲区分析等功能对矢量地图中的交通路网、绿地以及滨海景观等要素进行分析获取。

3. 区域数据来源

本文在研究房价分布情况时影响因素时考虑了区域的经济和人口特征，该部分数据从《2016 年天津统计年鉴》上获取。

4. 研究方法

特征价格模型是目前房价影响因素分析方面最常采用的研究方法之一，而特征价格模型又可以细分为线性函数、对数函数以及半对数函数三种形式。表达式分别如下所示：

（1）线性函数 $P = C_0 + \sum C_i X_i + \epsilon$

（2）对数函数 $\ln P = C_0 + \sum C_i \ln X_i + \varepsilon$

（3）半对数函数 $\ln P = C_0 + \sum C_i X_i + \epsilon$

特征价格模型中：P 为城市住宅价格，C_0 为除特征变量外其他影响价格的常量之和，C_i 为特征变量的特征价格，X_i 为特征变量，ϵ 为误差项。为了选出适合的形式，分别采用三种模型进行拟合分析，选出拟合效果最好的函数形式。经分析和检验，得到如表 12 – 2 所示的模型汇总结果：

表 12 – 2　　　　　　　　　　　　　模型汇总

模型	R	R^2	调整 R^2	标准估计的误差
线性模型	0.791	0.625	0.612	7491.3941
半对数模型	0.816	0.666	0.655	0.228265
对数模型	0.762	0.581	0.566	0.27959

结果显示，半对数模型的调整 R^2 为 65.5%，是三个模型中拟合度最高的，因此本文选择半对数形式的特征价格模型进行回归分析。

12.3　房价分异影响因素指标体系

12.3.1　影响因素体系的构建

已有的研究表明，城市房产价格异化是房产面积、房龄、建筑高度、装修程度、物业费、绿化率等建筑内部特征，与 CBD 距离、轨道交通等区位特征以及公园、学校、商场或超市等邻里特征综合作用的结果（温海珍等，2013；彭保发等，2015；王群猛等，2015；张志峰，2016；董藩等，2017；石忆邵等，2016）。其中，绿地环境（张彪等，2013；Zhang et al.，2012；石忆邵等，2010；尹海伟等，2009；陈赓等，2015；夏宾等，2012；王振山等，2016）、滨水景观（温海珍等，2012；吴冬梅等，2008；Zuo et al.，2015）以及轨道交通（聂冲等，2010；况伟大等，2016；顾杰等，2008；唐文彬等，2013；宋灏等，2012；Angel et al.，2012；Deng et al.，2016；周培祺等，2016；王福良等，2014）等因素经过国内外众多学者的研究已经证实其对城市房价存在显著的作用。然而以往研究并未建立完善的房价异化影响指标体系，另外在一些因素的选择与测度方面也值得商榷。例如：（1）由于房产处于一个复杂的社会环境中，房价容易受到周围各种因素的影响，因此在对变量进行初始选择时要尽量全面，即使前期主观地认为变量间可能存在一定的相关性也要先进行保留，通过后期分析进行筛选，以确保变量的全面和准确，切不可凭借主观臆想删除变量；（2）以往的研究中往往采用距离中小学的距离或者一定距离内有无重点中小学等变量来研究学校对房价的影响，而实际中，距离虽有影响，但是"学区房"的标志对房价的影响可能更加明显；对于房产区位优劣的评定上传统地多采用距离 CBD 的距离，比较固定和单一，且不够准确。"距离"在城市中象征权威，代表城市稳定的市政府和区政府的距离也可能是评定房产区位优劣的指标；对于医院、商场等因素，较多选择一个固定距离内有无医院和商场等，忽略了此类因素对房价的影响程度与距离的远近存在一定的阶段性规律；（3）在对区域经济和人口的影响考虑方面存在一定的欠缺，经济发展较快、人口较多等发展前景较好的区域，房地产的发展前景可能较好。

　　综合以上分析以及国内外实证研究的结果，本文在选取变量时，本着客观全面、准确创新的原则，考虑变量的可收集性以及变量的度量性，初步将选定的影响城市房价的因素进行划分，详细划分见表 12 – 3。

表 12 – 3　　　　　　　　　　　　房产特征变量的描述与量化

特征分类	变量描述		量化指标
建筑属性	房龄（Age）		2016 – 房产的建设年份
	容积率（Plot）		地上总建筑面积/总用地面积
	绿化率（Green）		绿地面积/土地面积
	物业费（Cost）		每平方米建筑面积每月物业管理费
区位特征	中心区位	距市政府的距离（DtoSG）	房产到天津市政府的直线距离
		距区政府的距离（DtoQG）	房产到当地区政府的直线距离
	区位交通	1000 米以内地铁站个数（Mrt）	房产周边 1000 米内地铁站的个数
		500 米以内公交站个数（Bus）	房产周边 500 米内公交站的个数
	道路交通便捷程度（Rode）		距离省道 500 米或者距离市区一级道路 300 米，评分为 7；距离省道 1000 米或者距离市区一级道路 500，评分为 5；距离省道 1500 米或者距离市区一级道路 1000 米，评分为 3；其他为 1

续表

特征分类	变量描述		量化指标
邻里特征	生活配套	学区属性（School）	普通学区评分为1；二类优质学区评分为3；一类优质学区评分为5
		医疗设施（Hospital）	1000米以内有专科或者综合医院评分为1，否则为0
		商业配套（Shop）	距离大型商场或者超市500米以内，评分为5；1000米以内，评分为3；3000米以内为1
		银行设施（Bank）	距离银行100米以内，评分为7；200米以内评分为5；1000米以内评分为3；2000米以内评分为1
	自然景观	绿地景观（Green space）	距离开放广场1000米或主要公园500米或其他绿地200米内，评分为7；距离开放广场1500米或主要公园1000米或其他绿地500米，评分为5；距离开放广场2000米或主要公园1500米或其他绿地1000米，评分为3；其他评分为1
		滨水景观（Waterfront and scape）	距离主要水系500米内，评分为7；1000米内评分为5；1500米内评分为3；其他为1
区域特征	人口密度（Population density）		各区县户籍人口密度
	地区生产总值（Area GDP）		各区县生产总值

12.3.2　房价分异的主要影响因素

用 SPSS 软件首先对表 12-3 中所列的 17 个变量进行 Durbin-Watson 和共线性诊断，结果显示 Durbin-Watson 值为 1.565，VIF 值均小于 4，说明变量间不存在自相关性和共线性，因此 17 个变量都将参与到模型的构建中。然后利用 SPSS 软件对模型进行回归分析，根据得到的方差分析表（见表 12-4）可知，回归方程的显著性检验值 P<0.01，在 10% 水平上显著，表明模型通过了显著性检验，因此可以认定所选的房产的特征变量与因变量 ln（房价）之间的线性关系是显著成立的。

根据回归系数检验表（见表 12-5）分析可知，17 个变量中有 9 个变量回归系数的 T 检验值在 α=0.1 水平上显著。一半以上的变量能进入到回归方程中，这表明选用的半对数模型具有较高的拟合度。

表 12 - 4   方差分析

模型		平方和	df	均方	F	Sig.
半对数模型	回归	53.653	17	3.156	57.179	0.000[a]
	残差	28.371	514	0.055		
	总计	82.024	531			

表 12 - 5   特征变量回归系数

模型		非标准化系数		标准系数	t	Sig.
		B	标准误差	β		
半对数模型	（常量）	9.950	0.100		99.360	0.000
	房龄	-0.009	0.003	-0.127	-3.221	0.001
	容积率	-0.035	0.013	-0.087	-2.781	0.006
	绿化率	0.288	0.121	0.076	2.378	0.018
	物业管理费	0.027	0.012	0.071	2.175	0.030
	到天津市政府的距离	-0.028	0.002	-0.505	-12.119	0.000
	到各区域政府的距离	-0.003	0.002	-0.041	-1.170	0.242
	商场配套	0.000	0.007	-0.002	-0.058	0.954
	银行设施	-0.002	0.007	-0.007	-0.228	0.820
	学区属性	0.031	0.008	0.109	3.864	0.000
	1000 米内是否有医院	0.053	0.036	0.055	1.463	0.144
	1000 米以内地铁站个数	0.038	0.017	0.071	2.244	0.025
	500 米内公交站个数	0.004	0.009	0.013	0.467	0.641
	道路交通便捷性	0.009	0.008	0.029	1.049	0.295
	绿地景观	0.002	0.006	0.012	0.349	0.728
	滨水景观	-0.002	0.005	-0.013	-0.413	0.680
	人口密度	1.335E-5	0.000	0.391	8.661	0.000
	地区生产总值	0.000	0.000	0.185	5.600	0.000

另外，由图 12 - 1 可以看出，该模型的绝大部分残差随机的散落在 ±2 的水平直线之间，满足残差的方差齐性的假设。图 12 - 2 是残差的直方图，通过该图可以看出，模型的残差的直方图比较符合正态分布曲线，这也表明了模型的拟合度比较高，在统计上是有意义的，可以用该模型较好地解释和分析房产的特征对房价的影响。

由上面的分析可知，表 12 - 5 中有 9 个变量在 0.1 和 0.05 水平下显著而进

入模型，通过回归分析后得到的该半对数模型的回归系数，可以得到代表天津市
十城区房产平均状况的特征价格方程如下：

$$\ln p = 9.95 - 0.009 \text{Age} - 0.009 \text{Plot} + 0.288 \text{Green} + 0.027 \text{Cost} - 0.028 \text{DtoSG}$$
$$+ 0.031 \text{School} + 0.038 \text{Mrt} + (1.335 \text{E} - 5) \text{Population density}$$
$$+ 0.000 \text{Area GDP}$$

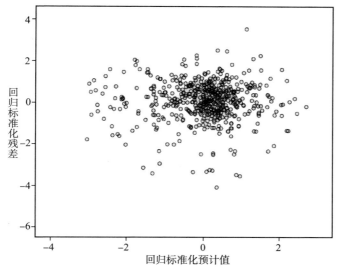

图 12-1　方差齐性检验图

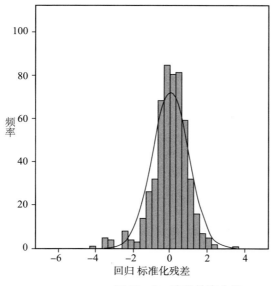

均值=3.92E-14
标准偏差=0.984
N=532

图 12-2　残差的直方图

可以看出，在天津市房产市场上，房产的建筑特征对房价影响作用最显著，其次是房产的区位特征和房产所在的位置的区位特征，最后是房产的邻里特征。

12.4 市场细分视角下房价影响因素的对比分析

用同样的方法，按照同样的分析步骤，依次计算出中心六城区的普通住宅、中心六城区的别墅、环城四城区的普通住宅以及环城四城区的别墅的房价与房产特征之间的系数关系（见表 12 – 6），该系数表剔除了对两个区域两种类型房产都不显著的商业配套、银行设施以及绿地景观三个变量。

表 12 – 6　　　　　　　　　　　　特征变量系数汇总

	中心六城区住宅	中心六城区别墅	环城四城区住宅	环城四城区别墅
房龄	– 0.008 **	– 0.024 **	– 0.001	– 0.018
容积率	– 0.001	0.076	– 0.049	0.326 **
绿化率	0.315 **	– 0.790 *	0.485 **	2.054 *
物业费	– 0.023	– 0.072 *	0.068 **	0.096 *
到市政府距离	– 0.019 **	0.017	– 0.030 ***	– 0.026 ***
到区政府距离	– 0.031 ***	0.02 *	0.06 *	– 0.004
地铁站个数	0.026 *	0.169 **	0.003	0.067
公交站个数	– 0.003	– 0.072	0.029 **	0.009
道路便捷性	0.032 **	– 0.081	0.003	– 0.005
学区属性	0.028 ***	0.134 **	0.075 *	—
医疗设施	0.065	0.296 *	0.138 **	0.260 *
滨水景观	– 0.003	0.057 **	0.032 *	– 0.082 *
人口密度	$1.003E – 5$ ***	$3.827E – 5$ **	– 0.01 **	– 0.001
区域GDP	0.000 ***	$3.827E – 5$	– 0.01 *	$9.212E – 5$

注：***、**、*分别表示在1%、5%、10%的水平下显著。

表 12 – 6 显示两个区域两种子市场的房产的主要影响因素以及影响程度各有不同，可以看出不同区域、不同类型的房价影响因素不尽相同，但是变量个数基本与总体回归结果保持一致，这再次证明了模型的正确性和回归结果的准确性。同时也表明了在区域细分、市场细分之后对房产产生了更加精准的价格描述，这对房产市场进行更加深入细致的研究具有重要作用。

12.4.1 中心城区住宅子市场价格影响因素分析

中心区域的房产的区位特征显著性最强，其次是房产的建筑特征和房产所在地的区域特征，最后是房产的邻里特征。这表明在中心区域，房产的中心区位及区位交通特征对房价的影响起决定性的作用，对房产使用性以及绿化情况等建筑属性的重视和当地的经济和人口发展状况也会对房价的高低产生影响。这是因为离城市中心近，交通便捷而占据优势地理位置的住宅更加受到购房者的欢迎。另一方面由于中心区域发展较早，各种资源和设施发展较为完善和健全，所以对房产邻里特征的重视程度有所降低。此外，由于中心区域显著的地理优势，使得区位因素在众多因素中影响最大，这在一定程度上削弱了其他因素的影响程度。

12.4.2 中心城区别墅子市场价格影响因素分析

在中心城区别墅子市场中，房产的建筑属性以及邻里特征的影响程度有所上升，房产的区位特征的重要程度不及该区域内的普通住宅。另外，区域特征中仅仅有人口能显著影响别墅的价格。值得注意的是，除了因素的差异之外，同种因素产生的影响程度也有所不同。中心区域住宅受到区政府的距离这一因素的影响为 -3.1%，而该区域内的别墅受这同一因素的影响程度为 2%，这是因为别墅追求环境的静谧和优美，多建在远离城市内喧闹的中心区域及山水风光秀丽的城市边缘地区。另一方面，由于购买别墅时比较在意其档次和品位，综合上述原因，所以离中心越远，滨水环境越优美，建筑属性越好，别墅的价格自然就会越高。同时，远离了城市繁华也就远离了城市内的各种完善的资源和设施，这使得房产周边的配套设施就变成了稀缺资源对房价起着显著的影响作用。此外，邻里特征中的学区属性也因为区位特征影响程度的降低而显著性有所上升。

12.4.3 环城区域住宅子市场价格影响因素分析

该区域内住宅子市场价格受邻里特征的影响最为显著，其次是房产的区位特征和区域特征，建筑特征的显著程度最低。根据上述各类因素的分布状况和影响范围，在环城区域，各类资源设施不似中心区域，其资源覆盖面积较小，设施数量较少，这使得这些资源和设施的可获得性较差，因此邻里特征对该区域内的住宅的影响程度较中心区域内同类型的房产的影响较大。从环城四城区房产样本的分布上可以看出，随机选取的样本较多靠近中心区域，而区域政府大多分布在区域的中心部位，距区政府的距离对房价的影响成正向的，表明多数样本离区域政府距离越远，离中心区域就越近，地理位置越好，房价就越高。这表明中心区位对房价的影响与其所在的区域没有关系，只要地理位置越好，对房价的提升作用就越大。另外，由于地铁站在环城四城区内分布数量较少，使得环城四区域内进行城市内部交通主要利用公交车，因此在该区域内，公交站代替地铁站对房价起显著的提升作用。值得注意的是，房产所在的区域特征对房价起着负向作用，这是因为环城四城区是天津市未来发展的核心区域，其区域特征各指标虽然当前不太好，但是其良好的发展前景对房产的升值有着促进作用。

12.4.4　环城区域别墅子市场价格影响因素分析

该区域内别墅子市场价格受建筑属性影响最大，邻里特征其次，区位特征影响最小。区位特征和邻里特征对房价影响程度不大是因为大部分别墅建立在区位和便利性较差的城市外围区域，生活配套设施不太健全，这使得房价对区位特征和邻里特征不太敏感。而建筑特征影响程度大是因为别墅比较注重自身的属性，自身条件好的别墅其价格往往比条件一般的别墅的价格要高。

从上述分析结果可以看出，不同区域、不同类型的房产的核心影响因素各异，无显著作用的因素也各不相同，即使同种因素在不同区域、不同房产上产生的影响程度也不同。同时上述研究结果也再次表明在市场细分视角下研究房价影响因素的合理性和必要性。

12.5　结论与讨论

在城市房产市场细分的视角下，在进行区域细分的基础上，基于房价具有空间依赖性和异质性的假设，采用特征价格模型中的半对数形式对天津市中心六城区以及环城四城区的住宅和别墅的房价影响因素以及影响的差异性进行了实证研究。主要结论有：

（1）影响天津市房价分布的因素是多种多样的，其中中心区位、交通区位、学区属性、医疗设施、滨水景观等外部因素对天津房产价格有显著影响，是导致房价分异的最主要影响因素。但是对于不同区域、不同类型的房产而言，其房价主要影响因素各异，即使同种因素也呈现不同的影响程度和影响方向。这表明了房价不仅对影响因素具有依赖性，而且房价分异与变量差异性还具有一定的关联性。

（2）此外，除了房产的外部特征，房产所在地区的经济和人口等区域特征也对房价有影响，且因区域和房产类型不同而呈现出或大或小、或正或负的关系。可以看出区域发展前景和政策性导向对房产市场也有着显著的影响，有待在该方面进行更加深入的研究。

（3）通过对天津市房价影响因素的分析，清晰地展示了天津市各区不同资源设施的分布状况，揭示了区域基础设施建设的不均衡性，为全面协调进行城市建设提供了参考。

（4）研究结果证明了房价分异与变量的差异性具有一定的关联性，但是由于本文的样本点是随机选取的，因此样本在环城四城区的分布上有点不太均匀，且部分样本点靠近中心六城区，这可能会对研究结果的精确性产生一定的影响。

本文的研究表明，不同区域、不同类型的房产所呈现出来的房价空间分异是受除其建筑属性以外的区位特征、邻里特征以及房产所在区域特征等因素差异性组合影响的。该研究结果可以帮助政府了解天津市各区域各类设施发展的均衡性，有目的针对区域的"短板"制定区域发展策略，实现各区域共同发展进步。对于房地产开发商而言，可以为产品的开发定位提供清晰的参考，让房产真正具有价值，而不是仅仅具有价格。

参 考 文 献

［1］李雪铭，张馨，张春花等．大连商品住宅价格空间分异规律研究［J］．地域研究与开发，2004，23（6）：35－39．

［2］王欣．天津市中心城区商品住宅价格地区分异的研究［J］．天津师范大学学报（自然科学版），2002，22（2）：70－74．

［3］王霞，朱道林．地统计学在都市房价空间分布规律研究中的应用——以北京市为例［J］．中国软科学，2004（8）：108，152－155．

［4］王芳，高晓路，颜秉秋．基于住宅价格的北京城市空间结构研究［J］．地理科学进展，2014，23（10）：1322－1331．

［5］郑晓燕，周鹏．武汉市房价的空间分布格局及其影响因素分析［J］．国土与自然资源研究，2016（2）：26－31．

［6］王洋，王德利，王少剑．中国城市住宅价格的空间分异格局及影响因素［J］．地理科学，2013，33（10）：1157－1165．

［7］王洋，李强，王少剑等．扬州市住宅价格空间分异的影响因素与驱动机制［J］．地理科学进展，2014，33（3）：375－388．

［8］刘畅．城市景观对房地产价值的影响初探——以苏州为例的享乐价格模型分析［J］．学术探索，2012（9）：67－71．

［9］温海珍，杨尚，秦中伏．城市教育配套对住宅价格的影响：基于公共品资本化视角的实证分析［J］．中国土地科学，2013（1）：34－40．

［10］彭保发，石忆邵，单玥等．上海市三甲医院对周边地区住房价格的空间影响效应分析［J］．地理科学，2015，35（7）：860－866．

［11］王群猛，陈奉瑶．银行聚集与不动产价格之关系——以台北市办公商圈银行为例［J］．华中科技大学学报（社会科学版），2015（1）：126－132．

［12］张志峰．重点医院对周边住宅价格影响的实证分析［J］．统计与决策，2016（21）：106－109．

［13］董藩，董文婷．学区房价格及其形成机制研究［J］．社会科学战线，2017（1）：43－51．

［14］石忆邵，付伟．上海自贸区对周边住房价格的空间影响效应分析［J］．上海国土资源，2016，37（1）：33－38．

[15] 张彪，王艳萍，谢高地等．城市绿地资源影响房产价值的研究综述 [J]．生态科学，2013，37 (5)：660 – 667.

[16] Zhang B., Xie G., Xia B., et al., The Effects of Public Green Spaces on Residential Property Value in Beijing [J]．资源与生态学报（英文版），2012，3 (3)：243 – 252.

[17] 石忆邵，张蕊．大型公园绿地对住宅价格的时空影响效应——以上海市黄兴公园绿地为例 [J]．地理研究，2010，29 (3)：510 – 520.

[18] 尹海伟，徐建刚，孔繁花．上海城市绿地宜人性对房价的影响 [J]．生态学报，2009，29 (8)：4492 – 4500.

[19] 陈庚，朱道林，苏亚艺等．大型城市公园绿地对住宅价格的影响——以北京市奥林匹克森林公园为例 [J]．资源科学，2015，37 (11)：2202 – 2210.

[20] 夏宾，张彪，谢高地等．北京建城区公园绿地的房产增值效应评估 [J]．资源科学，2012，34 (7)：1347 – 1353.

[21] 王振山，张绍良，张英等．城市绿地对住宅地价的溢出效应分析——以 51 个绿地建设优等区城市为例 [J]．干旱区资源与环境，2016，30 (4)：24 – 29.

[22] 温海珍，卜晓庆，秦中伏．城市湖景对住宅价格的空间影响——以杭州西湖为例 [J]．经济地理，2012，32 (11)：58 – 64.

[23] 吴冬梅，郭忠兴，陈会广．城市居住区湖景生态景观对住宅价格的影响——以南京市莫愁湖为例 [J]．资源科学，2008，30 (10)：1503 – 1510.

[24] Zuo Z., Shukui T., Wenwu T., A Gis-based Spatial Analysis of Housing Price and Road Density in Proximity to Urban Lakes in Wuhan City, China [J]．Chinese Geographical Science, 2015, 25 (6)：775 – 790.

[25] 聂冲，温海珍，樊晓锋．城市轨道交通对房地产增值的时空效应 [J]．地理研究，2010，29 (5)：801 – 810.

[26] 况伟大，王优容，马海云．地铁站设立与城市房价空间分布 [J]．中国软科学，2016 (4)：45 – 57.

[27] 顾杰，贾生华．公共交通改善期望对住房价格及其价格空间结构的影响——基于杭州地铁规划的实证研究 [J]．经济地理，2008 (6)：1020 – 1024，1034.

[28] 唐文彬，张飞涟，颜红艳等．城市轨道交通对沿线住宅价值影响的空间效应 [J]．湖南科技大学学报（社会科学版），2013，16 (6)：96 – 100.

[29] 宋灏，张子晔．交通站点对于北京市内城区二手住房价格的影响——基于空间计量方法的分析 [J]．特区经济，2012 (12)：70 – 73.

[30] Ángel Ibeas, Cordera R., Dell'Olio L., et al., Modelling Transport and Real-estate Values Interactions in Urban Systems [J]．Journal of Transport Geography, 2012, 24 (3)：370 – 382.

[31] Deng T., Ma M., Nelson J. D., Measuring the Impacts of Bus Rapid Transit on Residential Property Values：The Beijing Case [J]．Research in Transportation Economics, 2016, 60. 54 – 61.

[32] 周培祺，李明孝．城市轨道交通项目对沿线房地产价格的影响及外部效益研究 [J]．项目管理技术，2016，14 (10)：26 – 32.

[33] 王福良，冯长春，甘霖．轨道交通对沿线住宅价格影响的分市场研究——以深圳市龙岗线为例 [J]．地理科学进展，2014，33 (6)：765 – 772.

13

高速铁路对城市房价的影响研究

——基于石武高铁面板数据实证分析*

13.1 引　言

高速铁路作为我国"一带一路"重点推广对象，在国际上受到了广泛的关注。随着科技水平的不断提高，高铁的发展速度越来越快，客运服务体系越来越完善。目前，我国已成为高铁建设里程最长的国家。随着 2017 年"复兴号"的开通运行，北京到上海的运行时间缩短为 4.5 小时，这一标志性事件使我国的高铁发展迈入了新的里程。

高铁的建设和开通不仅完善和均衡了沿线城市的交通格局，对于城市房地产价值也产生了重要影响。一方面，高铁的快速发展带动沿线城市经济、旅游等方面的发展与变动，从而对房地产市场产生间接影响，如汪建丰等运用"有无"的思想，分析了高铁对沿线区域经济发展的推动作用，而经济的快速发展，势必会带动房地产行业的变动（汪建丰等，2014）。另一方面，高铁作为交通基础设施的一部分，其发展和完善对房地产价值也会产生较大的直接影响。高铁对城市房价的影响已经成为国内外争相关注的焦点，不仅受到政府的重视，也开始受到各位研究学者的重视。细致地研究高铁发展不同时期对房价的影响差异及其对不同规模、不同区域城市的影响差异，对政府来说，有助于其更为及时、准确地做出房地产行业调控政策，对购房者来说，有助于其选择更为经济、合适的购房时间与购房地点。

本文以石武高铁沿线城市为研究对象，重点考察高铁在建设期与开通期对沿线城市房价的影响差异，并从大、中、小城市规模差异及东、中部地域差异进行差异分析，以期能够因地制宜地为政府、购房者提供结论及建议。

---

* 作者：陈立文，王荣，刘介立。原载于《资源开发与市场》2018 年第 10 期。

13.2 文 献 综 述

现有关于高铁对房价的影响研究数量较少，在研究数据与研究方法上：（1）特征价格模型，该模型是研究高铁对城市房价影响的现有文献中出现较早且常用的模型，麦当娜等（Mcdonald et al.，1995）、安德森等（Andersson et al.，2010）利用铁路沿线微观数据对新高架线路附近居民住宅地价的变化进行实证研究，认为高铁提高了车站站点附近一定范围内的居民用地价值。陈振华等（2015）利用京沪高铁沿线的 1016 个社区，运用特征价格模型，在对房屋产权的物理特性、周边环境、区位可达性等进行控制的基础上进行实证研究；（2）三重差分模型，张铭洪等（2015）运用京沪高铁沿线 13 个主要城市站点 2005～2014年的微观面板数据，建立三重差分模型，实证分析高铁在不同建设时期对不同规模城市房价的影响。（3）倾向得分匹配模型，陈立文等（2018）运用全国地级市宏观数据，以 2012 年为政策施行点，实证分析高铁开通对城市住宅价格的平均影响效应，及其对不同类型城市的影响差异。

在研究结论上，由于研究数据、研究方法的选择不同，所得出结论之间也存在显著差异。（1）高铁开通对城市房价有显著的影响，且对中小城市房价影响显著。陈振华等（2015）研究发现京沪铁路的开通对中小城市住房价值影响较大，对大型省会城市的影响可以忽略不计。何里文等（2015）采用特征价格模型，利用微观数据研究武广高铁的开通运行对周边商品住宅价格的影响，结果显示：高铁开通对研究对象沿线住宅价格时间效应的平均上涨幅度为 21.65%。陈立文等（2018）对全国地级市宏观数据的研究显示：高铁开通对中小城市及中西部城市住宅价格影响显著，对大城市及东部城市的影响较小。（2）高铁建设对城市房价有显著的影响，高铁开通对房价影响较小，且高铁建设对大城市房价影响显著，对周边小城市房价影响较小。张铭洪运用京沪铁路沿线的微观数据进行的研究即验证了上述结论（张铭洪等，2017）。

总的来看，现有高铁对房价的影响的相关研究仍存在着一些问题：在研究方法选择上，首先，特征价格模型的异质性假设较难对实验组和对照组共同影响因素进行控制，尤其是导致实验组与对照组房价共同上涨的因素，从而导致控制变量不足而产生误差；其次，原始的双重或三重差分模型很难准确地筛选对照组，难以控制对照组与实验组之间的同质性要求，无法保证除高铁外其他因素相同；而倾向得分匹配法模型计算的为平均处理效应，较难确定该效应产生影响的具体时期。在研究内容上，大部分文献只考虑了"高铁的开通"这一政策，从而进行高铁开通对其沿线城市住宅价格的影响研究，而根据经济预期理论的研究，城市重要基础设施的建设可能形成一定的房价预期效应。

因此，本文在现有研究基础上，主要进行了以下拓展研究：在研究方法上，选用双重差分倾向得分匹配法，与现有研究相比，增强了研究组间的同质性，降低了实验组和对照组之间的差异；在研究内容上，选用石武高铁线路沿线城市2005～2016年面板数据为研究对象，更加细化地分析了高铁在高铁建设与高铁开通两个不同时期对城市房价的影响以及其在不同时期对不同规模城市及不同区域城市的影响差异。

13.3　研究设计

13.3.1　模型设计

在理想的随机试验中，可以随机分配某一政策给某些个体从而构成实验组，但是，现实中很难控制其他条件不改变。即使不对实验组做任何处理，实验组也会随着时间的变化而发生改变，徐若飞利用双重差分法对高铁建设不同时期的影响效应进行了分析（徐若飞，2017）。但是，考虑到对建设高铁城市的选择并不是随机的，并且差分法要求实验组和对照组的发展趋势等尽量相同，仅仅使用差分法在处理过程中可能会存在一定的误差。因此，真正的政策实施效应该是实验组处理前后的变化，减去实验组未受处理自身前后的变化。双重差分倾向得分匹配法（PSM－DID）就很好地解决了这个问题。倾向得分匹配法可以估计每一个体实行政策的概率，依据这一概率对实验组和对照组进行匹配，可以很好地满足差分法所需要的共同趋势假设。已有多位学者开始运用两种方法相结合进行学术研究。董艳梅运用双重差分倾向得分匹配法分析了高铁对就业的影响效应（董艳梅等，2016）。本文选用双重差分倾向得分匹配法对高铁建设与开通这一政策的影响效应进行分析。

虚拟变量 TREAT 表示政策施行，TREAT＝0，表示未开通高铁的对照组，TREAT＝1 表示开通高铁的实验组。根据本文分别选定 2008 年为高铁建设阶段的政策施行期，2012 年为高铁开通的政策施行期。

$$y_{it} = \alpha_0 + \alpha_1 treat_{it} + \alpha_2 year_{it} + \alpha_3 treat_{it} \cdot year_{it} + \sum_{m=1}^{N} \alpha_m Control_{it} + \varepsilon_{it}$$

$$(13-1)$$

模型（13－1）中，$Control_{it}$ 为其他控制变量，ε_{it} 为误差项，我们主要观测交互项 $treat_{it} \cdot year_{it}$ 前的系数 α_3 的显著性，若 α_3 显著，则说明高铁开通对城市住宅价格是有影响的。

13.3.2　变量设计

（1）城市住宅价格。根据相关住宅价格研究变量的选用（韩永辉等，2014），本文选用各地级市的年平均住宅价格（HP）作为被解释变量。

（2）高速铁路建设、开通。根据已有研究，将高速铁路建设、开通（TREAT）分别作为虚拟变量，高速铁路建设或开通前 TREAT 分别取值为 0，高速铁路建设或开通当年及以后年份 TREAT 分别取值为 1。

（3）控制变量。根据已有相关研究，本文选取人均 GDP、城市固定资产投资、储蓄存款、5 年期以上贷款利率、人口、房地产开发投资、公共财政支出、市辖区建成区面积作为控制变量。各变量定义及来源见表 13－1。

表 13－1　　　　　　　　被解释变量和控制变量定义及来源

变量名称	变量符号	变量定义	数据来源
住宅价格	HP	城市年均商品房住宅价格	Wind 数据库
国内生产总值	GDP	人均 GDP	Wind 数据库
固定资产投资	INVESTMENTS	市辖区固定资产投资	Wind 数据库
储蓄存款	SAVINGS	城市年储蓄存款总量	Wind 数据库
利率	INTEREST	5 年期以上贷款利率	中国人民银行网站
人口	PEOPLE	市辖区人口总量	中国城市统计年鉴
房地产开发投资	IRESD	城市房地产开发投资	Wind 数据库
公共财政支出	PFE	城市公共财政支出总量	中国城市统计年鉴
建成区面积	AREA	市辖区建成区面积	中国城市统计年鉴

13.3.3 样本数据选取及初步分析

石武高铁于 2012 年正式开通，于 2008 年开始建设。本文将石武高铁沿线的 13 个地级市站点城市作为实验组，参考俞敏（2016）基于空间相邻的样本之间差异性较小假设，在河北、河南、湖北、湖南、山东、山西、安徽 7 个省份找出截至 2016 年 12 月份没有任何高铁经过的共 27 个地级市作为对照组，实验组与对照组城市如表 13－2 所示。剔除变量数据缺失的样本，获得 2005～2016 年 12 期平衡面板数据。本文所选用数据来自 wind 数据库、中国人民银行网站及《中国城市统计年鉴》。本文所有数据分析是在 Stata12.0 中完成的。

表 13－2　　　　　　　　　　实验组与对照组城市

实验组	对照组
石家庄、邢台、邯郸、安阳、鹤壁、新乡、郑州、许昌、漯河、驻马店、信阳、孝感、武汉	张家口、承德、衡水、平顶山、濮阳、商丘、周口、十堰、襄阳、荆门、长治、晋城、吕梁、东营、济宁、日照、莱芜、临沂、聊城、滨州、菏泽、常德、益阳、淮北、阜阳、巢湖、亳州

13.4　实证结果与分析

13.4.1　匹配变量筛选

本文的目标是利用双重差分倾向得分匹配（DID - PSM）进行研究，表 13 - 3 是对该组数据匹配所选取的变量进行筛选，对样本数据进行 Logit 回归，结果如表 13 - 3 所示。由表 13 - 3 可以看出，除储蓄存款（SAVINGS）外，其他变量均较为显著，说明该数据集适用倾向得分匹配法。并筛选出除储蓄存款（SAV-INGS）外的其余变量作为倾向得分匹配变量。

表 13 - 3　　　　　　　　　　　Logit 回归结果

变量名	定义	回归系数	标准差	p > |z|
GDP	国内生产总值	0. 29327786 ***	0. 0596423	0. 000
INVESTMENTS	固定资产投资	- 1. 0804616 ***	0. 525191	0. 040
SAVINGS	储蓄存款	0. 03378219	0. 1151399	0. 769
INTEREST	利率	- 6. 3079608 *	4. 306149	0. 144
PEOPLE	人口	0. 43942899 *	0. 3072548	0. 153
IRESD	房地产开发投资	0. 3430279 **	0. 2064029	0. 097
PFE	公共财政支出	0. 68023139 **	0. 208391	0. 028
AREA	市辖区建成区面积	- 0. 00017852 *	0. 3934844	0. 085

注：*** 、** 、*分别表示 1% 、5% 、10% 的水平下显著。

13.4.2　数据平衡性检验

本部分检验倾向得分匹配后，是否使得各变量在实验组与对照组之间变得均衡。表 13 - 4 为匹配后各变量平衡性检验结果。

表 13 - 4　　　　　　　　　　变量平衡性检验结果

变量名称	Mean Treated	Mean Control	Diff.	Pr(|T| > |t|)
GDP	2. 1e + 04	2. 0e + 04	1524. 081	0. 2303
INVESTMENTS	283. 597	297. 387	13. 790	0. 6894
INTEREST	0. 063	0. 064	0. 000	0. 7050
PEOPLE	97. 975	96. 449	1. 526	0. 8572
IRESD	64. 861	62. 047	2. 814	0. 6971
PFE	134. 355	133. 605	0. 750	0. 9472
AREA	69. 462	69. 085	0. 376	0. 9411

从表中可知，进行匹配后，所有协变量的均值在实验组与对照组之间不存在显著差异，说明此数据集适用双重差分 PSM 法，并且匹配后的数据也比较平衡。

13.4.3 双重差分 PSM 实证结果分析

双重差分 PSM 采用 diff 命令在 Stata12.0 中进行处理。

1. 不同时效阶段差异分析

由表 13-5 可以看出，在较好地控制了各影响因素的条件下，高铁建设对房价的影响净效应为 0.274，并且在 5% 水平上显著，说明高铁在建设期就已经对城市的房价造成了显著的影响。产生这种情况的原因，一方面，高铁建设作为一项政策决定，一旦开工建设其所经站点城市就基本不会再发生变动，所以各房地产商便在建设期就抓住机会抢先进驻站点城市，房地产商的大量进入直接导致了城市地价的上升，竞争力较小的房地产商便会被市场淘汰。并且在这一时期各房地产商项目并未完成，另一方面，高铁的建设会使得考虑在该城市买房的消费者提前购房，需求量大增，导致房价激增。

而在较好地控制了各影响因素的条件下，高铁开通带来的影响净差异仅为 0.007，并且该影响并不显著。在高铁开通时期，各房地产商在高铁建设期就已经抢占市场，房价已经提高到较高的水平，所以高铁开通这一政策并未对城市房价造成显著的影响。

表 13-5　　　　　　　　　　　双重差分 PSM 实证分析结果

		HP（建设）	S. Err.	|t|	P>|t|	HP（开通）	S. Err.	|t|	P>|t|
基期	对照组	0.472	—	—	—	0.298	—	—	—
	实验组	0.134				0.252			
	均值差异	-0.337	0.107	-3.15	0.002 ***	-0.046	0.0211	-2.20	0.029 **
实验期	对照组	0.359	—	—	—	0.390	—	—	—
	实验组	0.296				0.351			
	均值差异	-0.063	0.065	0.98	0.329	-0.039	0.023	1.88	0.061 *
均值差异之差		0.274	0.031	2.69	0.008 ***	0.007	0.029	0.24	0.812
准 R^2			0.214				0.359		

注：*** 、** 、* 分别表示 5%、10%、50% 的水平下显著。

2. 城市规模差异性分析

本文参照相关文献选用《第一财经周刊》的城市规模大小分类标准对城市规

模大小进行划分。其中大城市为石家庄、郑州、武汉，中城市为邢台、邯郸、安阳，小城市为鹤壁、新乡、许昌、漯河、驻马店、信阳、孝感。对各类城市分组进行匹配分析，得出分析结果，整理如表 13 – 6 所示。

表 13 – 6 　　　　　　　　不同规模城市双重差分 PSM 实证分析结果

	高铁建设			高铁开通		
	大城市	中城市	小城市	大城市	中城市	小城市
HP 均值差异之差	0.089	0.145	0.149	0.030	− 0.072	− 0.083
S. Err.	0.088	0.014	0.012	0.027	0.022	0.018
P > |t|	0.044 **	0.025 ***	0.005 ***	0.272	0.350	0.432
准 R^2	0.236	0.328	0.336	0.241	0.204	0.206

注：*** 、** 分别表示 5% 、10% 的水平下显著。

由表 13 – 6 可以看出：（1）在高铁建设期，高铁建设这一政策效应的影响对沿线大、中、小城市的房价都造成了较为显著的影响，推动了沿线城市房价的提升，这也与全样本实验的结果相符。相对于大城市而言，高铁建设对中小城市房价的影响在 5% 水平上显著，产生这种结果的原因可能是，在高铁建设期，大城市的发展已经逐渐趋于饱和，地价较高，投资预期利润较低，房地产商进入壁垒较高，但也有一部分实力雄厚的房地产商进入，竞争较为激烈，所以对大城市房价也产生了一定的提升作用。而对于中小城市，进入壁垒较低，成本较低，各房地产商抓住机遇，在建设期开始进行房产建设，为后期经济的发展做基础，从而导致中小城市的房价上涨迅速。（2）在高铁开通期，由表 13 – 6 中结果可以看出，高铁开通这一政策并没有对沿线城市房价产生显著的影响，并且对中小城市来说反而有负向的影响，产生这种结果的原因可能是在高铁建设期各房地产商争相进入，到高铁开通时期，各房地产项目也进入竣工期，虽然高铁开通会带动需求量的增多，但是前期房地产商大量的进入，市场供给量大幅增多，大城市发展较快，所以仍会对房价有较大的需求，导致房价有小幅度上升，而中小城市发展较慢，虽需求量较大，但市场供大于求，从而导致中小城市房价的下跌。

3. 城市区域差异性分析

按照文献惯例，划分各省份城市，其中东部省份有石家庄、邢台、邯郸，中部城市有安阳、郑州、武汉、鹤壁、新乡、许昌、漯河、驻马店、信阳、孝感。对区域城市分组进行匹配分析，得出分析结果，整理如表 13 – 7 所示。

表 13 – 7　　　　　　　　　不同区域城市双重差分 PSM 实证分析结果

	高铁建设		高铁开通	
	东部城市	中部城市	东部城市	中部城市
HP 均值差异之差	0.143	0.145	0.059	– 0.053
标准误	0.012	0.008	0.025	0.019
P > |t|	0.049 **	0.053 ***	0.346	0.412
准 R^2	0.314	0.347	0.207	0.214

注：*** 、** 分别表示 5% 、10% 的水平下显著。

由表 13 – 7 可以看出：（1）在高铁建设期，高铁建设这一政策效应对东中部城市的房价都产生了较为显著的影响，相对于东部城市而言，高铁建设对中部城市房价的影响更大，其净影响效应系数为 0.145，且在 5% 水平上显著，准 R^2 为 0.347，有一定的说服性。产生这种结果的原因可能是，在高铁建设期，东部城市自身的发展已经较快，地价较高，各房地产商考虑利润最大化原则，选择进入的多为实力雄厚的房地产商，竞争相对较小，且发展较快城市房地产商进入壁垒较高，所以对东部城市影响的显著性较小，仅在 10% 水平上显著。而对于中部城市，在高铁建设期，城市发展较为缓慢，城市房地产行业进入壁垒较低，成本较低，预期收益较高，各房地产商抓住机遇，除实力雄厚的房地产商，各规模较小的房地产商也可以轻松进入，在建设期开始进行房产建设，为后期高铁开通时更为迅速地获得收益，从而导致中部城市的房价上涨迅速。（2）在高铁开通期，高铁开通这一政策并没有对东、中部城市房价产生显著的影响。这可能是因为在高铁建设期各房地产商争相进入，到高铁开通时期，各房地产项目也进入竣工期，虽然高铁开通会带动需求量的增多，但是前期房地产商大量的进入，市场供给量已趋于饱和，从而对东部城市房价的影响并不显著，而对中部城市来说，除个别发展较快的省会城市，其余城市都为发展较慢的中小城市，市场供给量的过于饱和导致市场供过于求，从而一定程度上导致了中部城市房价的下跌。

13.5　结论与建议

本文利用石武高铁沿线城市数据，运用双重差分倾向得分匹配法（PSM – DID）对高铁建设与高铁开通两个不同时效的影响效应进行了对比分析，并且对不同时效在不同规模城市、不同区域城市间的影响差异进行了实证分析，由实证分析结果可以得出：第一，高铁建设效应在 5% 水平上显著提高了沿线城市房价，因为在高铁建设期，高铁建设决策的可变性较小，各大房地产商在建设期便进驻高铁建设城市抢占建设用地，导致地价上升，房价上涨。而在高铁开通时期，各房地产商已经抢占市场，房价已经大幅上涨，所以高铁开通这一政策并没有对城市房价造成显著的影响；第二，在城市规模方面，大、中、小城市房地产市场发展现状的差异，导致高铁效应对大、中、小城市房价的影响也产生显著的差异，高铁建设效应对大、中、小城市房价均有显著的影响，且对中小城市房价的影响更为显著，但高铁开通效应并没有对沿线城市房价产生显著的影响；第三，在城市区域方面，由于东中部城市的发展水平有一定差异，高铁建设效应对东部城市和中部城市房价的影响也产生了较为显著的差异，相对于东部城市而言，高铁建设对中部城市房价的影响更为显著，而高铁开通效应对东中部城市房价均未产生显著影响。

根据本文实证分析所得出的结论，提出下列建议：（1）对政府相关管控者来说：考虑到高铁对房价的影响是在建设期，所以政府在高铁建设的同时应当根据实际制定相关房地产行业政策以及土地建设政策来预防房地产行业的激烈竞争造成的房价的提升，在高铁开通时，房地产行业供大于需，售房竞争非常激烈，应考虑制定相关调控政策，防止恶性竞争事件的发生；针对高铁对房价的影响在大、中、小城市及东、中部城市间有显著的差异性，应当因地制宜地在不同时期，针对城市差异制定相应的房地产行业政策，在高铁建设期需要一定的政策来稳定房价，控制其激烈增长，并且更要关注中小城市及中部城市房地产行业的健康发展。（2）对购房者来说：考虑城市的高铁发展期对房价的不同影响，可以为购房者提供一定的参考，若城市即将进入高铁建设期，这时若有购房欲望则要尽快做出抉择，以避免在高铁建设期房价高速增长而带来损失；若城市已经开通高铁，则购房者在决策时，可较少考虑高铁对房价带来的影响，针对自己想要购房城市的发展规模及所属地域更好地分析房价的发展趋势，从而作出最优决策。

参 考 文 献

［1］汪建丰，李志刚. 沪杭高铁对沿线区域经济发展影响的实证分析［J］. 经济问题探索，2014（9）：74－77.

［2］Mcdonald J. F. , Osuji C. I. , The Effect of Anticipated Transportation Improvement on Residential Land Values［J］. Regional Science & Urban Economics，1995（3）：261－278.

［3］Andersson David－Emanuel，Shyr Oliver－F. , Fu Johnson，Does High-speed Rail Accessibility Influence Residential Property Prices? Hedonic Estimates from Southern［J］. Journal of Transport Geography，2010（1）：166－174.

［4］Chen Z. , Haynes K. E. , Impact of High Speed Rail on Housing Values：An Observation from the Beijing－Shanghai Line［J］. Journal of Transport Geography，2015（5）：91－100.

［5］张铭洪，张清源，梁若冰. 高铁对城市房价的非线性及异质性影响研究［J］. 当代

财经，2017（9）：3-13.

[6] 陈立文，王荣，杜泽泽. 基于倾向得分匹配法的高速铁路开通对城市住宅价格的影响 [J]. 管理现代化，2018（2）：84-87.

[7] 何里文，邓敏慧，韦圆兰. 武广高铁对住宅价格影响的实证分析——基于 Hedonic Price 模型和微观调查数据 [J]. 现代城市研究，2015（8）：14-20，25.

[8] 徐若飞. 高速铁路对沿线站点城市房地产价格影响力的时效类型实证研究 [D]. 江西财经大学硕士论文，2017.

[9] 董艳梅，朱英明. 高铁建设的就业效应研究——基于中国 285 个城市倾向匹配倍差法的证据 [J]. 经济管理，2016（11）：26-44.

[10] 韩永辉，黄亮雄，邹建华. 房地产"限购令"政策效果研究 [J]. 经济管理，2014（4）：159-169.

[11] 俞敏. 基础设施建设对旅游经济的影响研究 [D]. 暨南大学硕士论文，2016.

▶▶▶ 第四部分

房地产其他问题研究

城市居民住房支付能力
影响因素识别研究[*]

1.1 引　言

　　"衣、食、住、行"是人们赖以生存的基本民生问题。随着我国经济的发展，温饱问题已基本得到解决，随之而来的是住房问题的备受关注。大量人口的单向迁移使得城市住房需求量增加，曾国安等预测 2015 年城市住房需求总建筑面积将达到 192 亿平方米[1]。大量的需求导致房价的上涨，在这种背景下，杨慧等对基于房价收入比的住房支付能力进行了测量，结果显示 60% 的城市居民住房支付能力不足[2]。姜永生等通过研究也指出，最低收入阶层的居民一直存在着住房支付问题，且问题不断加重[3]。如何提高我国城市居民住房支付能力成了解决住房问题中的重中之重。

　　目前国内外大多学者用房价收入比来测量居民住房支付能力，但陈立中等指出传统的中位房价收入比指标在政策上存在误导性[4]，主要因为没有考虑到除居民收入和房价之外的其他因素，也没有考虑到中国不同地区间的差异。因此科学地分析识别出城市居民住房支付能力的关键影响因素，对城市居民住房支付能力的测量和住房相关政策的制定有重要意义。在宏观经济背景下，阿尼邦（Anirban Mostafa Fkwwcmeh）指出，福利住房向市场住房的转变影响了供需进而造成了居民在住房消费上的差距，同时还分析出 GDP 以及通货膨胀对居民住房支付能力的影响[5]。在宏观政策方面，库蒂（Kutty）通过模型分析得出区域性和区位变量是住房致贫率的重要决定因素[6]，同样应千伟也证实了这一点[7]。凯文（Gavin Wood RWPF）用微观仿真模型估计了低收入住房税收抵免计划对澳大利亚的住房支付能力的影响[8]。陶金等以场景分析法剖析了城市规划与住房可支付

---

　　* 作者：孙晨，陈立文。原载于《中国统计》2015 年第 11 期。

性之间的关系[9]。微观层面上，米恩（Meen G.）在建立长期住房支付能力模型中指出，住房价格、住户组成数、土地使用期、人口迁移流动、人口统计、劳动力市场等对住房支付能力都有影响[10]。耶茨（Yates J.）也指出住房价格或租金、市场利率、收入、住房供求、人口统计因素对住房支付能力都有直接或间接的影响[11]。从以上研究可以看出，我国对居民住房支付能力影响因素的研究相对较少，多数研究处于探讨单个影响因素或单个地区影响因素的层面。本研究中，我们将通过建立科学的指标评价体系和大量的调查数据识别城市居民住房支付能力的关键影响因素，最后得出结论及相关建议。

1.2 指标体系建立及评价方法

1.2.1 指标体系建立

目前，学术界对居民住房支付能力没有明确严格的定义，黎恩（Lynn m. fisher Hopjz）认为住房支付能力是指收入群体在城镇租赁或者购买目前住房的能力[12]。雷纳（Rayna brown RBIO）把住房支付能力简明地定义为家庭维持现有居住状态的能力[13]。解海等将住房支付能力概括为住房承租人支付租金的能力，住房所有人支付比较支出维持居住现状的能力及无房者购房支出能力[14]。综上可以看出，住房支付能力与住房购买力不同，住房购买力重点突出购买住房一次性支付全款的能力，而住房支付能力除包含一次性支付外，还体现了现在大多数购买者分期付款，贷款购买住房的情况，还包括对住房的后期支付，如管理费、物业费等。

指标体系的建立是研究的基础，尤为重要，因此在建立城市居民住房支付能力评价指标体系时，我们遵循全面性、层次性、可比性与针对性，并在研究大量文献和咨询相关专家的基础上，把指标分为宏观层次和微观层次两个方面。其中，宏观层次主要体现在政策法律因素和宏观经济因素两个维度，微观层次主要考虑家庭/个人情况因素和住房情况因素两个维度，在四个维度之下各设有三级指标，详细情况见表1－1。

表1－1　　　　　　　　　　城市居民住房支付能力评价指标体系

宏观层次		微观层次	
政策法律因素	宏观经济因素	家庭/个人情况因素	住房情况因素
房地产业政策	GDP	婚姻状况	是否首次购房
金融政策	通货膨胀	家庭规模	住房价格

续表

宏观层次		微观层次	
政策法律因素	宏观经济因素	家庭/个人情况因素	住房情况因素
税收政策	住房供求关系	家庭最低非住房消费	住房面积
土地使用政策	城市失业率	家庭结构	城市住房租金高低
住房相关法律法规	城市人口	家庭成员职业	住房质量
	城市流动人口比例	家庭储蓄额	住房成本
	家庭可支配收入	家庭当前收入	城市住房供给结构
	生产者价格指数	家庭持久收入	贷款利率
			贷款期限

1.2.2 评价方法

我国大多数对于城市居民住房支付能力影响因素的研究都是基于国家层面或城市层面进行研究的，但城市居民住房支付能力根本体现于个人层面，是个人或家庭处于特定的社会背景下的实际情况所决定的，因此建立评价指标体系，通过对个人或家庭进行问卷调查，收集并分析相关数据，对住房支付能力影响因素的研究更有针对性，更科学合理。

问卷采用七级量表，1～7依次表示从没有任何影响到有很大影响的过渡，具体陈述为：1—没有任何影响；2—影响不大；3—稍有影响；4—不清楚；5—有一定影响；6—有较大影响；7—有很大影响。问卷发放对象为京津冀地区城市居民（在城市居住满一年及一年以上的居民）。问卷共发放500份，回收435份，回收率为87%，由于部分问卷填写存在不完整和调查对象与研究不符等问题，筛选后有效问卷369份。

1.3 基于因子分析法的城市居民住房支付能力关键影响因素识别

1.3.1 因子分析法适用性检验

因子分析的作用是寻求变量的基本结构，通过简化观测系统，减少变量维度，来达到用少数变量解释复杂问题的目的。因子分析的前提条件是要求原有变量之间存在较强的相关关系。因此，通过分别对宏观因素和微观因素进行分析，对本研究选取的 30 个城市居民住房支付能力影响因素指标进行筛选，本着影响因素指标的重要程度，并剔除相关性较弱的影响因素指标后，对剩余的 21 个影响因素指标进行分析，具体指标情况如表 1-2 所示。

表 1-2　　　　　　　　　　　　　因子分析变量

宏观层次		微观层次	
政策法律因素	宏观经济因素	家庭/个人情况因素	住房情况因素
房地产业政策	GDP	家庭持久收入	住房价格
金融政策	通货膨胀	家庭当前收入	住房面积
税收政策	住房供求关系	家庭最低非住房消费	贷款利率
土地使用政策	城市失业率	家庭储蓄额	贷款期限
住房相关法律法规	城市人口		城市住房租金高低
	城市流动人口比例		
	生产者价格指数		

对选取的 21 个影响因素指标进行 KMO 和 Bartlett 检验，检验结果显示 KMO = 0.859 > 0.5，近似卡方统计量为 1150.439，Sig. = 0，检验结果表明，筛选出的 21 个影响因素指标适合进行因子分析。具体检验结果见表 1-3。

表 1-3　　　　　　　　　KMO 和 Bartlett 的检验结果

取样足够度的 Kaiser – Meyer – Olkin 度量		0.859
Bartlett 的球形度检验	近似卡方	1150.439
	df	210
	Sig.	0.000

1.3.2　提取因子变量

本研究运用 SPSS 19.0，采用因子分析中主成分分析法，不限定因子个数，根据特征根大于 1 提取因子变量，具体结果见表 1-4。

表 1 - 4　　　　　　　　　　　　　　**提取主成分**

成分	初始特征值			提取平方和载入			旋转平方和载入		
	合计	方差的%	累积%	合计	方差的%	累积%	合计	方差的%	累积%
1	6.887	32.796	32.796	6.887	32.796	32.796	3.669	17.472	17.472
2	2.975	14.168	46.965	2.975	14.168	46.965	2.892	13.773	31.245
3	1.241	5.909	52.874	1.241	5.909	52.874	2.882	13.723	44.968
4	1.174	5.593	58.467	1.174	5.593	58.467	2.246	10.696	55.664
5	1.080	5.145	63.612	1.080	5.145	63.612	1.669	7.947	63.612
6	0.888	4.228	67.840						
7	0.813	3.870	71.710						
8	0.749	3.564	75.274						
9	0.712	3.392	78.667						
10	0.621	2.958	81.624						
11	0.549	2.613	84.237						
12	0.523	2.490	86.726						
13	0.439	2.089	88.816						
14	0.382	1.818	90.633						
15	0.357	1.701	92.334						
16	0.326	1.552	93.886						
17	0.320	1.525	95.411						
18	0.299	1.426	96.837						
19	0.275	1.309	98.146						
20	0.225	1.071	99.217						
21	0.164	0.783	100.00						

注：提取方法为主成分分析。

通过表 1 - 4 可以看出，运用主成分分析提取 5 个主因子，5 个主因子的累计贡献率达到 63.612% > 60%，可解释 63.612% 的变异量。从图 1 - 1 也可以看出，提取的 5 个主因子特征值均大于 1。

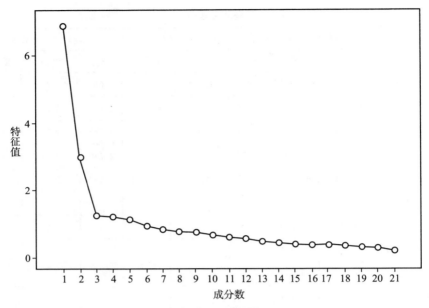

图1-1 碎石图

1.3.3 因子变量命名解释

为了更好地解释因子变量，基于方差最大的原则，将得到的成分矩阵进行旋转，得到旋转成分矩阵，见表1-5。从表1-5可以看出，各个影响指标的题项负荷均在0.5以上，没有交叉负荷现象。抽取的五个主因子具体情况如下：

（1）第1主成分，方差贡献率为17.472%，包含6个指标，分别是：房地产业政策、金融政策、税收政策、土地使用政策、住房相关法律法规、城市流动人口。6个指标中，除城市流动人口指标外，其他5个指标均为宏观政策和行业法规，并且这5个指标有较大负载，因此第1主成分命名为政策法规因子。

（2）第2主成分，方差贡献率为13.773%，包含6个指标，分别是：失业率、城市人口、家庭最低非住房消费、住房面积、贷款利率、贷款期限。6个指标中，除城市人口外的5个指标，均与购房者通过按揭贷款方式购房后的后期的偿还额与偿还能力相关，因此第2主成分命名为住房偿还能力因子。

（3）第3主成分，方差贡献率为13.723%，包含4个指标，分别是：住房价格、家庭储蓄额、家庭当前收入、家庭持久收入。4个指标中，除住房价格外，其余3个指标总体反映了家庭的资产情况，并且住房价格与家庭资产情况共同反映的是一个家庭的购房能力，即全款一次性购房能力或分期购房支付首付款的能力，因此第3主成分命名为住房购买能力因子。

（4）第4主成分，方差贡献率为10.696%，包含3个指标，分别是：GDP

总量及增长率、通货膨胀、住房供求关系。这 3 个指标均反映了宏观经济的波动情况，因此第 4 主成分命名为宏观经济波动因子。

（5）第 5 主成分，方差贡献率为 7.947% ，包含 2 个指标，分别是：生产者价格指数和住房租金。包含的 2 个指标中，住房租金指标有较大负载，并且生产者价格指数主要反映物价情况，因此第 5 主成分命名为物价变动因子。

表 1-5　　　　　　　　　　　　　旋转成分矩阵*

	成分				
	1	2	3	4	5
房地产业政策	0.740	0.090	-0.118	0.076	0.116
金融政策	0.693	0.131	-0.090	0.325	0.173
税收政策	0.686	-0.083	0.111	0.222	0.408
土地使用政策	0.700	0.149	0.098	0.093	0.158
住房相关法律法规	0.785	0.264	0.050	0.117	0.023
城市流动人口	0.573	0.416	0.088	0.286	-0.170
失业率	0.146	0.509	-0.085	0.358	0.476
城市人口	0.263	0.549	0.139	0.484	-0.017
家庭最低非住房消费	0.077	0.679	0.301	0.241	-0.048
住房面积	0.221	0.522	0.287	-0.314	0.087
贷款利率	0.199	0.674	0.312	0.066	0.332
贷款期限	0.155	0.703	0.290	0.049	0.271
住房价格	0.057	0.021	0.744	0.018	0.113
家庭储蓄额	0.068	0.295	0.769	0.080	-0.151
家庭当前收入	-0.046	0.220	0.789	0.089	0.057
家庭持久收入	-0.053	0.239	0.781	0.075	0.175
GDP 总量及增长率	0.381	0.288	0.023	0.505	-0.031
通货膨胀	0.144	0.116	0.142	0.808	0.257
住房供求关系	0.291	0.002	0.073	0.627	0.060
生产者价格指数	0.473	-0.007	0.175	0.363	0.563
住房租金	0.200	0.251	0.119	0.032	0.726

提取方法：主成分。旋转法：具有 Kaiser 标准化的正交旋转法。

注：* 为旋转在 10 次迭代后收敛。

1.4 结 论

住房支付能力关键影响因素的研究是了解我国住房支付能力进而提高城市居民住房支付能力的前提，也是合理调节城市住房供给结构、制定相关住房保障政策的理论依据。本研究通过对京津冀地区城市居民发放调查问卷的形式，对所收集数据采用因子分析法进行分析，提取主成分，得出影响京津冀地区城市居民住房支付能力的主要因子为政策法规、住房偿还能力、住房购买能力、经济变动及物价变动五个因子。数据分析结果表明政策法规、住房偿还能力、住房购买能力、经济变动四个主要因子对京津冀地区城市居民住房支付能力影响是很大的，物价变动相对影响较小。在以往针对住房支付能力的研究中，大多研究重点关注了住房购买能力相关情况（如房价收入比），忽视了其他影响因子对城市居民住房支付能力的影响，综合研究各个因子是研究城市居民住房支付能力的重要方面。

参 考 文 献

［1］曾国安，张河水. 中国城市住房供给与需求的初步测算［J］. 消费经济，2013（1）：14－18.

［2］杨慧，李景国. 中国城镇居民家庭住房支付能力问题研究——基于房价收入比指标［J］. 价格月刊，2012（5）：62－66.

［3］姜永生，李忠富. 我国城市居民的住房支付能力及其变化趋势［J］. 城市问题，2012（11）：94－99.

［4］陈立中，陈淑云. 住房何时是可支付的：识别方法和政策选择——兼对房价收入比指标的评析［J］. 中国软科学，2014（10）：154－164.

［5］Anirban Mostafa FKWWCMEH, Relationship Between Housing Affordability and Economic Development in Mainland China—Case of Shanghai［J］. Journal of Urban Planning and Development, 2006（132）：62－70.

［6］Kutty N. K. , A New Measure of Housing Affordability：Estimates and Analytical Results［J］. Housing Policy Debate, 2005, 16（1）：113－142.

［7］Qianwen Ying DLJC, The Determinants of Homeownership Affordability among the 'Sandwich Class'：Empirical Findings from Guangzhou, China［J］. Urban Studies, 2013, 50（9）：1870－1888.

［8］Gavin Wood RWPF. Low Income Housing Tax Credit Program Impacts on Housing Affordability in Australia：Microsimulation Model Estimates［J］. Housing Studies, 2006, 21（3）：361－380.

［9］陶金，于长明. 城市规划对住房可支付性的影响［J］. 城市问题，2011（9）：42－

47，76.

［10］Meen G. , A Long – Run Model of Housing Affordability ［J］. Housing Studies，2011，26（7）：1081 – 1103.

［11］Yates J. , Policy Forum：Housing Affordability：What Are the Policy Issues? ［J］. The Australian Economic Review，2008，41（2）：200 – 214.

［12］Lynn M. , fisher HOPJZ. Amenity – Based Housing Affordability Indexes ［J］. Real Estate Economics，2009，37（4）：705 – 746.

［13］Rayna brown RBIO，The Other Side of Housing Affordability：The User Cost of Housing in Australia ［J］. The Economic Record，2011，87（279）：558 – 574.

［14］解海，洪涛，靳玉超. 中国城镇居民住房支付能力测度与比较 ［J］. 西安交通大学学报（社会科学版），2013（4）：13 – 20.

2

中国城市居民动态住房支付能力评价：基于京津冀地区居民按揭贷款购房模式分析[*]

2.1 引　　言

伴随着经济发展水平的提高和城市化进程的推进，城市化过程中迁入人口带来的新增居民住宅消费需求与城市居民的改善型住宅消费需求越来越多。李克强总理代表国务院在十二届全国人大四次会议上作《政府工作报告》指出，要深入推进城镇化，将推进城镇保障性安居工程建设和房地产市场健康发展作为2016年重点工作。完善支持居民住房合理消费的税收、信贷政策，适应住房刚性需求和改善性需求，因城施策化解房地产库存，促进房地产市场平稳运行。在此背景下，掌握各地区居民住房情况和住房支付能力等问题，客观反映我国城市居民住房支付能力状况，进而因地制宜地进行适度调控，对我国房地产市场的健康发展具有重要的意义。本研究基于住房按揭贷款购房模式，并考虑居民收入增长的前提下，利用房价收入比及剩余收入法的主要思想，构建符合我国实际情况的城市居民住房支付能力评价模型，对京津冀地区城市居民住房支付能力进行实证分析，并提出合理建议。

2.2　城市居民住房支付能力相关研究评述

目前，学术界针对不同住房模式（租赁或购买）、不同居民收入消费水平、不同购房支付形式的居民住房支付能力没有明确严格的定义。林恩·费舍尔（2009）认为，住房支付能力是指收入群体在城镇租赁或者购买目前住房的能力。

---

　*　作者：孙晨，陈立文。原载于《价格理论与实践》2016年第3期。

陈杰（2010）认为，住房支付能力是在平衡住房消费和非住房消费基础上，使非住房消费保持在一个可接受水平下的使用住房能力。布朗（2011）把住房支付能力简明地定义为家庭维持现有居住状态的能力。刘刚（2011）通过调查研究指出购买首套房主要以青年人为主，而青年人购房方式80%以上为按揭贷款，同时考虑到全款购房群体不存在住房支付能力问题，因此，本研究主要探讨不同收入消费水平下居民采用按揭贷款购房模式获取一套住房的货币支付能力。

一些学者从静态角度对住房支付能力进行了研究，如栾贵勤等（2011）采用房价收入比对各地区住房支付能力进行评价。李爱华等（2006）、李梦玄（2012）、周义（2013）、张肇宇等（2014）分别通过考虑收入的构成和不同收入层次对房价收入比指标进行修正，并指出不同收入群体的住房支付能力存在较大差异，以上研究评价了不同地区的静态住房支付能力。在动态住房支付能力视角下，李爱华等（2008）构建了收入变化下的动态住房支付能力模型，指出动态住房支付能力测试值要大于静态测算值，汤腊梅（2010）构建了考虑收入增长的住房支付能力评价模型，重点分析了不同收入阶层的住房支付能力。这些研究并没有考虑居民消费水平的变化以及区域差异。本研究将动态住房支付能力界定为：在收入群体的年收入和消费水平按既定比例增加的前提下，收入群体租赁或者购买目前住房的能力。基于以上研究，本研究首先通过问卷调查从定性的角度分析了影响城市居民住房支付能力的宏观及微观因素，在提取主要影响因子基础上建立了评价动态城市居民住房支付能力的模型，并进一步对京津冀地区城市居民2014年动态住房支付能力进行了评价。

2.3　城市居民动态住房支付能力特征分析

动态住房支付能力是相对于静态住房支付能力而言的，其主要评价居民在较长的一段时间内，通过所得收入获取一套住房的货币支付能力。动态住房支付能力主要有以下三大特征。

（1）动态住房支付能力评价方式更贴近居民购房的实际情况。本研究研究的动态住房支付能力评价方式，主要针对居民按揭贷款购房的方式，在有能力支付购房首付款的情况下，以购房点为基准时间，用未来较长一段时间的收入来支付剩余购房贷款的能力。相对于静态评价方式，如房价收入比法、剩余收入法、住房可支付性指数法等，动态住房支付方式更符合居民购房实际情况，评价结果更能真实地反映居民住房支付能力。

（2）动态住房支付能力评价值比静态评价值更具参考意义。动态住房支付能力是以购房点为基准时间，用未来较长一段时间的收入支付购房点的房款。由图2－1可以看出，城镇居民人均可支配收入是同比增长的，并且人均可支配收入增长幅度不小于人均生活消费品支出增长幅度。而静态住房支付能力不考虑收入、消费的增长，与日益增长的住宅商品房销售价格相比，动态住房支付能力评价值要大于静态评价值，更具有说服力。

（3）未来动态住房支付能力呈现不断增长趋势。随着时间的推移，居民人均剩余收入（人均可支配收入与人均生活消费品支出的差值）将会不断增多。其中，可用于住房支出的货币也会相应增加，从而住房支付能力会得到提高。因此，只要家庭可支配收入增长速度不低于生活消费品支出增长速度，则每年居民住房可支配能力是不断增长的，从而表明未来几年的住房支付能力是不断提高的。

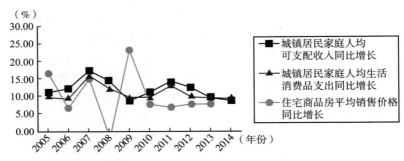

图 2 - 1   家庭人均可支配收入、家庭人均生活消费品支出、
住宅商品房销售价格增长百分比趋势

基于以上三大特征，本研究拟建立动态住房支付能力评价模型，在此基础上进行实证分析。考虑到实证的代表性及数据的易获得性，选取涵盖了一、二、三线城市的三大经济圈之一的京津冀地区。京津冀地区具有其代表性和较高的研究价值，本研究结论旨在为京津冀地区住房一体化改革提供科学建议。

2.4   城市居民住房动态评价体系的实证分析

2.4.1   评价指标选取

从居民住房支付能力的评价方法来看，居民收入、房价、非住房消费支出是其主要影响因素。钱伟英（2013）研究证明，持久收入和暂时收入都是影响夹心阶层（指游离在保障与市场之外的无能力购房群体）住房支付能力的关键因素。此外，GDP、通货膨胀、税收政策、城市规划、区域或区位变量等因素，对住房的供给和需求都有不同程度的影响，直接或间接地影响居民住房支付能力。麦咭（2011）在建立长期住房支付能力模型中指出，住房价格、住户组成数、土地使用期、人口迁移流动、人口统计、劳动力市场等对住房支付能力都有影响。除此之外，家庭结构、婚姻状况、家庭成员职业、性别等购房家庭情况也对住房支付能力有一定影响。综合来看，主要有四大方面因素影响居民住房支付能力：宏观政策、宏观经济、购房家庭或个人情况以及住房相关情况。

本研究根据大量文献及专家建议设计"城市居民住房支付能力影响因素调研问卷"，对收集来的 369 份有效数据进行因子分析，最终提取出五个主要因子，包含 21 个评价指标，五个因子分别命名为政策法律、住房偿还能力、住房购买能力、经济波动、物价变动因子，具体结果详见表 2-1。结果表明 21 个评价指标对城市居民住房支付能力均有较大影响。

表 2-1　　　　　　　　　　　旋转成分矩阵

提取因子	评价指标	成分				
		1	2	3	4	5
政策法律因子	房地产业政策	0.740	0.090	-0.118	0.076	0.116
	金融政策	0.693	0.131	-0.090	0.325	0.173
	税收政策	0.686	-0.083	0.111	0.222	0.408
	土地使用政策	0.700	0.149	0.098	0.093	0.158
	住房相关法律法规	0.785	0.264	0.050	0.117	0.023
住房偿还能力因子	城市流动人口	0.573	0.416	0.088	0.286	-0.170
	失业率	0.146	0.509	-0.085	0.358	0.476
	城市人口	0.263	0.549	0.139	0.484	-0.017
	家庭最低非住房消费	0.077	0.679	0.301	0.241	-0.048
	住房面积	0.221	0.522	0.287	-0.314	0.087
	贷款利率	0.199	0.674	0.312	0.066	0.332
	贷款期限	0.155	0.703	0.290	0.049	0.271
住房购买能力因子	住房价格	0.057	0.021	0.744	0.018	0.113
	家庭储蓄额	0.068	0.295	0.769	0.080	-0.151
	家庭当前收入	-0.046	0.220	0.789	0.089	0.057
	家庭持久收入	-0.053	0.239	0.781	0.075	0.175
经济波动因子	GDP 总量及增长率	0.381	0.288	0.023	0.505	-0.031
	通货膨胀	0.144	0.116	0.142	0.808	0.257
	住房供求关系	0.291	0.002	0.073	0.627	0.060
物价变动因子	生产者价格指数	0.473	-0.007	0.175	0.363	0.563
	住房租金	0.200	0.251	0.119	0.032	0.726

2.4.2 动态住房支付能力评价模型

结合我国居民购房实际情况，提出以下假设条件：

H_1：住房消费者都是合乎理性的人。具体体现在住房消费者均在满足温饱的前提下进行住房消费，并且在进行住房消费时都是以自己最小经济代价满足自己最大经济利益。

H_2：政策法律因子、经济波动因子及物价变动因子均通过对住房偿还因子和住房购买因子的作用而间接影响居民住房支付能力。

H_3：住房消费者将除衣、食、住、行、科、教、文、卫、娱乐等生活必需消费支出外的剩余可支配收入全部用于住房消费支出。

动态住房支付能力评价模型如下：

$$S + \sum_{n=1}^{n} \frac{Y(1+h)^n - c(1+\alpha)^n}{(1+i_0)^n} = P \times H \times \beta +$$

$$\frac{P \times H \times (1-\beta) \times \dfrac{i}{12} \times \left(1+\dfrac{i}{12}\right)^{12n}}{\left(1+\dfrac{i}{12}\right)^{12n} - 1} \times \frac{1 - \left(1+\dfrac{i_0}{12}\right)^{-12n}}{\dfrac{i_0}{12}} \qquad (2-1)$$

$$Y - C = P \times H \times (1-\beta) \times \frac{i \times (1+i)^{12n}}{(1+i)^{12n} - 1} \times 12 \qquad (2-2)$$

$$IAR = \frac{Y - C}{R} \qquad (2-3)$$

其中，S 为家庭购房储蓄，Y 为家庭年可支配收入，C 为家庭年非住房消费，P 为住房单价，H 为住房面积，R 为住房年租金，IAR 为租房支付能力指数，i_0 为折现率。i 为抵押贷款利率，α 为家庭非住房消费年增长率，β 为购房首付款比例，h 为个人可支配收入年增长率，n 为贷款年限。

式（2-1）衡量的是考虑收入消费增长，家庭以按揭贷款模式购房条件下的购房支付能力。等式左边为购房消费者角度的总购房支出现值，在考虑了家庭储蓄、收入及非住房消费增长条件下，n 年的总购房支出现值；等式右边为按揭贷款条件下住房总价现值，在考虑了首付款，采用银行常用的等额还款法计算月还款额条件下，贷款期限 n 年条件下的住房总房价现值。令式（2-1）中

$T_c = \sum_{n=1}^{n} \dfrac{Y(1+h)^n - C(1+\alpha)^n}{(1+i_0)^n}$ 为 n 年剩余收入现值，$DP = P \times H \times \beta$ 购房首付

款，$T_p = \dfrac{(P \times H)(1-\beta) \times \dfrac{i}{12} \times \left(1+\dfrac{i}{12}\right)^{12n}}{\left(1+\dfrac{i}{12}\right)^{12n} - 1} \times \dfrac{1 - \left(1+\dfrac{i_0}{12}\right)^{-12n}}{\dfrac{i_0}{12}}$ 为 n 年购房还贷额现

值，其中 $\dfrac{1-\left(1+\dfrac{i_0}{12}\right)^{-12n}}{\dfrac{i_0}{12}}$ 是普通年金现值系数。因此式（2-1）可以简化成 S +

$T_c = DP + T_p$。用 HPP 表示购房支付能力指数，则：

$$HPP = \frac{DP + T_p}{S + T_c} = \frac{DP + T_p - S}{T_c} \qquad (2-4)$$

式（2-2）衡量采用按揭贷款购房，以等额本息进行还款方式下的购房支付能力。等式左边为除生活必需消费支出外的剩余家庭年可支配收入；等式右边为等额本息还款方式下年还款额。

式（2-3）衡量的是家庭租房支付能力，分子分母分别为剩余收入与月租。在 S、C、P、H、R、i_0、i、α、β、h、n 已知的条件下，令 HPP = 1、IAR = 1，分别求得能支付得起按揭贷款购房模式下房款的家庭年可支配收入和能支付得起房租条件下的家庭年可支配收入。

2.4.3　数据来源说明

本研究主要针对我国北京、天津、河北地区进行研究，收集整理后的数据见表 2-2。数据来源于中华人民共和国国家统计局发布在国家数据网站上的数据，由于国家统计数据发布的时间滞后性，本研究选取 2014 年相关数据进行研究。

表 2-2　　　　　　　　　　　　三个地区描述统计量

地区	P（元/平方米）	R（元/月/平方米）	C/Y$_0$	i_0（%）	i（%）	β（%）	h（%）	n（年）
北京	18499	70.0	0.48	4.01	7.205	30	10.1	20
天津	8828	30.0	0.60	4.01	7.205	30	10.4	20
河北省	4988	18.0	0.52	4.01	7.205	30	10.3	20

家庭年非住房消费（C）按人均非住房消费乘以户均人口数计算。其中人均非住房消费的计算选取统计数据中城镇居民家庭人均食品消费支出、城镇居民家庭人均衣着消费支出、城镇居民家庭人均家庭设备及用品消费支出、城镇居民家庭人均医疗保健消费支出、城镇居民家庭人均交通和通信消费支出、城镇居民家庭人均文教娱乐服务消费支出以及城镇居民家庭人均其他消费支出的总和。个人可支配收入年增长率（h），选取 2008～2014 年人均可支配收入增长率的平均值。购买住宅商品房面积以财政部公布的最低首付、最低税收征收率为标准，取 90平方米；根据国土资源部下发的《关于加强保障性安居工程用地管理有关问题的

通知》，公共租赁住房套型建筑面积应以 40 平方米为主，取租赁住房面积为 40 平方米。2016 年，中国大部分不限购的城市居民的首次置业贷款调整为最低首付比例 20%，由于本研究以 2014 年数据为研究对象，考虑数据一致性，首付比例仍按 2014 年首付款比例 30% 计算。经查，2014 年五年以上银行贷款基准利率为 6.55%，执行利率为基准利率的 1.1 倍。贷款期限按银行提供住房贷款的较长期限 20 年计算。根据汪海洲等（2013）的研究，社会折现率的合理取值为 4.01%。住房租赁价格来源于网络数据。

2.4.4　实证结果分析

将表 2 – 2 中各变量的取值代入到式（2 – 1）、式（2 – 2）、式（2 – 3）中，求得北京、天津、河北三个地区不同收入层次在能够支付购房款或房租条件下的家庭年可支配收入额，其中 Y_1、Y_2 由式（2 – 1）计算所得，Y_3 由式（2 – 2）计算所得，Y_4 由式（2 – 3）计算所得。具体结果见表 2 – 3、表 2 – 4、表 2 – 5。

表 2 – 3　　　　　　　北京、天津、河北按揭贷款购房价格一览

地区	房价 P（元/平方米）	住房面积 H（平方米）	首付款比例（%）	首付额（元）	贷款 20 年还款现值（元）	住房总价现值（元）
北京	18499			499473	2090793.98	2590266.98
天津	8828	90	30	238356	997758.22	1236114.22
河北省	4988			134676	563753.74	698429.74

表 2 – 4　　北京、天津、河北在能够支付购房款条件下的家庭年可支配收入额　　单位：元

地区	2014 年家庭年非住房消费 C	2014 年家庭年可支配收入 Y_0	Y_1	Y_2	Y_3
北京	67886.39	145595.55	104874.47	142685.83	177999.11
天津	55210.78	94518.09	62904.22	86606.758	107797.90
河北省	36157.20	72424.02	29953.79	41076.82	65869.99

根据表 2 – 4，北京、天津地区 $Y_0 < Y_3$，说明在 2014 年平均家庭年非住房消费支出条件下，按揭贷款购房采用等额本息还款方式，2014 年家庭年可支配收入处于平均水平情况下不足以支付住房还款额。河北省地区 $Y_0 > Y_3$，说明在 2014 年平均家庭年非住房消费支出条件下，2014 年家庭年可支配收入高于 65869.99 元，可通过按揭贷款购房采用等额本息还款方式购买住房。相比之下，北京住房支付能力问题突出，天津次之，河北地区家庭年可支配收入水平处于地

方平均水平及以上的城市居民不存在住房支付能力问题。在考虑收入消费逐年递增的情况下，三地区均表现为 $Y_1 < Y_2 < Y_0$，因此，可考虑改变按揭贷款还款方式，以还款额逐年递增的方式进行还款，可提高居民住房支付能力。

根据 2014 年城镇居民家庭年收入消费情况，认为家庭年可支配收入除非住房消费外，剩余全部用于支付购买住房首付的前提下，借助表 2-3 中的首付额与表 2-4 中的 2014 年家庭年非住房消费和年可支配收入，可以计算出北京、天津、河北地区的城市居民分别需要 6.43 年、6.06 年、3.71 年完成购房首付款的积累。

关于北京、天津、河北三个地区城市居民租赁住房条件下的租金及家庭年可支配收入情况如表 2-5 所示。

表 2-5　北京、天津、河北城市居民租赁住房租金及家庭年可支配收入情况

	R（元/月/平方米）	面积（平方米）	年租金（元）	家庭年可支配收入 Y_4（元）
北京	70.0	40	33600	70000
		90	75600	157500
天津	30.0	40	14400	24000
		90	32400	54000
河北省	18.0	40	8640	16615.38
		90	19440	37384.62

结合表 2-4、表 2-5 的计算结果，将按揭贷款等额本息还款购买 90 平方米的住房与租赁同样大小自有住房相比较。从数据可以看出，天津、河北省地区 $Y_0 > Y_4$，两地区大部分城市居民通过租赁自有住房均可解决住房问题；北京地区 $Y_0 < Y_4$，说明北京地区 2014 年家庭年可支配收入处于平均水平及以下的居民不足以支付住房租金，这也是北京地区居民多人合租、租住地段远的重要原因。购房与租房相比，$Y_3 > Y_4$，北京、天津、河北地区年还款额分别占 2014 年平均家庭年可支配收入的 75.63%、55.64%、41.03%，年租金分别占比 51.92%、34.28%、26.84%，三个地区的租房成本均低于按揭贷款等额本息买房成本。长期来看，考虑收入消费增长条件下，随着时间推移，居民收入逐年递增，购房还款额不变，到还款第十年，三个地区居民购房年还款额占家庭年可支配收入的 28.89%、20.69%、15.39%；到还款第二十年，仅占 11.04%、7.69%、5.77%。因此，在能够承担首付的条件下，从长期来看，按揭贷款购买住房比租赁同等大小自有住房性价比高。

通过以上实证分析，居民住房支付能力问题主要表现为两方面：其一，相对

于居民可支配收入，房价居高导致购房首付款数额较大，积累时间较长；其二，采用按揭贷款购房等额本息还款方式下，年还款额较高，以城市居民家庭年可支配收入平均水平不足以支付购房年还款额。

针对住房支付能力两大问题，一方面，降低首付款比例。2016 年，央行、银监会发布房贷新政，在不实施"限购"措施的城市，居民家庭首次购买普通住房的商业性个人住房贷款，原则上最低首付款比例为 25%，各地可向下浮动 5 个百分点。即首套房贷款首付款比例最低至 20%。另一方面，降低按揭贷款利率，改变按揭贷款还款方式。自 2008 年以来，央行多次降息，最近一次降息是 2015 年 10 月 24 日，央行降息 0.25%。根据本研究对 2014 年住房支付能力分析，实证表明，通过改变按揭贷款还款方式，以还款额逐期递增的方式还款可以有效改善"夹心层"住房支付问题，降低住宅商品房库存量。采用该方式还款的具体实施标准，如首期最低还款额、还款额逐期增长百分比、最长还款年限等，需综合考虑银行收益和贷款人收入情况，有待进一步深入研究。

综合以上分析和实证研究结果，不同收入层次的居民应采用不同方式解决住房问题。对于家庭年可支配收入 $Y > Y_3$，可通过住宅商品房市场，采用按揭贷款等额本息还款方式购买住房来解决住房问题。$Y_4 < Y < Y_3$，若有能力支付住房首付，可通过住宅商品房市场，采用按揭贷款还款额逐期递增还款方式购买小户型住房解决住房问题；若无能力支付住房首付，可通过租房市场，租赁自有住房的方式解决当前住房问题。$Y < Y_4$，该收入群体无能力通过购买商品房解决住房问题，收入水平也不足以支付租房市场租金，应通过政府提供的一系列住房保障措施，申请公租房或廉租房来解决住房问题。

2.5　结论及建议

本研究通过理论分析和实证研究，得出如下结论：

（1）政策法律、住房偿还能力、住房购买能力、经济波动、物价变动是住房支付能力的主要影响因素。从住房消费者角度来看，家庭持久收入与城市居民住房支付能力密切相关。此外，在建立按揭贷款购房模式下，考虑收入与消费水平变化的动态住房支付能力模型，能更真实地反映居民住房支付能力。

（2）对京津冀地区的实证研究表明，对于居住同等大小面积的住房，长期来看，在收入逐年递增条件下，采用按揭贷款购房模式比租赁模式性价比更高。北京、天津、河北三个地区相比较而言，北京地区城市居民住房支付能力问题较为突出，天津次之，河北地区城市居民只有部分居民存在住房支付能力问题。

基于对以上研究结论，本研究从政府、银行、房地产开发商及居民四方面提出解决居民住房支付能力问题的相关建议：

（1）政府应根据各地区实际情况，针对不同收入层次群体分层调控，有针对性地制定差异化住房保障政策。如分别对北京地区家庭年可支配收入低于70000元、天津地区低于24000元、河北地区低于16615.38元的城市居民进行住房保障。在公平公正的原则下，政府应主要以公租房为主要保障形式，并对贫困居民提供廉租房。

（2）银行可根据自身和当地实际情况，针对不同收入层次购房群体推出差异化贷款购房方式。如针对不同收入群体，采用不同的贷款利率、贷款期限等；测算出新的贷款还款方式，如还款额逐期递增的方式。既拓展了银行贷款业务，又解决了部分居民因支付不起月还款额而无能力购房的问题。

（3）房地产开发商应充分了解各地区居民住房需求，对高档别墅、高档商品房、普通商品房、小面积住房进行合理比例的开发；此外，对于如北京地区高房租的现状，可以考虑由开发商向经营商转型，将商品房进行直接出租，增加商品房出租房源，在一定程度上影响租房价格。既缓解了政府提供公租房的压力，又解决了开发商库存过多住房空置的现状。

（4）对于"夹心层"居民，建议调整消费结构，以市场购买小户型商品房或租赁住房来解决住房问题，此外，结合市场经济手段，根据各地实际情况采取限价商品房和经济租赁房的解决办法，以"租售并举"的方式解决"夹心层"居民家庭住房问题。

参 考 文 献

［1］Lynn M．，Henry O．，Amenity – Based Housing Affordability Indexes ［J］. Real Estate Economics，2009，37（4）：705 – 746.

［2］Rayna B．，Brown R．，Connor I．，The Other Side of Housing Affordability：The User Cost of Housing in Australia ［J］. The Economic Record，2011，87（5）：558 – 574.

［3］Chen J．，Hao Q．，Mark S．，Assessing Housing Affordability in Post-reform China – A Case Study of Shang ［J］. Housing Studies，2010，25（6）：877 – 901.

［4］解海，洪涛，靳玉超．中国城镇居民住房支付能力测度与比较 ［J］. 西安交通大学学报（社会科学版），2013（4）：13 – 20.

［5］刘刚，邓蕾，李子．"城市开发"背景下的青年购房行为研究——来自上海的调查 ［J］. 中国青年研究，2011（5）：71 – 76，30.

［6］栾贵勤，周雯瑜，孟伟．我国城市居民购房支付能力研究——基于对上海市房价收入比科学测算的分析 ［J］. 价格理论与实践，2011（11）：52 – 53.

［7］周义．房价收入比的修正及其实证 ［J］. 统计与决策，2013（11）：9 – 12.

［8］李梦玄，周义，杨瑛琪．房价收入比测度方法的改进及应用——以武汉市为例 ［J］. 价格理论与实践，2012（9）：54 – 55.

［9］李爱华，成思危，李自然．城镇居民住房购买力研究 ［J］. 管理科学学报，2006，9

（5）：8－17，43.

［10］汤腊梅．基于收入增长的城市居民住房支付能力分析［J］．求索，2010（11）：86－87，95.

［11］李爱华，石勇，朱梅红．动态住房购买力测算模型及实证分析［J］．中国管理科学，2008，16（10）：157－163.

［12］Ying Q., Luo D., Chen J., The Determinants of Homeownership Affordability among the 'Sandwich Class'：Empirical Findings from Guangzhou, China［J］. Urban Studies, 2013, 50（9）：1870－1888.

［13］Anirban MFKWWCMEH, Relationship between Housing Affordability and Economic Development in Mainland China－Case of Shanghai［J］. Journal of Urban Planning and Development, 2006（3）：62－70.

［14］Gavin Wood RWPF, Low Income Housing Tax Credit Programme Impacts on Housing Affordability in Australia：Microsimulation Model Estimates［J］. Housing Studies, 2006, 21（3）：361－380.

［15］陶金，于长明．城市规划对住房可支付性的影响［J］．城市问题，2011（9）：42－47，76.

［16］Kutty N. K., A New Measure of Housing Affordability：Estimates and Analytical Results［J］. Housing Policy Debate, 2005, 16（1）：113－142.

［17］Meen G., A Long－Run Model of Housing Affordability［J］. Housing Studies, 2011, 26（7）：1081－1103.

［18］Gavin Wood Ro., Factors Shaping the Dynamics of Housing Affordability in Australia 2001－06［J］. Housing Studies, 2011, 26（7）：1105－1127.

［19］Sandra Jncsh, Housing Affordability and Investments in Children［J］. Journal of Housing Economics, 2014（24）：89－100.

［20］国家统计局．http：//data. stats. gov. cn［EB/OL］. 2013－4－29.

［21］张肇宇，刘树枫．基于住房支付能力的保障性住房供求均衡分析［J］．经济问题探索，2014（5）：21－26.

［22］搜房网．http：//8. fang. com/dongtai/news/12111645. htm［EB/OL］. 2014－2－17.

［23］汪海洲，杜思杨，曾先峰．基于 SRTP 方法对中国社会折现率的估算［J］．统计与决策，2013（21）：18－21.

［24］城市房产．http：//sj. cityhouse. cn/market/lease. html［EB/OL］. 2013－12－5.

3

基于按揭贷款的住房动态能力评价
研究：以京津冀地区为例[*]

3.1 引 言

从 1998 年我国进行住房改革至今，已经基本形成了以市场为主导，政府进行宏观调控的住房买卖市场。随着经济的发展和我国居民生活水平的提高，出现了住房需求旺盛、房价飞涨的现象。2000 年我国政府和相关学者开始关注住房支付能力问题，并提出国家应将住房保障提上日程，争取达到"人人有房住"的目标。2007 年至今，各省市出台了一系列住房保障相关政策，但相关政策的提出并没能从根本上解决居民住房问题，反而引起了诸多争论。一是由于政策制定者没能系统深入地掌握我国城市居民住房支付能力现状，在政策制定及实施过程中没有针对性，也没有系统性；二是由于"拿来主义"的误导，用未修正的房价收入比、剩余收入法等方法来评价我国城市居民住房支付能力的实际情况，必然存在偏差。为了更真实地反映我国城市居民住房支付能力现状，本研究基于住房按揭贷款购房模式，并考虑居民收入增长的前提下，利用房价收入比及剩余收入法的主要思想，构建符合我国居民实际情况的城市居民住房支付能力评价模型，并对京津冀地区城市居民住房支付能力进行实证分析。

3.2 文 献 综 述

3.2.1 住房支付能力的界定

目前，学术界对居民住房支付能力没有明确严格的定义，黎恩（Lynn m.

---

* 作者：孙晨，陈立文。原载于 *International Conference on Management Science & Engineering*（22th）2015 年第 10 月。

fisher Hopjz）认为住房支付能力是指收入群体在城镇租赁或者购买目前住房的能力[1]。雷纳（Rayna brown RBIO）把住房支付能力简明的定义为家庭维持现有居住状态的能力[2]。陈杰（Jie chen QHS）认为住房支付能力是在平衡住房消费和非住房消费基础上，使非住房消费保持在一个可接受水平下的使用住房的能力[3]。解海等将住房支付能力概括为住房承租人支付租金的能力，住房所有人支付必要支出维持居住现状的能力及无房者购房支出能力[4]。综上可以看出住房支付能力与住房购买力不同，住房购买力重点突出购买住房一次性支付全款的能力，而住房支付能力除包含一次性支付外，还体现了现在大多数购买者分期付款，贷款购买住房的情况，还包括对住房的后期支付，如管理费、物业费等。在此基础上，不论是住房支付能力还是住房购买力，都是在满足居民日常所必需的》非住房消费基础上才实现的。刘刚等通过调查研究指出购买首套房人群平均年龄下降，主要以青年人为主，而青年人购房方式 80% 以上为按揭贷款，同时考虑到全款购房群体不存在住房支付能力问题，因此本研究主要探讨按揭贷款购房模式下的城市居民住房支付能力[5]。

3.2.2 住房支付能力评价

由于研究者对居民住房支付能力界定的多样性，并且各类研究对居民住房支付能力侧重点也不同，对居民住房支付能力的测量方法也就有所差别。归纳起来，居民住房支付能力的基础测量方法主要有房价收入比法、剩余收入法和住房可支付性指数三种方法。其中国内外研究学者广为认可并沿用的是前两种方法。

1. 房价收入比法（Housing Price-to – Income Ratio）

据考证，房价收入比的概念可以追溯到 19 世纪中期提出的"一周薪抵一月租"（one week's pay for month's rent），也就是现在常用的"住房支出收入比"[6]。住房支出收入比研究目的是确立一个科学的定量标准，对政府改善社会福利进行指导（Black A & Fraser P. ，2006）。联合国对房价收入比的定义是，市场住宅单元价格的中位值比上家庭总收入的中位值[7]。由于我国统计部门没有中位数的相关统计数据，并且学者在调查研究中获取住房价格、家庭收入等相关指标中位值的难度很大，因此在我国学者运用房价收入比法评价我国或地区居民住房支付能力时更多的是使用平均值来代替中位值，由此得出的结果也会产生一定的偏差。除此之外，仅考虑房价与家庭收入两个因素得出的住房支付能力并不科学。联合国对房价收入比法定义的具体表达式为[7]：

$$房价收入比 = \frac{市场住宅单元价格的中位值}{家庭总收入的中位值}$$

2. 剩余收入法（Residual Income Approach）

剩余收入法是指当某个家庭的月收入扣除住房成本之后的剩余部分低于社会可承受的最低非住房消费预算时，就说明该家庭出现住房支付问题[4]。相对于传统的房价收入比法，剩余收入法兼顾了住房消费与非住房生活必需品消费，在大量关于家庭居住、收入与消费支出结构等现状调查基础上，剩余收入法更符合人们的认知[8]。由于最低非住房消费预算没有明确的标准，并且不同地区、不同经济条件等对最低非住房消费预算会产生重大影响，因此剩余收入法不适合用于不同区域间住房支付能力的比较。

3.2.3　住房支付能力影响因素

从对居民住房支付能力的评价方法来看，居民收入、房价、非住房消费支出是其主要影响因素。应千伟（Qianwei ying DLJC）研究证明，持久收入和暂时收入都是影响"夹心阶层"住房支付能力的关键因素[9]。此外，GDP、通货膨胀、税收政策、城市规划、区域或区位变量等对住房的供给和需求都有不同程度的影响，直接或间接地影响居民住房支付能力[10-13]。米恩（Meen G.）在建立长期住房支付能力模型中指出，住房价格、住户组成数、土地使用期、人口迁移流动、人口统计、劳动力市场等对住房支付能力都有影响[14]。耶茨（Yates J.）也指出住房价格或租金、市场利率、收入、住房供求、人口统计因素对住房支付能力都有直接或间接的影响。除此之外，家庭结构、婚姻状况、家庭成员职业、性别等购房家庭情况也对住房支付能力有一定影响[9,15-16]。综合来看，主要有四大方面因素影响居民住房支付能力：宏观政策、宏观经济、购房家庭或个人情况以及住房相关情况。

3.3　方　法　论

3.3.1　评价指标选取

根据大量文献及专家建议设计"城市居民住房支付能力影响因素调研问卷"，对收集来的369份有效数据进行因子分析，提取出五个主要因子，包含21个评价指标，五个因子分别为政策法律因子、住房偿还能力因子、住房购买能力因子、经济波动因子、物价变动因子，具体结果见表3–1。结果表明，21个评价指标对城市居民住房支付能力均有较大影响。

表 3 - 1　　　　　　　　　　　　　旋转成分矩阵

提取因子	评价指标	成分				
		1	2	3	4	5
政策法律因子	房地产业政策	0.740	0.090	-0.118	0.076	0.116
	金融政策	0.693	0.131	-0.090	0.325	0.173
	税收政策	0.686	-0.083	0.111	0.222	0.408
	土地使用政策	0.700	0.149	0.098	0.093	0.158
	住房相关法律法规	0.785	0.264	0.050	0.117	0.023
住房偿还能力因子	城市流动人口	0.573	0.416	0.088	0.286	-0.170
	失业率	0.146	0.509	-0.085	0.358	0.476
	城市人口	0.263	0.549	0.139	0.484	-0.017
	家庭最低非住房消费	0.077	0.679	0.301	0.241	-0.048
	住房面积	0.221	0.522	0.287	-0.314	0.087
	贷款利率	0.199	0.674	0.312	0.066	0.332
	贷款期限	0.155	0.703	0.290	0.049	0.271
住房购买能力因子	住房价格	0.057	0.021	0.744	0.018	0.113
	家庭储蓄额	0.068	0.295	0.769	0.080	-0.151
	家庭当前收入	-0.046	0.220	0.789	0.089	0.057
	家庭持久收入	-0.053	0.239	0.781	0.075	0.175
经济波动因子	GDP 总量及增长率	0.381	0.288	0.023	0.505	-0.031
	通货膨胀	0.144	0.116	0.142	0.808	0.257
	住房供求关系	0.291	0.002	0.073	0.627	0.060
物价变动因子	生产者价格指数	0.473	-0.007	0.175	0.363	0.563
	住房租金	0.200	0.251	0.119	0.032	0.726

提取方法：主成分。旋转法：具有 Kaiser 标准化的正交旋转法。
注：旋转在 10 次迭代后收敛。

3.3.2　模型建立

结合我国居民购房实际情况并且为使评价模型简明易用，提出以下假设条件：住房消费者都是合乎理性的人，具体体现在住房消费者均在满足温饱问题前提下进行住房消费，并且在进行住房消费时都是以自己最小经济代价满足自己最大经济利益；政策法律因子、经济波动因子及物价变动因子均通过对住房偿还因子和住房购买因子的作用而间接影响居民住房支付能力。

　　结合房价收入比和剩余收入法的主要思想，本研究主要构建基于按揭贷款购房模式并考虑收入及消费增长下的住房支付能力模型，并对住房保障对象加以界定。住房支付能力评价模型如下：

$$S + \sum_{n=1}^{n} \frac{Y(1+h)^n - C(1+\alpha)^n}{(1+i_0)^n} = P \times H \times \beta +$$

$$\frac{P \times H \times (1-\beta) \times \frac{i}{12} \times \left(1+\frac{i}{12}\right)^{12n}}{\left(1+\frac{i}{12}\right)^{12n} - 1} \times \frac{1 - \left(1+\frac{i_0}{12}\right)^{-12n}}{\frac{i_0}{12}} \qquad (3-1)$$

$$IAR = \frac{Y - C}{R} \qquad (3-2)$$

　　其中，S 为家庭购房储蓄，Y 为家庭年可支配收入，C 为家庭年非住房消费，P 为住房单价，H 为住房面积，R 为住房年租金，IAR 为租房支付能力指数，i_0 为折现率。i 为抵押贷款利率，α 为家庭非住房消费年增长率，β 为购房首付款比例，h 为个人可支配收入年增长率，n 为贷款年限。

　　式（3-1）衡量的是家庭以按揭贷款模式购房条件下的购房支付能力。等式左边为购房消费者角度的总购房支出现值，在考虑了家庭储蓄、收入及非住房消费增长条件下，n 年的总购房支出现值；等式右边为按揭贷款条件下住房总价现值，在考虑了首付款，采用银行常用的等额还款法计算月还款额条件下，贷款期限 n 年条件下的住房总房价现值。令式（3-1）中 $T_c = \sum_{n=1}^{n} \frac{Y(1+h)^n - C(1+\alpha)^n}{(1+i_0)^n}$ 为 n 年剩余

收入现值，$DP = P \times H \times \beta$ 购房首付款，$T_p = \dfrac{(P+H)(1-\beta) \times \frac{i}{12} \times \left(1+\frac{i}{12}\right)^{12n}}{\left(1+\frac{i}{12}\right)^{12n} - 1} \times$

$\dfrac{1 - \left(1+\frac{i_0}{12}\right)^{-12n}}{\frac{i_0}{12}}$ 为 n 年购房还贷额现值，其中 $\dfrac{1 - \left(1+\frac{i_0}{12}\right)^{-12n}}{\frac{i_0}{12}}$ 是普通年金现值系

数。因此式（3-1）可以简化成 $S + T_c = DP + T_p$。用 HPP 表示购房支付能力指数，则：

$$HPP = \frac{DP + T_p}{S + T_c} = \frac{DP + T_p - S}{T_c} \qquad (3-3)$$

　　式（3-2）衡量的是家庭租房支付能力，分子分母分别为剩余收入与月租。在 S、C、P、H、R、i_0、i、α、β、h、n 已知的条件下，令 HPP = 1、IAR = 1 分别求得能支付得起按揭贷款购房模式下房款的家庭年可支配收入和能支付得起房租条件下的家庭年可支配收入。

3.4 京津冀地区住房支付能力研究

3.4.1 数据来源

本研究主要针对我国北京、天津、河北城市地区进行研究，收集整理后的数据见表 3－2。数据来源于中华人民共和国国家统计局发布在国家数据网站上的2013 年数据[17]，相关文献研究结论及网络数据。

表 3－2 三个地区描述统计量

地区	P（元/平方米）	R（元/月/平方米）	i_0（%）	i（%）	β（%）	h（%）	n（年）
北京	17854	61.0	4.01	7.205	30	10.3	20
天津	8390	30.2	4.01	7.205	30	10.7	20
河北省	4943	18.6	4.01	7.205	30	10.9	20

本研究引入恩格尔系数对城市居民家庭最低非住房消费进行估算。恩格尔系数是居民家庭食品支出与消费支出之比，联合国粮农组织对恩格尔系数的划分标准为：当恩格尔系数大于 60% 及以上，视为绝对贫困；50%～59% 之间，视为达到温饱；40%～49% 之间，属于小康；20%～39% 之间为富裕；20% 以下则为绝对富足[18]。基于该标准对家庭非处方消费比家庭可支配收入（即 $\frac{C}{Y}$）进行取值，对应商品房、租赁房分别取 40%、50%。个人可支配收入年增长率（h）取 2008～2013 年人均可支配收入增长率的平均值。

根据张肇宇、刘树枫的研究结论，认为中等收入家庭应以 90 平方米左右的商品房为主[19]。据此取商品房面积为 90 平方米，租赁住房按 40 平方米计算。

购房首付款首套房首付比例大部分地区为 30%，执行利率为基准利率的 1.1倍，经查，2013 年五年以上银行贷款利率为 6.55%[20]。贷款期限按银行提供住房贷款的较长期限 20 年计算。我国的社会折现率的合理取值应为 4.5%，在考虑"自私"权重调整后的社会折现率的合理取值应为 4.01%[21]。住房租赁价来源于网络数据[22]。

3.4.2 计算结果及分析

将表 3－1 中各变量的取值代入到式（3－1）、式（3－2）中，求得北京、天津、河北三个地区不同收入层次在支付得起购房款或房租条件下的家庭年可支配收入额，具体结果见表3－3、表3－4。

表3－3 北京、天津、河北按揭贷款购房价格一览

地区	房价P （元/平方米）	住房面积H （平方米）	首付款比例 （%）	首付额 （元）	贷款20年还款现值 （元）	住房总价现值 （元）
北京	17854			482058	2017894.79	2499952.78
天津	8390	90	30	226530	948254.58	1174784.58
河北省	4943			133461	558667.75	692128.75

表3－4 北京、天津、河北在支付得起购房款条件下的家庭年可支配收入额

地区	收入消费增长率 h（%）	2013年家庭可支配收入 Y_0（元）	Y_1 （元）	Y_2 （元）	Y_3 （元）
北京	10.3	120963.00	85773.06	105105.25	247686.23
天津	10.7	96880.80	38528.42	47937.38	116393.38
河北省	10.9	67740.90	22190.79	27823.79	68573.60

注：Y_0，假设2013年户均人口数为3，则家庭可支配收入为：人均可支配收入*3；Y_1，指在20年按揭贷款期间收入与消费同步增长；Y_2，指在20年按揭贷款期间，前10年收入消费同步增长，后10年收入消费均保持第10年水平；Y_3，指在20年按揭贷款期间不考虑收入消费增长情况。

根据表3－4，总体来看住房支付能力与家庭持久收入密切相关，相比之下北京住房支付能力问题突出，天津次之，河北地区大部分城市居民不存在住房支付能力问题。85773.06＜105105.25＜120963.00＜247686.23，说明生活在北京的居民只有在20年按揭贷款期间收入稳定并且收入稳定增长的条件下，大部分居民基本不存在住房支付问题；38528.42＜47937.38＜96880.80＜116393.38，从数据来看，天津城市居民就2013年的收入情况，只有家庭可支配收入低于平均水平的居民存在住房支付问题；22190.79＜27823.79＜67740.90＜68573.60。从数据来看，河北省城市居民只有在家庭年收入低于68573.60并且收入不增长的条件下，存在住房支付问题。

采用表3－3中的首付额与表3－4中的2013年家庭可支配收入，在非住房消费占总收入40%条件下，并且剩余收入全部为购买住房付首付准备，可以计算出北京、天津、河北地区的城市居民分别需要6.7年、3.9年、3.9年完成购房首付款的积累。

关于北京、天津、河北三个地区城市居民租赁住房条件下的租金及家庭年可支配收入情况如表3－5所示。

表 3-5   北京、天津、河北城市居民租赁住房租金及家庭年可支配收入情况

	R（元/月/平方米）	面积（平方米）	年租金	家庭年可支配收入（元）
北京	61.0	40	29280	58560
		90	65880	131760
天津	30.2	40	14496	28992
		90	32616	65232
河北省	18.6	40	8928	17856
		90	20088	40176

注：根据式（3-2）计算所得，其中非住房消费占收入的 50%。

结合表 3-4、表 3-5 的计算结果，将按揭贷款购买 90 平方米的住房与租住同样大小住房相比较，北京家庭可支配收入：85773.06 < 105105.25 < 131760 < 247686.23，天津家庭可支配收入：38528.42 < 47937.38 < 65232 < 116393.38，河北家庭可支配收入：22190.79 < 27823.79 < 40176 < 68573.60。从数据可以看出，收入消费增长情况下，在三个地区的租房成本均高于按揭贷款买房成本。因此，在支付得起首付的条件下，按揭贷款购买住房比租赁同等大小的住房性价比高。其次，建议政府分别对北京地区家庭年可支配收入低于 58560 元，天津地区低于 28992 元，河北地区低于 17856 元的城市居民进行住房保障。在公平公正的原则下，建议政府主要以公租房为主要保障形式，并对贫困居民提供廉租房保障形式。对于"夹心层"居民，建议调整消费结构，以市场购买小户型商品房或租赁住房来解决住房问题。

3.5   结   论

本研究在回顾大量文献的基础上，通过对京津冀地区城市居民进行问卷调查，对调查数据进行因子分析，确定评价指标，并结合房价收入比和剩余收入法的主要思想，构建了基于按揭贷款购房，考虑收入与消费增长条件下的住房支付能力模型，并利用模型对京津冀地区城市居民住房支付能力进行实证研究。主要研究结论有以下四方面：

（1）政策法律、住房偿还能力、住房购买能力、经济波动、物价变动对住房支付能力有很大影响。从住房消费者角度来看，家庭持久收入与城市居民住房支付能力密切相关。

（2）实证研究证实，无论是北京、天津还是河北地区，只要在居民家庭年可支配收入逐年递增且能支付得起首付的情况下，按揭贷款购买住房比租赁同等面

积大小的住房所需费用更低。

（3）从实证数据来看，北京、天津、河北三个地区相比较而言，北京地区城市居民住房支付能力问题较为突出，天津地区城市居民次之，河北地区城市居民只有小部分存在住房支付能力问题。

（4）政府应分别对北京地区家庭年可支配收入低于 58560 元，天津地区低于 28992 元，河北地区低于 17856 元的城市居民进行住房保障。并在公平公正的原则下，政府提供公租房为主要保障形式，并对贫困居民提供廉租房。对于"夹心层"居民，建议调整消费结构，以市场购买小户型商品房或租赁住房来解决住房问题。

参 考 文 献

［1］Lynn m. fisher HOPJZ, Amenity – Based Housing Affordability Indexes ［J］. Real Estate Economics, 2009, 37（4）：705 – 746.

［2］Rayna brown RBIO, The Other Side of Housing Affordability：The User Cost of Housing in Australia ［J］. The Economic Record, 2011, 87（279）：558 – 574.

［3］Jie chen QHS, Assessing Housing Affordability in Post-reform China_A Case Study of Shang ［J］. Housing Studies, 2010, 25（6）：877 – 901.

［4］解海，洪涛，靳玉超. 中国城镇居民住房支付能力测度与比较 ［J］. 西安交通大学学报（社会科学版），2013（4）：13 – 20.

［5］刘刚，邓蕾，李子. "城市开发"背景下的青年购房行为研究——来自上海的调查 ［J］. 中国青年研究，2011（5）：71 – 76，30.

［6］贾生华，戚文举. 国外"房价收入比"研究：起源、测量与应用 ［J］. 重庆大学学报（社会科学版），2010（2）：16 – 20.

［7］栾贵勤，周雯瑜，冀伟. 基于房价收入比的居民住房支付能力研究——以上海中等收入居民为例 ［J］. 开放导报，2012（2）：39 – 43.

［8］陈杰，朱旭丰. 住房负担能力测度方法研究综述 ［J］. 城市问题，2010（2）：91 – 96.

［9］Qianwei ying DLJC, The Determinants of Homeownership Affordability among the 'Sandwich Class'：Empirical Findings from Guangzhou, China ［J］. Urban Studies, 2013, 50（9）：1870 – 1888.

［10］Anirban Mostafa FKWWCMEH, Relationship between Housing Affordability and Economic Development in Mainland China—Case of Shanghai ［J］. JOURNAL OF URBAN PLANNING AND DEVELOPMENT, 2006（132）：62 – 70.

［11］Gavin wood RWPF, Low Income Housing Tax Credit Programme Impacts on Housing Affordability in ［J］. Housing Studies, 2006, 21（3）：361 – 380.

［12］陶金，于长明. 城市规划对住房可支付性的影响 ［J］. 城市问题，2011（9）：42 – 47，76.

［13］Kutty N. K. , A New Measure of Housing Affordability：Estimates and Analytical Results ［J］. HOUSING POLICY DEBATE, 2005, 16（1）：113 - 142.

［14］Meen G. , A Long - Run Model of Housing Affordability ［J］. Housing Studies, 2011, 26（7）：1081 - 1103.

［15］Gavin wood RO, Factors Shaping the Dynamics of Housing Affordability in Australia 2001 - 06 ［J］. Housing Studies, 2011, 26（7）：1105 - 1127.

［16］Sandra j. newman CSH, Housing Affordability and Investments in Children ［J］. Journal of Housing Economics, 2014（24）：89 - 100.

［17］国家统计局. http：//data. stats. gov. cn ［EB/OL］. 2013 - 4 - 29. http：//data. stats. gov. cn.

［18］李玥. 恩格尔系数在实际应用中的问题与现象剖析 ［J］. 统计与决策, 2007（9）：66 - 67.

［19］张肇宇, 刘树枫. 基于住房支付能力的保障性住房供求均衡分析 ［J］. 经济问题探索, 2014（5）：21 - 26.

［20］http：//8. fang. com/dongtai/news/12111645. htm.

［21］汪海洲, 杜思杨, 曾先峰. 基于 SRTP 方法对中国社会折现率的估算 ［J］. 统计与决策, 2013（21）：18 - 21.

［22］http：//sj. cityhouse. cn/market/lease. html.

4

房地产投资促进经济增长的
区域比较研究*

4.1 引 言

近年来，房地产行业迅速发展，2013 年房地产开发投资总额达到了 8.6 万亿元，占固定资产投资总额的 20%，房地产行业已成为影响经济增长的支柱产业之一，房地产投资对经济的促进作用已经引发了社会的广泛关注。

关于房地产投资与经济增长关系，国内外学者已做出了大量的研究。一些学者认为房地产投资对经济增长具有促进作用，如格林（Green，1997），科尔森（Coulson & Kim，2000），陈戈等（Change & Nieh，2004），沈悦、刘洪玉（2004）利用 Granger 因果检验，得出了房地产投资是经济增长的 Granger 原因，而经济增长不是房地产投资的 Granger 原因；梁云芳、高铁梅和贺书平（2006）认为我国的房地产投资与经济增长之间存在协整关系，房地产投资将能够长期地促进经济增长；黄忠华、吴次芳、杜雪君（2008）利用我国 31 个省份的数据，得出了无论是在全国层面还是在区域层面，房地产投资都促进经济增长。杨鸿（2012）利用广州市 12 个区县的数据，得出了房地产投资对广州市和其三个区域的经济增长均存在正向的促进作用。

而另一些学者则认为，房地产投资不仅对经济增长具有促进作用，而且经济增长也可以拉动房地产投资，如纬戈伦等（Wigren & Wihemsson，2007）、皮舜，武康平（2004）、朱爱勇（2009）利用 Granger 因果检验，得出房地产投资与国民经济增长之间在长期存在双向 Granger 因果关系；金明洙（Myeong – Soo Kim，2002）、威廉（William Miles，2009）利用 Var 模型，研究表明房地产投资与经济增长之间存在相互促进的关系；况伟大（2011）利用面板 GMM 模型，也得出类

* 作者：周稳海，许东钊，陈立文。原载于《建筑经济》2014 年第 7 期。

似结论，但进一步指出经济增长对房地产投资的影响大于房地产投资对经济增长的影响。

以上研究表明房地产投资与经济增长之间存在着密切的联系，但大部分研究都是基于全国或者某一城市的视角对房地产投资与经济增长的关系进行的研究，忽略了地区的差异性。个别研究即便考虑到了区域的差异性，也是按照传统的基于地理区位因素划分的东、中、西三个区域来进行的分析，区域的划分基本没有考虑房地产投资环境，研究结果有待商榷。鉴于以上原因，本研究选取影响房地产投资环境的指标，对我国 31 个省份进行区域划分，进而利用面板数据进行实证分析，以探索不同区域之间房地产投资对经济增长拉动的差异性。

4.2 区 域 划 分

4.2.1 指标选取与数据来源

本研究选取商品房平均销售价格、常住人口数量、城市化率、人口自然增长率、城市土地成交价格和居民人均可支配收入这六个影响房地产投资环境的指标来对我国 31 个省份进行区域的划分。各指标的原始数据均来自 2011～2013 年的《中国统计年鉴》。

4.2.2 聚类过程及结果

考虑年度偶然因素对聚类结果的影响，根据 2010～2012 年的数据做三次聚类分析，再根据三次的分析结果，确定最终分区。本研究基于 Q 型系统聚类分析的方法，利用 SPSS19.0 软件进行聚类。聚类结果发现，三次聚类分析所得结论具有高度的一致性，不存在年度差异，最终分类结果如表 4 –1 所示。

表 4 –1 聚类分析的结果

类别	省份
第一类	北京、上海
第二类	江苏、广东、浙江、福建、天津
第三类	河北、湖南、安徽、湖北、贵州、甘肃、江西、广西、云南、河南、四川、山东、内蒙古、重庆、山西、陕西、吉林、辽宁、黑龙江
第四类	宁夏、新疆、青海、海南、西藏

根据聚类结果可知，我国 31 个省可分为四类：第一类包括北京和上海。该

地区城市化水平最高，居民人均可支配收入和商品房的平均价格最高，房地产用地的成交价格也最高，常住人口数量较多，人口的增长率处于较低的水平，总体上来看，应该属于房地产投资环境最优区。第二类：江苏、广东、浙江、福建、天津，这一地区的城市化水平比较高，居民人均可支配收入和商品房的平均价格处于次高的水平，房地产用地的成交价格也处于次高水平，常住人口的数量比较庞大，人口的增长率也处于较低的水平，综合起来应该属于房地产投资环境次优区。第三类：河北、湖南、安徽、湖北、贵州、甘肃、江西、广西、云南、河南、四川、山东、内蒙古、重庆、山西、陕西、吉林、辽宁、黑龙江，这一地区的城市化水平、居民人均可支配收入、商品房的平均价格、人口增长率以及房地产用地成交价格这五个指标大概处于我国 31 个省份中的平均水平，但是拥有较多的常住人口数量，综合考虑应该属于房地产投资环境一般区。第四类：宁夏、新疆、青海、海南、西藏，这一地区的城市化水平、居民人均可支配收入、商品房平均价格、常住人口数量、房地产用地成交价格这五个指标大部分都处于最低的水平，只有人口的增长率处于较高水平，综合考虑属于房地产投资环境劣势区。

4.3 房地产投资促进经济增长的实证研究

4.3.1 模型构建

本研究使用柯布—道格拉斯（Cobb – Douglas，C – D）生产函数的传统分析框架，C – D 生产函数是齐次、可线性化的，满足边际产出为正且递减的规律，其表达形式为：

$$Y(t) = A(t)I(t)^{\alpha}NI(t)^{\beta}L(t)^{\gamma}$$

其中，α、β、γ、均大于 0，$Y(t)$、$I(t)$、$NI(t)$、$L(t)$、$A(t)$ 分别表示第 t 年的产出、房地产投资、非房地产投资，劳动力投入和技术进步。对上式取对数可以得到：

$$\ln Y(t) = \ln A(t) + \alpha \ln I(t) + \beta \ln NI + \gamma \ln L(t)$$

由于样本时间跨度较小，令 $A(t)$ 保持在固定水平，则 $\ln A(t)$ 等于常数，用 c 来表示，并将上式系数写成规范计量模型形式得：

$$\ln Y_{it} = c + \alpha \ln I_{it} + \beta \ln NI_{it} + \gamma \ln L_{it} + \xi_i + \theta_t + \nu_{it}$$

其中，c 为常数项，Y_{it}、I_{it}、NI_{it}、L_{it} 分别表示各省第 t 年的产出、房地投资、非房地产投资，劳动力投入，ζ_i 和 θ_t 分别为反映个体效应和时间效应的虚拟变量，ν_{it} 为干扰项。

4.3.2 数据说明

各省产出、房地产投资、非房地产投资、劳动力投入，分别用各省年度 GDP、房地产投资完成额、固定资产投资总额与房地产投资完成额之差、年末人口数来表示。原始数据均源于国泰安数据库和中经网统计数据库，经计算后得到指标数据。另外，为了平滑数据，消除经济时间序列数据异方差的影响，对相关数据取自然对数，四个变量的表达形式为 lnY、lnI、lnNI、lnL。该实证部分使用的计量软件为 Eviews7.0。

4.3.3 面板单位根检验和协整检验

1. 面板单位根检验

对于含有时间序列过程的数据，为了避免出现伪回归，需要对数据进行单位根检验以验证平稳性。对变量 lnY、lnL、lnI、lnNI 进行 LLC 检验、IPS 检验、ADF - Fisher 检验和 PP - Fisher 检验。以上检验中，LLC 检验的原假设为存在共同的单位根过程，IPS 检验、ADF - Fisher 检验和 PP - Fisher 检验的原假设均为存在独立的单位根过程。检验结果如表 4 - 2 所示。

表 4 - 2 各地区面板单位根检验结果

地区	变量	LLC 检验		IPS 检验		ADF - Fisher 检验		PP - Fisher 检验	
		t 值	P 值	t 值	P 值	t 值	P 值	t 值	P 值
全国	lnY	- 2.820	0.002 ***	4.383	1.000	26.311	1.000	128.97	0.000 ***
	ΔlnY	- 18.77	0.000 ***	- 7.444	0.000 ***	186.22	0.000 ***	259.91	0.000 ***
	lnI	- 3.659	0.000 ***	3.928	1.000	28.998	1.000	95.052	0.004 ***
	ΔlnI	- 6.060	0.000 ***	- 2.345	0.010 ***	101.48	0.001 ***	101.48	0.000 ***
	lnNI	- 3.212	0.001 ***	2.839	0.998	42.990	0.969	110.35	0.000 ***
	ΔlnNI	- 7.952	0.000 ***	- 2.497	0.006 ***	103.42	0.001 ***	96.085	0.004 ***
	lnL	- 6.517	0.000 ***	0.179	0.571	77.416	0.090	89.408	0.012 **
	ΔlnL	- 5.620	0.000 ***	- 1.734	0.042 **	90.699	0.010 **	155.00	0.000 ***

续表

地区	变量	LLC 检验		IPS 检验		ADF – Fisher 检验		PP – Fisher 检验	
		t 值	P 值	t 值	P 值	t 值	P 值	t 值	P 值
最优区	$\ln Y$	− 3.525	0.000 ***	− 0.903	0.183	6.636	0.156	25.991	0.000 ***
	$\Delta \ln Y$	− 3.247	0.001 ***	− 0.171	0.120	8.218	0.084 *	9.428	0.051 *
	$\Delta^2 \ln Y$	− 8.555	0.000 ***	− 3.382	0.000 ***	18.645	0.001 ***	19.966	0.001 ***
	$\ln I$	− 0.866	0.193	0.895	0.815	1.025	0.906	1.562	0.817
	$\Delta \ln I$	− 3.328	0.001 ***	− 1.949	0.026 **	12.236	0.016 **	18.221	0.001 ***
	$\Delta^2 \ln I$	− 3.734	0.000 ***	− 2.097	0.018 **	13.218	0.010 ***	23.867	0.000 ***
	$\ln NI$	− 3.304	0.001 ***	0.937	0.174	7.149	0.128	8.089	0.088 *
	$\Delta \ln NI$	− 1.697	0.045 **	− 0.578	0.281	6.005	0.199	6.043	0.196
	$\Delta^2 \ln NI$	− 3.301	0.000 ***	− 0.911	0.181	15.345	0.004 ***	24.641	0.000 ***
	$\ln L$	− 2.935	0.002 ***	− 0.275	0.392	3.983	0.408	2.486	0.467
	$\Delta \ln L$	− 0.918	0.179	0.347	0.636	3.947	0.413	4.517	0.341
	$\Delta^2 \ln L$	− 1.804	0.036 **	1.227	0.890	8.632	0.071 *	16.595	0.002 ***
次优区	$\ln Y$	− 3.094	0.001 ***	0.621	0.733	7.898	0.639	33.555	0.000 ***
	$\Delta \ln Y$	− 6.156	0.000 ***	− 2.180	0.015 **	24.158	0.0072 ***	34.161	0.000 ***
	$\ln I$	− 0.729	0.233	2.182	0.986	2.485	0.991	17.175	0.071 *
	$\Delta \ln I$	− 5.356	0.000 ***	− 2.062	0.020 **	23.329	0.010 ***	34.947	0.000 ***
	$\ln NI$	− 2.847	0.002 ***	0.758	0.776	4.404	0.927	11.626	0.311
	$\Delta \ln NI$	− 5.667	0.000 ***	− 2.327	0.010 ***	25.353	0.005 ***	17.661	0.061 *
	$\ln L$	− 3.019	0.001 ***	0.135	0.668	7.848	0.644	30.534	0.001 ***
	$\Delta \ln L$	− 3.606	0.000 ***	− 1.992	0.023 **	23.555	0.009 ***	11.712	0.305
一般区	$\ln Y$	− 1.698	0.045 **	3.708	1.000	14.594	1.000	68.886	0.002 ***
	$\Delta \ln Y$	− 15.63	0.000 ***	− 6.739	0.000 ***	127.14	0.000 ***	168.88	0.000 ***
	$\ln I$	− 4.230	0.000 ***	1.914	0.972	24.675	0.953	70.617	0.001 ***
	$\Delta \ln I$	− 3.401	0.000 ***	− 1.300	0.097 *	57.843	0.021 **	90.064	0.000 ***
	$\ln NI$	− 5.122	0.000 ***	0.964	0.833	31.209	31.209	90.584	0.000 ***
	$\Delta \ln NI$	− 6.421	0.000 ***	− 2.049	0.020 **	64.168	0.005 ***	52.620	0.056 *
	$\ln L$	− 3.924	0.000 ***	0.571	0.716	47.856	0.131	37.692	0.484
	$\Delta \ln L$	− 4.670	0.000 ***	− 1.381	0.084 *	57.021	0.024 **	120.38	0.000 ***

地区	变量	LLC 检验		IPS 检验		ADF - Fisher 检验		PP - Fisher 检验	
		t 值	P 值	t 值	P 值	t 值	P 值	t 值	P 值
劣势区	lnY	1.229	0.891	3.080	0.999	0.474	1.000	0.543	1.000
	ΔlnY	- 8.341	0.000 ***	- 3.016	0.001 ***	30.171	0.001 ***	30.171	0.000 ***
	lnI	2.174	0.985	2.784	0.997	1.557	1.000	5.697	0.840
	ΔlnI	- 2.275	0.011 **	- 0.883	0.009 ***	14.716	0.143	23.220	0.010 **
	lnNI	5.079	1.000	5.024	1.000	0.227	1.000	0.056	1.000
	ΔlnNI	- 0.952	0.070 *	0.108	0.543	10.768	0.076 *	19.761	0.032 **
	lnL	0.026	0.511	0.121	0.548	8.110	0.618	20.819	0.022 **
	ΔlnL	- 6.275	0.000 ***	- 1.092	0.137	18.660	0.045 **	18.659	0.044 **

注: 1. $*$ 、 $**$ 、 $***$ 表示在 10%、5%、1% 显著性水平拒绝原假设。

2. ΔlnY、ΔlnI、ΔlnNI、ΔlnL 代表对变量进行的一阶差分。

3. $\Delta^2 lnY$、$\Delta^2 lnI$、$\Delta^2 lnNI$、$\Delta^2 lnL$ 代表对变量进行的二阶差分。

由表 4 - 2 可知，全国和一般区对变量进行一阶差分后，所有检验都拒绝了存在单位根的原假设，这两个区域的变量均为一阶单整序列；次优区和劣势区对变量进行一阶差分后，绝大多数检验也拒绝原假设，即所有变量也为一阶单整序列；而最优区经过二次差分后，大多数检验才拒绝原假设，即该区域的变量为二阶单整序列。

2. 协整检验

由于全国和四个子区域的面板数据变量皆为同阶单整序列，所以变量之间可能存在协整关系。为了确定协整关系是否存在，利用 Pedroni 检验和 Kao 检验对面板数据进行协整检验，检验结果如表 4 - 3 所示：

根据表 4 - 3 可知：在 1% 的显著性水平下，全国和四个子区域的 Kao 检验全部拒绝不存在协整关系的原假设，即四个变量之间存在协整关系；Pedroni 的检验结果中面板 PP、面板 ADF、群 PP、群 ADF 拒绝原假设，认为存在协整关系，但面板 v、面板 rho、群 rho 检验接受原假设，认为不存在协整关系。因为检验结果不一致，需进一步使用 EG 两步法对对残差进行单位根检验。分别对全国和四个子区域回归结果的残差进行无截距、无时间趋势的单位根检验，检验结果表明：如表 4 - 4 所示，各区均拒绝具有单位根的原假设，即残差为平稳序列，也就是说全国和四个区的变量之间存在协整关系。

表 4 – 3 面板的协整检验结果

检验方法	统计量名	T 统计值（p 统计值）				
		全国	最优区	次优区	一般区	劣势区
佩德罗里 （Pedroni，1999）	面板 v	– 1.260 (0.896)	0.125 (0.450)	– 0.975 (0.835)	– 0.917 (0.820)	– 1.008 (0.861)
	面板 rho	3.346 (1.000)	0.615 (0.731)	1.906 (0.972)	2.663 (0.996)	1.939 (0.974)
	面板 PP	– 4.277 (0.000) ***	– 3.537 (0.000) ***	– 1.64 (0.051) *	– 3.486 (0.000) ***	– 7.716 (0.000) ***
	面板 ADF	– 4.659 (0.000) ***	– 2.601 (0.005) ***	0.744 (0.772)	– 3.936 (0.000) ***	– 3.953 (0.000) ***
	群 rho	6.048 (1.000)	1.582 (0.943)	2.370 (0.991)	4.740 (1.000)	3.103 (0.999)
	群 PP	– 8.561 (0.000) ***	– 3.363 (0.000) ***	– 6.331 (0.000) ***	– 6.721 (0.000) ***	– 6.467 (0.000) ***
	群 ADF	– 6.690 (0.000) ***	– 2.725 (0.003) ***	– 2.839 (0.002) ***	– 5.345 (0.000) ***	– 4.701 (0.000) ***
卡奥 （Kao，1999）	ADF	– 7.613 (0.000) ***	– 3.106 (0.001) ***	– 4.649 (0.000) ***	– 3.274 (0.001) ***	– 3.274 (0.001) ***

注：1. * 、** 、*** 表示在 10%、5%、1% 显著性水平拒绝原假设。
2. 各区第一行为各种检验的统计量，括号内为对应的相伴概率。

4.3.4 面板模型的回归结果

面板模型进行回归时，先要确定是选择随机效应模型还是选择固定效应模型，这可以利用 Hausman 检验来完成。具体步骤为：首先分别对全国和四个子区域按随机效应模型回归，然后在得到回归结果的基础上进行 Hausman 检验，检验结果如表 4 – 4 所示，Hausman 检验结果显示：全国、次优区、一般区、劣势区都拒绝面板模型为随机效应模型的原假设，即应选择固定效应模型回归。由于最优区面板的截面个数仅为 2，没有达到建立随机效应模型的截面个数要求，无法建立随机效应模型，因此只能选择固定效应模型回归。

另外，为了消除面板数据横截面的异方差和序列的自相关，在进行回归时分别采取了以下两种估计方法：由于全国和一般区所研究的截面个数大于观测时期，属于大 N 小 T 型面板，因此在进行回归时选择横截面加权（Cross-section weights）的 GLS 估计方法；其他三个区属于小 N 大 T 型面板，适合选择 SUR 横截面加权（Cross-section SUR）的 GLS 估计方法，回归估计的结果如表 4 - 4 所示。

表 4 - 4　　　　　　　　　　　　面板模型的回归估计结果

	变量	全国	最优区	次优区	一般区	劣势区
模型回归结果	lnI	0. 205 *** (0. 000)	0. 191 * (0. 056)	0. 515 *** (0. 000)	0. 248 *** (0. 000)	0. 025 *** (0. 018)
	lnNI	0. 457 *** (0. 000)	0. 069 (0. 218)	0. 199 *** (0. 000)	0. 418 *** (0. 000)	0. 673 *** (0. 000)
	lnL	1. 477 *** (0. 000)	2. 812 *** (0. 000)	0. 898 *** (0. 000)	0. 409 (0. 148)	1. 626 *** (0. 000)
	C	− 8. 089 *** (0. 000)	− 13. 87 *** (0. 000)	− 3. 347 *** (0. 011)	0. 458 (0. 846)	− 8. 099 *** (0. 002)
	AdR^2	0. 996	0. 989	0. 999	0. 991	0. 999
	F	5118. 7 *** (0. 000)	587. 3 *** (0. 000)	5541. 2 *** (0. 000)	1031. 6 *** (0. 000)	9498. 5 *** (0. 000)
	Hausman	92. 920 *** (0. 000)		8. 488 ** (0. 037)	20. 450 *** (0. 000)	107. 653 *** (0. 000)
	模型形式	固定效应	固定效应	固定效应	固定效应	固定效应
残差平稳性检验	LLC	− 9. 261 *** (0. 000)	− 3. 216 ** (0. 001)	− 4. 493 *** (0. 000)	− 7. 213 *** (0. 000)	− 4. 824 *** (0. 000)
	ADF	162. 66 *** (0. 000)	15. 389 *** (0. 004)	27. 756 *** (0. 000)	95. 554 *** (0. 000)	44. 280 *** (0. 000)
	PP	155. 93 *** (0. 000)	13. 708 *** (0. 007)	31. 086 *** (0. 000)	98. 187 *** (0. 000)	46. 053 *** (0. 000)
	检验结果	平稳	平稳	平稳	平稳	平稳

注：1. * 、 ** 、 *** 表示在 10% 、 5% 、 1% 显著性水平拒绝原假设。

2. 与变量 lnI、lnNI、lnL、C 对应的第一行为回归系数，括号内为相伴概率。

3. AdR^2 为调整的 R^2，与变量 F 对应的为其统计量和相伴概率。

从回归结果可以看，全国和四个子区域调整的 R^2 均在 0. 98 以上，拟合度很好；F 值也都较大，其伴随概率均接近 0，回归方程总体上具有很好的显著性；回归残差均为平稳序列，说明变量之间存在长期的协整关系。全国、最优区、次优区、一般区和劣势区的房地产投资系数分别为 0.205、0.191、0.515、0.248、0.025，除最优区在 10% 水平显著外，其余均在 1% 水平上显著，说明无论是在全国还是在其余四个子区域，房地产投资均对经济增长具有显著的促进作用，当房地产投资增加 1% 时，全国和各区经济将分别增加 0.205%、0.191%、0.515%、0.248%、0.025%。各区房地产投资对经济的促进强度与全国平均水平相比，次优区远高于全国平均水平，一般区略高于全国平均水平，最优区则略低于全国平均水平，劣势区最差，远远低于全国平均水平。

4.4　结论与建议

利用聚类分析，选取房地产投资环境指标，把我国 31 个省份分为最优区、次优区、一般区、劣势区四个子区域，在此基础上选取 2003～2012 年省份面板数据，对全国及四个子区域的经济增长与房地产投资、非房地产投资、劳动力投入之间的关系进行了回归分析，得出如下几点结论。

第一，经济增长与房地产投资、非房地产投资、劳动力投入之间存在着长期的协整关系。首先利用佩德罗里（Pedroni，1999）和卡奥（Kao，1999）检验进行协整检验，发现结论并不一致，然后利用 EG 两步法进一步检验，发现各地区采用固定效应面板模型进行回归的残差均为平稳序列，说明经济增长与房地产投资、非房地产投资、劳动力投入之间存在着长期的协整关系。

第二，房地产投资对经济增长具有显著的促进作用。全国和四个子区域的回归结果表明，房地产投资的系数均显著为正，说明各区的房地产投资对本区经济增长具有显著的促进作用。因此，各地区应利用各自优势，充分发挥房地产行业对经济增长的促进作用。

第三，各区房地产投资对经济增长的促进作用存在着较大差异。实证结果表明，房地产投资对经济的促进作用由高到低依次为次优区、一般区、最优区、劣势区。令人费解的是由北京、上海构成的这一区域房地产投资环境最好，但房地产投资对经济促进作用却排在次优区和一般区之后。这一现象的合理解释是，北京、上海已出现房地产投资过热现象，房地产投资已超过与本地资源合理配置的水平，从而导致该区经济增长对房地产投资的弹性较小，因此北京、上海两市应适当减小房地产投资额，以提高房地产投资对当地经济的作用力度。次优区房地产投资对经济的促进作用最大，表明该区域房地产投资规模与本区域资源配置较为合理，应继续保持当前房地产投资规模。一般区房地产投资略低于全国平均水平，表明该区房地产投资规模略低，有待进一步提高。对于劣势区而言，由于该地区经济落后、人口较少、城市化水较低，房地产行业还未得到充分发展，房地产对经济的促进作用最差，因此应该提高对该地区的支持力度，改善房地产投资环境，以充分发挥房地产投资对该地区经济的拉动作用。

参 考 文 献

［1］Green Richard K. , Follow the Leader：How Changes in Residential and Non-residential Investment Predict Changes in GDP［J］. Real Estate Economic，1997，25（2）：45－47.

［2］Coulson N. E. , Kim M. S. , Residential Investment，Non-residential Investment and GDP［J］. Real Estate Economic，2000，28（2）：233－247.

［3］T Chang，C. C. Nieh，A Note on Testing the Causal Link between Construction Activity and Economic Growth in Taiwan［J］. Journal of Asian Economics，2004，15（3）：591－598.

［4］沈悦，刘洪玉. 中国房地产开发投资与 GDP 的互动关系［J］. 清华大学学报（自然科学版），2004（09）：1205－1208.

［5］梁云芳，高铁梅，贺书平. 房地产市场与国民经济协调发展的实证分析［J］. 中国社会科学，2006（03）：74－84，205－206.

［6］黄忠华，吴次芳，杜学君. 房地产投资与经济增长——全国及区域层面的面板数据分析［J］. 财贸经济，2008（8）：20－26.

［7］杨鸿. 广州市房地产投资对经济增长的影响——基于面板数据的实证研究［J］. 科技经济市场，2012（02）：22－24.

［8］Rune Wigren，Mats Wihemsson，Onstruction Investments and Economic Growth in Western Europe［J］. Journal of Policy Modeling，2007，29（3）：439－451.

［9］皮舜，武康平. 房地产市场发展和经济增长间的因果关系——对我国的实证研究［J］. 管理评论，2004（03）：8－12.

［10］朱爱勇. 房地产投资与国民经济增长［D］. 上海：复旦大学，2009.

［11］Mycong－Soo Kim，A Comparative Study on Residential Investment and Nonresidential in GDP Fluctuation［M］. 清华大学房地产研究所 ASRES 会议第七届年会论文集，2002：77－79.

［12］况伟大. 房地产投资、房地产信贷与中国经济增长［J］. 经济理论与经济管理，2011（01）：59－68.

［13］孔煜，魏锋，任宏. 我国房地产投资与 GDP 之间关系的区域差异分析［J］. 建筑经济，2005（01）：45－48.

5

住宅投资对经济增长影响的阶段比较研究：基于面板数据系统 GMM 模型[*]

5.1 引　言

自从 20 世纪 90 年代末我国完成住房货币化改革以来，住宅交易市场不断完善，住宅投资规模不断扩大，住宅投资已成为拉动经济增长的重要力量（杜海琦，1997[1]；韩立岩，1999[2]；武少俊，2000[3]；梁云芳、高铁梅等，2006[4]）。但在不同的历史阶段和不同经济发展水平下，投资结构存在着较大的差别，其对经济增长的影响也存在着很大的差异（Ball & Morrison，1995[5]；穆之俐，2012[6]）。在经济较为落后的时期，提高住宅投资比重会阻碍经济增长，豪恩斯坦（Howenstine，1957）[7]；惠顿等（Wheaton & Wheaton，1972）[8]；吉尔伯特等（Gilbert & Gugler，1982）[9]通过对西方第二次世界大战结束后到 20 世纪六七十年代的历史数据研究表明，增加住宅投资，提高住宅投资比重，势必会减少工业、农业和基础设施等生产性投资比例，不利于经济增长。在经济较为发达的时期，提高住宅投资比重通常会促进经济增长，库恩森等（Coulson & Kim，2000）[10]，高吉等（Gauger & Snyder，2003）[11]，马丁内斯等（William Miles et al.，2009）[12]，威廉等（Martínez & de Frutos，2013）[13]利用 20 世纪 80 年代以后美国、西班牙等国家的样本数据研究表明，扩大住宅投资比例对经济增长具有显著的促进作用。然而，近年来我国住宅投资规模增速迅猛，住宅投资比重过大，对其他产业挤出效应明显，对经济增长产生了不利影响（石小抗，1991[14]；王重润、崔寅生，2012[15]）。另外，通过对我国各类住宅投资比例的测算不难发现，各类住宅投资结构近年来较前期出现了重大的变化（如图 5 - 1 所示）。我国

* 作者：周稳海，陈立文，赵桂玲。原载于《经济问题探索》2016 年第 7 期。

住宅投资结构的变化对经济增长的影响是否也会具有类似的阶段性特征呢？在不同阶段住宅投资结构对经济增长的影响又存在何等差异？目前住宅投资结构是否合理？在经济新常态下我们又如何优化住宅投资结构，以充分发挥其对经济增长的拉动作用呢？这些问题的研究和解决直接关系到我国宏观经济的健康发展和住宅投资政策的制定及调整，因而对其展开研究具有重要的现实意义。

与既有文献相比，本研究具有如下特征：一是根据我国各类住宅投资结构的阶段特征，将样本数据分成两个研究阶段，以比较两个阶段中住宅投资对经济增长影响的变化；二是选取全国 1999～2013 年省际面板数据进行实证分析，这与时间序列相比，不仅扩大了样本信息量，而且降低了变量之间的共线性，提高了估计结果的准确性；三是构建了动态面板系统 GMM 模型，不仅克服了静态模型未考虑经济增长惯性对其当期值影响的局限性，而且纠正了解释变量内生性问题造成的估计偏误；四是模型中引入了非住宅投资、人力资本、开放度、产业结构、城镇化作为控制变量，消除了因遗漏重要变量所产生的偏误，提高了模型估计的精度；五是分别研究了住宅总投资与房地产投资之比、商品房投资与住宅总投资之比、经济适用房投资与住宅总投资之比、别墅和高档公寓投资与住宅总投资之比对经济增长的影响方向和影响力度，比较分析了各类住宅投资结构在不同历史阶段对经济增长影响的差异。

5.2　阶　段　划　分

根据 1999～2013 年房地产投资、住宅总投资、商品房投资、经济适用房投资、别墅和高档公寓投资的省际面板数据，计算出各省历年的住宅总投资与房地产投资之比 I1/I0、商品房投资与住宅总投资之比 I2/I1、经济适用房投资与住宅总投资之比 I3/I1、别墅和高档公寓投资与住宅总投资之比 I4/I1。然后，再将每年的各类比值数据分别相加求其平均值，即得到了反映各省平均水平的住宅投资结构数据，并根据各类住宅投资比例数据绘制投资结构变化趋势图，具体如图 5 - 1 所示。

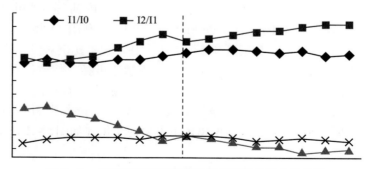

图 5 - 1　各类住宅投资和房地产投资结构的变化趋势

从图 5 - 1 所示不难看出：住宅总投资与房地产总投资之比于 2006 年之前基本呈逐年上升的趋势，但该比值处于 0.7 以下，2006 年之后基本该比值呈缓慢递减的趋势，但该比值基本处于 0.7 之上；商品房与住宅总投资之比总体上呈逐年增长的趋势，但到了 2006 年之后，该比值高达 0.8 以上，步入超高比例阶段；经济适用房投资与住宅总投资之比总体呈下降趋势，2006 年之前大多数处于 0.1 之上，2006 年之后降至 0.1 之下，步入超低比例阶段；别墅和高档公寓与住宅总投资之比基本位于 0.1 以下，1999 ~ 2006 年该比值呈逐年增长的趋势，2006 ~ 2013 年该比值呈逐渐下降的趋势。根据各类住宅投资结构变化的特征，将样本数据分为"第一阶段"（1999 ~ 2006 年）和"第二阶段"（2006 ~ 2013 年）。

5.3 指标选取与模型构建

5.3.1 指标选取

1. 人均实际 GDP（GDP）

在研究经济增长问题时该指标被广泛地使用，弗兰克（Frank，2005）[16]，盛斌、毛其淋（2011）[17]等曾利用该指标代表经济增长。本研究将人均实际 GDP 作为被解释变量，以 2000 年为基期，用各省人均名义 GDP 数据除以各年的累计价格指数，得到人均实际 GDP 指标。

2. 住宅投资结构（Ratio）

选取住宅总投资与房地产投资之比、商品房投资与住宅总投资之比、经济适用房投资与住宅总投资之比、别墅和高档公寓投资与住宅总投资之比作为代表住宅投资结构的指标。该指标对经济增长影响的方向和力度并非一成不变，而是随着时代的演进而发生着动态的变化，比较分析不同阶段中各类住宅投资结构对经济增长影响的差异是本研究的重点。

3. 人均固定资产投资（I）

其值等于固定资产投资除以总人口，固定资产投资是物质资本形成的前提条件，是拉动经济增长的重要动力，与经济增长应该呈正向关系（Solow，1956[18]；Lucas，1988[19]）。

4. 人力资本（H）

人力资本亦称"非物力资本"，是指劳动者通过接受教育、培训等而获得的知识和技能积累。宇泽弘文（Uzawa，1965）[20]、杨建芳、龚六堂等（2006）[21]认为人力资本可以提高劳动生产效率与产出水平，降低生产成本，对经济增长具有正向促进作用。本研究借鉴李秀敏（2007）[22]，盛斌、毛其淋（2011）[17]的研究，用人均受教育年数作为人力资本指标，具体计算方法是根据我国现行教育制度将小学、初中、高中、大专以上受教育年限分别定义为 6 年、9 年、12 年、16 年，并以教育年限为权重，乘以抽查样本中各类文化水平的人数，得到受教育年限的加权和，再除以抽查总人数，即可得到人力资本指标值。

5. 开放度（Open）

开放度用来反映某一地区对外开放的程度，该指标也被称为外贸依存度，等于进出口贸易总额与 GDP 之比。贾中华、梁柱（2014）[23]认为开放度可通过加快本国技术进步、提高要素生产率来促进经济增长，开放度的提高对经济增长具有显著的正向作用。但包群、许和连、李华（2003）[24]；张立光、史有军、赖明勇（2004）[25]利用早期的样本数据研究表明：开放度对经济增长的影响并不明显。由此可见，开放度对经济的促进程度与经济发展阶段有关。

6. 产业结构（Stru）

本研究用第一产业生产总值与总产值之比来表示产业结构，该指标越小，表示产业结构越趋于合理。合理的产业结构升级可以使生产要素从生产效率较低的产业向生产率较高的产业转移，从而提高经济增长水平（周少甫、王伟、董登新，2013[26]）。而简单、粗放式的结构调整模式将会造成资源浪费和环境污染，对经济造成负面影响（徐捷锦、黄志亮、周兵，2008[27]；付凌晖，2010[28]）。因此，产业结构对经济增长的影响与其调整模式有关。

7. 城镇化（Urban）

城镇化是指农村人口转化为城镇人口的过程，通常用某地区城镇常住人口与该地区总人口的比值来反映城镇化水平。健康的城镇化建设不仅会促进农业劳动者向工业和服务业转变，加速产业的优化升级，而且会增加交通、通讯、商业、金融等部门的建设投入，拉动消费、扩大内需、提高生产效率，降低交易成本，实现城乡统筹发展，从而促进经济增长（朱孔来、李静静，2011[29]）。但是如果城镇化进程缺乏良好的规划，单纯的采取粗放式的城镇化模式，将会严重增加各类社会成本，导致城市危机和"城市病"涌现，造成城市发展混乱，这时城镇化将会对经济增长造成负面影响（刘庆和、刘岸东，2004[30]；王婷，2013[31]）。城镇化进程在不同阶段对经济的影响效果还需要进一步实证检验。

5.3.2 模型构建

本研究参照克拉克等（Clarke，Xu & Zou，2006）[32]，贝克等（Beck，Demirgüç‑Kunt & Levine，2007）[33]，黄忠华、吴次芳、杜雪君（2008）[34]的研究，建立动态面板计量模型，表达形式为：

$$\ln GDP_{it} = c + \sum_{i=1}^{p} \alpha_p L.^p \ln GDP_{it} + \beta_1 Ratio_{it} + \beta_2 \ln I_{it} + \beta_3 \ln H_{it} + \beta_4 \ln Open_{it}$$
$$+ \beta_5 \ln Stru_{it} + \beta_6 \ln Urban_{it} + \zeta_i + \theta_t + v_{it}$$

其中，i 表示省份，取值为 1 ~ 31；t 表示年份，取值为 1999 ~ 2013；c 为常数项；被解释变量 $lnGDP_{it}$ 表示人均实际产出；$L.^plnGDP_{it}$ 表示人均产出的 p 期滞后项，p 为 1，2，3……$Ratio_{it}$ 代表住宅投资结构，I1/I0、I2/I1、I3/I1、I4/I1 分别表示住宅总投资与房地产投资之比、商品房投资与住宅总投资之比、经济适用房投资与住宅总投资之比、别墅和高档公寓投资与住宅总投资之比；lnI_{it} 表示人均固定资产投资；lnH_{it}、$lnOpen_{it}$、$lnStru_{it}$、$lnUrban_{it}$ 分别表示人力资本、开放度、产业结构和城镇化；ζ_i 和 θ_t 分别为反应个体效应和时间效应的虚拟变量，v_{it} 为干扰项；α_p，$\beta_1 - \beta_6$ 为对应变量的系数。

本研究采用系统广义矩（System GMM）方法对模型进行估计。该方法不仅利用水平变量的滞后项 $L.^plnGDP_{it}$（p≥2）作为差分方程中的工具变量，而且利用差分变量的滞后项 $LD.lnDGP_{it}$ 作为水平方程的工具变量，从而增加了工具变量的数量，充分地利用了样本信息。该方法不仅克服了动态模型产生的内生性问题，而且矫正了差分广义矩估计方法因可能存在弱工具变量问题而产生的偏误，是目前一种较好的估计方法。但应该注意的是：采用系统广义矩估计的实证结果都要满足两个条件：一是随机误差项 v_{it} 不存在序列相关；二是不存在弱工具变量问题，即工具变量必须和内生变量相关。因此模型估计之后还必须对二者进行检验，检验时如差分后的随机误差项只存在一阶自相关而不存在二阶自相关，也就是一阶自相关检验的概率值 <5% 而且二阶自相关检验的概率值 >5% 时，就可以认为接受随机误差项不存在序列相关原假设，即满足第一个条件；当检验弱工具变量的 Hansen 统计量的概率 >5% 时，表明接受不存在弱工具变量的原假设，即满足第二个检验条件。

5.4　数据采集及平稳性检验

5.4.1　数据采集

自从 1998 年 7 月实现住宅商品化改革之后，我国住宅市场才得以迅速发展，因此本研究选取各省份 1999 ~ 2013 年期间的省际面板样本数据。住宅和房地产投资的相关数据来源于中宏产业数据库和《中国房地产统计年鉴》；人力资本1999 年、2000 年、2001 年数据来自《中国人口统计年鉴》，2010 年数据来自《中国人口和就业统计年鉴》，其余数据来自《中国统计年鉴》，并将原始数据按前文所述方法计算。另外，为了平滑数据，消除经济时间序列数据异方差的影响，将相关数据取自然对数。变量的数据特征如表 5 - 1 所示，各变量的均值和中位数基本一致，基本呈现正态分布，此外，各变量取值均在合理范围之内，不存在严重异常值。该部分与实证部分使用的计量软件均为 STATA12.0。

表 5 – 1　　　　　　各变量的基本统计量和计算方法（N = 31，1999 ~ 2013）

变量	含义	计算方法	样本数	均值	中位数	标准差	最小值	最大值
lnGDP	实际人均 GDP	总产值/总人口	465	9.042	8.959	0.519	7.885	10.480
I1/I0	住宅投资结构	住宅总投资/房地产总投资	465	0.691	0.699	0.082	0.388	0.989
I2/I1	住宅投资结构	商品房投资/住宅总投资	465	0.805	0.850	0.161	0.000	1.000
I3/I1	住宅投资结构	经济适用房投资/住宅总投资	360	0.154	0.092	0.167	0.002	1.000
I4/I1	住宅投资结构	别墅高档公寓投资/住宅总投资	465	0.079	0.057	0.083	0.000	0.505
LnI	人均总投资	固定资产投资/总人口	465	9.166	9.222	0.845	7.174	11.016
lnH	人力资本	受教育年数加权和/总人口	465	2.083	2.103	0.169	1.081	2.487
lnOpen	开放度	进出口贸易总额/总产值	465	−1.690	−2.010	0.966	−3.689	0.564
lnStru	产业结构	第一产业生产总值/总产值	465	2.416	2.595	0.779	−0.511	3.635
lnUrban	城镇化	城镇常住人口/总人口	465	3.764	3.778	0.385	−0.374	4.495

注：1. 计算方法一栏中各指标均用各省相应数据计算，并将各变量结果取对数处理。
2. lnI 为剔除价格因素后的人均固定资产投资的实际值，计算时以 2000 年为基准。

5.4.2　数据平稳性检验

为了避免在模型估计时可能的伪回归情况，利用 Eviews7.0 软件对变量 lnG-DP、I1/I0、I2/I1、I3/I1、I4/I1、lnI、lnH、lnOpen、lnStru、lnUrban 进行 LLC 和 PP – Fisher 平稳性检验。LLC 检验的原假设为存在共同的单位根过程，PP – Fisher 检验的原假设为存在独立的单位根过程。检验结果如表 5 – 2 所示。结果表明所有变量均拒绝存在单位根的原假设，即所有变量均为平稳变量。

表 5 – 2　　　　　　　　　　单位根检验结果

变量	检验形式 (C, T, L)	LLC 检验		PP – Fisher 检验	
		t 值	P 值	t 值	P 值
lnGDP	(C, T, 2)	−7.091	0.000 ***	186.280	0.000 **
I1/I0	(C, T, 2)	−5.572	0.000 ***	86.357	0.022 **
I2/I1	(C, 0, 2)	−8.860	0.000 ***	97.833	0.003 ***
I3/I1	(C, 0, 2)	−11.378	0.000 ***	137.085	0.000 ***
I4/I1	(C, 0, 2)	−7.988	0.000 ***	121.670	0.000 ***
lnI	(C, T, 2)	−2.161	0.015 **	93.085	0.007 ***
lnH	(C, T, 2)	−8.886	0.000 ***	188.284	0.000 ***

变量	检验形式 （C，T，L）	LLC 检验		PP – Fisher 检验	
		t 值	P 值	t 值	P 值
lnOpen	（0，0，3）	– 3.760	0.000 ***	131.394	0.000 ***
lnStru	（C，0，2）	– 6.231	0.000 ***	110.324	0.000 ***
lnUrban	（C，0，3）	– 6.658	0.000 ***	157.244	0.000 ***

注：1. ** 、*** 表示在5% 、1% 显著性水平拒绝原假设。

2. 以上检验原假设均为存在单位根，即变量不平稳。

3. （C，T，L）表示检验模型中截距项，趋势项和最大滞后阶数，0 表示不包含该项，最优滞后阶数的选择是在最大滞后阶数的范围内，根据 SC 准则确定。

5.5　实　证　分　析

5.5.1　内生性问题的分析和处理

计量模型产生内生性问题的原因主要有两个：一是计量模型中被解释变量的滞后项 L. lnGDP$_{it}$ 作为了解释变量；二是计量模型中被解释变量和解释变量之间存在互为因果（reverse causality）关系。如固定资产资产投资会通过投资乘数效应促进经济增长，经济增长反过来又会通过加速效应拉动固定资产投资。另外，人力资本、开放度、产业结构、城镇化等均会对经济增长产生一定的影响，同时经济增长又会对这些变量产生反作用。

处理内生性问题的方法是：（1）参照威廉姆斯（Williams，2010）[35] 的做法，将所有解释变量用其滞后一期代替，这样可以在一定程度上缓解内生性问题对估计结果产生的影响；（2）运用两步系统 GMM 方法对动态模型进行估计，以克服内生性问题产生的偏误；（3）住宅结构结构变量与经济增长不存在明显的因果关系，在实证过程中将其作为外生变量处理。

5.5.2　第一阶段样本的实证分析

该部分选取第一阶段样本数据，实证分析各类住宅投资结构对经济增长的影响效果。在实证过程中，以人均产出 lnGDP 作为模型的被解释变量，以代表住宅结构的变量 I1/I0、I2/I1、I3/I1、I4/I1 作为解释变量；为了克服内生性问题，将人均固定资产投资 lnI、人力资本 lnH、开放度 lnOpen、产业结构 lnStru、城镇化 lnUrba 等控制变量的当期值用它们的 1 阶滞后项 L. lnI、L. lnH、L. lnOpen、L. lnStru、L. lnUrban 代替；另外，在动态模型中，加入人均产出 lnGDP 的 1、2、3 阶滞后项 L1. lnGDP、L2. lnGDP、L3. lnGDP 作为解释变量。实证结果如表 5 – 3 所示。

表 5 - 3　　　　　第一阶段住宅投资结构对经济增长影响的实证检验结果

变量	（1）住宅 I1	（2）商品房 I2	（3）经济适用房 I3	（4）别墅、高档公寓 I4
L1. lnGDP	0.860 *** （35.454）	0.875 *** （26.614）	0.903 *** （24.957）	0.777 *** （21.016）
L2. lnGDP	- 0.266 *** （- 3.638）	- 0.250 *** （- 3.708）	- 0.203 *** （- 2.769）	- 0.258 *** （- 4.083）
L3. lnGDP	0.271 *** （3.182）	0.260 *** （3.504）	0.186 ** （2.348）	0.329 *** （5.241）
I1/I0 ~ I4/I1	0.011 （0.525）	0.032 ** （2.268）	- 0.021 ** （- 2.264）	- 0.040 ** （- 2.034）
L. lnI	0.068 *** （5.315）	0.067 *** （7.834）	0.059 *** （5.529）	0.095 *** （7.437）
L. lnH	0.143 *** （8.010）	0.108 *** （6.333）	0.111 *** （6.982）	0.164 *** （8.139）
L. lnOpen	0.007 （0.910）	0.003 （0.609）	0.005 （0.606）	0.007 （1.066）
L. lnStru	（0.014） （- 1.245）	（0.007） （- 0.769）	（0.013） （- 1.068）	（0.008） （- 0.632）
L. lnUrban	- 0.009 *** （- 3.134）	- 0.007 ** （- 2.346）	- 0.006 ** （- 2.431）	- 0.010 *** （- 2.953）
C	0.427 （1.513）	0.283 （1.230）	0.383 （1.263）	0.305 （1.007）
N	155	155	150	155
Hansen χ^2（d）	27.243	27.954	26.448	27.190
Hansen_df	32	28	28	27
Hansen P 值	0.706	0.467	0.548	0.454
AR（2）	0.695	0.680	0.967	0.667
AR（2）P 值	0.487	0.496	0.334	0.504
省份数	31	31	30	31

注：1. *** 、** 分别表示在 1%、5% 水平上显著，括号中为 t 值。

2. Hansen χ^2（d）表示对工具变量的合理性进行过度识别检验得到的 Hansen 统计量，渐进服从卡方分布，Hansen_df 为自由度，Hansen P 值为对应的 P 值。

3. AR(2) 表示对一阶差分后的残差进行二阶序列相关检验的统计量，原统计量渐进服从 N（0，1）分布，原假设为模型不存在二阶自相关，AR(2) P 值为对应的 P 值。

4. I1/I0 ~ I4/I1 依次表示住宅总投资与房地产投资之比 I1/I0、商品房投资与住宅总投资之比 I2/I1、经济适用房投资与住宅总投资之比 I3/I1、别墅和高档公寓投资与住宅总投资之比 I4/I1。

5. L. lnI、L. lnH、L. lnOpen、L. lnStru、L. lnUrban 表示 lnI、lnH、lnOpen、lnStru、lnUrban 的 1 阶滞后项，L1. lnGDP、L2. lnGDP、L3. lnGDP 表示 lnGDP 的 1 ~ 3 阶滞后项。

　　由表5-3可以发现开放度这一变量的系数在各类住宅投资模型中均不显著，可能的原因是开放程度发展到一定阶段才会对经济增长产生促进作用，在未得到充分发展之前对经济增长的促进作用表现得非常微弱。另外，产业结构这一变量的系数也均不显著，其可能的原因是在该阶段多采用"粗放式"的产业结构调整模式，过多地发展高能耗、低技术、低附加值的重化工业和制造业，造成了严重资源浪费和环境污染，产业调整"质"上存在的这些问题，抵消了其"量"上优化给经济带来的好处。

　　为了减少冗余变量对模型回归结果的影响，将开放度和产业结构这两个不显著的变量删掉重新回归，结果如表5-4所示。

表5-4　　　　　　第一阶段住宅投资结构对经济增长影响的实证检验结果

变量	(1) 住宅 I1	(2) 商品房 I2	(3) 经济适用房 I3	(4) 别墅、高档公寓 I4
L1. lnGDP	0.937 *** (21.700)	0.932 *** (37.660)	0.979 *** (26.798)	0.813 *** (31.348)
L2. lnGDP	-0.287 *** (-5.052)	-0.268 *** (-7.325)	-0.349 *** (-5.203)	-0.281 *** (-6.057)
L3. lnGDP	0.258 *** (7.267)	0.248 *** (7.403)	0.287 *** (4.692)	0.351 *** (7.032)
I1/I0 ~ I4/I1	-0.038 ** (-2.296)	0.042 *** (4.290)	-0.021 *** (-4.287)	-0.079 *** (-4.605)
L. lnI	0.073 *** (14.016)	0.068 *** (11.768)	0.065 *** (8.455)	0.100 *** (16.260)
L. lnH	0.111 *** (9.545)	0.085 *** (6.211)	0.100 *** (8.509)	0.142 *** (10.299)
L. lnUrban	-0.009 *** (-2.748)	-0.008 ** (-2.173)	-0.007 *** (-3.714)	-0.010 *** (-3.500)
C	0.056 ** (1.977)	0.056 * (1.823)	0.034 (0.718)	(0.024) (-0.456)
N	155	155	150	155
Hansen χ^2 (d)	28.861	27.065	23.148	28.478
Hansen_df	32	28	28	27
Hansen P 值	0.626	0.515	0.726	0.387
AR (2)	0.664	0.534	1.562	0.741
AR (2) P 值	0.506	0.593	0.118	0.458
省份数	31	31	30	31

注：各变量含义同表5-3。

从表 5 - 4 的过度识别检验的结果来看，各模型的 Hansen P 值均在 5% 显著水平以上，接受了模型中不存在过度识别原假设，即不存在弱工具变量问题，选择的工具变量是合理的。各模型的 AR（2）P 值也均在 5% 显著水平以上，接受模型估计的随机误差项不存在二阶自相关的原假设，即各模型均不存在二级序列相关，满足动态面板模型估计条件，回归结果可靠。

从回归结果可以看出：（1）住宅总投资与房地产投资之比 I1/I0 的回归系数为 - 0.038，在 5% 的置信水平下显著为负，其含义为该比例每增加 1%，经济增长就会减少 0.038%。该变量系数为负，表明在 1999 ~ 2006 年期间住宅投资在房地产投资中所占的比重相对过大，导致投资结构失衡，致使住宅供给相对过剩，超出了当时居民的需求水平，引起了对经济的负面影响。（2）商品房投资与住宅总投资之比 I2/I1 的系数是 0.042，在 1% 置信水平下显著为正，其含义是该比例每增加 1%，经济增长就会增加 0.042%。这是因为在该阶段，商品房投资在住宅总投资中所占的比例基本在 0.8 以下，仍然处于较为合理范围之内。（3）经济适用房投资与住宅总投资之比 I3/I1 的回归系数是 - 0.021，在 1% 置信水平下显著为正，其含义是该比例每增加 1%，经济增长就会减少 0.021%。在该阶段经济适用房在住宅总投资中所占的比例过大，在大多数年份处于 0.1 之上，2000 年高达 0.316，显然该变量对经济的负向影响是由于投资比例过大造成的。（4）别墅和高档公寓投资与住宅总投资之比 I4/I1 的系数是 - 0.079，在 1% 置信水平下显著为正，其含义是该比例每增加 1%，经济增长就会减少 0.079%。这是因为在第一阶段该比值从 0.050 增长到 0.099，其投资比重增速过大，超出了当时对该类住房的需求程度，导致了资源浪费，对经济增长产生负向影响。

另外，各模型中人均固定资产投资、人力资本的回归系数均为正向，说明在第一阶段中这些变量均对经济增长具有正向的促进作用，与经济理论一致；另外，各模型中城镇化这一变量的系数在各模型中均为负向，这是因为该阶段主要是采取"粗放式"的城镇化改革，基础设施、交通、就业、产业转移等并未完全得到相应发展，并且造成了耕地减少、环境恶化、城市危机等问题，这些负面因素对经济的冲击超过了该阶段城镇化进程所带来的好处。

5.5.3 第二阶段样本实证检验

为了进一步分析住宅投资结构在第二阶段对经济增长影响程度，选取 2006 ~ 2013 年样本数据，利用动态面板系统 GMM 模型进行实证检验。内生性的处理，被解释变量和解释变量的设定均与前文相同，实证结果如表 5 - 5 所示。

表 5 - 5　　　　　　　　第二阶段住宅投资结构对经济增长影响的实证检验结果

变量	（1）住宅 I1	（2）商品房 I2	（3）经济适用房 I3	（4）别墅、高档公寓 I4
L1. lnGDP	0. 436 *** (40. 056)	0. 452 *** (42. 164)	0. 128 *** (3. 372)	0. 391 *** (27. 977)
L2. lnGDP	− 0. 054 ** (− 2. 357)	− 0. 031 ** (− 2. 040)	0. 191 *** (3. 405)	(0. 023) (− 1. 328)
L3. lnGDP	0. 310 *** (13. 808)	0. 310 *** (13. 948)	0. 373 *** (6. 899)	0. 311 *** (13. 153)
I1/I0 ~ I4/I1	0. 076 *** (3. 578)	− 0. 048 *** (− 3. 480)	0. 059 *** (5. 233)	0. 026 ** (2. 067)
L. lnI	0. 015 ** (2. 010)	0. 016 ** (2. 345)	0. 020 * (1. 636)	0. 017 ** (2. 226)
L. lnH	0. 060 ** (2. 032)	0. 102 *** (3. 813)	0. 119 *** (3. 789)	0. 089 ** (2. 168)
L. lnOpen	0. 025 *** (4. 465)	0. 025 *** (4. 665)	0. 024 *** (2. 993)	0. 030 *** (4. 394)
L. lnStru	− 0. 060 *** (− 7. 066)	− 0. 045 *** (− 7. 062)	− 0. 076 *** (− 7. 170)	− 0. 061 *** (− 7. 710)
L. lnUrban	0. 172 *** (4. 927)	0. 131 *** (5. 439)	0. 124 *** (4. 359)	0. 157 *** (6. 004)
C	2. 048 *** (8. 145)	1. 826 *** (10. 415)	2. 176 *** (9. 305)	2. 219 *** (9. 446)
N	248	248	150	248
Hansen χ^2 (d)	28. 804	29. 893	25. 798	29. 783
Hansen_df	68	68	56	60
Hansen P 值	1. 000	1. 000	1. 000	1. 000
AR (2)	1. 673	1. 451	1. 575	1. 622
AR (2) P 值	0. 094	0. 147	0. 115	0. 105
省份数	31	31	30	31

注：各变量含义同表 5 - 3。

从表 5 - 5 的 Hansen χ^2 （d） 和 Hansen P 值来看，各模型估计方法均不存在过度识别问题，即不存在弱工具变量问题，选择的工具变量是合理的。从 AR

（2）的 P 值均在 5% 显著水平以上，接受模型估计的干扰项不存在二阶自相关的原假设，即各模型均不存在二级序列相关，满足动态面板模型估计条件，回归结果可靠。

从回归结果可以看出：（1）住宅总投资与房地产投资之比 I1/I0 的回归系数是 0.076，在 1% 的置信水平下显著为正，表明在第二阶段该指标对经济增长具有正向的促进作用，该比值每增长 1%，人均实际 GDP 就会增加 0.076%，其作用方向和第一阶段的估计结果相反。这是因为从数值上看虽然住宅总投资与房地产总投资之比较第一阶段有所增加，其值基本在 0.7 以上，但随着人民生活水平的提高和城镇化进程的逐渐推进，人均住房面积不断改善，住房的刚性需求不断增强，住宅的总需求较第一阶段也出现明显提高，使住宅总投资与房地产投资之比这一指标的合理区间较第一阶段有所提高。（2）商品房投资与住宅总投资之比 I2/I1 的系数是 −0.048，在 1% 置信水平下显著为负，其含义是该比例每增加 1%，经济增长就会减少 0.048%。这是由于在第二阶段，该比值较第一阶段出现了较大增长，基本在 0.8 以上，已经超出了合理范围，投资结构失衡，对经济增长造成负面影响。（3）经济适用房投资与住宅总投资之比 I3/I1 的系数是 0.059，在 1% 置信水平下显著为正，其含义是该比例每增加 1%，经济增长就会增加 0.059%，表明在第二阶段该指标对经济增长具有正向促进作用。这是由于经济适用房在住宅总投资中所占比重持续下降，在第二阶段均处于 0.1 以下，处于合理区间。（4）别墅和高档公寓投资与住宅总投资之比 I4/I1 的回归系数是 0.026，在 5% 的置信水平下显著为正，即该比例每增加 1%，经济增长就会增加 0.026%。这表明该比值对经济增长也具有正向促进作用，这是因为在第二阶段别墅与高档公寓住宅总投资中所占比例呈现逐年下降的趋势，均在 0.1 以下，投资结构较为合理。

另外，在（1）~（4）列的四个模型的回归结果中，人均固定资产投资、人力资本、开放度的系数均为正向，说明这些变量均对经济增长具有正向的促进作用，与经济理论相一致，进一步说明了模型的合理性；产业结构的回归系数为负向，其可能的原因是前期"粗放式"的结构调整模式，所引发的环境污染、资源错配等问题逐渐显现，给经济带来了较大的负面影响；城镇化的回归系数均显著为正，与第一阶段对经济的作用方向相反，这是由于在第一阶段，简单、粗放的城镇化过程中，基础设施、交通、就业、产业转移等并未完全得到相应发展，并且造成了耕地减少、环境恶化、城市危机等问题，而在第二阶段这些问题已经得到了政府部门的高度重视，并采取积极的措施加以解决，城镇化在高速增长阶段逐渐成为经济增长的主要动力。

5.6　结论与启示

根据住宅总投资结构样本的数据特征，将总样本数据分为 1999～2006 年（第一阶段）和 2006～2013 年（第二阶段）两个阶段，构建动态面板 GMM 模型对这两个阶段进行实证比较研究，取得了如下几点结论。

第一，住宅总投资与房地产总投资之比趋于合理，对经济增长的促进作用逐渐增强。在第一阶段住宅总投资与房地产总投资之比对经济增长的影响为负向，在第二阶段该指标对经济增长的影响为正向。其合理的解释是由于人民收入水平的增加和城镇化进程的逐渐推进，住宅总需求不断增长，住宅总投资与房地产总投资之比的合理值也随之提高。

第二，商品房投资与住宅总投资之比逐渐超出合理区间，对经济增长的影响逐渐恶化。商品房投资与住宅总投资之比对经济增长的作用，在第一阶段样本的实证结果中表现为正向，在第二阶段样本的实证结果中表现为负向。其原因主要是由于商品房投资与住宅总投资之比不断增加，超出了合理区间，致使住宅投资结构失衡，对经济增长造成负面影响。

第三，经济适用房与房地产总投资之比趋于合理，对经济增长的影响逐渐好转。在第一阶段，由于经济适用房在住宅总投资中所占比重过大，该指标与经济增长呈现负相关关系，而在第二阶段该比值逐渐下降，趋于合理，在实证结果中对经济增长具有显著的正向影响。

第四，别墅、高档公寓投资与住宅总投资之比趋于合理，对经济增长的影响由负转正。在第一阶段别墅和高档公寓投资与住宅总投资之比逐渐升高，该类投资相对过剩，对经济增长的影响表现为负向。在第二阶段该指标对经济增长具有正向影响，这是由于在第二阶段该类住宅比例不断下降，并且人民收入水平的不断提高，贫富阶层人数不断增加，住宅需求结构发生了变化，对别墅、高档公寓的需求比例逐渐增加，这两个因素的共同作用使得该指标回归于合理区间，对经济增长转变为正向影响。

基于以上结论和我国住宅投资结构发展的现实情况可以得到如下政策启示：第一，优化住宅投资结构，合理控制住宅投资总量。针对商品房投资比重过大的现实情况，应合理降低商品房投资所占比重，使其回归合理区间，减小对其他投资的挤出效应及经济增长产生的负面影响；增加保障性住房投资比重，降低经济适用房的管理成本，同时大力发展公租房和廉租房等保障性住房，满足中低收入人群的住房需求；适当增加别墅与高档公寓的投资比重，满足日益增加的富裕阶层人群对高档住宅的需求；同时还应控制住宅投资总量，控制好住宅投资与房地产投资及社会总投资的比例关系，使其与我国的经济增长水平相适应，以充分发挥各类住宅投资对经济增长的拉动作用。

第二，维持住宅价格稳定，降低住宅投资增速。通过金融和税收政策维持住宅价格稳定，降低住宅开发商暴利空间，并抑制居民投机需求，降低住宅投资增速，减小空置率和资源浪费，让住宅回归其实用价值，使经济保持健康持续发展。

第三，继续优化产业结构、推动城镇化进程。应避免"粗放式"的产业结构调整模式，在调整时应避免过度发展高能耗、低技术、低附加值的重化工业和制造业，避免资源浪费和环境污染；城镇化进程中在实现农村人口向城镇人口转移的同时，应注重教育、住宅空间布局、就业、基础设施等配套设施的建设和发展，充分发挥其对经济增长的重大作用。

参 考 文 献

［1］杜海琦. 住宅市场：一条将要腾飞的"卧龙"［J］. 中国软科学，1997（3）：105 – 107.

［2］韩立岩. 住房消费对于经济增长的带动作用［J］. 管理世界，1999（5）：39 – 43.

［3］武少俊. 住宅产业：经济增长点，还是支柱产业［J］. 金融研究，2000（11）：84 – 93.

［4］梁云芳，高铁梅，贺书平. 房地产市场与国民经济协调发展的实证分析［J］. 中国社会科学，2006（3）：74 – 84，205 – 206.

［5］Michael Ball, Tanya Morrison, Housing Investment Fluctuations：an International Comparison［J］. Paper presented to the Cutting Edge, 1995（7）：3 – 13.

［6］穆之俐. 住宅业仍然是我国经济的增长点［J］. 上海房地，2012（4）：9 – 11.

［7］Howenstine, E., Appraising the Role of Housing in Economic Development［J］. International Labour Review, 1957（75）：21 – 33.

［8］Wheaton, W., Wheaton M. Urban Housing in Economic Development, in D. Dwyer（ed.），The City as a Centre of Change in Asia［M］. Hong Kong：Hong Kong University Press：1972, 141 – 151.

［9］Gilbert A., Gugler J., Cities, Poverty, and Development：Urbanization in the Third World［M］. New York：Oxford University Press, 1982.

［10］Coulson, N. and Kim M., Residential Investment, Non-residential Investment and GDP［J］. Real Estate Economics, 2000, 28（2）：233 – 247.

［11］Gauger, Jean and Snyder, Residential Fixed Investment and the Macroeconomy：Has Deregulation Altered Key Relationships?［J］. Journal of Real Estate Finance and Economics, 2003, 27（3）：335 – 354.

［12］William Miles, Housing Investment and the US Economy：How Have the Relationships Changed［J］. Journal of Real Estate Research, 2009, 31（3）：329 – 349.

［13］ Martínez C. C. , de Frutos R F. , Housing Investment in Spain：Has It been the Main Engine of Growth ［J］. Universidad Complutense de Madrid, Facultad de Ciencias Económicas y Empresariales, 2013, 45 （14）：1835 – 1843.

［14］ 石小抗. 我国城市商品住房价格畸高的机理性原因剖析 ［J］. 经济研究，1991 （9）：45 – 53, 29.

［15］ 王重润，崔寅生. 房地产投资挤出效应及其对经济增长的影响 ［J］. 现代财经 （天津财经大学学报），2012 （9）：41 – 50.

［16］ Frank, M. W. , Income Inequality and Economic Growth in the U S：A Panel Co-integration Approach ［R］. Sam Houston State University Working Paper, 2005.

［17］ 盛斌，毛其淋. 贸易开放、国内市场一体化与中国省际经济增长：1985 ~ 2008 年 ［J］. 世界经济，2011 （11）：44 – 66.

［18］ Solow R. M. A. , Contribution to the Theory of Economic Growth ［J］. Quarterly Journal of Economics, 1956, 70 （1）：65 – 94.

［19］ Lucas, R. E. , On the Mechanics of Economic Development ［J］. Journal of Monetary Economics, 1988, 22 （1）：3 – 42.

［20］ Uzawa, H. , Optimum Technical Change in An Aggregative Model of Economic Growth ［J］. International Economic Review , 1965 （6）：18 – 31.

［21］ 杨建芳，龚六堂，张庆华. 人力资本形成及其对经济增长的影响——个包含教育和健康投入的内生增长模型及其检验 ［J］. 管理世界，2006 （5）：10 – 18, 34, 171.

［22］ 李秀敏. 人力资本、人力资本结构与区域协调发展——来自中国省级区域的证据 ［J］. 华中师范大学学报 （人文社会科学版），2007 （3）：47 – 56.

［23］ 贾中华，梁柱. 贸易开放与经济增长——基于不同模型设定和工具变量策略的考察 ［J］. 国际贸易问题，2014 （4）：14 – 22.

［24］ 包群，许和连，赖明勇. 贸易开放度与经济增长：理论及中国的经验研究 ［J］. 世界经济，2003 （2）：10 – 18.

［25］ 张立光，史有军，李华. 贸易开放度对经济增长的长期均衡效应 ［J］. 财经科学，2004 （1）：78 – 82.

［26］ 周少甫，王伟，董登新. 人力资本与产业结构转化对经济增长的效应分析——来自中国省级面板数据的经验证据 ［J］. 数量经济技术经济研究，2013 （08）：65 – 77, 123.

［27］ 徐捷锦，黄志亮，周兵. 重庆市产业结构与经济增长实证分析 ［J］. 软科学，2008 （9）：95 – 99.

［28］ 付凌晖. 我国产业结构高级化与经济增长关系的实证研究 ［J］. 统计研究，2010 （8）：79 – 81.

［29］ 朱孔来，李静静，乐菲菲. 中国城镇化进程与经济增长关系的实证研究 ［J］. 统计研究，2011 （9）：80 – 87.

［30］ 刘庆和，刘岸东. 经济增长、结构变化与人口城市化——贵州的经验证据 ［J］. 财经科学，2004 （4）：69 – 72.

［31］ 王婷. 中国城镇化对经济增长的影响及其时空分化 ［J］. 人口研究，2013 （5）：53 – 67.

［32］ GRG Clarke, L. C. Xu, H. Zou, Finance and Income Inequality: What Do the Data Tell us ［J］. Southern Economic Journal, 2006, 72 (3): 578 – 596.

［33］ T. Beck, A Demirgüç – Kunt, R. Levine. Finance, Inequality and the Poor ［J］. Journal of Economic Growth, 2007, 12 (1): 27 – 49.

［34］ 黄忠华, 吴次芳, 杜雪君. 房地产投资与经济增长——全国及区域层面的面板数据分析 ［J］. 财贸经济, 2008 (8): 56 – 60, 72.

［35］ Williams A. , Shining A Light on the Resource Curse: An Empirical Analysis of the Relationship Between Natural Resources, Transparency, and Economic Growth ［J］. World Development, 2011, 39 (4): 490 – 505.

6

住宅投资结构对经济增长影响的阶段比较研究：基于动态面板系统 GMM 模型[*]

6.1 引　　言

　　自 1998 年我国实行住房货币化改革以来，住宅投资规模不断扩大，住宅质量不断提高，住宅投资不仅满足了居民日益增长的住房需求，改善了居住条件，而且有效拉动了就业、带动了其他产业的发展，对经济增长具有显著的正向影响（武少俊，2000[1]；梁云芳、高铁梅等，2006[2]）。但近年来随着住宅需求，尤其是住宅投机需求的不断膨胀，住宅投资已经出现了过度增长的局面。从住宅投资规模来看，住宅投资总额从 2000 年的 3312 亿元增长到 2014 年的 64352 亿元，15 年期间住宅投资总额增长了约 20 倍，平均增速约为 22%，远远超过了经济增长水平；从住宅投资与国内生产总值之比来看，该比值自 2000 年的 3.3% 增长到 2014 年的 10.1%，已经远高于西方发达国家 3% ~5% 的水平。住宅投资的过度增长给经济增长带来很大的负面影响，如导致了价格扭曲（吕江林，2010[3]；赵安平、范衍铭，2011[4]）、供求失衡、资源闲置（徐正林、苗婧，2006[5]；甘犁，2013[6]）、挤出效应（王重润、崔寅生，2012[7]；林嵩，2012[8]）、"城市病"（丁维莉、章元，2009[9]；郑思齐、孙聪，2011[10]）等问题。住宅投资过度膨胀所引发的这些负面问题减弱了住宅投资对宏观经济的促进作用（张清勇、郑环环，2012[11]），造成了住宅投资对经济增长的拉动作用并不明显（黄仙荔、何梦嘉等，2012[12]；张战国，2013[13]），甚至导致住宅投资对经济增长产生负向影响（马宇、王竹芹，2014[14]；褚敏，2015[15]）。然而，目前仍然还有很多学者，如吴嵩（2010）[16]，祝运海（2011）[17]，张洪、金杰（2014）[18]；许宪春、贾海（2015）[19]等认为住宅投资依然对经济增长

　　* 作者：周稳海，陈立文，赵桂玲。原载于《技术经济与管理研究》2016 年第 7 期。

具有正向作用。由此看来，在住宅投资过度增长的背景下，住宅投资是否依然是促进经济增长的源动力已经成为社会广泛关注和争论的热点问题，但目前尚未取得一致结论，急需进一步进行验证，为住宅投资供给侧改革提供政策依据。

因此，本研究构建动态面板系统 GMM 模型，实证研究住宅总投资、商品房投资、经济适用房投资、别墅与高档公寓投资对经济增长的影响，比较分析在不同阶段各类住宅投资对经济增长影响的重大变化，根据实证结果和我国住宅投资的具体实际提出有效调控各类住宅投资的对策建议，以充分发挥住宅投资对经济增长的拉动作用。与既有文献相比，本研究具有如下特征：一是研究了住宅总投资、商品房投资、经济适用房投资、别墅和高档公寓投资对经济增长影响，突破了大多数文献仅对住宅总投资研究的局限性，拓展了该领域的研究范围；二是根据我国住宅投资规模增长的数据特征，将样本数据进行了阶段划分，并比较研究了各阶段住宅投资对经济增长影响所发生的重大变化；三是利用省际面板数据进行实证研究，不仅扩大了样本信息，而且有效地克服了时间序列存在的序列相关和共线性问题，提高了回归结果的精度；四是采用动态面板系统 GMM 方法对模型进行参数估计，不仅克服了静态模型未考虑经济增长惯性对其当期值影响的局限性，而且纠正了解释变量内生性问题所造成的估计偏误；五是模型中引入了非住宅投资、人力资本、开放度、产业结构、城镇化等作为控制变量，消除了因遗漏重要变量所产生的偏误，提高了模型的估计精度。

6.2　阶　段　划　分

在不同的历史阶段，我国住宅投资规模及其增速具有显著的差别，根据全国住宅总投资规模数据，绘制住宅投资散点图及各阶段的拟合图，如图 6-1 所示。

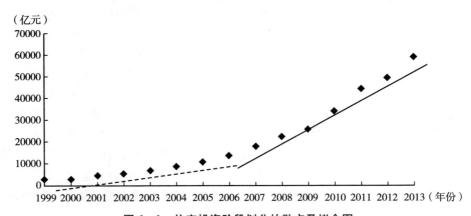

图 6-1　住宅投资阶段划分的散点及拟合图

资料来源：《中国房地产统计年鉴》。

　　由图 6 - 1 中住宅投资的拟合直线不难看出，可将 1999～2013 年分为两个阶段：第一个阶段是 1999～2006 年，该阶段住宅投资拟合线的斜率较小，增速较为缓慢，并且波动较小，将之称为"慢速增长阶段"；第二个阶段是 2006～2013 年，该阶段住宅投资拟合线的斜率迅速增大，并且住宅投资增速出现了明显的波动，将之称为"高速增长阶段"。

6.3　指标选取与模型构建

6.3.1　指标选取

　　（1）人均实际 GDP（GDP）。在研究经济增长问题时该指标被广泛地使用，如弗兰克（Frank，2005）[20]，盛斌、毛其淋（2011）[21]等曾利用该指标代表经济增长。因此，本研究仍延续这一用法，将人均实际 GDP 作为被解释变量，并以 2000 年为基期，用各省人均名义 GDP 数据除以各年的累计价格指数，得到人均实际 GDP。

　　（2）人均住宅投资（I）。选取人均住宅总投资、人均商品房投资、人均经济适用房投资、人均别墅与高档公寓投资作为代表住宅投资的指标。住宅投资对经济增长的影响仍然还存在很大争议，在不同的发展阶段所取得的研究结论并不相同，其影响的方向和力度随着时代的演进而发生着动态的变化，各类住宅投资在不同阶段对经济增长影响的差异是本研究的重点。

　　（3）人均非住宅投资（NI）。该指标是指除住宅投资之外的人均投资，其值等于全社会固定资产投资减去各类住宅投资后再除以总人口。非住宅投资在全社会固定资产投资中占主要地位，是拉动经济增长的重要动力，与经济增长应该呈正相关关系。

　　（4）人力资本（H）。人力资本亦称"非物质资本"，是指劳动者接受教育、培训等而获得的知识和技能的积累。根据卢卡斯（Lucas，1988）[22]，杨建芳、龚六堂等（2006）[23]的研究，人力资本可以提高劳动生产效率与产出水平，降低生产成本，与经济增长应该呈正向关系。本研究参照盛斌、毛其淋（2011）[21]的研究，用人均受教育年数作为人力资本指标，根据我国现行教育制度将小学、初中、高中、大专以上受教育年限分别定义为 6 年、9 年、12 年、16 年。以教育年限为权重，乘以抽查样本中各类文化水平的人数，得到受教育年限的加权和，再除以抽查总人数，即可得到人力资本指标值。

　　（5）开放度（Open）。开放度用来反映某一地区对外开放的程度，该指标也被称为外贸依存度，等于进出口贸易总额与 GDP 之比。贾中华、梁柱（2014）[24]认为开放度可通过加快本国技术进步、提高要素生产率来促进经济增长，开放度的提高对经济增长具有显著的正向作用。但包群、许和连等（2003）[25]；张立光、史有军等（2004）[26]利用早期的样本数据研究表明：开放度对经济增长的影响并不明显。由此可见，开放度对经济增长的促进程度与其所处发展阶段有关。

（6）产业结构（Stru）。本研究用第一产业生产总值与总产值之比来表示产业结构，该指标越小，表示产业结构越合理。合理的产业结构的优化升级可以使生产要素从生产效率较低的产业向生产效率较高的产业转移，使资源进一步优化配置，从而提高经济增长水平（周少甫、王伟等，2013）[27]。但是简单、粗放式的结构调整模式将会造成资源浪费和环境污染，将会对经济增长产生负面影响（付凌晖，2010）[28]。因此，产业结构对经济增长的影响与其调整的程度和模式有关。

（7）城镇化（Urban）。城镇化是指农村人口转化为城镇人口的过程，通常用某地区城镇常住人口与该地区总人口的比值来反映城镇化水平。健康的城镇化建设不仅会促进农业劳动者向工业和服务业转变、加速产业的优化升级，而且会增加交通、通讯、商业、金融等部门的建设投入，拉动消费、扩大内需、提高生产效率，降低交易成本，实现城乡统筹发展，从而促进经济增长（常浩娟、何伦志，2013）[29]。但是如果城镇化过程缺乏良好的规划，单纯采取粗放式的城镇化模式，将会严重增加各类社会成本，导致城市危机和"城市病"涌现，造成城市发展混乱，这时城镇化将会对经济增长造成负面影响（刘庆和、刘岸东，2004[30]；王婷，2013[31]）。因此，城镇化进程在不同阶段对经济的影响效果还需要进一步实证检验。

6.3.2　模型构建

参照克拉克等（Clarke，Xu & Zou，2006）[32]；贝克等（Beck，Demirgüç-Kunt & Levine，2007）[33]；黄忠华、吴次芳、杜雪君（2008）[34]的做法，建立动态面板计量模型，表达形式为：

$$\ln GDP_{it} = c + \sum_{i=1}^{P} a_p L.^P \ln GDP_{it} + \beta_1 \ln I_{it} + \beta_2 L. \ln I_{it} + \beta_3 \ln NI_{it} + \beta_4 \ln H_{it}$$
$$+ \beta_5 \ln Open_{it} + \beta_6 \ln Stru_{it} + \beta_7 \ln Urban_{it} + \xi_i + \theta_t + v_{it}$$

其中，i 表示省份，取值为 1~31；t 表示年份，取值为 1999~2013；c 为常数项；$\ln GDP_{it}$为人均实际产出；$L.^P \ln GDP_{it}$表示人均实际产出的 p 期滞后项，p 为 1，2，3……$\ln I_{it}$代表当期人均住宅投资，用它来表示住宅投资对经济增长的短期影响，分别用 $\ln I1_{it}$、$\ln I2_{it}$、$\ln I3_{it}$、$\ln I4_{it}$表示当期人均住宅总投资、当期人均商品房投资、当期人均经济适用房投资、当期人均别墅与高档公寓投资；$L. \ln I_{it}$表示人均住宅投资的滞后 1 期，用它来表示住宅投资对经济增长的长期影响，分别用 L. lnI1$_{it}$、L. lnI2$_{it}$、L. lnI3$_{it}$、L. lnI4$_{it}$表示人均住宅总投资、人均商品房投资、人均经济适用房投资、人均别墅与高档公寓投资的滞后 1 期；lnNI$_{it}$代表人均非住宅投资，用 lnNI1$_{it}$、lnNI2$_{it}$、lnNI3$_{it}$、lnNI4$_{it}$分别表示剔除住宅投资、商品房投资、经济适用房投资、别墅与高档公寓投资后的人均非住宅投资；lnH$_{it}$、lnOpen$_{it}$、lnStru$_{it}$、lnUrban$_{it}$分别表示人力资本、开放度、产业结构和城镇化。ξ_i 和 θ_t 分别为反映个体效应和时间效应的虚拟变量，v_{it}为干扰项。

　　本研究采用系统广义矩（System GMM）方法对模型进行估计。该方法不仅利用水平变量的滞后项 L. ^{p}lnGDP$_{it}$（p≥2）作为差分方程中的工具变量，而且利用差分变量的滞后项 LD. lnGDP$_{it}$作为水平方程的工具变量，从而增加了工具变量的数量，充分地利用了样本信息。该方法不仅克服了动态模型产生的内生性问题，而且矫正了差分广义矩方法因可能存在弱工具变量而产生的偏误，是目前一种较好的估计方法。但应该注意的是：采用系统广义矩估计的实证结果都要满足两个条件，一是随机误差项 v_{it}不存在序列相关；二是不存在弱工具变量问题，即工具变量必须和内生变量相关。因此模型估计之后还必须对二者进行检验，当随机误差项的一阶自相关检验的概率值 <5% 而且二阶自相关检验的概率值 >5%时，表明接受随机误差项不存在序列相关的原假设，既满足第一个条件；当检验弱工具变量的 Hansen 统计量的概率 >5% 时，表明接受不存在弱工具变量的原假设，即满足第二个检验条件。

6.4　数据采集及平稳性检验

6.4.1　数据采集

　　自从 1998 年 7 月实行住宅商品化改革之后，我国住宅市场才得以迅速发展，因此本研究选取各省份 1999～2013 年期间的面板样本数据。住宅投资的相关数据来源于中宏产业数据库和《中国房地产统计年鉴》；1999 年、2000 年、2001 年人力资本的相关数据来自《中国人口统计年鉴》，2010 年的相关数据来自《中国人口和就业统计年鉴》；其余数据来自《中国统计年鉴》，并将原始数据按前文所述方法计算。同时，为了提高估计的准确性和可信度，对于可能存在的价格波动影响，本研究利用 GDP 价格平减指数、固定资产投资价格指数进行价格平减以剔除物价因素的影响，基期为 2000 年。另外，为了平滑数据，消除异方差的影响，对相关数据取自然对数，各变量的数据特征如表 6－1 所示。该部分与实证部分使用的计量软件均为 STATA13.0。

表 6 - 1 各变量的基本统计量和计算方法 （N = 31，1999 ~ 2013）

变量	含义	计算方法	均值	标准差	最小值	最大值
lnGDP	实际人均 GDP	总产值/总人口	9.042	0.519	7.885	10.480
lnNI1	非住宅人均投资	（全社会固定资产投资 - 住宅总投资）/总人口	9.077	0.820	7.134	10.928
lnNI2	非商品房人均投资	（全社会固定资产投资 - 商品房投资）/总人口	9.099	0.820	7.143	10.934
lnNI3	非经济适用房人均投资	（全社会固定资产投资 - 经济适用房投资）/总人口	8.887	0.745	7.166	10.749
lnNI4	非别墅高档公寓人均投资	（全社会固定资产投资 - 别墅高档公寓投资）/总人口	9.158	0.841	7.174	11.010
lnI1	人均住宅总投资	住宅总投资/总人口	6.530	1.251	3.086	8.937
lnI2	人均商品房投资	商品房投资/总人口	6.312	1.383	0.531	8.882
lnI3	人均经济适用房投资	经济适用房投资/总人口	3.767	0.938	0.401	6.661
lnI4	人均别墅高档公寓投资	别墅高档公寓投资/总人口	3.498	1.925	- 2.303	7.422
lnH	人力资本	受教育年数加权和/总人口	2.083	0.169	1.081	2.487
lnOpen	开放度	进出口贸易总额/总产值	- 1.690	0.966	- 3.689	0.564
lnStru	产业结构	第一产业生产总值/总产值	2.416	0.779	- 0.511	3.635
lnUrban	城镇化	城镇常住人口/总人口	3.764	0.385	- 0.374	4.495

6.4.2 数据平稳性检验

对于含有时间序列过程的数据，为了避免出现伪回归，需要对数据进行单位根检验以验证其平稳性。利用 Eviews8.0 对变量 lnGDP、lnNI1、lnNI2、lnNI3、lnNI4、lnI1、lnI2、lnI3、lnI4、lnH、lnOpen、lnStru、lnUrban 进行 LLC 检验和 PP - Fisher 检验。LLC 检验的原假设为存在共同的单位根过程，PP - Fisher 检验的原假设为存在独立的单位根过程。检验结果表明所有变量均拒绝存在单位根的原假设，即所有变量均为平稳变量，可进一步进行动态模型的回归分析。检验结果如表 6 - 2 所示。

表 6 - 2   单位根检验结果

变量	检验形式 （C，T，L）	LLC 检验		PP - Fisher 检验	
		t 值	P 值	t 值	P 值
lnGDP	（C，T，2）	− 7.091	0.000 ***	186.280	0.000 **
lnNI1	（C，T，2）	− 3.329	0.000 ***	92.938	0.007 ***
lnNI2	（C，T，2）	− 3.158	0.000 ***	93.540	0.006 ***
lnNI3	（C，T，1）	− 6.278	0.000 ***	107.788	0.000 ***
lnNI4	（C，T，2）	− 2.122	0.017 **	94.402	0.005 ***
lnI1	（C，0，2）	− 4.313	0.000 ***	81.615	0.048 **
lnI2	（C，0，2）	6.790	0.000 ***	90.074	0.011 **
lnI3	（C，0，2）	− 3.591	0.000 ***	90.990	0.006 ***
lnI4	（C，0，2）	− 9.237	0.000 ***	142.345	0.000 ***
lnH	（C，T，2）	− 8.886	0.000 ***	188.284	0.000 ***
lnOpen	（0，0，3）	− 3.760	0.000 ***	131.394	0.000 ***
lnStru	（C，0，2）	− 6.231	0.000 ***	110.324	0.000 ***
lnUrban	（C，0，3）	− 6.658	0.000 ***	157.244	0.000 ***

注：1. ***、** 分别表示在 1%、5% 水平上显著。

2. 以上检验原假设均为存在单位根，即变量不平稳。

3. （C，T，L）表示检验模型中截距项、趋势项和最大滞后阶数，0 表示不包含该项，最优滞后阶数的选择是在最大滞后阶数的范围内，根据 SC 准则确定。

6.5　实　证　分　析

6.5.1　内生性问题的分析和处理

计量模型产生内生性问题的原因主要有两个：一是将模型中被解释变量的滞后项 L. lnGDP_{it} 作为解释变量；二是计量模型中被解释变量和解释变量之间存在互为因果关系。如住宅投资和非住宅投资均会通过投资乘数效应促进经济增长，经济增长反过来又会通过加速效应增大住宅投资和非住宅投资。另外，人力资本、开放度、产业结构、城镇化等均会对经济增长产生一定的影响，同时经济增长又会对这些变量产生反作用。

处理内生性问题的方法是：（1）参照安德鲁（Andrew，2010）[35] 的做法，将所有解释变量用其滞后一期代替，这样可以在一定程度上缓解内生性问题对估计结果产生的影响；（2）运用两步系统 GMM 方法对动态模型进行估计，以克服内生性问题产生的偏误。

6.5.2 慢速增长阶段样本的实证分析

该部分选取慢速增长阶段的样本数据，实证分析各类住宅投资对经济增长的影响效果，在实证检验时，以人均实际产出 lnGDP 作为模型的被解释变量。为了克服内生性问题，按上述方法将解释变量作如下调整：各类住宅投资的当期值及其 1 阶滞后项用它们的 1、2 阶滞后项 L. lnI1 ~ L. lnI4、L2. lnI1 ~ L2. lnI4 代替；非住宅投资、人力资本、开放度、产业结构、城镇化的当期值用它们的 1 阶滞后项 L. lnNI1、L. lnH、L. lnOpen、L. lnStru、L. lnUrban 代替；另外，在动态模型中加入人均产出 lnGDP 的 1、2、3 阶滞后项 L1. lnGDP、L2. lnGDP、L3. lnGDP 作为解释变量。实证结果如表 6 – 3 所示。

表 6 – 3　　　　慢速增长阶段各类住宅投资对经济增长影响的实证检验结果

变量	(1) 住宅 I1	(2) 商品房 I2	(3) 经济适用房 I3	(4) 别墅高档公寓 I4
L1. lnGDP	0. 857 *** (18. 857)	0. 847 *** (22. 040)	0. 911 *** (17. 483)	0. 896 *** (33. 956)
L2. lnGDP	− 0. 420 *** (− 4. 125)	− 0. 292 *** (− 5. 741)	− 0. 286 *** (− 3. 858)	− 0. 316 *** (− 3. 964)
L3. lnGDP	0. 416 *** (3. 259)	0. 312 *** (6. 881)	0. 254 *** (3. 682)	0. 303 *** (3. 782)
L. lnI1 ~ L. lnI4	0. 048 *** (2. 973)	0. 014 (1. 160)	0. 009 (1. 407)	0. 065 *** (8. 140)
L2. lnI1 ~ L2. lnI4	− 0. 030 *** (− 3. 553)	0. 000 (− 0. 023)	− 0. 010 * (− 1. 906)	0. 012 *** (4. 738)
L. lnNI1 ~ L. lnNI4	0. 061 *** (2. 908)	0. 059 *** (2. 672)	0. 069 *** (8. 228)	− 0. 006 ** (− 2. 293)
L. lnH	0. 100 * (1. 901)	0. 170 *** (5. 980)	0. 101 *** (3. 562)	0. 157 *** (5. 494)
L. lnOpen	0. 007 (0. 372)	0. 005 (0. 796)	0. 008 (1. 090)	(0. 001) (− 0. 185)
L. lnStru	0. 019 (− 0. 718)	0. 006 (− 0. 698)	0. 010 (− 1. 509)	0. 004 (− 0. 555)
L. lnUrban	− 0. 011 ** (− 2. 413)	− 0. 009 *** (− 3. 421)	− 0. 004 *** (− 3. 196)	− 0. 006 *** (− 2. 842)

续表

变量	（1）住宅 I1	（2）商品房 I2	（3）经济适用房 I3	（4）别墅高档公寓 I4
C	0.590 (0.800)	0.341 (1.323)	0.359 (1.626)	0.205 (1.280)
N	155	155	150	155
Hansen χ^2	24.002	27.199	24.115	24.110
Hansen_df	54	37	33	45
Hansen P 值	0.875	0.881	0.870	0.995
AR（2）	1.278	0.781	1.439	0.423
AR（2）P 值	0.201	0.435	0.150	0.673
省份数	31	31	30	31

注：1. ***、** 和 * 分别表示在 1%、5% 和 10% 水平上显著，括号中为 t 值。

2. Hansen χ^2 表示对工具变量的合理性进行过度识别检验得到的 Hansen 统计量，渐进服从卡方分布，Hansen_df 为自由度，Hansen P 值为对应的 P 值。

3. AR(2)P 值为对一阶差分后的残差进行二阶序列相关检验得到的 P 值，原统计量渐进服从 N(0，1) 分布，原假设为模型不存在二阶自相关。

4. L. lnI1 ~ L. lnI4 表示 I1、I2、I3、I4 的 1 阶滞后项，L2. lnI1 ~ L2. lnI4 表示 I1、I2、I3、I4 的 2 阶滞后项，L. lnNI1 ~ L. lnNI4 表示与 I1、I2、I3、I4 相对应的非住宅投资的 1 阶滞后项。

5. 经济适用房数据上海市缺失。

由表 6-3 可以发现，开放度这一变量的系数在各类住宅投资模型中均不显著，可能的原因是开放程度需要发展到一定阶段才会对经济增长产生促进作用，在未得到充分发展之前对经济增长的促进作用表现的非常微弱。另外，产业结构这一变量的系数也均不显著，其可能的原因是在该阶段多采用"粗放式"的结构调整模式，过多的发展高能耗、低技术、低附加值的重化工业和制造业，造成了严重的资源浪费和环境污染，产业结构调整"质"上存在的这些问题，抵消了其"量"上优化给经济带来的好处。

为了减少冗余变量对模型回归结果的影响，将开放度和产业结构这两个不显著的变量删掉重新回归，结果如表 6-4 所示。

表 6-4　慢速增长阶段各类住宅投资对经济增长影响的实证检验结果

变量	（1）住宅 I1	（2）商品房 I2	（3）经济适用房 I3	（4）别墅高档公寓 I4
L1. lnGDP	0.903 *** (27.643)	0.917 *** (29.038)	1.013 *** (27.666)	0.935 *** (32.743)
L2. lnGDP	-0.457 *** (-4.836)	-0.428 *** (-6.139)	-0.353 *** (-4.878)	-0.312 *** (-5.431)

续表

变量	（1）住宅 I1	（2）商品房 I2	（3）经济适用房 I3	（4）别墅高档公寓 I4
L3. lnGDP	0.461 *** （4.918）	0.406 *** （7.513）	0.260 *** （4.493）	0.270 *** （6.521）
L. lnI1 ~ L. lnI4	0.028 ** （2.161）	0.023 ** （2.043）	0.012 *** （3.207）	0.012 *** （6.513）
L2. lnI1 ~ L2. lnI4	− 0.024 *** （− 3.372）	− 0.003 （− 0.329）	− 0.013 ** （− 1.986）	− 0.007 *** （− 4.109）
L. lnNI1 ~ L. lnNI4	0.083 *** （8.212）	0.057 *** （3.424）	0.065 *** （10.660）	0.062 *** （19.585）
L. lnH	0.118 *** （4.944）	0.112 *** （4.467）	0.090 *** （4.245）	0.131 *** （7.768）
L. lnUrban	− 0.011 *** （− 4.786）	− 0.008 *** （− 3.070）	− 0.003 * （− 1.840）	− 0.005 *** （− 2.938）
C	（0.078） （− 0.629）	0.172 （1.483）	0.013 （0.160）	0.181 *** （4.361）
N	155	155	150	155
Hansen χ^2	24.464	24.704	24.742	25.670
Hansen_df	54	40	33	45
Hansen P 值	0.895	0.972	0.849	0.991
AR（2）	1.297	1.294	1.612	0.417
AR（2）P 值	0.195	0.196	0.107	0.677
省份数	31	31	30	31

注：各变量含义同表 6 – 3。

从表 6 – 4 中 Hansen χ^2（d）和 Hansen P 值来看，各模型不存在过度识别问题，即不存在弱工具变量问题，选择的工具变量合理。根据 AR（2）及其 P 值可知，干扰项均不存在二级序列相关，满足动态面板模型估计条件，回归结果可靠。

从估计结果可以看出，代表当期人均住宅总投资、商品房投资、经济适用房投资、别墅与高档公寓投资的回归系数分别为 0.028、0.023、0.012、0.012，并且均显著。这是因为在该阶段，各类住宅投资还处于较为合理的范围内，增速也比较适中，各类住宅在竣工之前，对钢铁、建材、机械等上游产业具有的拉动作用大于其挤出效应和一系列"城市病"等所引发的负面影响。另外，还可以发现两个现象，一是当期商品房投资的系数大于当期经济适用房投资及当期别墅与高档公寓投资的系数，说明当期商品房投资对经济增长的促进作用最大；二是当期住宅总投资的系数最大，这是因为住宅总投资是其他三类住宅投资的总和，其系数大小表示其他三类住宅投资对经济增长影响的合力。

代表人均住宅总投资、商品房投资、经济适用房投资、别墅与高档公寓投资滞后项的回归系数分别为 −0.024、−0.003、−0.013、−0.007，除商品房系数不显著外其余系数均显著，方向均为负向。这是因为住宅在竣工之后，不仅拉动了装潢材料、家电、家具、纺织品等下游产业的发展，促进经济增长，而且造成了空置率过高、资源浪费及城市病等问题，对经济增长产生了负面影响，正负两方面的合力决定了系数的方向和显著程度。对于商品房投资来讲，在该阶段其还处于相对合理的范围，空置率较低，对经济的负向作用较小，正负影响相互抵消，其系数表现为不显著；对于经济适用房投资来讲，其在建设分配过程中存在的问题和腐败现象相对高速增长阶段较为严重，加之空置率、贫民窟等问题所产生的负向影响，经济适用房投资给经济带来的负向影响大于其正向作用，其系数表现为负向显著；对于别墅与高档公寓来讲，当时富裕阶层的人数比例还处于较低水平，一般居民不具有购买别墅与高档公寓的能力，空置率较高，造成了较多的资源浪费，其负面作用不能弥补下游产业拉动的正向效应，其系数呈现为负向显著；另外，住宅总投资滞后项的系数显著为负的原因是由于其他三类住宅投资综合作用的结果。

人均住宅总投资、商品房投资、经济适用房投资、别墅与高档公寓投资对经济增长的总影响等于其当期和滞后期系数之和，分别为 0.024、0.023、−0.001、0.005。从总体上来看，住宅总投资、商品房投资、别墅与高档公寓投资均促进了经济增长，它们投资规模每增加 1 个百分点，人均产出就会分别增加 0.024 个、0.023 个、0.005 个百分点；而经济适用房投资对经济增长具有负向影响，其每增加 1 个百分点，人均产出就会减少 0.001 个百分点。

另外，在人均住宅总投资、商品房投资、经济适用房投资、别墅与高档公寓投资四个模型的回归结果中，非住宅投资的回归系数分别为 0.083、0.057、0.065、0.062，人力资本的回归系数分别为 0.118、0.112、0.090、0.131，方向均为正向，与经济理论一致；城镇化的系数分别为 −0.011、−0.008、−0.003、−0.005，方向均为负向，这是因为在该阶段城镇化进程主要采取的是简单、粗放的改革模式，基础设施、交通、就业、产业转移等并未完全得到相应发展，并且造成了耕地减少、环境恶化、城市危机等问题，这些负面因素对经济的冲击超过了该阶段城镇化进程所带来的好处。

6.5.3 高速增长阶段样本的实证分析

为了检验高速增长阶段各类住宅投资对经济增长的影响方向和影响程度，对该阶段的样本数据进行系统 GMM 实证检验，被解释变量和解释变量的设定与上文相同，实证结果如表 6-5 所示。

表 6-5　　　高速增长阶段各类住宅投资对经济增长影响的实证检验结果

变量	(1) 住宅 I1	(2) 商品房 I2	(3) 经济适用房 I3	(4) 别墅高档公寓 I4
L1. lnGDP	0.483 *** (18.960)	0.422 *** (17.244)	0.331 *** (8.403)	0.453 *** (28.387)
L2. lnGDP	0.010 (-0.425)	0.014 (0.501)	0.069 *** (2.625)	0.019 (-1.265)
L3. lnGDP	0.299 *** (14.931)	0.303 *** (12.114)	0.362 *** (7.303)	0.294 *** (16.172)
L. lnI1 ~ L. lnI4	0.105 *** (7.833)	0.045 *** (4.733)	0.010 *** (2.907)	0.004 ** (2.312)
L2. lnI1 ~ L2. lnI4	-0.125 *** (-6.239)	-0.066 *** (-5.711)	0.001 (0.478)	0.002 (0.935)
L. lnNI1 ~ L. lnNI4	0.038 *** (3.549)	0.041 *** (4.001)	0.034 *** (4.802)	0.013 * (1.656)
L. lnH	0.092 *** (5.753)	0.142 *** (2.625)	0.113 *** (3.929)	0.092 *** (4.034)
L. lnOpen	0.024 *** (4.142)	0.030 *** (4.008)	0.020 *** (2.899)	0.025 *** (3.942)
L. lnStru	-0.046 *** (-4.176)	-0.048 *** (-4.187)	-0.038 *** (-4.309)	-0.054 *** (-5.470)
L. lnUrban	0.114 * (1.905)	0.111 * (1.687)	0.082 * (1.885)	0.091 *** (2.727)
C	1.409 *** (4.123)	1.607 *** (5.398)	1.446 *** (5.966)	2.021 *** (7.711)
N	248	248	180	248
Hansen χ^2	27.600	28.403	27.549	29.589

变量	(1) 住宅 I1	(2) 商品房 I2	(3) 经济适用房 I3	(4) 别墅高档公寓 I4
Hansen_df	82	74	54	98
Hansen P 值	0.865	0.795	0.799	0.865
AR (2)	0.761	0.164	3.202	1.310
AR (2) P 值	0.447	0.870	0.001	0.190
省份数	31	31	30	31

注：经济适用房数据 2010 年以后缺失，其他变量含义同表 6-3。

　　从 Hansen 和 AR (2) 检验结果可以看出，模型选择的工具变量合理，不存在弱工具变量问题，并且干扰项均不存在二级序列相关，满足动态面板模型估计条件，回归结果可靠。估计结果中代表人均住宅总投资、商品房投资、经济适用房投资、别墅与高档公寓投资当期值的回归系数均显著为正，分别为 0.105、0.045、0.010、0.004，说明各类住宅在竣工以前，其投资对经济增长的促进作用大于其对经济增长的负向影响。

　　表 6-5 中代表人均住宅总投资、商品房投资滞后 1 期的回归系数均显著为负，分别为 -0.125、-0.066。这说明该阶段住宅总投资、商品房投资在竣工之后，对经济增长的促进作用小于其对经济增长的负向影响。其原因是该阶段住宅总投资和商品房投资均出现了大幅度的快速增长，投资的过度膨胀导致了空置率居高不下，资源严重浪费，环境污染和"城市病"问题加剧，这些问题引起的负面效果比慢速增长阶段进一步加大。另外，人均经济适用房投资、别墅与高档公寓投资滞后 1 期的回归系数分别为 0.001、0.002，但不显著。这是因为在该阶段中国政府反腐力度不断增强，对经济适用房的监管也不断规范，分配不公、寻租、腐败现象相对减少，这些问题对经济增长的负向影响不断减弱，使经济适用房在竣工后对经济增长产生的负向影响弱于慢速增长阶段，回归系数由慢速增长阶段的显著负向变得不显著。别墅与高档住宅投资滞后 1 期的回归系数不显著的原因主要有两个方面：一是在该阶段富裕阶层的人数不断增加，从而提高了对该类住宅的购买需求，使空置率相对降低，减弱了对经济增长的负向影响；二是在该阶段其装修、购置家用设备的支出也有所增加，更大地拉动了下游产业的发展，更强地促进了经济增长，这两个方面的共同作用在一定程度上减弱了该类住宅投资迅速增长而给经济带来的负面影响。

　　在该阶段人均住宅总投资、商品房投资、经济适用房投资、别墅与高档公寓投资对经济增长的总影响分别为 -0.020、-0.021、0.010、0.004，具体如表 6-6 所示。其含义是在该阶段住宅总投资和商品房投资对经济增长的总影响均为负向，经济适用房、别墅与高档公寓投资对经济增长的总影响均为正向。该阶段与慢速增长阶段相比，住宅总投资、商品房投资对经济增长的影响方向都发生了根本性的变化，其最主要的原因是其投资规模过度增长，超出了经济自身的承载能力；经济适用房投资对经济增长的影响好于慢速发展阶段，其原因是经济适用房投资在该阶段并未出现大规模增长，其投资规模相对还较为合理，并且其存在的寻租、腐败问题也得到了一定的遏制；别墅与高档公寓投资对经济增长的影响方向与慢速增长阶段相同，但影响程度弱于慢速增长阶段。

表 6 - 6　　　　　　分阶段样本各类住宅投资对经济增长的总影响

样本区间	（1）住宅 I1	（2）商品房 I2	（3）经济适用房 I3	（4）别墅高档公寓 I4
慢速增长阶段	0.024	0.020	- 0.001	0.005
高速增长阶段	- 0.020	- 0.021	0.010	0.004

另外，在（1）~（4）列的四个模型的回归结果中，非住宅投资、人力资本的回归系数均显著为正，与高速增长阶段的回归结果一致；开放度的回归系数也均显著为正，这是由于在高速增长阶段我国开放水平进一步提高，其对经济增长的促进作用逐步增强；产业结构的回归系数显著为负，表明产业结构越合理，即第一产业生产总值与总产值之比越小，对经济增长的作用越大，其原因是在高速增长阶段"粗放式"的结构调整模式得到了有效的控制，资源配置水平不断提高，对经济增长的促进作用逐渐显现；城镇化的回归系数均显著为正，对经济的作用方向与慢速增长阶段相反，这是由于在慢速增长阶段，简单、粗放的城镇化过程中，基础设施、交通、就业、产业转移等并未完全得到相应发展，并且造成了耕地减少、环境恶化、城市危机等问题，而在高速增长阶段这些问题已经得到了政府部门的高度重视，并采取积极的措施加以解决，城镇化在高速增长阶段逐渐成为经济增长的主要动力。

6.6　研究结论与对策建议

6.6.1　研究结论

基于全国住宅总投资的数据特征，将住宅投资的发展进行了阶段划分，并选取 1999 ~ 2013 年省际面板数据，构建动态面板 GMM 模型，比较分析了住宅总投资、商品房投资、经济适用房投资、别墅与高档公寓投资在慢速和高速增长阶段对经济增长的影响，取得了如下几点结论。

（1）住宅总投资对经济增长的影响逐渐恶化。在慢速增长阶段住宅总投资对经济增长的影响为正向，而在高速增长阶段其对经济增长的影响为负向。这是因为在前后两个阶段，住宅投资规模及其增速均出现了较大变化，后一阶段的住宅投资规模和增长速度明显大于前一阶段，住宅投资的过度膨胀造成了空置率居高不下，对其他产业投资的挤出效应明显，并造成了环境污染和城市危机，导致了住宅总投资对经济的正向作用不断减少，负向作用不断增强。

（2）商品房投资对经济增长的影响逐渐由正向变为负向。商品房投资是住宅总投资的主要部分，商品房投资对经济增长的影响与住宅总投资较为类似，在慢速增长阶段商品房投资对经济增长的影响为正向，而在高速增长阶段其对经济增长的影响为负向。其原因主要是由于在高速增长阶段商品房投资规模过大，引发的负面影响超出了经济自身的承载能力。

（3）经济适用房对经济增长的影响逐渐好转。在慢速增长阶段，由于经济适用房监管制度还不健全，寻租、腐败、住房分配不公平等问题较为严重，造成了经济适用房投资与经济增长呈现负相关关系，而在高速增长阶段这些问题得到了一定的遏制，对经济的负向影响逐渐减少，并且经济适用房投资在该阶段并未出现过量增长，对经济的促进作用并未减弱，因此在高速增长阶段经济适用房投资对经济增长的影响要好于慢速增长阶段。

（4）别墅与高档公寓投资在两个阶段对经济增长的影响均为正向，但强度不断减弱。在前后两个阶段，该类投资对经济增长均具有正向促进作用，说明别墅与高档公寓投资对其上、下游产业的拉动效果大于其引起的负面效果；但在高速增长阶段其对经济增长的促进作用小于慢速增长阶段，表明其投资规模也出现了快速增长的迹象，不过其对经济增长促进作用的减弱程度远远小于商品房投资，这是因为随着收入水平的提高和富裕阶层人数的不断增加，对该类住宅的需求不断扩大，在一定程度上化解了其投资快速增长所带来的负向冲击。

6.6.2　对策建议

为了更好地发挥住宅投资对经济增长的促进作用，实现宏观经济的健康稳定发展，根据实证研究结果以及我国住宅投资和经济增长的实际情况，从如下几个方面提出了调控住宅投资的对策建议。

（1）合理控制商品房住宅投资规模。针对商品房投资过剩的现实情况，应采取多种措施控制商品房住宅投资规模，减小由此而对经济增长带来的负面影响。一是严格商品房住宅用地审批制度，从土地这一源头上控制商品房住宅建设总量；二是适时推出房产税，盘活商品房存量市场，降低商品房价格，减小开发商投资建设的积极性，减少商品房投资规模，使其回归合理区间；三是完善信贷政策，控制商品房投资规模；四是合理采用限购政策，控制商品房需求总量；五是限制商品房价格增速，降低开发商投资积极性。

（2）完善保障性住宅投资建设规划。保障性住宅投资主要目的是为了解决中低收入人群的住房问题。它不仅可以改善民生，提高社会福利，缩小收入差距，缓解社会矛盾，体现社会公平和社会主义的优越性，而且还可以有效拉动相关产业，提高就业率，促进经济增长。完善保障性住宅投资建设规划可以从以下几个方面进行。一是提高保障性住宅投资比重，满足中低收入者的住房需求；二是加速完成保障性住宅并轨改革，提高资金使用效率；三是合理规划保障性住宅建设，促进社会和谐发展；四是完善质量监管制度，杜绝垃圾工程；五是完善保障性住宅进入与退出机制，提高公平与效率；六是拓宽保障性住宅资金来源，消除资金瓶颈。

（3）适当调整别墅与高档公寓住宅投资规模。别墅与高档公寓主要是用来满足富裕阶层的住房需求，其投资规模的大小要综合考虑对宏观经济的影响程度、整体收入水平及其发展趋势、财富分布情况、人口数量、土地使用情况等。根据实证结果和以前实践的经验教训应采取"疏""堵"结合的措施来调整别墅与高档公寓住宅的投资规模。首先，应该对别墅与高档公寓住宅进行准确的界定，以便对之进行管理；其次，基于大多数居民的利益，应限制占地面积较大的低层高端别墅的建设数量，尤其是在人口密度较大的城区地带应严令禁止；最后，在不过多占用土地的情况下，可考虑建设高层、面积较大、功能完备的高档住宅来满足富裕阶层的住房需求。这样不仅缓解了建设别墅与高档公寓而过多占用土地的问题，而且可以满足富裕阶层改善住房条件的需求，发挥建设别墅与高档公寓对宏观经济的拉动作用。

参 考 文 献

[1] 武少俊. 住宅产业：经济增长点，还是支柱产业 [J]. 金融研究，2000（11）：84 - 93.

[2] 梁云芳，高铁梅，贺书平. 房地产市场与国民经济协调发展的实证分析 [J]. 中国社会科学，2006（3）：74 - 84，205 - 206.

[3] 吕江林. 我国城市住房市场泡沫水平的度量 [J]. 经济研究，2010（6）：8 - 41.

[4] 赵安平，范衍铭. 基于卡尔曼滤波方法的房价泡沫测算——以北京市场为例 [J]. 财贸研究，2011（1）：59 - 65.

[5] 徐正林，苗婧. 商品房高空置率原因探析 [J]. 经济与管理，2006（12）：28 - 31.

[6] 甘犁. 城镇住房空置率及住房市场发展趋势 [R]. 西南财经大学中国家庭金融调查与研究中心，2013.

[7] 王重润，崔寅生. 房地产投资挤出效应及其对经济增长的影响 [J]. 现代财经，2012（9）：41 - 50.

[8] 林嵩. 房地产行业对于创业活动的挤出效应——基于中国跨地区面板数据的分析 [J]. 经济管理，2012（6）：21 - 29.

［9］丁维莉，章元．局部改革与公共政策效果的交互性和复杂性［J］．经济研究，2009（6）：28－39.

［10］郑思齐，孙聪．城市经济的空间结构：居住、就业及衍生问题［J］．南方经济，2011（8）：18－31.

［11］张清勇，郑环环．中国住宅投资引领经济增长吗？［J］．经济研究，2012（2）：67－79.

［12］黄仙荔，何梦嘉，甘路．中国住宅投资与经济增长的相互作用与影响［J］．中国外资，2012（20）：231－232.

［13］张战国．上海市住宅投资和经济增长的关系研究［J］．中国房地产，2013（18）：31－36.

［14］马宇，王竹芹．房地产投资、体现型技术进步与经济增长质量——基于我国省际面板数据的实证研究［J］．云南财经大学学报，2014（4）：68－77.

［15］褚敏．住宅投资是地方经济的新增长点吗？——基于辽宁的实证检验［J］．东北财经大学学报，2015（4）：44－49.

［16］吴嵩．中国房地产投资与经济增长的计量分析［J］．技术经济与管理研究，2010（1）：22－25.

［17］祝运海．房地产开发投资与经济增长的动态关系研究——基于 ECM 的实证分析［J］．经济问题，2011（5）：44－47.

［18］张洪，金杰，全诗凡．房地产投资、经济增长与空间效应——基于 70 个大中城市的空间面板数据实证研究［J］．南开经济研究，2014（1）：42－58.

［19］许宪春，贾海，李皎等．房地产经济对中国国民经济增长的作用研究［J］．中国社会科学，2015（1）：84－101，204.

［20］Frank M. W. , Income Inequality and Economic Growth in the U S: A Panel Co-integration Approach［R］. Sam Houston State University Working Paper, 2005.

［21］盛斌，毛其淋．贸易开放、国内市场一体化与中国省际经济增长：1985－2008 年［J］．世界经济，2011（11）：44－66.

［22］Lucas R. E. , On the Mechanics of Economic Development［J］. Journal of Monetary Economics, 1988, 22（1）：3－42.

［23］杨建芳，龚六堂，张庆华．人力资本形成及其对经济增长的影响——一个包含教育和健康投入的内生增长模型及其检验［J］．管理世界，2006（5）：10－18，34，171.

［24］贾中华，梁柱．贸易开放与经济增长——基于不同模型设定和工具变量策略的考察［J］．国际贸易问题，2014（4）：14－22.

［25］包群，许和连，赖明勇．贸易开放度与经济增长：理论及中国的经验研究［J］．世界经济，2003（2）：10－18.

［26］张立光，史有军，李华．贸易开放度对经济增长的长期均衡效应［J］．财经科学，2004（1）：78－82.

［27］周少甫，王伟，董登新．人力资本与产业结构转化对经济增长的效应分析——来自中国省级面板数据的经验证据［J］．数量经济技术经济研究，2013（8）：65－77，123.

［28］付凌晖．我国产业结构高级化与经济增长关系的实证研究［J］．统计研究，2010

（8）：79 – 81.

　　[29] 常浩娟，何伦志. 城镇化促进就业增长探析 [J]. 宏观经济管理，2013 （5）：39 – 41.

　　[30] 刘庆和，刘岸东. 经济增长、结构变化与人口城市化——贵州的经验证据 [J]. 财经科学，2004 （4）：69 – 72.

　　[31] 王婷. 中国城镇化对经济增长的影响及其时空分化 [J]. 人口研究，2013 （5）：53 – 67.

　　[32] Clarke G. R. G. , Xu L. C. , Zou H. , Finance and Income Inequality: What Do the Data Tell Us? [J], Southern Economic Journal, 2006, 72 （3）：578 – 596.

　　[33] Beck T. , Demirgüç – Kunt A. , Levine R. , Finance, Inequality and the Poor [J]. Journal of Economic Growth, 2007, 12 （1）：27 – 49.

　　[34] 黄忠华，吴次芳，杜雪君. 房地产投资与经济增长——全国及区域层面的面板数据分析 [J]. 财贸经济，2008 （8）：56 – 60, 72.

　　[35] Andrew W. , Shining A Light on the Resource Curse: An Empirical Analysis of the Relationship Between Natural Resources, Transparency, and Economic Growth [J]. World Development, 2011, 39 （4）：490 – 505.

7

房地产泡沫指数研究[*]

7.1 引　　言

2017 年，习近平在十九大报告中明确指出："坚持房子是用来住的、不是用来炒的定位，加快构建多主体供给、租购并举的住房制度，让全体人民住有所居。"即顺应群众住房需求变化，拓宽住房制度覆盖面，不断推动住房市场改革由保障困难群体有房可住向全体人民住得更好转变，成为现阶段住房市场调控的主要方向。这表明国家将抑制房价的不良上涨、防范房地产泡沫风险的发生，提高到战略层面。自我国住房市场化改革以来，我国房地产行业快速发展，房地产市场迅速扩张，促进了国民经济的发展和居民住房条件的改善。但与此同时，伴随着房地产价格的迅速攀升，也刺激了购房者的投机需求，市场投资和投机热度与日俱增，房地产泡沫快速积累，风险日益加大。2011～2017 年，国家出台多轮房地产市场调整政策，以限购和限贷政策调整为主，并辅以税收、供地等措施，在短期内对房地产价格有一定调整作用，而长期看，抑制房地产市场价格的势头依然任重道远。因此，本研究拟构建符合国内实际情况的房地产泡沫指数模型，实际测算全国房地产泡沫指数，对分析我国当前房地产市场风险状况，为有针对性地进行区域调控提供对策参考。

7.2　相关文献评述

20 世纪 90 年代后，尤其是日本房地产泡沫破裂、东南亚金融危机和 2008 年美国次贷危机发生后，国内外关于房地产泡沫及其测度的研究开始逐渐增多。90 年代后，基础价值法和统计检验法是国外学者较多采用的方法。野口悠纪雄

＊ 作者：陈昭翔，陈立文。原载于《价格理论与实践》2017 年第 11 期。

（1997）运用土地的合理价格是地租资本化的原理，度量了 1987 年东京市中心写字楼用地和住宅用地的现实地价和理论地价的差异，从而证实地产泡沫的存在。进入 21 世纪，统计指标测度的研究方法在房地产泡沫领域逐渐增多。凯斯等（Case & Shiller，2003）运用基本的宏观经济指标数据 CPI、租房价格指数等对美国房地产泡沫情况进行评估，研究表明从 90 年代中期起，与 CPI 等经济基本指标相比，美国的房价增长过于迅速。利透等（Iv，Little &Vandell，2008）更进一步明确区分了美国 2008 年前存在房地产泡沫的时间段，用实证方法检验了美国近年来房价及影响因素。目前，国内关于房地产泡沫测度方法的研究可分为基础价值法、统计检验法和多元统计方法。李平、张玉（2015）通过因子分析测算了我国 1994～2012 年的房地产泡沫度，发现 2008 年之后房地产泡沫开始出现异常，但是其指标的选取很多是与房地产景气指数发展相关的指标，与房地产价格并无直接影响关系。黄燕芬（2017）提出"十二五"规划实施初期，为控制房价过快上涨，政府更多采取"一刀切"的宏观调控手段，对区域差异性考虑不足。"十三五"一年多的调控政策，明确对城市实行分类调控。因此，对房地产泡沫的测度应考虑不同线性城市的差异性。

已有的房地产泡沫测度指数有其自身缺陷，同时缺乏与单项指标的有效结合。本研究明确区分房地产发展景气指数与房地产泡沫指数，通过选取与房地产价格、规模直接相关的指标，构建房地产泡沫指数模型。同时，对房屋空置情况、租金等单一指标的测度直接反映是否空置新建住宅积压过多，是否存在非理性投资行为，因此，二者的结合完善了房地产泡沫监测体系。

7.3 房地产泡沫生成原因及不良影响分析

房地产泡沫是以房地产为载体的泡沫经济，是指由于房地产投机引起的房地产价格与使用价值严重背离，市场价格脱离了实际供需支撑的情况。本研究根据文献研究，结合调研走访房地产企业的资料情况，从金融支持、投机行为方面对房地产泡沫生成的原因进行探索研究。

7.3.1 金融支持过度

从金融角度分析房地产泡沫的生成，金融信贷过度是导致房地产泡沫生成的直接原因。一方面，下调利率在刺激经济发展的同时，也促进了资产泡沫的产生，因此，应加强商业银行房地产相关贷款的审核，减少资产泡沫的催生；另一方面，"影子银行"例如一些信托公司、私募基金等金融机构通过资金流转等方式作为信贷的重要补充方式，成为房地产领域新的融资途径。

美国的次级贷款是指在购房人首付资金不足时，金融公司能够为其提供补助资金，放大购房杠杆，杠杆比例越高，房价抗跌性越差，其最大的风险无疑是其信贷杠杆作用。美国的次级贷款最终达到了以零首付方式发放房贷的程度，风险隐患明显。我国一直对于房地产泡沫金融风险防范都很严格，2016 年，国内监管部门对商业银行的住房贷款申请审查力度进一步加强，加强居民收入证明真实性的审核，强化对首付资金来源的审查。近几年金融监管层对"影子银行"的融资监管也采取了一系列措施，比如 2016 年证券投资基金业协会明确非银类资管机构通过资管计划嵌套方式，规避银行监管系统，要求加强对基金业协会的管理。

综上分析，随着房价的不断上涨，资金通过商业银行等金融机构的信贷支持进入房地产市场，尽管金融监管机构不断发现风险隐患，以不同形式加强监管，在高昂利润的诱惑下，资金总是会衍生出新的形式成为房价泡沫的隐患，是房地产泡沫生成的直接诱因。

7.3.2 投机行为

斯蒂格里茨（1990）认为，投资者预期资产价格会上升导致该资产价值的不断上升，催生资产泡沫。房地产市场投机行为是当房价一直呈上升趋势，人们预期在未来一段时间房价会持续上涨，因此吸引大量投机资金进入市场，投机需求的大量增加进一步强化了市场供不应求的局面，所以投资者就会持续购买此类资产，导致价格上涨的预期得以实现，产生了泡沫，甚至会出现"羊群行为"助推投机行为的持续发酵。从投资角度，高平和余劲（2010）认为房地产市场上存在信息不对称的现象是市场出现投机行为的原因之一。不同群体对同一资产未来价值的评估并不相同，一些投资者相信未来房产会以更高的价格出售，因此就会出现投资者持续购买此类资产的现象，呈现泡沫化趋势。比如在房价一路上涨的时候，在巨大的财富效应的示范作用下，很多人出现不理性，将大部分积蓄投资房产作为财富积累的方式。这种中国传统的"买田置地"积累财富的文化是不断推高房价的原因之一。

7.4 房地产泡沫指数模型的构建与测算

7.4.1 房地产泡沫指数模型构建

本研究认为房地产价格的不断上涨与投机需求的不断增加，导致其价格已高出其实体价格，引发泡沫，空置率上升。价格和空置率的高低反映泡沫程度，不反映价格和空置率高低的指标不应作为泡沫测度的评价指标。

从规模、价格、居住消费等几个方面构建房地产泡沫指数模型。比如房价收入比、房价租金比、空置率、空置面积/销售面积、房价增长率、房价增长率/

GDP 增长率、竣工房屋造价增长率、住房支出比收入、土地购置费用增长率、竣工房屋价值增长率、土地每平方米购置单价增长率等。

对以上变量进行相关性检验，结果表明：各变量之间的相关系数较大，KMO 检验值为 0.61，因此这 6 个指标符合作因子分析的条件。本研究所涉及的指标数据的来源主要是商品住宅。对上述 6 个指标中国 2002～2016 年的年度数据进行因子分析，得出各公因子的特征值及方差贡献度。选取 2 个公因子，其累计方差贡献率为 90.404%，符合因子分析要求。根据因子载荷系数，得出两个公因子的载荷系数计算公式：

$$F1 = 0.125X_1 + 0.027X_2 - 0.267X_3 - 0.251X_4 + 0.242X_5 + 0.261X_6$$
$$(7-1)$$

$$F2 = 0.479X_1 + 0.532X_2 + 0.132X_3 + 0.114X_4 + 0.037X_5 - 0.074X_6$$
$$(7-2)$$

根据公因子的方差贡献率，构建中国房地产泡沫指数模型：
$$F = 0.6009F1 + 0.30314F2 \qquad (7-3)$$

7.4.2 我国房地产泡沫指数测算

根据上述构建的房地产泡沫指数模型，带入相关变量数据，得到我国 2002～2016 年房地产泡沫指数，如表 7-1 所示。

从表 7-1 中得出 2002～2016 年中国房地产泡沫区间为 [23.21，63.74]，均值为 50.33，标准差为 16.12。即 [34.21，66.45] 作为房地产泡沫指数波动的正常区间，当房地产泡沫指数大于 66.45 或者小于 34.21 时，房地产市场处于异常房地产泡沫区间范围。从表 7-1 可看出，2013～2016 年，我国房地产泡沫指数处于非正常泡沫区间。

表 7-1   2002～2016 年中国房地产泡沫指数

年份	泡沫指数	年份	泡沫指数	年份	泡沫指数
2002	57.64	2003	54.07	2004	61.25
2005	62.49	2006	59.28	2007	63.74
2008	53.48	2009	62.69	2010	60.81
2011	60.82	2012	62.63	2013	24.05
2014	23.21	2015	24.24	2016	24.59

注：泡沫指数 6 个指标的计算方法目前在国内并不统一，本研究通过借鉴相关文献中的计算方法并结合。

从表 7-2 可以看出，2011～2016 年，全国商品住宅空置面积呈上升趋势。

从 2014 年开始，空置率接近 0.2，说明在全国范围内已存在一定规模的空置住宅，2015 年要求第二套住房首付款比例下调为 40%，刺激商品住宅销售，特别是到 2016 年中央将房地产"去库存"作为五大经济任务之一，从表 7 - 2 中可以看出与 2015 年相比，2016 年全国的空置面积与销售面积比有所下降，全国的新商品住宅空置面积有所下降。

表 7 - 2　　　　　　　　　　　全国空置率

年份	空置率	空置面积比销售面积
2002	0.076	0.08
2003	0.076	0.08
2004	0.076	0.086
2005	0.076	0.077
2006	0.065	0.058
2007	0.049	0.039
2008	0.071	0.058
2009	0.07	0.053
2010	0.07	0.052
2011	0.092	0.066
2012	0.109	0.082
2013	0.14	0.104
2014	0.17	0.127
2015	0.194	0.136
2016	0.177	0.116

资料来源：中国统计局、中国国研数据库。

因此，准确地说，我国房地产空置率只是增量市场的空置率。国家在 2015 年推动不动产登记制度，在 2018 年将实现全国信息联网，推动不动产登记制度有助于了解商品住宅二手市场空置房情况，加入存量市场数据的影响因素，房地产泡沫风险指数的测算才会更加准确。

7.5　不同线级城市房地产泡沫指数测算分析

本研究选取北京、天津、石家庄等京津冀地区城市为例进行区域不同线级城市房地产泡沫指数研究。一方面，北京、天津、石家庄作为一线、准一线、二线城市数据具有一定的代表性；另一方面，选取京津冀区域的数据对全国大区域房地产泡沫的发展情况具有一定的参考价值。因此，本研究选取 2002～2016 年北京、天津、石家庄城市的房价增长率、房价增长率比 GDP 增长率、空置率、空置面积比销售面积、房价收入比、房价租金比六个指标的相关数据代入房地产泡沫指数模型。

从图 7-1 中可看出，在 2002～2006 年期间，北京、天津、石家庄城市指数发展趋势基本与全国一致，从 2007～2012 年，北京房地产泡沫指数上升速度较快，虽有波动，但一直处于异常区间；天津在 2010～2011 年房地产泡沫出现异常。从 2013～2016 年，北京、天津、石家庄与全国一致，均处于非正常区间。从图 7-1 中可看出，石家庄作为二线中等城市，从 2002～2016 年间，其城市房地产泡沫指数发展趋势基本与全国发展趋势一致，这与我国这一段时期房地产所呈现的市场情况基本相吻合。

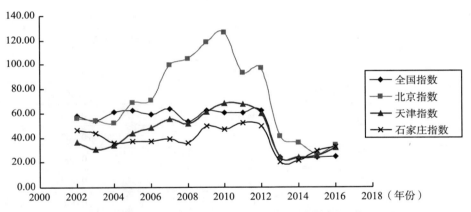

图 7-1 全国及北京、天津、石家庄 2002～2016 年房地产泡沫指数

资料来源：北京、天津、石家庄统计局、中国国研数据库。

从表 7-3 中可观测到从 2007～2012 年北京一直处于房地产泡沫指数异常状态，直到国家在 2011 年 5 月起北京首次提出的限购、限贷政策，随着一系列严控政策的出台，北京房地产泡沫指数在 2013～2014 年间逐步恢复到正常区间。但从表 7-4 中看出，当时商品住宅的空置率已达到 0.2 左右，基于以上两点原因，北京 2015 年出台了以去库存为目的的房地产调控政策，房价快速上涨。因此，2017 年 3 月，以北京为首的多个城市再次加码调控政策。国家统计局数据显示，随着房地产市场调控政策的不断深入，2017 年 10 月包括北京在内的一线城市新建商品住宅和二手房住宅价格同比涨幅连续 13 个月回落，10 月和 9 月分别回落 0.5 个和 0.7 个百分点，房市调控政策逐步显现。

表 7 - 3　　　　　　2002 ~ 2016 年北京、天津、石家庄房地产泡沫指数

年份	北京	天津	石家庄
2002	56. 26	36. 47	46. 09
2003	54. 22	30. 83	43. 46
2004	51. 86	34. 08	35. 62
2005	68. 98	43. 76	37. 12
2006	70. 73	48. 02	36. 95
2007	99. 39	55. 36	39. 23
2008	104. 80	51. 22	35. 51
2009	118. 54	61. 42	49. 22
2010	126. 07	68. 59	46. 63
2011	93. 30	67. 53	51. 92
2012	97. 24	59. 94	49. 30
2013	41. 35	24. 32	20. 33
2014	35. 55	24. 04	21. 45
2015	26. 68	25. 66	29. 22
2016	33. 74	32. 19	32. 54

注：1. 房价收入比的计算公式：北京作为一线城市，人均居住面积水平小于全国水平，因此，北京房价收入比的公式修改为：

（商品住宅平均销售价格 × 90 平方米）/（城镇家庭人均可支配收入 × 3）

2. 房价租金比的计算公式：北京"新城市人口"比例较大，相比较其他城市人口租住比例较大，因此，北京房价租金比的公式修改为：

（商品住宅平均销售价格 × 90 平方米）/（城镇家庭人均支出 × 户均人口数 × 0. 4）

3. 其余 4 个指标的计算公式同上。

资料来源：北京、天津、石家庄统计局、中国国研数据库。

　　表 7 - 3 中显示，天津从 2010 ~ 2011 年间，房地产泡沫指数处于异常区间。2010 年天津实行了市内六区限购和提高首付比例的调控政策，2011 年将限购扩大到全市范围并进一步提高购房贷款要求，经过多轮调控市场在 2012 年逐步恢复正常，房地产泡沫指数恢复到正常区间。2013 年起，天津又相继实行了个税征收标准调整和取消在武清等远郊区县购房获取"蓝印户口"的政策，市场进入萧条时期，从表 7 - 4 中可以看出，天津商品住宅空置率在 2014 年已达到 2012 年的两倍。当房地产市场发展下行积累大量市场库存，政府选择稳定市场发展，在此背景下，天津楼市在 2015 年度出现高涨态势，成交量创历史新高，数据显示，2015 年天津商品房市场成交量较 2014 年上涨 38. 11%，成交金额同比上涨 55. 10%，二手房交易表现平稳，不及一手房市场表现。从表中可以看出，天津

住房空置率由 2015 年的 0.106 下降至 2016 年的 0.079。在 2017 年 "3·31" 新政的影响下，2017 年天津房市调控升级，将继续抑制房地产泡沫，科学、合理把握房地产市场发展，不断深化住房供给体系改革。

表 7-4 北京、天津、石家庄空置率

年份	北京	天津	石家庄
2002	0.110	0.050	0.049
2003	0.110	0.050	0.049
2004	0.114	0.048	0.049
2005	0.110	0.043	0.028
2006	0.067	0.029	0.063
2007	0.017	0.020	0.043
2008	0.024	0.047	0.113
2009	0.020	0.020	0.056
2010	0.113	0.020	0.047
2011	0.158	0.037	0.111
2012	0.182	0.067	0.075
2013	0.183	0.112	0.100
2014	0.172	0.127	0.162
2015	0.178	0.106	0.135
2016	0.196	0.079	0.169

石家庄作为二线中等发达城市，2013 年之前商品住宅均价未超过 5000 元/平方米，市区房价均价未超过 10000 元/平方米，相比北京、天津等经济发达城市，房价较低，房地产泡沫指数处于正常区间。从表 7-3 中可看出，石家庄房地产泡沫区间从 2013~2016 年间，进入异常阶段，此阶段的指数线发展趋势基本与国家一致，都处于异常区间。2013 年开始，石家庄严查违规违章房地产建设项目，同时提出对于房地产价格增加幅度予以限制，市场进入调控期。

7.6 结论与政策建议

本研究通过分析，得到主要结论如下：一是综合考虑房地产规模、价格、居住消费、空置率等方面的指标构建的房地产泡沫指数能够更加准确地反映房地产市场风险情况；二是经测算 2013~2016 年，我国房地产泡沫指数处于非正常泡沫区间；三是自 2014 年以后空置率接近 0.2，表明全国范围已存在一定规模的空置住宅。结合以上结论，本研究给出如下对策建议。

（1）完善房屋租赁市场建设。房屋租赁市场是住房市场的重要组成部分，完善房屋租赁市场，是化解住房刚性需求、提高居民居住水平的重要措施。2015年以来，国家不断出台政策规范存量房市场的发展，例如，规范住房租赁市场的发展，加快房屋租赁立法，建立租购并举的住房制度等。另外，还需扩展租房保障主体范围，由重点保障低收入人群，向新就业群体、外来务工群体以及高技术人才群体等范围扩展，充分保障各阶层承租能力。切实落实租购同权，化解部分购房刚需。

（2）健全房产登记和税收制度。2015 年起我国开始在部分城市推动不动产登记制度，2018 年将实现全国信息联网。因此，应加大对商品住宅情况的分析，加强对空置住房的统计监测，有助于进一步消化空置房，推动二手房市场发展。另外，应加快房产税立法进度，提高多房产置业成本，促进市场供需回归均衡。

（3）确定"房住不炒"主基调，住房市场进一步回归居住属性，金融机构应在此基础上有序、健康地推进地产金融业务，应注意在房地产行业出现销售下滑、融资收紧的情况下，房企会出现的偿债能力不足问题，从而更好地防范市场调整期的潜在风险。

参 考 文 献

［1］野口悠纪雄．土地经济学［M］．上海：商务印书馆，1997.

［2］K. E. Case R. J. Shiller, 2003, I "Is There A Bubble in the Housing Market", 76th.

［3］Conference of the Brookings-panel-on-economic-activity, 2003. 15.

［4］高汝熹，宋忠敏．上海房地产泡沫实证研究，上海社会科学院出版社，2005（3）.

［5］Iv，Little &Vandell, Subbrime Lending and the Housing Bubble：Tail Wags Dog, Journal of Housing Economics，2008，17.

［6］蒋南平．中国房地产泡沫测度指标的分析与建立［J］．当代财经，2009（10）.

［7］吕江林．我国城市住房市场泡沫水平的度量，经济研究，2010（6）.

［8］曾五一，李想．中国房地产市场价格泡沫的检验与成因机理研究［J］．数量经济技术经济研究，2011（6）.

［9］王浩，穆良平．当前我国房地产泡沫两种主要测度方法：研究思路、误区及适用性分析［J］．宏观经济研究，2015（2）.

［10］李平，张玉．中国房地产泡沫对宏观经济影响的演变路径［J］．经济问题探索，2015（4）.

［11］黄燕芬，王淳熙，张超，陈翔云．建立我国住房租赁市场发展的长效机制——以"租购同权"促"租售并举"［J］．价格理论与实践，2017（10）.

中国房地产泡沫实证研究：
基于泡沫内涵的视角探析*

8.1 引　　言

我国自从 1998 年取消福利分房以来，商品房价格连续十年处于上升的势头。2008 年我国房地产市场由于受全球金融危机的影响，商品房销售额和销售面积首次出现了萎缩。随后，政府通过金融政策、税费政策和土地政策等手段对房地产市场进行了调控，房地产市场重新恢复了繁荣的景象。

房地产市场繁荣的背后引起了许多学者们的重视，不同学者运用不同的方法对我国及地区房地产泡沫进行了研究，最终研究结果却各有不同。国内外学者对于房地产泡沫的研究路径大致可以分为两类：一是计算房地产市场的基础价格，然后再与房地产实际价格进行对比来观察是否存在泡沫；二是计算一些指标值（例如，房价收入比、空置率和房价上升幅度、GDP 增幅等），然后再与国际上的标准值进行对比来判断房地产市场是否存在泡沫。笔者认为，计算指标的方法并不适合我国的国情。因为这些指标的标准值均来自于西方发达国家，我国正处于发展中国家的行列，无论在经济发展水平还是居民生活水平方面都存在较大的差距，因此这些标准不能简单地作为我国的参考标准。我们应当研究出符合中国现实状况的指标及其标准，或从计算房地产基础价格着手来对泡沫进行研究。

在开展房地产泡沫的研究之前，我们首先需要理解房地产泡沫的真正含义是什么，这样才能把握其本质，有利于我们对其进行更深一步的研究。纵观众多学者对房地产泡沫的界定研究可以发现，房地产泡沫是指由于房地产投机行为引起的房地产价格脱离市场基础价格而持续上涨的现象[6,7]。通过房地产泡沫的定义我们可以发现房地产泡沫的存在必须同时满足四个条件：一是必须存在投机行

* 作者：顾静，刘广平。原载于《管理现代化》2015 年第 6 期。

为；二是房地产价格脱离了市场基础价格；三是房价持续上涨；四是房价上涨和房价脱离基础价格是由于投机行为引起的。因此，我们对以上四个方面进行了探讨，以期通过研究判断出中国房地产市场整体是否存在泡沫现象。

8.2　房地产市场投机行为测度模型

房地产投机行为是引发泡沫的主导原因，因此我们首先需要对房地产投机行为进行测度。如果房地产市场不存在投机需求或投机需求的成分较少，这就说明我国房地产市场根本不存在泡沫，否则需要更进一步探讨其他三个条件。

8.2.1　房地产投机度检验模型构建

莱文等（Levin & Wright，1997）研究发现，房地产投资者主要通过两种方式获得投机收益：一是从物业的使用中获得的收益，此时假设资本收益的预期为零；二是预期房地产价格变化导致资本收益的增减量[8-11]。房地产价格用公式表述如下：

$$P_t = P_t^m + H_t \qquad (8-1)$$

其中，P_t 为 t 时期房地产的价格；P_t^m 表示资本收益为零时对应的房地产价格，代表房地产投资者从物业的使用中所获得的收益，它与居民收入（y）和短期利率（i）有关，居民收入上升会增加其对房地产的投资和消费，利率增加会增加银行抵押贷款的支出，降低可支配收入量。这几个变量之间的函数关系式为：

$$P_t^m = f(y, i_t)/i^* \qquad (8-2)$$

其中，i^* 为长期利率，i_t 代表 t 时期的利率。

H_t 代表房地产预期资本收益的现值，即：

$$H_t = H_{t+1}/(1 + i_t) \qquad (8-3)$$

其中，H_{t+1} 为 t + 1 时期的房地产预期资本收益。

由于房地产预期的资本收益受前一期的房地产价格增长率的影响，因此 H_{t+1} 与 t - 1 期的房地产价格增长率 g_{t-1} 有关，这两个变量之间的函数关系式为：

$$H_{t+1} = f(g_{t-1}) \qquad (8-4)$$

$$g_{t-1} = \frac{p_{t-1} - p_{t-2}}{p_{t-2}} \qquad (8-5)$$

其中，p_t 代表 t 时期的房地产价格。在此将式（8-2）~ 式（8-5）代入式（8-1）中可以得出房地产价格的表达式为：

$$P_t = f(y, i_t)/i^* + f(g_{t-1})/(1 + i_t) \qquad (8-6)$$

根据式（8-6）可以建立如下的近似线性方程式：

$$P_t = c_1 + c_2 y_t + c_3 i_t + c_4 g_{t-1}/(1 + i_t) + u_t \qquad (8-7)$$

其中，y_t 代表 t 时期的居民人均可支配收入；u_t 代表随机误差项。

8.2.2　计算房地产业投机度

根据上述分析，我们了解到 g_{t-1} 表示 $t-1$ 时期房地产价格的增长率。由此可以推出，g_{t+1} 为 $t+1$ 时期房地产价格的增长率。由于 g_{t+1} 是在 g_{t-1} 的影响下所产生的数值，我们可以构建这两个变量之间的关系式：

$$g_{t+1} = \theta g_{t-1} \qquad (8-8)$$

对式（8-8）的两边求导可以得出下面的公式：

$$\partial g_{t+1} / \partial g_{t-1} = \theta \qquad (8-9)$$

房地产价格增长率与利率之间存在密切的关系，当提高利率时会对房地产商获得贷款产生影响，势必会阻碍一些小的开发商进入房地产行业，从而影响到供给的数量，进而会推动房地产价格增长率的提高。而且利率的提高会给开发商带来风险，在高风险下必然伴随着高回报，这样也会导致房地产价格增长率的提高。反之亦然。因此，结合式（8-9）可以得到以下公式：

$$\partial P_t / \partial i_t = \partial P_t / \partial g_{t+1} = (\partial P_t / \partial g_{t-1}) \theta \qquad (8-10)$$

然后对式（8-7）分别求 i_t 和 g_{t-1} 的偏导数，可得：

$$\partial P_t / \partial i_t = c_3 - c_4 g_{t-1}/(1 + i_t)^2 \qquad (8-11)$$

$$\partial P_t / \partial g_{t-1} = c_4/(1 + i_t) \qquad (8-12)$$

最后把式（8-10）~式（8-12）进行整理得到如下的方程式：

$$\theta = \frac{c_4/(1 + i_t)}{c_3 - c_4 g_{t-1}/(1 + i_t)^2} \qquad (8-13)$$

其中，θ 为房地产投机度，表示房地产过去价格对未来价格的影响程度。根据国际公认标准，当房地产投机度 $\theta > 0.4$ 时，表明存在较为明显的房地产泡沫[12]。

8.3　中国房地产投机度实证研究

本研究选取 2000~2013 年的年度数据作为实证研究的样本，详见表 8-1。运用 Eviews 软件对各变量进行时间序列回归分析，分析结果显示解释变量 y_t 和 i_t 的系数不显著。多重共线性统计量显示，三个解释变量的容差（Tolerance）依次为 0.828、0.880 和 0.926，均大于 0.1 的标准，这表明存在多重共线性。采用主成分分析方法建立回归方程，主成分 1 和主成分 2 的累计贡献率已经达到了 79.42%，因此只需取 2 个主成分变量则可建立主成分回归方程，计算结果可得 $c_3 = 1282.576$，$c_4 = 2012.429$。结合式（8-13）可计算得出历年房地产投机度，具体见表 8 - 2。

我们研究发现，全国房地产市场在 2005 年和 2006 年间投机度最高，但是其投机度仍低于国际警戒线，2009 年投机度仅为 0.188。根据相关文献的研究结果表明投机度能够大于 1，并没有上限[10]。因此我们可以假定当投机度 θ≤0.4 时房地产市场的投机行为可以忽略不计。通过我们对中国房地产市场投机度的研究，可以发现我国房地产目前整体并不存在投机行为，房地产市场处于正常的发展状态。

表 8 - 1　　　　　　　　　中国房地产市场投机度测度指标值

指标年份	房价（P_t）	城镇居民人均可支配收入（y_t）	1 年期贷款利率（i_t）	房价实际增长率（$g_{t-1}/(1+i_t)$）
2000	2112	6280	5.85	- 0.0046
2001	2170	6860	5.85	0.0272
2002	2250	7703	5.31	0.0261
2003	2359	8472	5.31	0.0350
2004	2714	9422	5.38	0.0460
2005	3168	10493	5.58	0.1425
2006	3367	11759	5.85	0.1580
2007	3864	13786	6.93	0.0587
2008	3800	15781	6.86	0.1381
2009	4681	17175	5.31	- 0.0157
2010	5032	19109	5.36	0.2200
2011	5357	21810	6.34	0.0705
2012	5791	24565	6.27	0.0608
2013	6237	26955	6.00	0.0764

注：2000 年至 2013 年 1 年期贷款利息根据中国经济金融数据库（CCER）中的数据加总平均整理而得。本研究中其他数据均来自 2014 年中国统计年鉴。

表 8 - 2　　　　　　　　2000～2013 年中国房地产投机度

年份	2000	2001	2002	2003	2004	2005	2006	2007	2008	2009	2010	2011	2012	2013
投机度	0.228	0.239	0.259	0.167	0.168	0.193	0.191	0.138	0.160	0.155	0.234	0.152	0.151	0.161

8.4 房地产实际价格与市场基础价格对比分析

8.4.1 房地产价格的构成角度分析

房地产价格主要是由土地开发费用（其中包括土地出让金、配套基础设施配套费和征地拆迁费等部分）、设计费用、建筑安装成本、人员工资、销售费用、税金和利润等几个部分组成。马克思把商品的价值分为三个组成部分[14]：购买生产资料所花费的不变资本（C）、补偿购买活劳动的资本（V）以及剩余价值（M）。因此商品的价值 W = C + V + M。同样，房地产的成本构成也可以分为固定资本（C）、可变资本（V）两部分。其中房地产固定资本主要包括土地开发费用、建筑安装成本和资金占用成本等；可变资本主要涉及销售成本、设计成本、管理费用、劳动工资等方面的费用。按照统计惯例，房地产的固定资本和可变资本之和即为竣工房屋造价。如果竣工房屋造价占商品房平均销售价格的比例较高，则可以说明房价高涨是有成本推动的，反之，则说明我国房地产市场存在异常现象。

从表 8 - 3 中的数据可以看出，我国商品房造价售价比自 2000 年以来一直低于 55%，而且最近五年更是低于 50%，徘徊在 45% 左右，因此我们可以推断出我国房地产造价成本远远低于房价，房地产行业存在巨大的利润空间。从商品房成本的角度无法解释房价为何持续上涨，因此我们可以初步判断房地产价格确实脱离了市场基础价格。

表 8 - 3　　　　2000 ~ 2008 年全国竣工房屋造价与商品房平均价格对比　　　　单位：元/平方米

年份	2000	2001	2002	2003	2004	2005	2006	2007	2008
竣工房屋造价	1139	1128	1184	1273	1402	1451	1564	1657	1795
商品房平均价格	2112	2170	2250	2359	2714	3168	3367	3864	3800
造价售价比（%）	53.9	52.0	52.6	46.9	44.3	45.8	46.5	42.9	47.2

8.4.2 相关文献检验结果回顾

国内学者刘金娥（2010）通过运用时变现值模型和 VAR 方法推导我国房地产市场的基础价值，并将其与实际价格进行比较分析，最终发现我国房地产市场的基础价格确实与实际价格之间存在着偏差[15]。在此不再进行重复研究。

通过以上两个角度的分析可以发现，我国房地产市场的基础价格与实际价格之间存在差距，房地产实际价格已经偏离于基础价格。但是我们研究表明房地产实际价格与基础价格之间存在偏差并不一定就表明房地产市场存在泡沫，这需要看这两个指标之间偏差的程度是多大。正如在市场上某一商品的供给严重不足时，它的实际价格就会大幅度增长，可能会远远高于基础价格。因此我们需要在房地产实际价格与基础价格之间的偏差程度警戒线上做更进一步的研究。

8.5　房地产实际价格与基础价格之间偏差的原因探讨

导致房地产实际价格与基础价格严重脱离是受多方面原因影响的结果。我们认为最直接和最根本的原因包含三个方面：一是刚性需求的拉动；二是土地价格的推动；三是心理因素的作用。

1. 房地产市场刚性需求旺盛

在判断房地产市场是否存在泡沫之前，我们首先需要了解房地产价格，房地产价格持续上涨是泡沫存在的前提要素。从表 8 - 4 中可以看出，我国商品房价格自 2000 年以来基本保持持续上涨的势头，唯有 2008 年由于全球金融危机的影响，商品房价格同比下降了 - 1.65%。在此从供需角度出发来分析我国房地产价格上涨的原因。按照经济学理论，房地产价格的涨落是由市场供需来决定的，房地产价格上涨的原因有以下几种：

一是房屋供给减少的同时，需求增大；

二是房屋供给减少的同时，需求也减少，但需求减幅小于供给减幅；

三是房屋供给增加的同时，需求也增加，但需求增幅大于供给增幅；

四是房屋供给不变的同时，需求增加。

从表 8 - 5 中可以得知，我国商品房销售面积（需求）自 2000 年以来一直处于增长的状态（除 2008 年以外）；房屋竣工面积（供给）的供给量也不断上升。房地产供给和需求都在增加，而且需求的增幅大于供给的增幅（2008 年除外）。从以上分析，我们可以判断出我国的房地产价格上涨的原因符合第三条原因，即房屋供给增加的同时，需求也增加，但需求增幅大于供给增幅。再结合前面的分析结果：我国房地产市场整体情况并不存在投机行为，因此我们可以得出推论：我国房地产整体价格持续上涨和实际价格与基础价格脱离的原因是由于需求大于供给所导致的。

表 8 - 4　　　　　**2000 ~ 2009 年全国商品房平均价格**　　　　单位：元/平方米

年份	2000	2001	2002	2003	2004	2005	2006	2007	2008	2009
商品房平均价格	2112	2170	2250	2359	2714	3168	3367	3864	3800	4695
上升比例（%）	2.87	2.75	3.69	4.84	15.05	16.73	6.28	14.76	- 1.65	23.55

表 8－5　　　　2000～2009 年全国商品房销售面积与房屋竣工面积　　　单位：万平方米

年份	2000	2001	2002	2003	2004	2005	2006	2007	2008	2009
商品房销售面积	18637	22412	26808	33718	38232	55486	61857	77355	65970	93713
增幅（%）	28.03	20.26	19.61	25.78	13.39	45.91	11.48	25.05	-14.72	42.05
前三年房屋竣工面积平均值	21361	25461	29983	35436	39635	45782	50571	56618	60994	65801
增幅（%）	16.95	19.19	17.16	18.19	11.85	15.51	10.46	11.96	7.73	7.88

2. 地价与房价的交互作用

目前有关房价与地价之间关系的研究观点分为三类[17]：一是地价决定房价；二是房价决定地价；三是房价与地价相互影响。我们认同第三种观点，即房价与地价之间是相互关联的。地价的上涨会引起房地产开发成本的增加，为了赚取更多的利润，房地产商会通过增加房价来达到这一效果；同时，房价上涨引致利润的增加会进一步引起其他开发商投入到房地产行业之中，由于土地需求旺盛，再加上土地的有限性以及地方财政收入的驱使，会导致土地价格的上升。地价和房价之间不断地作用和转化循环，结果造成了房价和地价的趋高不下和恶性循环。例如，国土资源部 2009 年 7 月对全国 105 个城市的 620 个房地产开发项目的土地成本调查结果显示，土地价格占房价最低比例为 5.3%，最高则达到了58.6%，大多数地价占房价的比例在 15%～30% 之间，平均比例为 23.2%[18]。

3. 羊群效应的作用

行为经济学观点认为，房价高涨不仅要审视供求关系，而且还要看人们对价格变化的心理预期。如果人们预期房价在某一段时间内存在下降的趋势，他们会采取等待的态度，观望房价的走势而不去购买房屋，导致商品房的需求量不断下降；相反，如果人们预期房价会在未来一段时间内要上涨，那么人们就会积极参与到商品房的交易中来，从而推动商品房的需求增加，这就是所谓的"羊群效应"。

由于市场中的大部分消费者在住房消费方面缺乏专业知识，他们对房价的认识存在很大的信息缺口，只能靠非专业的自身判断来进行主观分析。这就导致消费者在认知和信息方面处于劣势的地位。实际上，羊群效应的结果背后反映了购房者与房地产开发商之间存在着信息不对称。我国房地产价格自 2003 年以来不断处于上升的势头（2008 年除外），消费者在房价不断高涨的环境中只有采取从众的方式才能够弥补自身在信息和判断力方面的不足，这就导致推动了房地产市场的"繁荣"，更进一步致使房地产实际价格不断脱离于基础价格。

8.6　结论及讨论

我们研究结果表明：尽管我国房地产实际价格高于基础价格水平，而且房价一直保持增长势头（2008 年受全球经济危机影响我国房地产市场出现了暂时的回落），但是导致以上现象的原因并不是由于投机行为所致，而是受供需不均衡、地价与房价之间的相互推动以及羊群效应作用的结果。

尽管我国房地产市场整体并不存在泡沫现象，但是并不能排除局部地区有泡沫的存在。例如，一些学者对我国部分城市的房地产泡沫研究[19,20]，其中包括上海、西安、深圳、杭州等城市，研究结果都表明这些城市存在一定程度的泡沫。这些存在泡沫的城市大都集中在中东部一线城市，而位于中西部的大部分城市房地产市场都相对比较落后，因此全国各地区房地产市场综合作用后的结果即是房地产市场整体并不存在泡沫现象。同样，可以采用投机测度方法对某一特定城市或地区进行房地产泡沫的度量。

参 考 文 献

[1] 建设部政策研究中心课题组. 怎样认识当前房地产市场形势 [EB/OL]. 中国住宅与房地产信息网，http//hh. focus. cn/newshtml/80794. html，2004 – 10 – 27.

[2] 顾云昌. 2005 年，绿色地产年 [J]. 楼市，2004 (6).

[3] 吴艳霞，王楠. 房地产泡沫成因及其投机度测度研究 [J]. 预测，2006，25 (2)：12 – 17.

[4] 易宪容. 应警惕有人为地产泡沫辩护 [N]. 中国青年报，2004 – 10 – 26.

[5] 刘琳，黄英，刘洪玉. 房地产泡沫测度系数研究 [J]. 价格理论与实践，2003：37 – 38.

[6] 周京奎. 房地产价格波动与投机行为——对中国 14 城市的实证研究 [J]. 当代经济科学，2005，27 (4)：19 – 24.

[7] 高汝熹，罗守贵，宋忠敏. 上海房地产市场波动的实证分析 [M]. 上海：上海社会科学院出版社，2003.

[8] Levin E. , J. , R. E. Wright, The Impact of Speculation on House Prices in the United Kingdom [J]. Economic Modeling, 1997 (14)：567 – 585.

[9] 周京奎. 房地产投机理论与实证研究 [J]. 当代财经，2004 (1)：92 – 95.

[10] 丁华军. 上海市房地产业投机度分析 [J]. 华东经济管理，2007，21 (2)：71 – 74.

[11] 陈斯冰，赵国杰，牟玲玲. 天津市房地产投机度测度研究 [J]. 北京理工大学学报（社会科学版），2009，11 (3)：58 – 61.

[12] Bourassa S. C. , Hendershott H. P. , Bubbles in Real Metropolitan House Prices：Evidence from New Zealand [R]. Real Estate Research Unit Working Paper Series Working Paper, 1997. 5.

［13］国家统计局. 2009 年国民经济和社会发展统计公报［EB/OL］. http：//www. stats. gov. cn/tjgb/ndtjgb/qgndtjgb/t20100225_402622945. htm，2010 - 2 - 25.

［14］马克思. 资本论：第 1 卷［M］. 北京：人民出版社，2004.

［15］刘金娥. 我国房地产市场泡沫的成因分析［J］. 山西财经大学学报，2010，32 (2)：62 - 67.

［16］John Hicks, Mr. Keynes and the 'Classics' A Suggested Interpretation［J］. Econometrica，1937.

［17］孔煜. 地价与房价的关系研究述评［J］. 重庆大学学报（社会科学版），2010，16 (2)：21 - 26.

［18］国土资源部专项调查揭秘房地产项目地价房价比［EB/OL］. 中国政府网，www. gov. cn，2009 - 7 - 28.

［19］韩冬梅，刘兰娟，曹坤. 基于状态空间模型的房地产价格泡沫问题研究［J］. 财经研究，2008，34 (1)：126 - 135.

［20］孙伟. 基于 R - B 模型的房地产泡沫［J］. 预测，2008，27 (4)：6 - 10.

9

基于空间理论的辽宁省房地产风险研究[*]

9.1 引　　言

从起源来说，房地产是一个较古老的行业，而现代房地产业的兴起是在第二次世界大战以后，经历过战争的洗礼，人们更希望有幸福、安稳的生活。我国房地产的兴起是在20世纪90年代末21世纪初，1998年6月29日中国正式结束福利住房分配制度，实行住宅建设市场化和住房消费货币化，掀开了我国房地产业发展的新篇章。

自我国房地产市场化改革以来，辽宁省房地产取得了长足的发展。2000年房地产增加值为103.56亿元，占当年GDP的4.23%；而至2012年，房地产增加值为1050.03亿元，占当年GDP的0.93%。2012年与2000年房地产增加值相比，增长了9倍，年均增长18%，高于期间GDP年均增长率近8个百分比。

从图9-1中可以得出，辽宁省各不同城市房地产价格变化呈现出曲折变化

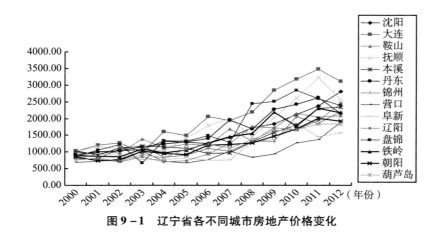

图9-1　辽宁省各不同城市房地产价格变化

* 作者：袁建林，陈立文，袁景。原载于《辽宁工业大学学报（自然科学版）》2016年第2期。

的发展趋势，表明辽宁省各不同城市房地产发展历程中风险也会随影而行。不同城市间房地产投资风险是否相互依存，其依存度是多少及各不同城市房地产投资风险性如何判断，成为本研究的主要内容。

9.2　辽宁省房地产风险模型构建

根据风险定价理论，建立风险判定模型：

$$\beta = \frac{R_i - R_f}{R_m - R_f} \qquad\qquad (9-1)$$

对上述公式整理得：

$$R_i - R_f = \beta(R_m - R_f) = R_f + \beta(R_m - R_f)$$

将其简写为：

$$R_i = \alpha + \beta R_m + \varepsilon \qquad\qquad (9-2)$$

现假设在辽宁省 n 个城市中进行房地产投资，每个城市中房地产投资项目共有 m 个，因此，投资项目的总数量为 q = n×m，每个房地产项目的期望收益率为 R_i（I = 1，2，…，n×m），则其在 n 个城市中房地产投资总收益率 R_p 可表示为：

$$E(R_p) = \sum_{i=1}^{q} w_i \alpha_i + \left(\sum_{i=1}^{q} w_i \beta_i\right) R_m \qquad\qquad (9-3)$$

式中：R_p 为房地产投资总收益率；R_i 为房地产项目 i 投资收益率；W_i 为房地产项目 i 在总投资中所占比例。

而其房地产投资所面临的风险为：

$$Var(R_p) = Var(\alpha + \beta R_m + \varepsilon) = \beta^2 Var(R_m) + Var(\varepsilon) = \delta_m^2 + \delta_\varepsilon^2$$
$$\delta_p = \delta_m^2 + \delta_\varepsilon^2 \qquad\qquad (9-4)$$

这里 δ_k^2 为房地产投资风险；δ_m 为房地产投资面临的系统风险；δ_ε 为房地产投资面临非系统风险。式（9-4）说明房地产投资风险构成为：系统投资风险和非系统投资风险。系统投资风险主要由宏观环境因素，诸如全球乃至国家政治、经济、环保等形成的对区域房地产收益的影响。系统投资风险具有不确定、破坏性强的特点，往往难以通过风险规避方法消除其所带来的危害，因此系统投资风险又被称为不可回避风险。

非系统投资风险是指影响区域房地产投资收益的偶发性、个别性风险，属于分散性风险因素，主要是个别偶发因素发生对区域房地产收益所产生的风险，所以也可称"偶发风险"，非系统投资风险往往可通过一定的风险规避方法将其化解，因此非系统投资风险也称"可降解风险"。非系统投资风险是小范围地域内发生的风险形式，是一种微观风险。非系统性风险主要包括：地区人口数、人均收入、家庭户数、16~60 岁的人口数、具有大专以上学历的人数、偶然事件风险等。

根据式 (9-3) 及方差公式，房地产投资风险可表示为：

$$\delta^2 = E[R_p - E(R_p)]^2 = = \sum_{i=1}^{n} \sum_{j=1}^{n} w_i w_j \text{cov}(R_i R_j) \qquad (9-5)$$

由相关系数公式可得：

$$\delta^2 = \sum_{i=1}^{n} \sum_{j=1}^{n} w_i w_j \delta_i \delta_j \text{corr}(R_i R_j) \qquad (9-6)$$

$$\text{cov}(R_i R_j) = E(R_i R_j) - E(R_i)E(R_j)$$

这里，当 $q = i, j$ 时，$E(\varepsilon_q) = 0 \quad E(\varepsilon_q R_m) = 0$

因此有：$\text{cov}(R_i R_j) = \beta_i \beta_j \delta_m^2 + E(\varepsilon_i \varepsilon_j)$

将其代入可得：

$$\text{corr}(R_i, R_j) = \frac{E(R_i, R_j)}{\delta_i \delta_j} = \frac{\beta_i \beta_j \delta_m^2}{\delta_i \delta_j} + \frac{E(\varepsilon_i, \varepsilon_j)}{\delta_i \delta_j} \qquad (9-7)$$

这里 $E(\varepsilon_i, \varepsilon_j) = 0$，可得

$$\delta^2 = E[R_p - E(R_p)]^2 = \sum_{i=1}^{n} \sum_{j=1}^{n} w_i w_j \beta_i \beta_j [\delta_m^2]$$

区域房地产投资中，项目 i 和 j 面临的系统投资风险是等同的，因而有：

$$\delta^2 = E[R_p - E(R_p)]^2 = \left[\sum_{i=1}^{n} w_i \beta_i\right]\left[\sum_{j=1}^{n} w_j \beta_j\right][\delta_m^2] = \left[\sum_{i=1}^{n} w_i \beta_i\right]^2 [\delta_m^2]$$

$$\delta = \left[\sum_{i=1}^{n} w_i \beta_i\right] \delta_m \qquad (9-8)$$

即为区域房地产投资风险。

9.3　辽宁省区域房地产系统性风险检验

根据式 (9-6)，利用空间统计分析，可初步判别区域系统风险。

从房地产投资系统风险式 (9-6) 中可以得出，如果区域房地产投资项目之间不存在关联性，其投资风险是最小的，即如果 $\rho_{ij} = 0$，则 $\delta^2 = 0$，也充分说明区域房地产投资无系统性风险；否则，区域房地产投资存在一定的系统性风险。

对于辽宁省 n 个不同城市，若存在 $P(Y_1 < R_1, Y_2 < R_2, \cdots, Y_n < R_n) = \prod_{i=1}^{n} (Y_i < R_i)$ 成立，则空间是独立的。现辽宁省第 i 个城市的房地产收益率为 R_i，在 n 个不同城市中房地产收益率的均值为 $\bar{R}$，则得到 Moran I，其计算公式为：

$$\text{Moran I} = \frac{n}{\sum_{i=1}^{n} (R_i - \bar{R})^2} \frac{\sum_{i=1}^{n} \sum_{j=1}^{n} w_{ij} (R_i - \bar{R})(R_j - \bar{R})}{\sum_{i=1}^{n} \sum_{j=1}^{n} w_{ij}} \qquad (9-9)$$

如果 Moran I 的值接近于 0，说明各不同城市的收益率是相互独立的，不存在联动效应，可排除区域房地产的系统性风险。

利用 Moran I 系数可判定区域房地产投资风险性的基本态势，然而，要进一步获知区域房地产投资风险性可利用式（9-8）完成风险性的估算。

式（9-8）$\delta = \left[\sum_{i=1}^{n} w_i \beta_i\right] \delta_m$ 中，W_i 为房地产投资比例，对于某一固定区域，各不同城市房地产投资规模基本相当，可得 $W_1 = W_2 = \cdots = W_i$，由于 $W_1 + W_2 + \cdots + W_i = 100\%$，因而 $\delta = \left[\sum_{i=1}^{n} \beta_i\right] \delta_m$。

9.4 辽宁省区域房地产风险实证分析

由式（9-6）$\delta_p^2 = (\delta_p^m)^2 + (\delta_p^\varepsilon)^2$，这里 δ_p^m 为系统性风险，其值为：

$$(\delta_p^m)^2 = \sum_{i=1}^{n} \sum_{j=1}^{n} w_i w_j COV(R_i, R_j) = \sum_{i=1}^{n} \sum_{j=1}^{n} w_i w_j \delta_i \delta_j CORR(R_i, R_j)$$

$$(9-10)$$

$CORR(R_i, R_j)$ 为第 i 城市与第 j 城市投资收益的相关系数。据此，可通过 $CORR(R_i, R_j)$ 判断不同城市间房地产市场的关联性。

根据系统性风险分析，如果第 i 城市与第 j 城市的房地产收益率存在一致性联动，则表明存在系统风险，即 $CORR(R_i, R_j)$ 不为 0；否则，说明不存在系统风险，因而，可根据其空间相关性判明其存在系统风险的可能性。

9.4.1 辽宁省房地产系统性风险关联分析

通过辽宁省统计局各不同年份《统计年鉴》得到辽宁省 2000~2012 年 14 个地级市房地产收益率相关数据，利用式（9-7），计算得到空间离散系数 Moran I 指数及其方差、Z 值、P 值（见表 9-1）。

表 9-1　　　　　　　　　　　　　空间离散系数

年份	离散系数 Moran I 指数	方差	Z 值	P 值
2000	-0.223973	0.007512	-1.696620	0.089769
2001	-0.303139	0.008651	-2.432197	0.015008
2002	-0.025574	0.007124	0.608353	0.542953
2003	-0.147668	0.007228	-0.832120	0.405341
2004	-0.066305	0.007892	0.119516	0.904867

续表

年份	离散系数 Moran I 指数	方差	Z 值	P 值
2005	- 0.058599	0.006937	0.220014	0.825860
2006	- 0.056421	0.007516	0.236480	0.813060
2007	- 0.089570	0.006859	- 0.152706	0.878630
2008	- 0.177726	0.006858	- 0.009690	0.992269
2009	- 0.049204	0.007407	0.322088	0.747386
2010	- 0.022765	0.007267	0.635333	0.525211
2011	- 0.071351	0.007059	0.066320	0.947123
2012	- 0.117926	0.006029	- 0.528080	0.597444

从表 9 - 1 空间离散系数 Moran I 指数值来看，辽宁省 2000 ~ 2012 年 14 个地级市房地产收益率存在弱相关性，说明辽宁省区域房地产系统性风险发生的可能性不大，但供过于求的趋势需进一步观察。

根据计算的辽宁省房地产空间关联系数，可以得出：2000 年、2001 年、2003 年、2008 年、2012 年 Moran I 指数绝对值相对较大，说明这几个年份，辽宁省的房地产面临一定的风险性，这与当时房地产发展的基本趋势相吻合。

从图 9 - 2 中计算的辽宁省房地产空间关联系数，可更清晰地把握辽宁省房地产投资风险。

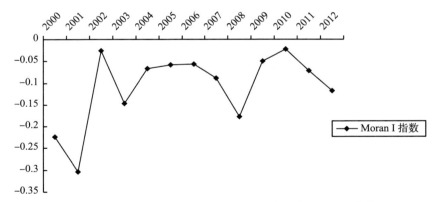

图 9 - 2　辽宁省各不同年份不同城市房地产投资 Moran I 指数值

9.4.2　辽宁省房地产系统性风险分析

根据式（9 - 2）$R_i = \alpha + \beta R_m + \varepsilon$，利用空间统计完成回归分析，计算出各不同年份的 β，并根据式（9 - 8）$\delta = [\sum_{i=1}^{n} w_i \beta_i] \delta_m$ 计算出辽宁省各不同年份房地产

投资风险值。这里 R_i 为房地产投资收益，用房地产价格收益增长值来表示；R_m 为无风险的房地产投资收益，为方便起见，可通过不同时期银行贷款利率来近似表示其房地产收益。

从表 9－2 中所计算的各不同年份系统风险值来看，2004 年、2008 年、2012 年辽宁省房地产投资上行风险较高，而与 2009 年、2010 年辽宁省房地产投资下行风险较高相对，而其他年份辽宁省房地产投资风险较低。

表 9－2   辽宁省区域房地产投资风险值

年份	β 值	δ_m 值	风险值
2001	－10.70	18.97	－202.98
2002	－21.34	20.99	－448.01
2003	4.45	40.18	178.95
2004	22.76	60.26	1371.58
2005	－13.88	22.64	－314.38
2006	－20.98	24.40	－512.05
2007	6.24	31.53	196.831
2008	72.62	51.83	3764.28
2009	－36.75	21.59	－793.47
2010	－23.86	29.53	－704.57
2011	－10.12	24.45	－247.32
2012	30.84	26.15	806.44

从图 9－3 中根据计算的辽宁省地产投资风险值，更直观地了解辽宁省房地产投资风险。

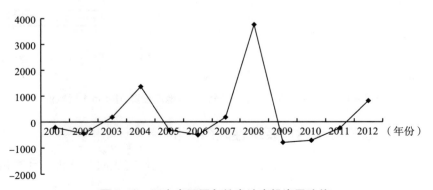

图 9－3   辽宁省不同年份房地产投资风险值

9.5 结 论

（1）辽宁省各不同城市房地产收益关联系数呈弱相关性，表明辽宁省区域房地产不存在系统性风险，但辽宁省各不同城市房地产收益关联系数均为负值，说明其房地产供过于求的风险趋势值得关注。

（2）根据计算得出的辽宁省房地产风险值，2004 年、2008 年、2009 年、2010 年、2012 年风险值较大，表明 2004 年、2008 年、2009 年、2010 年、2012 年这几年房地产投资有一定的风险性。

（3）通过对辽宁省区域房地产投资风险研究与房地产业实际发展对比来看，两者契合度较高，可分析辽宁省区域房地产投资风险性。

参 考 文 献

［1］Harry Markowitz. Portfolio Selection ［J］. The Journal of Finance，1952，7（1）：77 – 91.

［2］William F.，Sharpe，A Simplified Model for Portfolio Analysis ［J］. Management Science，1963，9（2）：277 – 293.

［3］Robert C.，Merton，An Intertemporal Capital Asset Pricing Model ［J］. Econometrica，1973，41（5）：867 – 887.

［4］S. A. Ross，The Arbitrage Theory of Capital Asset Pricing ［J］. Journal Fo Economic Theory，1976，13（3）：341 – 360.

［5］Nigel Dubben，Sarah Sayce，Risk Premiums in Cap Rates of Investment Property ［J］. Property Portfolio Management，1991（15）：341 – 360.

［6］邓建勋. 房地产多项目组合投资的优化选择模型 ［J］. 统计与决策，2006（9）：24 – 25.

［7］施建刚，黄清林. 投资组合理论在房地产投资风险控制中的应用 ［J］. 同济大学学报（自然科学版），2005，33（11）：1550 – 1554.

［8］何碧梧. 房地产组合投资风险控制模型的降维策略 ［J］. 华中农业大学学报（社会科学版），2007（3）：62 – 64.

［9］杨楠，邢力聪. 基于 Var 的房地产投资组合模型设计与应用 ［J］. 数理统计与管理，2009，26（5）：858 – 866.

［10］李凯. 基于投资组合理论的房地产调控政策有效性分析 ［J］. 统计与决策，2012（8）：53 – 55.

10

二线城市居民家庭住房支付能力研究*

10.1 引　　言

所谓住房支付能力，就是指居民能不能买得起住房。目前关于住房支付能力评价方法的研究主要集中在方法的比较和实证研究方面，如李进涛[1]等认为住房支付能力测度方法可分为比率法和剩余收入法两类。虞晓芬[2]、任宏[3]分别从不同角度创设或分析了住房机会指数、住房压力指数指标。布拉萨（Bourassa）[4]运用动态住房负担能力方法进行了实证分析。施建刚[5]等运用住房支付能力象限模型测算了35个大中城市居民家庭的住房支付能力。

通过文献研究发现，两类测度方法在测度城镇居民家庭对房价的承受能力时缺乏足够的准确性。因此本研究尝试从我国住房市场的实际情况出发，将两类方法相结合，构建剩余收入住房支出比模型，并利用30个二线城市进行实证研究。

10.2　剩余收入住房支出比模型构建

结合我国城镇居民家庭生活以及房地产市场运行实际情况，将比率法与剩余收入法结合起来，以更准确地衡量居民家庭的住房支付能力。基于此，本研究构造了剩余收入住房支出比模型。

10.2.1　模型假设

出于模型计算的可操作性与计算结果的可靠性，本研究做了如下前提假设。

（1）一般居民家庭的基本住房需求。本模型衡量的对象是一般城镇居民家庭出于居住需要的住房支付能力。

---

　　* 作者：陈立文，赵宏震，郭海霞。原载于《现代商贸工业》2017年第30期。

（2）按揭贷款购房方式。假设居民家庭购房时仅采用按揭贷款购房方式，不考虑一次性付清购房总额的情况。

（3）具备购房首付能力。假设居民家庭购房时具有首付款支付能力，主要讨论居民家庭的住房还贷能力。

（4）家庭自有资金。假设居民家庭单纯使用自有资金进行住房消费，按月偿还住房贷款，不考虑亲朋好友资助或其他借贷。

（5）平均消费水平。假设居民消费水平为同区域内居民家庭消费的平均水平，不考虑过度消费和消费不足情况。

10.2.2　计算原理

剩余收入住房支出比（Residual Income to Housing Expenditure Ratio，RIER）由两部分组成，家庭年平均剩余收入（Household Annual Average Residual Income，HRI）和家庭年平均住房支出（Household Annual Average Housing Expenditure，HHE），模型的计算公式为：

$$RIER = \frac{HRI}{HHE} \qquad (10-1)$$

首先，关于家庭年平均剩余收入 HRI，令家庭年人均剩余收入为 K，人均可支配收入为 w，人均消费性支出为 c，人均居住性支出为 r，户均人口数为 m，则家庭年人均剩余收入的计算公式为：

$$K = w - c + r \qquad (10-2)$$

家庭年平均剩余收入的计算公式为：

$$HRI = K \times m \qquad (10-3)$$

其次，在家庭年平均住房支出 HHE 方面，设住房月还贷额为 X，购房按揭贷款比例为 β，贷款年限为 n，贷款月利率为 i，商品住宅年均单价为 p，人均住房建筑面积为 s，则住房月还贷额的计算公式为：

$$X = \frac{p \times s \times m \times \beta \times i \times (1+i)^{12 \times n}}{(1+i)^{12 \times n} - 1} \qquad (10-4)$$

家庭年平均住房支出的计算公式为：

$$HHE = X \times 12 \qquad (10-5)$$

所以，剩余收入住房支出比表达方式如下：

$$RIER = \frac{HRI}{HHE} = \begin{cases} HRI = (w - c + r) \times m \\ HHE = \dfrac{12 \times p \times s \times m \times \beta \times i \times (1+i)^{12 \times n}}{(1+i)^{12 \times n} - 1} \end{cases} \qquad (10-6)$$

与国内学者关于住房可支付性指数的改进相比，剩余收入住房支出比在计算上具有相似性，因而可借鉴 HAI 的判断标准。即当 RIER < 1 时，不具备住房支

付能力；当 RIER = 1 时，具备正常的住房支付能力；当 RIER > 1 时，具备充足的住房支付能力。

10.3　实证分析——以 30 个二线城市为例

10.3.1　研究对象的选取与指标数据来源

结合现实情况，一线城市的居民购房难、买房贵问题已是不争的事实，故本研究选取 30 个二线城市 2015 年的数据进行城镇居民家庭的住房支付能力研究，指标数据均来自各城市 2016 年统计年鉴、2015 年统计公报。指标数据如表 10 – 1 所示，其中，住房贷款比例 β 取 70%，贷款年限 n 取 30 年，贷款利率取当年内中国人民银行发布的金融机构人民币贷款基准利率的平均贷款利率进行计算。因为本研究采取月利率进行住房贷款计算，故月利率 = 年平均利率/12 = 0.45%。

表 10 – 1　　　　　　　　　　2015 年 30 个二线城市原始数据

指标	原始数据	
	杭州	昆明
城镇居民人均年可支配收入（元/人）（w）	48316	33954.92
城镇居民人均年消费性支出（元/人）（c）	33818	20670.13
城镇居民人均年居住性支出（元/人）（r）	9111	5124.29
城镇居民户均人口数（人/户）（m）	2.79	2.7
城镇居民人均住房建筑面积（平方米/人）（s）	35.5	42
商品住宅销售额（万元）	19059508	7237047
商品住宅销售面积（万平方米）	1292.355	1008.246
商品住宅均价（元/平方米）（p）	14747.89	7177.861

10.3.2　30 个二线城市居民家庭住房支付能力评价得分及排名

将表 10 – 1 中原始数据及住房市场贷款数据代入公式（10 – 6），得到 30 个二线城市居民家庭住房支付能力评价得分及排名，如表 10 – 2 所示。

表 10-2   30 个二线城市居民家庭剩余收入住房支出比得分及排名

排名	城市	剩余收入住房支出比（RIER）	排名	城市	剩余收入住房支出比（RIER）
1	烟台	1.83015	16	昆明	1.29460
2	淄博	1.71841	17	长春	1.26633
3	沈阳	1.62066	18	武汉	1.26404
4	青岛	1.58954	19	南京	1.25779
5	西安	1.56702	20	苏州	1.21233
6	成都	1.42092	21	宁波	1.19688
7	哈尔滨	1.37171	22	太原	1.16681
8	无锡	1.35642	23	石家庄	1.12561
9	佛山	1.35558	24	郑州	1.06314
10	南昌	1.34861	25	杭州	0.95602
11	重庆	1.34358	26	温州	0.89210
12	大连	1.33724	27	南宁	0.88931
13	合肥	1.32223	28	厦门	0.83453
14	济南	1.30508	29	福州	0.72459
15	长沙	1.30321	30	东莞	0.64734

10.3.3 结果分析

由结果可知，30 个二线城市住房支付能力整体状况较好，仅少数城市存在住房支付能力问题。根据排名结果及评价标准，可以将排名 25～30 的杭州等城市列为住房支付能力不足的城市类型，排名 1～24 的其余城市归为住房支付能力较好城市类型。

（1）住房支付能力不足城市分析。排名在最后 6 位的二线城市居民家庭的住房支付能力显著较差，其 RIER 值最大为 0.95602，最小为 0.64734，该类城市居民家庭对市场房价变化较为敏感。首先，该类城市居民家庭的人均年可支配收入在 30 个二线城市中处于最高水平，但与前 24 个城市相比时差距较小；其次，该类城市居民家庭的人均年消费性支出水平远高于其余 24 个二线城市，表明该类城市居民家庭的生活成本较大；最后，该类城市的居民家庭人均居住性支出数值明显较大，表明其城市居民家庭居住成本较高。

（2）住房支付能力较好城市分析。排名前 24 的城市居民家庭的 RIER 值均高于评价标准 1，表明其城镇居民家庭的住房支付能力较为良好。由表 10-1 中的原始数据可知，24 个住房支付能力较好城市的居民家庭人均年消费性支出平均值为 24055.42 元/人，与 6 个住房支付能力不足城市的 27817.92 元/人的平均值相比，具有较大优势。此外，24 个城市中，有一半以上均位于中西部内陆腹地，住房需求大多以自主性需求为主，"炒房"等投机性行为较少，使得该类城市居民家庭承受的住房购买压力较小。

10.4 结 论

本研究在对住房支付能力前人研究成果进行汇总分析的基础上，将比率法和剩余收入法相结合构建了剩余收入住房支出比模型，并对 30 个二线城市居民家庭住房支付能力进行了实证研究。结果表明，30 个二线城市居民家庭的住房支付能力整体状况较好，仅有杭州等 6 个城市居民家庭存在住房支付能力问题。

参 考 文 献

［1］李进涛，孙峻，李红波. 城市居民住房承受能力测度研究——剩余收入视角［J］. 技术经济与管理研究，2011（3）：74 – 77.

［2］虞晓芬. 基于居民住宅负担能力的房价合理性评价研究——以浙江杭州为例［J］. 价格理论与实践，2004（11）：34 – 35.

［3］任宏，金海燕，向小林，马先睿. 住房压力指数研究［J］. 重庆大学学报（社会科学版），2011（03）：44 – 52.

［4］BOURASSA SC, HAURIN DR., A Dynamic Housing Affordability Index［M］. New York：Social Science Electronic Publishing，2016.

［5］施建刚，颜君. 基于 HAQ 模型的城镇居民住房支付能力研究［J］. 系统工程理论与实践，2015（9）：2221 – 2231.

基于住房支付能力的住宅
商品房市场聚类分析*

11.1 引　言

我国疆域辽阔，国土总面积为 960 多万平方公里，一共有 34 个省级行政单位，由于各地区所处地理位置不同，自然条件存在差异，导致各地区人文、经济等方面也各有特点，居民生活水平差异显著。再加上住宅商品房属于不动产，使得我国住宅商品房市场具有显著的区域性特征。面对各地区居民生活水平及住房价格存在的差异，各地区居民住房支付能力水平也表现出一定的地域性特征。诸多学者在建立住房支付能力评价模型的基础上，描述了各省市住房支付能力基本情况[1-3]，以及按照传统的各地区划分方法，东、中、西部三大地带中各省市居民住房支付能力水平发展情况[4-6]。从对三大地带居民住房支付能力水平基本描述可以看出，各地带省市居民住房支付能力水平也存在较大差异，主要由于三大地带的划分是以地理位置和行政区位为划分标准的，忽略了各地区经济发展的不均衡导致的居民生活水平差异及住房市场发展的不平衡性。因此，沿用此种划分方法对我国城市居民住房支付能力水平进行相关研究，无法客观、真实地反映各地区居民住房支付能力的区域差异性。

鉴于此，本研究在对居民住房支付能力水平影响因素及城市居民住房支付能力水平现状评价的基础上，运用聚类分析的统计方法，建立聚类分析指标体系，采用能够反映居民住房支付能力水平的相关数据，按照各地区城市居民生活水平和住宅商品房发展状况，对各区域进行重新划分。在此基础上，以聚类后各区域为分析对象，分析各区域住宅商品房市场特点，旨在为有针对性地对不同区域居民住房支付能力问题进行宏观调控提供现实依据。

---

* 作者：孙晨，陈立文。原载于《河北工业大学学报（社会科学版）》2018 年第 1 期。

11.2 城市居民住房支付能力现状分析

目前，学术界对居民住房支付能力没有一个明确严格的定义，但各种定义大多是由住房支付内容、支付阶段和支付形式来描述的。雷纳（Rayna Brown）等把住房支付能力简明地定义为家庭维持现有居住状态的能力[7]。解海和洪涛等从支付内容不同角度将住房支付能力分为三种：住房承租人支付租金的能力；住房所有人支付居住成本进而维持居住现状的能力；无房者购房支出能力[8]。玛丽埃塔（Marietta Haffner）等从住房费用支出阶段角度将住房支出分为以支付租金或抵押贷款为主的短期支出和以支付住房管理费用、住房折旧、住房服务费、税费等为主的长期支出[9]；甘泉（Quan Gan）等基于支付阶段的不同，将住房支付能力分为购买支付能力（一个家庭能否借到足够的钱购买房子）和偿还支付能力（一个家庭偿付抵押贷款的能力）[10]。克萨雷瓦（N. kosareva）等从住房支付形式角度将住房支付能力分为家庭收入支付能力和抵押贷款支付能力[11]。以上对住房支付能力的描述是站在支付住房的角度，并没有考虑对非住房消费的支付水平，而在衣、食、住、行四大生活必备要素中，"住"只是其中之一，因此，住房支付能力是在平衡住房消费和非住房消费基础上，使非住房消费保持在一个可接受水平下的使用住房的能力[12]。本研究所研究的住房支付能力主要侧重于在非住房消费保持在一个可接受水平下，消费者购买住房的能力。

由于研究者对居民住房支付能力界定的多样性，各类研究对居民住房支付能力侧重点也不同，对居民住房支付能力的测量方法也就有所差别。归纳起来，居民住房支付能力的基础测量方法主要有房价收入比法、剩余收入法和住房可支付性指数三种。本研究采用城市居民住房支付能力评价模型[13]，见式（11 - 1）、式（11 - 2），衡量采用按揭贷款购房，以等额本息进行还款方式下的购房支付能力。

$$Y - C = P \times H \times (1 - \beta) \times \frac{i \times (1 + i)^{12n}}{(1 + i)^{12n} - 1} \times 12 \qquad (11 - 1)$$

$$HPP = \frac{Y - C}{P \times H \times (1 - \beta) \times \dfrac{i \times (1 + i)^{12n}}{(1 + i)^{12n} - 1} \times 12} \qquad (11 - 2)$$

其中 Y 为家庭年可支配收入，C 为家庭年非住房消费，P 为住房单价，H 为住房面积，i 为抵押贷款利率，β 为购房首付款比例，n 为贷款年限，HPP 为住房支付能力指数。

利用城市居民住房支付能力评价模型对全国及 31 个省市 2005 ~ 2015 年城市居民住房支付能力水平进行分析，数据来源于中华人民共和国国家统计局。

11.2.1　全国城市居民住房支付能力变化特征分析

我国城镇居民住房支付能力及相关指标变动情况如图 11 - 1 和图 11 - 2
所示。

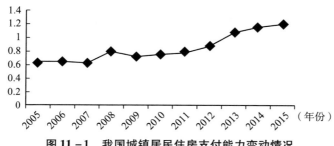

图 11 - 1　我国城镇居民住房支付能力变动情况

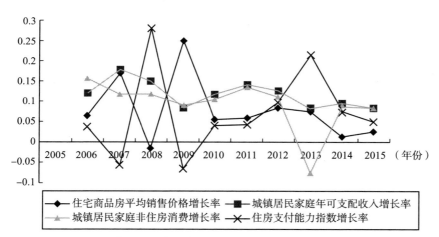

图 11 - 2　我国住宅商品房平均销售价格、家庭年可支配收入、
家庭非住房消费、住房支付能力指数增长率变动情况

通过图 11 - 1 可以看到，2005 ~ 2015 年我国城镇居民住房支付能力的变动情
况：2005 ~ 2015 年我国城镇居民住房支付能力保持稳中有升的态势，年均增长率
为 4.56%，2008 年达到峰值，仅 2008 年我国城镇居民住房支付能力增长幅度为
25%，2009 ~ 2014 年金融危机过后，我国出台了一系列房地产新政，大力发展经
济，抑制住宅商品房价格大幅度上涨，我国城镇居民住房支付能力稳步增长。从
图 11 - 2 中可以明确看到，我国城镇居民住房支付能力增长率与住宅商品房平均
销售价格增长率成反比，与家庭年可支配收入基本成正比。2008 年，由于金融
危机波及我国，造成我国住宅商品房销售价格负增长，而城镇居民住房支付能力

增长率达到峰值，2009 年住宅商品房销售价格的报复性反弹导致了城镇居民住房支付能力的负增长，可见，住宅商品房销售价格在很大程度上影响着城镇居民住房支付能力水平。

11.2.2　各地区城市居民住房支付能力总体变化特征

为了客观反映各地区居民住房支付能力水平，对我国纳入统计的 31 个省市的城市居民住房支付能力进行分析。从表 11 - 1 中可以看到，我国 31 个省市 2005 ~ 2015 年城镇居民住房支付能力情况，山西、河南、山东、湖南、江西地区的城镇居民住房支付能力水平较高，HPP 均值处于 1.1 以上；除以上五个地区外，广西、内蒙古、河北、贵州以及云南地区，家庭年可支配收入处于平均水平及以上的住房消费者均有能力通过商品房市场解决住房问题。四川、天津、广州、北京、上海、海南作为直辖市和沿海城市城镇居民住房支付能力低，HPP 均值均在 0.7 以下，说明这些地区收入、消费水平处于地区平均水平的情况下，除生活必须消费外，收入全部用于住宅消费才能支付得起购房月供的一半左右。其余省份的城镇居民动态住房支付能力水平分布在 0.7 ~ 1 之间。

表 11 -1　　　　我国 31 个省、市、自治区 2005 ~ 2015 年 HPP 均值

省、市	HPP	省、市	HPP	省、市	HPP
山西	1.1989	宁夏	0.9424	重庆	0.7715
河南	1.1600	江苏	0.9405	福建	0.7269
山东	1.1514	青海	0.9204	陕西	0.7184
湖南	1.1343	吉林	0.8776	浙江	0.7069
江西	1.1126	甘肃	0.8545	四川	0.6675
广西	1.0752	新疆	0.8453	天津	0.6236
内蒙古	1.0620	安徽	0.8355	广东	0.5663
河北	1.0506	湖北	0.8115	上海	0.5365
贵州	1.0167	黑龙江	0.7997	北京	0.4585
云南	1.0052	辽宁	0.7720	海南	0.4510
西藏	0.9825				

海南、北京、上海每年的 HPP 均值处于最低水平，并且城市居民住房支付

能力指数在十年里波动不大。对比而言，其他省市城市居民住房支付能力指数波动幅度相对较大，甚至有部分省市住房支付能力指数从 2005 年的不到 0.5 上涨为 2013 年的 1 以上。由此说明我国 31 个省市，地区经济水平、房地产市场发展水平、居民生活水平不均衡，城市居民住房情况存在很大差异，部分地区居民住房问题尤为突出，即使在经济发展程度相似、地区相邻的省市之间，居民住房支付能力也存在显著差异，且差异有逐步扩大的趋势。

11.3　指标体系及分析方法

由于我国地域广阔，各区域初始资源禀赋、经济发展水平、所处地理位置各不相同，因此，基于我国居民住房支付能力进行区域聚类分析不能选取单一指标作为区域划分标准，应该建立一个合理、科学的指标体系进行聚类分析。在基于不同区域居民住房支付能力水平对住宅商品房市场进行分类分析时，需要充分考虑不同地区住宅商品房市场发展的不均衡以及各地区城市居民生活水平存在的差异，从各地区住房供求关系、经济发展水平、居民生活水平等多方面对各地区居民住房支付能力水平进行评价，在发现各地区居民住房支付能力差异性的同时，探究各地区居民住房支付能力的共性。

11.3.1　聚类方法

聚类分析又称为群分析，主要是用于分析研究各种样本分类的统计方法，应用领域十分广泛。聚类分析的基本思想是将不同的样本按照一些既定的指标进行归类，分类后的同一类中不同样本在既定分类指标方面具有一致性，不同类别之间则存在较大差异性[14]。在前人研究中，常用系统聚类、逐步聚类、有序样本聚类、模糊聚类和图论聚类方法等进行样本分类[15]。聚类分析是通过选取观测指标、以观察指标为划分依据，层层划分，相似程度越高的样本则聚为一类，直到多个指标都聚类完成，最终形成几大类[16]。聚类结果可以通过谱系图表示出来。

11.3.2　指标选取

住房支付能力衡量的是收入群体租赁或者购买目前住房的能力[17]。从联合国对住房支付能力评价方法（房价收入比法）来看，住房价格与家庭收入是影响住房支付能力的决定性因素[18]。杰弗里（Geoffrey Meen）更深入的研究显示住房价格、住户组成数、土地使用期、人口迁移流动、人口统计、劳动力市场等对住房支付能力有影响[19]。住房价格或租金、市场利率、收入、住房供求、人口统计因素通过直接或间接作用影响住房支付能力[20]。国内研究学者通过场景分析法剖析了城市规划与住房支付能力的双重影响效应[21]，应千伟（Qianwei Ying）等研究发现一个人对住房选择的自我认知不仅取决于他目前和可预见的经济及金融来源，还取决于他的职业和社会个人背景特征。职业领域、性别和婚姻状况会影响个人住房支付能力[22]。

根据《中国统计年鉴》数据，充分考虑住房指数系统中相关指标，结合以往学者的研究和区域房地产相关理论知识，通过对居民住房支付能力影响因素的探究[23]，发现影响我国区域居民住房支付能力的关键因素主要包括人口变动因素、经济变动因素、政策性因素、家庭收入因素、家庭消费因素及住房成本因素。在考虑指标可测量的前提下，选取尽量多的指标全面覆盖居民住房支付能力情况，充分体现区域差异并减少重复贡献率。本研究在进行聚类分析时，以影响我国区域居民住房支付能力的因素以及城市居民住房支付能力指数来进行聚类分析。以各地区居民收入水平、居民消费水平、住宅商品房价格以及居民住房支付能力水平四个指标，构成基于居民住房支付能力的住宅商品房市场聚类指标体系。

首先，住宅商品房价格、居民收入水平和消费水平三个指标能够直观有效地反映住宅商品房市场供给需求关系，住宅商品房价格是住房供给和需求两方面决定的，居民收入水平和消费水平侧重于反映住宅商品房市场的需求层面；其次，城市居民住房支付能力指数作为综合性指标，客观反映住宅商品房市场供需均衡状况；最后，住宅商品房作为家庭固定资产，主要购房模式为按揭贷款，主要资金来源于银行，因此，贷款利率能够客观反映出国家政策对居民购房的支持程度。本研究在进行聚类分析时，以影响我国区域居民住房支付能力的因素以及城市居民住房支付能力指数来进行聚类分析。以各地区居民收入水平、居民消费水平、住宅商品房价格以及居民住房支付能力水平四个指标构成基于居民住房支付能力的住宅商品房市场聚类指标体系。

11.3.3　数据来源

为了确保数据模型的科学性和原始数据的统一性，所采用的统计数据均来自国家统计局数据库[24]以及中经网统计数据库[25]，数据统计时间为 2005 ~ 2015 年。鉴于中华人民共和国国家统计局根据中华人民共和国"香港特别行政区基本法"和"澳门特别行政区基本法"的有关原则，香港、澳门与内地是相对独立的，统计区域依据各自不同的统计制度和法律规定，独立进行统计工作。因此本研究的个案选取全国除港、澳、台以外的 31 个省级行政区划单位。

各地区居民收入水平是家庭人均年可支配收入乘以家庭平均人口数所得；居民消费水平取居民家庭年非住房消费额，即居民家庭人均食品消费支出、城镇居民家庭人均衣着消费支出、城镇居民家庭人均家庭设备及用品消费支出、城镇居民家庭人均医疗保健消费支出、城镇居民家庭人均交通和通信消费支出、城镇居民家庭人均文教娱乐服务消费支出以及城镇居民家庭人均其他消费支出的总和乘以家庭平均人口数；住宅商品房价格选取各地区住宅商品房平均销售价格；居民住房支付能力水平通过上文城市居民住房支付能力评价模型（式 11 – 2），采用相关数据计算所得。为消除各指标由于量纲不同造成的聚类误差，在进行聚类分析之前，对各指标数据进行 Z 得分标准化[26]，采用标准化后的数据进行聚类分析。

11.4　住宅商品房市场聚类分析

本研究借助 SPSS 19.0 软件进行聚类分析，采用分层聚类分析方法并选择 Q 型聚类，组间连接和欧氏距离平方计算准则。本研究选取的数据是从 2005 ~ 2015 年，时间跨度为 11 年，跨度较大，因此对每一年相关数据均采用同样方法进行聚类，各年聚类结果存在一定差异，但也存在着一定的规律性。通过 SPSS19.0 统计软件进行聚类分析，得到 31 个省市基于居民住房支付能力的住宅商品房市场聚类分析谱系图。综合 2005 ~ 2015 年的聚类结果，虽然年份跨度较大，但聚类结果基本保持一致，如北京、上海始终分为一类，江苏、福建、天津、浙江、广东始终归为一类，海南省单独归为一类等。在聚类分析中，单独成为一类的海南省，根据 2005 ~ 2015 年该城市居民住房支付能力指数大小及变化趋势与天津等归为一类。综合 2005 ~ 2015 年聚类分析结果，得到聚类分析结果表（见表 11 – 2）以及基于居民住房支付能力的住宅市场状况聚类分析谱系图，见图 11 – 3。

表 11 – 2 　　　　　　　　　　　聚类分析结果

类别	第一类区域	第二类区域	第三类区域	第四类区域
地区	北京、上海	江苏、福建、天津、浙江、广东、海南	四川、陕西、安徽、湖北、吉林、辽宁、重庆、黑龙江、新疆、甘肃	内蒙古、山东、西藏、青海、江西、贵州、宁夏、广西、云南、河南、河北、湖南、山西
地区数	2	6	10	13

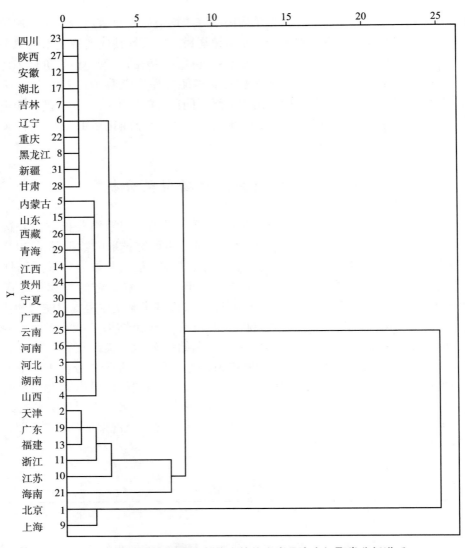

图 11－3　基于居民住房支付能力的住宅商品房市场聚类分析谱系

　　聚类分析结果显示，我国 31 个省市根据城市居民住房支付能力水平可分为四大类，结合表 11－1 的相关数据，对四大类区域所包含城市以及区域特征作如下分析。总体来看，我国城市居民住房支付能力水平两极化程度明显，31 个省市城市居民住房支付能力水平呈橄榄球状分布。第一类区域包含北京和上海 2 个直辖市，是位于我国东部的一线城市，该类区域城市居民住房支付能力水平处于全国 31 个省市最低水平，但从 2010 年起，城市居民住房支付能力增长速度有所提升，居民家庭年收入及消费水平处于 31 个省市最高水平，住宅商品房价格居高不下且增速较快；第二类区域涉及东部沿海的 6 个发达省市：江苏、福建、天津、浙江、广东、海南，该类区域相对第一类区域，居民住房支付能力水平有所缓和但仍表现较低水平，从长期趋势来看，第二类区域城市居民住房支付能力水平波动较大但涨幅有限，居民家庭年收入及消费水平较低，住宅商品房价格较高，住宅商品房价格增长率远高于收入消费水平增长率；第三类区域以中部地区为主，包括四川、陕西、安徽、湖北、吉林、辽宁、重庆、黑龙江、新疆、甘肃 10 个省、市，这些地区相比第一类和第二类区域中的省、市城市居民住房支付能力较高，2011 年前一直处于平稳增长趋势，2011 年后增长速度有所加快，居民家庭年收入、消费水平以及住宅商品房价格均处于稳步发展阶段，住宅商品房市场供需基本达到平衡状态；第四类区域多为山区、高原等贫困地区，具体包含内蒙古、山东、西藏、青海、江西、贵州、宁夏、广西、云南、河南、河北、湖南、山西 13 个省，这些区域居民住房支付能力较高，一直处于平稳发展态势，但居民收入及消费水平较低，住宅商品房价格处于全国最低水平。

综上，基于城市居民住房支付能力指数对住宅商品房市场进行区域划分，从分类结果可见，不论是长期增长趋势，还是短期波动幅度，各类区域均存在较大差异，四大区域城市居民住房支付能力水平存在明显差异，该分类有助于清晰反映我国城市居民住房支付能力水平区域差异，为以提高城市居民住房支付能力水平为目的的住房调控提供依据。

11.5　区域市场分类调控

通过聚类分析，聚类结果及相关数据反映出我国不同区域、住宅商品房不同发展阶段城市居民住房支付能力水平呈现出不均衡状态，具有不同发展特征。因此应结合不同区域住宅商品房发展状况、住房支付能力现状、城市居民生活水平、社会发展速度等，准确定位不同区域对住宅商品房供给需求状况，从而有目的地进行宏观调控，最终达到提高我国城市居民住房支付能力水平的目的。

以聚类分析结果为依据，对我国住宅商品房市场进行分类调控，根据不同区域住宅商品房市场特征、城市居民生活水平以及城市居民住房支付能力水平进行差异化宏观调控。在分类调控基础上，对城市居民住房支付能力水平极低的地区进行重点调控。从而以"点、面结合"的方式对住宅商品房市场进行完善和优化，有助于提高整体住宅商品房市场的调控绩效。

11.5.1　重点调控区

在上文研究中，通过聚类分析将我国住宅商品房市场分为四大类，其中第一类区域包含北京市和上海市，属于重点调控区。主要特征体现为：住宅商品房价格普遍较高；住宅商品房投资性需求旺盛；住宅商品房供需失衡。因此应对该地区进行重点调控。

该地区流动人口集聚，第三产业发展迅速，使得住宅商品房的刚性需求量与投资性需求量迅猛增加，导致该地区住宅商品房投资过热，住宅商品房价格迅速上涨。对该区域进行房地产市场调控应以控制投资过热为主，进行流动人口分流转移，加强北京、上海城市周边建设，扩大都市圈范围。从住宅商品房供需角度来看，该区域市场需求远大于住房供给，住宅商品房供给量短缺，政府应扩大城市圈规划，完善城郊基础设施建设，增加普通及小面积住宅商品房建设用地，同时限制高档小区的建设，控制土地出让价格。从住宅商品房消费者即需求角度而言，应针对中低收入群体大量发展保障性住房，以公租房为主，通过限购、限卖、限贷等政策控制投资性需求。同时应该加强保障性住房的建设，防止城市的贫民窟、"蚁族"等现象。

11.5.2 　重点观测区

第二类区域属于重点观测区。该区域包括江苏省、福建省、天津市、浙江省、广东省和海南省六个省市，其中江苏省的住宅商品房市场表现为最独立的省份，福建省是城市居民住房支付能力波动的核心省市，天津市的城市居民住房支付能力是最易受影响的，因此该地区应是重点观测区。主要特征是投资增速快，城市居民住房支付能力指数 2015 年在 0.7～1.3 之间。该区域与重点调控区最大的区别在于，城市居民住房支付能力相对较高，住宅商品房价格相对较低，市场需求以刚性需求为主。

对该区域进行房地产市场调控应以观察为主，调控为辅。该区域所有指标均处于一个合理的范围，应保持当前的房地产市场发展速度。如出现住宅商品房价格持续上涨过快，住房供求关系发生较大变化，应就具体经济背景分析其变化原因，有针对性地进行调控。该区域应重视城市规划，完善城市公共设施建设，缓解城市交通压力，注重大型社区建设，打击投机购房行为。

11.5.3 　扶持发展区

聚类分析中的第三类区域属于扶持发展区。四川省、陕西省、安徽省、湖北省、吉林省、辽宁省、重庆市、黑龙江省、新疆维吾尔自治区、甘肃省十个省市均属于该类区域。该类区域住宅商品房市场主要特征是投资水平较低，其主要原因是第三产业发展缓慢，经济较为落后，住宅商品房市场供需较为平衡，住宅商品房价格较低，地区经济对房地产市场的带动作用较弱。2015 年城市居民住房支付能力指数在 1～1.4 之间。该区域住宅商品房市场供给量对价格影响较大，住宅需求以刚性需求为主，近年来市场需求增长较快。

对该区域进行房地产市场调控应以发展住宅商品房投资建设为主。随着该区域城镇化进程加速，城市人口逐渐增多，对住宅商品房的需求量增大。鼓励住宅商品房市场发展可以采取投资税收减免、土地政策倾斜等优惠政策，同时应结合当地实际发展特色旅游等第三产业，带动住宅商品房投资。

11.5.4 特别培育区

聚类分析中的第四类区域属于特别培育区，该类区域包含内蒙古自治区、山东省、西藏自治区、青海省、江西省、贵州省、宁夏回族自治区、广西壮族自治区、云南省、河南省、河北省、湖南省和山西省。其主要特征是投资水平低，2015 年城市居民住房支付能力在 1 ~ 1.7 之间。住宅商品房市场的供给量对住房价格的反应程度较弱，住房需求以刚性需求为主，住宅商品房价格普遍偏低，住宅房地产市场发展很不成熟。

对该区域住宅房地产市场进行宏观调控要从两方面着手，大力发展住宅商品房市场，鼓励投资，同时保证住宅商品房市场平稳发展，防止住宅商品房价格上涨过快从而产生房地产泡沫进而影响地区经济发展。一方面从投资角度，加大鼓励投资的力度，对投资商及个人实行各项鼓励、优惠政策，如税收减免、住房供给限制放宽等；另一方面从住宅商品房消费者角度，对中低收入群体加大投入保障性住房的力度，完善保障房周边基础设施建设，稳定住宅商品房价格等。

11.6 结 论

本研究借助 SPSS 19.0 软件，采用分层聚类分析方法选择 Q 型聚类，组间连接和欧氏距离平方计算准则，以各地区城市居民收入水平、城市居民消费水平、住宅商品房价格以及城市居民住房支付能力水平为聚类指标进行聚类分析。聚类结果显示，我国住宅商品房市场可分为四大类：第一类区域包含 2 个直辖市：北京、上海，是位于我国东部的一线城市；第二类区域包括江苏、福建、天津、浙江、广东、海南 6 个省、市，是位于我国东部的发达省市；第三类区域包括四川、陕西、安徽、湖北、吉林、辽宁、重庆、黑龙江、新疆、甘肃 10 个省市；第四类区域为内蒙古、山东、西藏、青海、江西、贵州、宁夏、广西、云南、河南、河北、湖南、山西 13 个省。在聚类基础上，为提高我国城市居民住房支付能力，提出针对不同地区，不同的市场发展阶段进行差异化调控，对重点省市有针对性地调控。通过对四大区域差异化实行重点调控、重点观测、扶持发展以及特别培育等宏观调控措施，以期提高城市居民住房支付能力，实现住宅房地产业与区域经济社会协调、可持续发展，不同收入阶层的城市居民都有安居之所。

参 考 文 献

［1］康琪雪. 区位支付能力理论的模型及应用［J］. 统计与决策，2011（13）：39 - 42.

［2］周仁，郝前进，陈杰. 剩余收入法、供需不匹配性与住房可支付能力的衡量——基于上海的考察［J］. 世界经济文汇，2010（1）：39 - 49.

［3］Okey Ndubueze, Measuring Housing Affordability：A Composite Approach［C］∥ ENHR 2007 International Conference 'Sustainable Urban Areas'，2007：1 - 42.

［4］吴福象，姜凤珍. 保障房、高档房与我国房地产市场调控——基于东中西三大地带省际面板数据的实证分析［J］. 财经理论与实践，2012（5）：86 - 90.

［5］段明辰，林军. 我国西北地区城市居民住房支付能力研究［J］. 开发研究，2013（1）：35 - 39.

［6］梁云芳，宫健，张同斌. 2011 ~ 2012 年我国房地产市场的运行态势与政策分析［J］. 科技促进发展，2012（9）：70 - 77.

［7］Rayna Brown, Rob Brown, Ian O'connor, ect. The Other Side of Housing Affordability：The User Cost of Housing in Australia［J］. The Economic Record，2011，87（6）：558 - 574.

［8］解海，洪涛，靳玉超. 中国城镇居民住房支付能力测度与比较［J］. 西安交通大学学报（社会科学版），2013（4）：13 - 20.

［9］Marietta Haffner, Kristof Heylen. User Costs and Housing Expenses. Towards a more Comprehensive Approach to Affordability［J］. Housing Studies，2011，26（4）：593 - 614.

［10］Quan Gan, Robert J. Hill, Measuring Housing Afforda-bility：Looking Beyond the Median［J］. Journal of Housing Economics，2009（18）：115 - 125.

［11］N. Kosareva, A. Tumanov, Assessing Housing Afforda-bility in Russia［J］. Problems of Economic Transition，2008，50（10）：6 - 29.

［12］Jie Chen, Qianjin Hao, Mark Stephens, Assessing Housing Afforda-bility in Post-reform China：A Case Study of Shanghai［J］. Housing Studies，2010，25（6）：877 - 901.

［13］孙晨，陈立文. 动态住房支付能力评价研究——以京津冀地区为例. 价格理论与实践，2016，（3）：139 - 142.

［14］Hsiao C.，Analysis of Panel Data［M］. 北京：北京大学出版社，2005.

［15］郑兵云. 多指标面板数据的聚类分析及其应用［J］. 数理统计与管理，2008（2）：265 - 270.

［16］张建萍，刘希玉. 基于聚类分析的 K - means 算法研究及应用［J］. 计算机应用研究，2007（5）：166 - 168.

［17］Lynn M.，Fisher, Henry O. Pollakowski, Jeffrey Zabel, Amenity - Based Housing Affordability Indexes［J］. Real Estate Eco-nomics，2009，37（4）：705 - 746.

［18］栾贵勤，周雯瑜，冀伟. 基于房价收入比的居民住房支付能力研究——以上海中等收入居民为例［J］. 开放导报，2012（2）：39 - 43.

［19］Geoffrey Meen，A Long - Run Model of Housing Affordability［J］. Housing Studies，

2011，26（7）：1081 – 1103.

［20］JoAnne Yates，Housing Affordability：What Are the Policy Issues ［J］. The Australian Economic Review，2008，41（2）：200 – 214.

［21］陶金，于长明. 城市规划对住房可支付性的影响 ［J］. 城市问题，2011（9）：42 – 47，76.

［22］Qianwei Ying，Danglun Luo，Jie Chen. The Determinants of Homeownership Affordability among the 'Sandwich Class'：Empirical Findings from Guangzhou，China ［J］. Urban Studies，2013，50（9）：1870 – 1888.

［23］孙晨，陈立文. 城市居民住房支付能力影响因素研究 ［J］. 中国统计，2015（11）：18 – 20.

［24］中华人民共和国国家统计局，http：//www. stats. gov. cn/tjsj/.

［25］中经网统计数据库，http：//db. cei. gov. cn/page/Login. aspx.

［26］王德青，朱建平，谢邦昌. 主成分聚类分析有效性的思考 ［J］. 统计研究，2012（11）：84 – 87.

12

绿色建筑发展相关驱动因素研究：
一个文献综述 *

12.1 引　　言

　　建筑业在满足社会需求、提高生活质量以及促进国家经济发展方面发挥着重要作用。然而，由于其消耗大量的自然资源和能源，因此会导致碳排放、环境污染以及全球变暖等负面影响[1]。从全球来看，建筑业能源消耗占能源消耗总量的40%、淡水总量的1/6、木材总量的25%以及所有原材料的40%[2]。为降低建筑物产生的负面影响，推动可持续发展理念，绿色建筑应运而生，成为建筑领域所倡导的解决方式。我国作为世界上最大的建筑市场，在过去30多年间经历了快速的城市化进程，在1978～2017年间，我国城市化率从17.9%上升至58.52%。大规模的城市化意味着建筑数量的大量增长，目前我国每年新增建筑面积超过20亿平方米，新建房屋占全球一半以上，预计未来15年，我国的建筑能耗和相关排放量将继续增加。2017年，我国住建部发布了《建筑节能与绿色建筑发展"十三五"规划》，要求城镇新建建筑中绿色建筑面积比重超过50%、绿色建材应用比重超过40%，进一步确定了我国绿色建筑的发展目标。在此背景下，绿色建筑理当成为我国建筑业未来可持续发展的重要载体，推广绿色建筑刻不容缓。

　　由于绿色建筑自身不同于传统建筑的特征及要求，比传统建筑面临更多方面的影响因素。因此，绿色建筑的开发和供给必须充分发挥多方面驱动因素的推动作用。驱动因素是确保开发商、施工人员、设计人员等各种利益相关者不断参与绿色建筑实践的关键[3]。本文在系统查阅国内外相关文献基础上，分析绿色建筑的概念与特征，并从外部（法律法规、政策激励、评价体系、市场需求）和内部

　　* 作者：陈立文，赵士雯，张志静。原载于《资源开发与市场》2018年第9期。

（道德责任、声誉形象、人类福祉）两个维度对绿色建筑发展的驱动因素进行整理归纳。通过对现有研究成果进行总结分析，对未来研究做出展望，以期为后续绿色建筑的理论研究和建设实践提供参考和借鉴。

12.2　绿色建筑的概念及其特征

1999 年，库乐（Cole）将绿色建筑描述为一种"比典型的做法更生态环保的建筑设计策略"[4]。而库阿等（Kua & Sugiura）将绿色建筑定义为"一种符合环境绩效标准的建筑"[5-6]。霍夫曼等（Hoffman & Henn）将绿色建筑扩展为比传统建筑污染程度更低的建筑策略、技术、产品和施工的概念[7]。豪（Howe）详细描述绿色建筑的内涵，包括有效利用土地和能源、节约用水和其他资源、改善室内和室外空气质量，以及增加再生材料的使用[8]。罗比肖等（Robichaud & Anantatmula）指出，绿色建筑的核心在于对环境影响最小化，居住者健康状况的改善，开发商和当地社区的投资回报以及规划期间对于建筑全生命周期的考虑[9]。绿色建筑的概念被不断完善，目前普遍认为其概念为：绿色建筑作为一种自然和谐的建筑形式，为人们提供健康、舒适、高效的生存空间，同时最大限度地节约资源（能源、土地、水、材料），保护环境并在整个生命周期中减少污染[10-11]。然而，越来越多的学者提出，绿色建筑的概念不应只以环境可持续性为重点，而是应更加关注经济和社会方面的可持续性问题，即绿色建筑的广义概念拓展为实现环境、经济和社会三个方面的可持续性的建筑实践[12]。

相对于传统建筑来说，绿色建筑的发展将带来经济、社会和环境三个方面的诸多效益，隋（Ahn）等总结绿色建筑的效益包括应对全球变暖和气候变化、最大限度减少二氧化碳和其他污染物排放、保护生态系统、利用可再生自然资源、改善健康、提供舒适的场所、减轻贫困、改善经济增长、提高租金收入、降低医疗成本等方面[13]。

12.3　外部驱动因素

绿色建筑发展的外部驱动因素主要分为政府层面和市场层面的驱动因素。政府层面的驱动因素主要包括由政府方面对绿色建筑开发所带来的驱动因素，包括法律法规、政策激励和评价体系。政府通过采取一些强制执行的法律法规或政策激励措施来促进绿色建筑的开发建设，即"胡萝卜＋大棒"模式[14]。同时，科学完善的评价指标体系以及健全的评价机制，有利于发挥绿色建筑评价工作的引导和规范作用，指导各地绿色建筑的建设。消费者层面的驱动因素主要是指消费者对于绿色建筑的市场需求情况。

12.3.1 法律规范

绿色建筑的发展离不开强制性的法律和法规约束，在绿色建筑发展较早的欧盟国家，所有成员国被要求通过《欧盟建筑能效指令》，以达到更高的建筑物能效标准，该指令要求国家强制为建筑物建造、出售或出租时提供能源性能证书。美国多数州针对建筑节能、废物管理和碳排放等方面，采取立法、行政命令和政策要求来促进绿色建筑的建设和发展。法规和政策已被证明在改变和提高建筑行业环境意识方面在是具有有效性和影响力的，但法律法规制定本身要依据国家或地区而异[15]。许多国外学者的研究都指出强制性的法律法规可以对利益相关者施加压力，成为推动绿色建筑的强有力的外部驱动因素。隋等对新加坡新建和现有建筑的相关群体进行问卷和访谈调查，包括开发商、承包商、建筑师、项目经理、工程师等所有受访者都认为政府立法和政策在促进绿色建筑发展方面具有重要性[16]。在马来西亚，霍什纳瓦兹（Khoshnava）等对包括业主、承包商、设计师、供应商和制造商在内的众多利益相关者也进行了问卷调查，以确定在工业化建筑建设中实施可持续发展的主要动力，调查结果显示大部分受访者认为法律和政策的影响力较其他驱动因素更高[17]。

目前，我国已经在法律、行政法规和部门规章等不同层面上制定了多项法律法规来推动绿色建筑的发展，如《节约能源法》《民用建筑节能条例》等。然而，由于我国绿色建筑发展较晚，以及我国市场经济体制等问题，在推动绿色建筑方面所采取的政策措施远远不够，政策和规范的配套性、可操作性也存在许多不足。牛犇、周柯等指出我国绿色建筑方面的法律规范方面存在的主要问题在于：一是缺乏绿色建筑的专门立法且相关的法律中也缺少绿色建筑的具体操作内容；二是缺乏明确的法律责任和处罚措施，在法律层面上，绿色建筑的政策法规缺乏明确的法律依据；三是法规层次较低、法律法规内容陈旧以及缺乏多部门协调机制等问题[18-19]。约束性机制的不完善制约着我国绿色建筑的发展，总体来说，我国建筑业的监督体系和监督机制还很薄弱，亟待确立专门立法，建立相关管理制度，加强绿色建筑法律和法规的监督管理力度[20]。

12.3.2 激励措施

由于绿色建筑具有外部经济性，通常需要由政府出面制定相关的激励政策进行干预，政策激励是推进绿色建筑发展的关键动力之一。奥卢布恩米（Olubunmi）等对于不同类型的政府激励措施进行了全面的评估和描述，他将政府提供的外部激励分为经济激励和非经济激励措施，并提出非经济激励措施比经济激励措施更为有效[21]。经济激励措施是较为常见的政策激励措施，主要包括财政补贴、税收优惠、开发申请费用折扣等。2010 年，马来西亚政府宣布了绿色技术融资计划（GTFS），旨在吸引绿色技术的创新者和用户，由于这种激励措施，相关企业的绿色化发展的趋势越来越明显[22]。此外，亨德克里斯等（Hendricks & Calkins）的研究表明，诸如开发奖金和赠款等激励机制提高了芝加哥和印第安纳波利斯的建筑业主和建筑师通过建设绿色屋顶（屋顶花园）等措施实现建筑绿色化的意愿[23]。非经济激励措施包括容积率奖励（FAR）、技术援助、许可审批流程加快、商业计划援助、营销援助、监管救济、担保计划和建筑规划部门设立专门绿色建筑管理人员等[24-25]。在实施非经济激励措施时，政府通常会授予满足特定条件的开发者超出通常允许范围的权利。例如，容积率奖励为绿色建筑项目在规划审批时给予一定额外的面积奖励。新加坡的绿色建筑面积奖励计划规定，获得白金级和黄金级绿色建筑标识的开发者最多可以获得项目总面积2%的奖励[14]。虽然这是一种非经济激励措施，但业主可以通过增加的可出租或可售面积来回收部分或全部的绿色建筑增量支出。此外，崔（Choi）等学者指出加快审批流程或技术援助等措施有助于业主缩短开发周期，减少开发风险，以便及时把握市场时机，降低开发成本[26]。

除了激励措施的具体内容，一些学者更详细地指出政府在实施绿色建筑激励措施时需要注意的问题，包括激励措施的执行力、激励程度、激励对象等方面。首先，绿色建筑的激励措施要增加在违约情况下的强制执行力。古德拉蒂（Ghodrati）等学者认为，在绿色建筑尚未普遍的发展中国家，绿色建筑可能不会达到规定的标准，绿色建筑的经济激励措施对于政府来说是一种高成本的举措[27]。当政府前期对绿色建筑的投入过多而不能达到预期效果，政府的资源使用效率将被受到质疑。其次，要确定最佳的激励力度。雷茨拉夫（Retzlaff）等认为如果激励程度过低，就不能达到预期的效果，如果激励程度过高，就会浪费不必要的政府财政投入[28]。陈（Chen）等建立政府、开发商和消费者之间的博弈模型，提出为建造两星级及以上绿色建筑的开发商提供政府补贴（同时确保监管和执行）可以提高居民的福利，同时提高政府声望，节约能源和改善全球环境[29]。刘佳等通过建立政府和开发商之间的博弈模型，提出政府要以资源、环境和社会等长期收益为重，加大对开发商的激励力度以弥补因绿色建筑开发的增量成本，但同时要把握好激励力度，以"恰好能够将绿色建筑的外部性效果内部化"为原则[30]。李明和李干滨基于生态学视角，将绿色建筑的生态环境效益作为重要补偿因素，对绿色建筑开发者收益损失和绿色建筑产生的效应进行分析，构建了绿色建筑开发者损失型补偿模型和绿色建筑生态环境效应型补偿模型，并分别探讨了两种模型的补偿额度[31]。最后，要注意对开发商除外的其他利益相关者的激励措施。林敏等学者提出要分析绿色住宅财政补贴对象和补贴阶段，明确了对不同对象的补贴程度、补贴环节等问题，提出随着绿色住宅的不断发展，政府应逐步降低对绿色建筑的激励作用，充分发挥市场作用[32]。

12.3.3 评价体系

绿色建筑是一项高度复杂的系统工程，因此绿色建筑评价标准是引导绿色建筑发展方向的重要基础。由于国外绿色建筑评价体系的研究起步较早，自 1990 年以来，许多国家已陆续推出适合于自身发展的绿色建筑评价体系。当前，国际上比较有代表性的绿色建筑评价体系主要有：英国绿色建筑评估体系（BREE-AM）、美国绿色建筑评估体系（LEED）、加拿大绿色建筑评估体系（GB Tools）、法国绿色建筑评估体系（HQE）以及日本的建筑环境综合评估指标（CASBEE）等。2006 年，我国住建部发布了《绿色建筑评价标准》（ESGB 2006），并于 2014 年修订了该标准（ESGB 2014）。科学而完善的绿色建筑的评估体系对绿色建筑的发展具有重要意义，有学者（Ali & AlNsairat）提出绿色建筑评估体系的设计应该遵循以下原则：一是评估框架的设计应以科学而系统的研究为基础；二是利益相关者应参与制定评估体系，这有助于各方参与者在绿色建筑过程中的协作；三是应将可持续发展战略作为主要目标；四是评估框架应适应当地背景情况，各地以不同的方式来设计评估指标；五是要借鉴和学习其他国家的优势经验[33]。

一些学者提出与国外绿色建筑评价体系相比，我国绿色建筑评价标准更为符合中国国情，但仍存在一些不足之处，在借鉴国外的先进经验的和基础上，还需进行深入有效的探索，为该体系的完善提供基础和依据[34]。叶（Ye）等通过分析我国目前绿色建筑评估体系的现状，提出我国绿色建筑标准可以有如下改进措施：一是评价体系之间要相互融合，国家一级最好将绿色建筑相关评估标准合并为一个统一的标准体系，省级和地方评估标准应引用国家标准的规定，绿色建筑在评估时应该充分考虑建筑节能等其他标准并尽可能地引用其他标准的评估结果，减少重复评估；二是除了评估标准外，还需要具体的设计、施工、改造、运营和维护甚至拆除方面规范，这些规范应该指导设计者、建设者、设施管理者等的行为以及如何达到评估标准中的相应规定；三是需要制定更多其他领域的标准，以辅助绿色建筑评价标准，需要考虑的指标包括土地利用效率、周边环境质量和建筑功能等[35]。

系统而完整的绿色建筑评价体系包括评价内容、评价方法及评价制度方面。在评价内容方面，绿色建筑评估体系很大程度上具有相似性，都以环境可持续为主要评估内容，越来越多的学者提出绿色建筑评估体系应考虑包括经济和社会方面的可持续性。多恩（Doan）通过对美国 LEED – NC（2013）、英国（BREE-AM）、日本（CASBEE）和新西兰（Green Star NZ）的绿色建筑评价体系进行对比，指出这些评价体系都以节能、节水、节材、选址和户外环境、室内环境质量指标为核心内容，目前只有 BREEAM 有一个子类别考虑到经济方面[36]。社会可持续性意味着建设过程中应考虑到所有利益相关者（如建筑人员、用户和运营商），并为其提供一个健康和安全的环境。瓦尔德斯等（Valdes－Vasquez & Klotz）认为，社会可持续发展指标应考虑的内容包括充分考虑包括最终用户的利益相关者，评估建设项目的社会影响以及对当地社区的考虑[37]。萨尔基斯（Sarkis）通过向 LEED 框架嵌入社会可持续性的相关指标，为承包商选择和评价提出一个以可持续性为导向的框架[38]。贝拉尔迪（Berardi）指出绿色建筑需要达到社会和经济可持续性方面的标准，包括教育、支付能力、经济价值、室内健康、文化感知等方面[2]。杨光明提出生态住宅综合性能的有效评价应综合考虑生态住宅的生态技术水平、经济效果和运营管理水平[39]。在评估方式上，自 1990 年以来，全生命周期评估（LCA）在绿色建筑的环境影响评估方面得到广泛运用。全生命周期评估方法（LCA）可以应用于整个建筑物或各个组件或材料，以评估其对环境的影响，从而改善建筑设计[40]。一些学者利用全生命周期评估方法（LCA）进行了绿色建筑评估的实证研究。马哈丽亚（Mahlia）等在马来西亚的大学照明改造项目中进行了全生命周期成本估算，研究发现照明改造项目有助于将能源消耗降低 17% ~ 40%[41]。绿色建筑认证制度方面，一些学者认为绿色建筑评估体系的认证过程需要花费大量的成本和时间，因此，绿色建筑评估体系需要透明性、公平性和开放性的认证体系，以及专业的认证人员和详细的认证指导[42]。美国绿色建筑评估体系（LEED）采取第三方认证，由训练有素的专业人员进行操作，评估人员积极与利益相关方合作，从而优化了绿色建筑的认证过程。

12.3.4　市场需求

越来越多的研究表明，市场需求对绿色建筑发展具有至关重要的作用。相对于传统建筑，绿色建筑具有更大的市场需求、更高的消费者支付意愿和租赁价值。对于专注于盈利的开发者来说，绿色建筑的市场前景具有相当大的吸引力，绿色标示可以使自身的产品差异化并实现市场溢价，有助于为开发者带来更多的盈利。阿里夫（Arif）等通过案例研究和半结构式访谈来调查实施建筑项目废物管理的主要驱动因素和挑战，研究表明，消费者需求和法规是最重要的驱动因素[43]。此外，在一项英国的研究中，大多数建筑设计师提到实施可持续性建设的第一个驱动因素是客户需求，市场需求最终决定了绿色建筑发展的程度[44]。卡恩等（Kahn & Kok）研究了提供建筑有关能效的信息在消费者选择可持续性住房方面的影响，发现具有绿色标示的房屋相对于其他无绿色标示的房屋而言存在市场溢价，从开发商的角度来看，在同一地区能源效率更高的房屋可能会产生规模经济[45]。

要提高绿色建筑的市场需求，首先需要了解消费者对于绿色建筑的期望及偏好。胡宏等运用离散选择模型来评估我国南京市不同社会群体对绿色住宅的支付意愿，研究结果显示，购房者的社会经济地位决定了他们的对于绿色住宅的购买力和支付意愿，只有经济状况良好的消费者更愿意购买绿色住宅来改善他们的生活舒适度[46]。罗文等运用联合分析方法分析消费者对绿色公寓属性的偏好，研究表明：由年轻消费者组成的最大的消费群体将绿色能源看作最重要的绿色建筑属性，绿色能源属性在中国市场显示出巨大的潜力，然而，由于当前消费者对于绿色建筑只是更关注环境方面，不利于公众理解和接受绿色建筑在环境、社会和经济可持续性的整体概念，因此为促进绿色建筑市场的全面可持续发展，还要向公众传播可持续概念和绿色建筑的新价值体系[47]。杨晓冬和武永祥分析绿色住宅选择行为机理并建立结构方程模型，运用北京市房地产公司和居民调研数据开展实证分析，研究发现消费者的消费习惯和认知心理对绿色住宅的购买具有重要影响，意味着消费者的行为受外界影响较大，当周围绿色住宅项目多且售卖较好时会形成辐射效应[48]。赵冬雪等通过问卷调查方法研究公众对于绿色建筑的接受和支持程度，提出绿色建筑不仅要以能源效率提升为导向，而且要以人为本为导向，这意味着在绿色建筑的概念提出、规划设计、运营和维护等方面考虑对用户的人文关怀，以提高用户的幸福感和生产率[49]。

一些学者也指出由于绿色建筑市场上具有信息不对称的特点，如果为公众提供更多的产品信息，使公众对绿色建筑整体概念更加了解，可能会增加对绿色建筑的接受程度，因此，对公众在绿色建筑方面的宣传和教育成为提高市场需求的重要力量[50]。张莉等的研究发现我国消费者获取绿色建筑的信息来源主要是来自开发商的宣传以及政府的官方信息（绿色建筑评价标准体系的认证），但大约90%的受访者对绿色建筑认证体系知之甚少，主要信息来源来自开发商的宣传广告[51]。由于中国的商品房预售制造成了开发商与消费者之间存在信息不对称，预售过程中的这种不确定性会降低购房者对绿色建筑支付意愿，因此官方信息在克服市场信息不对称，推动绿色建筑发展具有重要作用。郑恩齐等运用谷歌搜索创建了一个指数模型来评价北京市地产项目的绿色营销策略，研究发现绿色地产项目在预售期获得的溢价在转售或转租时会大打折扣，这也是由于市场信息不对称的缘故[52]。一方面可能是预售时期消费者高估了绿色建筑的节能性能，在居住后的实际节能情况低于预期；另一方面可能是由于开发商仅仅以绿色宣传做为市场策略，但并没有采取实际的绿色建筑技术，导致后期能源消耗更多。因此，政府可以帮助建立绿色住宅市场的信任机制，使得消费者能够辨别真正的绿色地产并购买，更多的利润也会促进开发商进行开发，由此实现的绿色住宅市场的良性发展。有学者指出为了更有效地提高绿色建筑的市场渗透率，需要增加绿色建筑利益相关者的环境意识和对绿色建筑的了解程度[53]。

12.4 内部驱动因素

除了政府和市场等外部群体对绿色建筑建设开发的外部驱动因素，一些内部驱动因素也对绿色建筑的实施具有重要作用。绿色建筑发展的内部驱动因素主要是指绿色建筑建设开发的相关企业出于自身的道德责任而实施绿色建筑实践的动机，以及为树立企业自身的声誉形象和提升人类福祉等方面的驱动因素。

12.4.1 道德责任

推动绿色建筑发展的一个内在动机是基于利他主义或个人道德规范和价值观的亲环境行为理念[54]。阿丽亚哈（Aliagha）等认为，建设项目业主对绿色建筑的开发可能不完全是由于能源和成本节约等带来的益处，而是由于一种利他主义的信念，即气候变化及其对人类和环境的影响是真实的，他们可以采取行动减少这些影响[22]。欧拉尼佩坤（Olanipekun）通过对150位绿色认证专家（GSAPs）进行调查来研究开发者建设绿色建筑项目的动力，研究发现除了政府提供的经济或非经济激励政策，以及市场吸引力等外部驱动因素，对于绿色建筑开发者来说，内部驱动因素往往更为重要，包括开发者的价值观、环保主义以及对可持续发展方式的倡导，因此政府政策的制定和实施要注重激发开发者的环保意识，以增加开发者参与绿色建筑实践的动力[55]。穆里根（Mulligan）等指出企业、非营利组织和教育机构是市场中推行可持续发展的引领者，它们为公众做正确的事业，其愿景是减少碳排放和提高能源效率，并提高公众对可持续建筑技术和实践的认识[56]。换句话说，这意味着在建筑行业中，"做正确的事情"就意味着可持续建筑或绿色建筑。也就是说，绿色建筑项目的利益相关者既要承担保护环境的责任，同时又不能忽视对社会和经济方面的影响[57]。

12.4.2 声誉形象

在社会中获得认同感和提高声誉是绿色建筑实践的另一个内在驱动因素。充满竞争和复杂性的商业环境已经影响到企业的运作方式，树立良好的形象和声誉已经成为组织在行业中生存的必要条件。随着技术水平的不断提高，关于滥用职权和不负责任的行为的信息现在很容易传播开来，使企业更加重视其声誉和形象。张晓玲等通过对中国绿色住宅项目进行案例研究，发现开发商认为开发绿色住宅可以降低建设和运营成本，获得有利的土地价格和更多的融资渠道，提高企业绿色品牌的声誉[58]。李晓峰等采用定性分析方法对澳大利亚绿色建筑委员会（2004～2011年）批准的24栋绿色建筑的媒体文章进行了全面分析，研究发现

"竞争对手中的崇高形象"是澳大利亚高校决策者实施绿色建筑项目的核心动力[59]。安德林（Andelin）等通过调查北欧国家的租户和投资者对接受可持续建筑的驱动因素，研究发现这两大利益相关群体最显著的驱动因素是企业形象和文化[15]。最近在南非的一项研究也表明，良好的公众形象是建筑公司实施绿色建设项目的最重要的驱动因素[60]。通过宣传自身的绿色形象，企业可以在市场上更具竞争力，获得更大的产品需求和更高的利润潜力。

绿色建筑可以进一步体现为企业对社会责任的承诺，通过承担这种社会责任，企业可以提升自身形象。社会责任（CSR）是影响企业竞争力和形象的重要因素，越来越多的企业开始重视社会责任，努力建立自己的声誉，保持行业竞争力。许多处于领先地位的房地产企业通过积极传播、深入实践绿色低碳地产理念，使他们获得大量的媒体曝光，从而塑造了良好企业品牌并实现了企业差异化价值[61]。实施绿色建筑实践不仅可以帮助企业实现高水平的环境绩效标准，同时也有助于实现社会方面的可持续性发展，从而增强对客户的吸引力，因此，企业社会责任已经成为企业开发绿色建筑的关键驱动力[16]。

12.4.3　人类福祉

建筑物是人类日常生活、生产、娱乐和工作的主要场所，因此人们对于建筑物追求更高层次的舒适性和健康性。绿色建筑可以为人们提供更令人满意和更健康的生活和工作环境，增加个人福利，从而提升业主对绿色建筑的开发意愿。有学者（Devine & Kok）比较了绿色和非绿色建筑的平均租户满意度之间的差异，研究发现绿色建筑中租户比非绿色建筑租户在满意度上高出4%，更具体地说，获得 BOMA BEST 标示的建筑高出 20%，获得 LEED 标示的建筑高出 10%[62]。对绿色商业建筑业主而言，这意味着更少的租户流失率，更低的空置率和持续的投资回报。此外，通过开发绿色建筑可以减少工作人员病假和旷工人数并提升员工的组织承诺。根据美国绿色建筑委员会的报告（USGBC），提高室内空气质量和能源效率的建筑设计特点可以提升员工生产效率和产品质量。爱德华兹（Edwards）通过对英国政府及企业的绿色化办公场进行考察，研究发现这种建筑可以提高劳动力的生产率，从而提高企业的竞争力，例如当大型企业绿色办公室企业的员工生产率提高了 3% 时，可增加的效益可支付建筑照明和供暖的年度能源成本[63]。里斯（Ries）等提出绿色建筑在提高生产力和降低缺勤率方面的经济效益不应该被忽视，他们的研究发现，当员工从常规建筑搬迁到绿色建筑时，生产率将提升 25%，缺勤率显著降低[64]。由于绿色建筑对健康和生产力等人类福祉方面的积极影响，项目业主在本质上或内部被鼓励开发绿色建筑。

12.5　结论与研究启示

12.5.1　结论

本文通过对文献的系统回顾和整理，首先对绿色建筑的内涵和特征加以辨析，其次从外部和内部两个维度建立分析框架，从法律法规、激励措施、评级体系、市场需求、道德责任、声誉形象以及人类福祉七个方面对相关研究展开文献综述。通过文献发现：（1）外部驱动因素为绿色建筑的发展提供了推动因素或压力因素，其中法律法规和激励措施在绿色建筑市场发展初期阶段至关重要，随着绿色建筑市场的不断完善和发展，公众对于绿色建筑的接受程度不断提升，市场需求的拉动作用会有所加强。绿色建筑评价标识对于各利益相关群体都是最重要的公共信息来源，因此评价体系的公开性和透明性对于绿色建筑市场的发展尤为关键。（2）内部驱动因素主要是利益相关群体出于自身意志而不受约束的行为，开发企业的亲环境理念促进了绿色建筑的建设和供给，通过绿色建筑产品树立良好的品牌形象，同时为人们提供健康舒适的环境以提升居住者健康水平和员工的生产效率。

12.5.2　进一步研究启示

首先，从文献中可以看出目前对绿色建筑发展的驱动因素影响研究成果主要集中于外部驱动因素。原因在于绿色建筑内部驱动因素研究多数属于心理学研究范畴，这方面的研究还在不断的发展之中。有关能源效率的相关主题已经进行了许多心理和行为方面的研究，但还缺少专门对绿色建筑方面的研究。因此，对于绿色建筑开发的内部驱动因素有待进一步探索，以提出对于绿色建筑利益相关群体的内部激励措施。

其次，本文中绿色建筑发展的驱动因素研究并未限定为特定国家或地区，然而不同的地区或国家由于各自经济、文化、社会等方面的差异，以及绿色建筑发展的程度也不一致，所以绿色建筑发展的驱动因素以及驱动因素的影响程度也应该有所不同。为充分发挥驱动因素对绿色建筑的推动作用，不同驱动因素在各地的有效程度值得进一步研究。尤其是政府方面的激励措施需要大量财政支出，对于所实施的激励措施必须具有实际效用，才能避免人力和资金的浪费。

再次，现有研究主要集中在绿色建筑的环境方面，绿色建筑可持续性的其他方面尤其是社会可持续性在很大程度上被忽视。绿色建筑的经济和社会方面可持续性对于绿色建筑的长远发展具有重要意义，尽管一些的文献强调了其重要性，但是关于绿色建筑社会和经济可持续发展方面的研究还是相对较少。未来关于绿色建筑在经济和社会方面影响的研究有待加强，如绿色建筑评价指标体系中关于社会和经济方面的指标设定，利益相关群体对于绿色建筑决策及建设的参与机制的研究等。

最后，绿色建筑的外部和内部驱动因素具有关联性，如何通过外部和内部驱动因素的互动推进绿色建筑的进一步发展有待深入研究。在绿色建筑的发展中，政府和私营部门的合作对推动绿色建筑意义重大，因此政府如何制定政策法规并实施有效的激励政策，以刺激相关企业内部驱动因素发挥作用，值得进一步研究。

参 考 文 献

［1］ Alwan Z. , Jones P. , Holgate P. , Strategic Sustainable Development in the UK Construction Industry, Through the Framework for Strategic Sustainable Development, using Building Information Modelling ［J］. Journal of Cleaner Production, 2016, 140 (1)：349 – 358.

［2］ Berardi U. , Clarifying the New Interpretations of the Concept of Sustainable Building ［J］. Sustainable Cities & Society, 2013, 8：72 – 78.

［3］ Cole R. G. , Motivating Stakeholders to Deliver Environmental Change ［J］. Building Research & Information, 2011, 39 (5)：431 – 435.

［4］ Cole R. G. , Shared Markets：Coexisting Building Environmental Assessment Methods ［J］. Building Research & Information, 2006, 34 (4)：357 – 371.

［5］ Kua H. W. , Lee S. E. , Demonstration Intelligent Building—A Methodology for the Promotion of Total Sustainability in the Built Environment ［J］. Building & Environment, 2002, 37 (3)：231 – 240.

［6］ Yoshida J. , Sugiura A. , Which 'Greenness' Is Valued? Evidence from Green Condominiums in Tokyo ［J］. Mpra Paper, 2010.

［7］ Hoffman A. J. , Henn R. , Overcoming the Social and Psychological Barriers to Green Building ［J］. Organization & Environment, 2008, 21 (4)：390 – 419.

［8］ Howe J. C. , Overview of Green Buildings ［J］. National Wetlands Newsletter, 2010.

［9］ Robichaud L. B. , Anantatmula V. S. , Greening Project Management Practices for Sustainable Construction ［J］. Journal of Management in Engineering, 2011, 27 (1)：48 – 57.

［10］ Berardi U. , Sustainable Construction：Green Building Design and Delivery ［J］. Intelligent Buildings International, 2016, 5 (1)：65 – 66.

［11］ Li Y. , Yu W. , Li B. , et al. , A Multidimensional Model for Green Building Assessment：A Case Study of A Highest-rated Project in Chongqing ［J］. Energy & Buildings, 2016, 125：231 – 243.

［12］ Zuo J. , Zhao Z. Y. , Green Building Research-current Status and Future Agenda：A Review ［J］. Renewable & Sustainable Energy Reviews, 2014, 30 (2)：271 – 281.

［13］ Yong H. A. , Pearce A. , Wang Y. H. , et al. , Drivers and Barriers of Sustainable Design and Construction: The Perception of Green Building Experience [J]. International Journal of Sustainable Building Technology & Urban Development, 2013, 4 (1): 35 – 45.

[14] Gou Z. , Lau S. Y. , Prasad D. , Market Readiness and Policy Implications for Green Buildings: Case Study from Hong Kong [J]. Journal of Green Building, 2013, 8 (2): 162 – 173.

[15] Andelin M. , Sarasoja A. L. , Ventovuori T. , et al. , Breaking the Circle of Blame for Sustainable Buildings-evidence from Nordic Countries [J]. Journal of Corporate Real Estate, 2015, 17 (1): 26 – 45.

[16] Sui P. L. , Gao S. , Wen L. T. , Comparative Study of Project Management and Critical Success Factors of Greening New and Existing Buildings in Singapore [J]. Structural Survey, 2014, 32 (5): 413 – 433.

[17] Khoshnava S. M. , Rostami R. , Ismail M. , et al. , Obstacles and Drivers in Steering IBS towards Green and Sustainability [J]. Research Journal of Applied Sciences Engineering & Technology, 2014, 8 (14): 1639 – 1647.

[18] 牛犇, 杨杰. 我国绿色建筑政策法规分析与思考 [J]. 东岳论丛, 2011, 32 (10): 185 – 187.

[19] 周珂, 尹兵. 我国低碳建筑发展的政策与法律分析 [J]. 新视野, 2010 (06): 72 – 74.

[20] Zhang Y. , Wang J. , Hu F. , et al. , Comparison of Evaluation Standards for Green Building in China, Britain, United States [J]. Renewable & Sustainable Energy Reviews, 2017, 68: 262 – 271.

[21] Olubunmi O. A. , Xia P. B. , Skitmore M. , Green Building Incentives: A Review [J]. Renewable & Sustainable Energy Reviews, 2016, 59: 1611 – 1621.

[22] Aliagha G. U. , Review of Green Building Demand Factors for Malaysia [J]. Journal of Energy Technologies & Policy, 2013.

[23] Hendricks J. S. , Calkins M. , The Adoption of An Innovation: Barriers to Use of Green Roofs Experienced by Midwest Architects and Building Owners [J]. Journal of Green Building, 2006, 1 (3): 148 – 168.

[24] Karkanias C. , Boemi S. N. , Papadopoulos A. M. , et al. Energy Efficiency in the Hellenic Building Sector: An Assessment of the Restrictions and Perspectives of the Market [J]. Energy Policy, 2010, 38 (6): 2776 – 2784.

[25] Shapiro S. , Code Green: Is "Greening" the Building Code the Best Approach to Create a Sustainable Built Environment? [J]. Planning & Environmental Law, 2011, 63 (6): 3 – 12.

[26] Choi E. , Green on Buildings: The Effects of Municipal Policy on Green Building Designations in America's Central Cities [J]. Journal of Sustainable Real Estate, 2010, 2.

[27] Ghodrati N. , Samari M. , Wira M. , et al. , Investigation on Government Financial Incentives to Simulate Green Homes Purchase [J]. World Applied Sciences Journal, 2013, 20 (6): 832 – 841.

[28] Retzlaff R. C. , Green Buildings and Building Assessment Systems: A New Area of Interest for Planners [J]. Journal of Planning Literature, 2009, 24 (1): 3 – 21.

［29］ Chen C. , Pearlmutter D. , Schwartz M. , A Game Theory-based Assessment of the Implementation of Green Building in Israel ［J］. Building & Environment, 2017, 125.

［30］ 刘佳，刘伊生，施颖. 基于演化博弈的绿色建筑规模化发展激励与约束机制研究［J］. 科技管理研究, 2016（04）：239 - 243.

［31］ 李明，李干滨. 基于生态环境效益补偿的绿色建筑激励机制研究［J］. 科技进步与对策, 2017, 34（9）：136 - 140.

［32］ 林敏. 绿色住宅发展初期的财政补贴细则研究［J］. 生态经济, 2014（04）：99 - 102.

［33］ Ali H. H. , Nsairat S. F. A. , Developing A Green Building Assessment Tool for Developing Countries - Case of Jordan ［J］. Building & Environment, 2009, 44（5）：1053 - 1064.

［34］ 施建刚，张浩. 中外绿色建筑标准比较研究［J］. 城市问题, 2014（09）：2 - 8.

［35］ Ye L. , Cheng Z. , Wang Q. , et al. , Developments of Green Building Standards in China ［J］. Renewable Energy, 2015, 73：115 - 122.

［36］ Doan D. T. , Ghaffarianhoseini A. , Naismith N. , et al. , A Critical Comparison of Green Building Rating Systems ［J］. Building and Environment, 2017, 123：243 - 260.

［37］ Valdes - Vasquez R. , Klotz L. E. , Social Sustainability Considerations during Planning and Design：A Framework of Processes for Construction Projects ［J］. Journal of Construction Engineering & Management, 2013, 139（1）：80 - 89.

［38］ Sarkis J. , Meade L. M. , Presley A. R. , Incorporating Sustainability into Contractor Evaluation and Team Formation in the Built Environment ［J］. Journal of Cleaner Production, 2012, 31（12）：40 - 53.

［39］ 杨光明，赵光洲，王玉芳. 基于灰色聚类法的生态住宅开发模式与评价研究——以云南 YX 公司地产项目为例［J］. 生态经济, 2014, 30（11）：124 - 128.

［40］ Wu H. J. , Yuan Z. W. , Zhang L. , et al. , Life Cycle Energy Consumption and CO_2, Emission of An Office building in China ［J］. International Journal of Life Cycle Assessment, 2012, 17（2）：105 - 118.

［41］ Mahlia T. M. I. , Razak H. A. , Nursahida M. A. , Life Cycle Cost Analysis and Payback Period of Lighting Retrofit at the University of Malaya ［J］. Renewable & Sustainable Energy Reviews, 2011, 15（2）：1125 - 1132.

［42］ Wiley J. A. , Benefield J. D. , Johnson K. H. , Green Design and the Market for Commercial Office Space ［J］. Journal of Real Estate Finance & Economics, 2010, 41（2）：228 - 243.

［43］ Arif M. , Bendi D. , Toma - Sabbagh T. , et al. , Construction Waste Management in India：An Exploratory Study ［J］. Construction Innovation, 2012, 12（2）：133 - 155.

［44］ Murtagh N. , Roberts A. , Hind R. , The Relationship between Motivations of Architectural Designers and Environmentally Sustainable Construction Design ［J］. Construction Management & Economics, 2016, 34（1）：61 - 75.

［45］ Kahn M. E. , Kok N. , The Capitalization of Green Labels in the California Housing Market ［J］. Regional Science & Urban Economics, 2014, 47（7）：25 - 34.

［46］ Hu H. , Geertman S. , Hooimeijer P. , The Willingness to Pay for Green Apartments：The

Case of Nanjing, China [J]. Urban Studies, 2014, 51 (16): 3459 – 3478.

[47] Luo W., Kanzaki M., Matsushita K., Promoting Green Buildings: Do Chinese Consumers Care about Green Building Enhancements? [J]. International Journal of Consumer Studies, 2017, 41 (5).

[48] 杨晓冬，武永祥. 绿色住宅选择行为的因素分析及关系研究 [J]. 中国软科学，2017 (1): 175 – 182.

[49] Zhao D. X., He B. J., Johnson C., et al., Social Problems of Green Buildings: From the Humanistic Needs to Social Acceptance [J]. Renewable & Sustainable Energy Reviews, 2015, 51: 1594 – 1609.

[50] Udawatta N., Zuo J., Chiveralls K., et al., Attitudinal and Behavioural Approaches to Improving Waste Management on Construction Projects in Australia: Benefits and Limitations [J]. International Journal of Construction Management, 2015, 15 (2): 137 – 147.

[51] Zhang L., Sun C., Liu H., et al., The Role of Public Information in Increasing Homebuyers' Willingness-to-pay for Green Housing: Evidence from Beijing [J]. Ecological Economics, 2016, 129: 40 – 49.

[52] Zheng S., Wu J., Kahn M. E., et al., The Nascent Market for "Green" Real Estate in Beijing [J]. European Economic Review, 2012, 56 (5): 974 – 984.

[53] Wong S. C., Abe N., Stakeholders' Perspectives of A Building Environmental Assessment Method: The Case of CASBEE [J]. Building & Environment, 2014, 82: 502 – 516.

[54] Abidin N. Z., Investigating the Awareness and Application of Sustainable Construction Concept by Malaysian Developers [J]. Habitat International, 2010, 34 (4): 421 – 426.

[55] Olanipekun A. O., Xia B., Hon C., et al., Project Owners' Motivation for Delivering Green Building Projects [J]. Journal of Construction Engineering & Management, 2017, 143 (9).

[56] Mulligan T. D., Mollaoğlu – Korkmaz S., Cotner R., et al., Public Policy and Impacts on Adoption of Sustainable Built Environments: Learning from the Construction Industry Playmakers [J]. Journal of Green Building, 2014, 9 (2): 182 – 202.

[57] Abidin N. Z., Powmya A., Perceptions on Motivating Factors and Future Prospects of Green Construction in Oman [J]. Journal of Sustainable Development, 2014, 7 (5): 231 – 239.

[58] Zhang X., Shen L., Wu Y., Green Strategy for Gaining Competitive Advantage in Housing Development: A China Study [J]. Journal of Cleaner Production, 2011, 19 (2 – 3): 157 – 167.

[59] Li X., Strezov V., Amati M., A Qualitative Study of Motivation and Influences for Academic Green Building Developments in Australian Universities [J]. Journal of Green Building, 2013, 8 (3): 166 – 183.

[60] Windapo A. O., Goulding J. S., Understanding the Gap between Green Building Practice and Legislation Requirements in South Africa [J]. Smart & Sustainable Built Environment, 2015, 4 (1): 67 – 96.

[61] Falkenbach H., Lindholm A. L., Schleich H., Environmental Sustainability: Drivers for the Real Estate Investor [J]. Journal of Real Estate Literature, 2010, 18 (2): 203 – 223.

[62] Devine A., Kok N., Green Certification and Building Performance: Implications for Tan-

gibles and Intangibles [J]. Journal of Portfolio Management, 2015, 41 (5): 151 –163.

[63] Edwards B. , Benefits of Green Offices in the UK: Analysis from Examples Built in the 1990s [J]. Sustainable Development, 2010, 14 (3): 190 –204.

[64] Ries R. , Bilec M. M. , Gokhan N. M. , et al. , The Economic Benefits of Green Buildings: A Comprehensive Case Study [J]. Engineering Economist, 2006, 51 (3): 259 –295.

13

基于 CiteSpace 软件的绿色建筑知识图谱分析[*]

13.1 引 言

在不断加速的城市化进程中，建筑业高投入、高消耗、高排放和低效率的粗放式发展方式给经济社会造成了巨大的隐患[1]。绿色建筑能促进人、自然与建筑之间的协调发展，引起了世界范围内学者的关注，形成了大量的研究成果。何清华以 web of science 数据库中 SCI 和 SSCI 引文索引的 591 篇文献为数据源，分析了国外数据库中绿色低碳建筑研究的知识图谱[2]，将知识图谱的研究方法引入了绿色建筑研究领域。但目前尚未发现以中文数据库收录的绿色建筑文献为样本，利用知识图谱理论的可视化技术，系统而全面地梳理我国绿色建筑既有研究成果的文章。对绿色建筑知识图谱的分析研究为把握绿色建筑领域的发展趋势和研究热点提供了数据依据，为绿色建筑的发展提供了理论参考。文章采用 Citespace 软件，分析了绿色建筑领域的热点、前沿和发展趋势，有利于构建绿色建筑研究知识库，为学者更快捷地了解绿色建筑研究现状及深入地开展绿色建筑前沿研究提供借鉴和参考。

文章以 2000~2015 年间 CNKI 数据库收录的中文核心期刊及行业影响较大的期刊《建筑经济》《建筑节能》《工程管理学报》中的 978 篇中文文献为数据源，采用 Citespace 软件技术，通过软件附带的文献计量方法、数据挖掘算法和信息可视化方法，呈现绿色建筑研究的知识图谱。

---

* 作者：张琳，陈立文，曹江红，张友全。原载于《山东建筑大学学报》2018 年第 3 期。

13.2 数据来源于 Citespace 软件概述

13.2.1 数据来源

文章数据来源于 CNKI 数据库中上述期刊中收录的文献，数据获取时间为 2017 年 3 月 26 日。关键词设定为"绿色建筑"或"低碳建筑"或"可持续建筑"或"生态建筑"，时间段设定为"2000~2015"，检索到 1666 条。逐条对文献进行检验，人工剔除资讯类信息、会议类信息、访谈及重复文献等无效信息后，经筛选共得到有效文献 978 篇，作为绿色建筑知识图谱分析的主要数据。

13.2.2 Citespace 软件概述

2004 年，陈超美开发了 Citespace 软件系统，通过绘制科学技术领域发展的知识图谱的方法，可视化地展现科学知识领域的信息全景，识别特定学科研究领域中的关键文献、热点研究和前沿方向[3]。Citespace 软件系统易于操作、一目了然并具有丰富美观的可视化效果等优点，已广泛应用于生命科学、生物医学、食品、管理学、教育学等领域。

13.3 基于 Citespace 的绿色建筑知识图谱分析

13.3.1 文献数量时间知识图谱分析

对有效文献进行初步的年度统计分析，形成对绿色建筑研究领域的初步认知，有助于掌握研究所处阶段和发展动态[4]。在观察期（2000~2015 年）内，国内与绿色建筑研究相关的文献数量在 2000~2008 年呈波动式增长，从 2000 年每年不足 20 篇到 2008 年的近 40 篇，说明此阶段绿色建筑研究刚刚起步，已引起国内学术界的关注；随后 2008~2012 年间文献数量整体上呈递增的态势，2012 年研究成果达 140 篇，更多的研究者进入绿色建筑研究领域，研究热度不断升高；2013~2014 年间绿色建筑研究文献数量急剧下跌的现象，表明对绿色建筑的研究出现了短期的缩减，可能与 2013 年实施的房地产调控市场化改革有关，住宅投资增速下降，绿色建筑研究随之也进入"瓶颈"阶段；2015 年绿色建筑研究文献发表数量又大幅度上升，标志着绿色建筑研究经过短期停滞后再次成为研究热点，如图 13-1 所示。

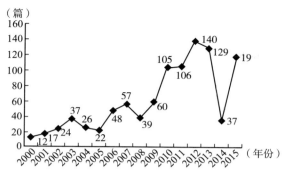

图 13 - 1　出版文献数量

13.3.2　绿色建筑载文期刊知识图谱分析

由于 Citespace 软件无法对 CNKI 数据源进行期刊共被引分析，研究直接利用 CNKI 原始数据对绿色建筑的载文期刊进行描述性分析。2000～2015 年间载文量前 10 位的期刊名录见表 13 - 1。其中，《建筑学报》《建筑节能》《施工技术》等期刊是载文最多的期刊；《建筑科学》《工业建筑》《城市发展研究》和《给水排水》等均为双核心期刊；《建筑经济》虽为普通期刊，但其复合影响因子值达到了 1.143。期刊文献反映出绿色建筑的研究重点，从单一的绿色建筑设计、绿色建筑施工技术到绿色建筑经济与管理等方面，表现出了多元化发展的特点。

表 13 - 1　　　　　　　　　　前 10 位载文期刊源

序号	期刊	载文数量/篇	复合影响因子	来源
1	建筑学报	173	1.135	核心
2	建筑节能	123	0.498	CA
3	施工技术	117	0.608	核心
4	建筑科学	106	0.668	CSCD/核心
5	暖通空调	102	0.682	核心
6	工业建筑	90	0.595	C 刊/核心/JST
7	建筑经济	69	1.143	非核心
8	城市发展研究	34	1.679	C 刊/核心
9	给水排水	33	0.528	CSCD/核心
10	混凝土	32	0.789	核心/CA

13.3.3 主要机构和作者知识图谱分析

通过统计主要机构和对作者分布的分析，有助于找出绿色建筑研究领域更具有研究力量的机构和作者。在 Citespace 软件主界面上，NodeTypes 设置为 Institution，绘制主要机构网络聚类图谱，如图 13 - 2 所示。图谱节点处机构名字字体越大，表示机构发文量越多。结果显示，国内绿色建筑的研究机构以高校和研究院为主，发文前 3 名的机构分别为中国建筑科学研究院（共 21 篇）、清华大学（共 19 篇）和天津大学（共 18 篇），说明国家重点高校和综合实力较强的研究院为绿色建筑发文主阵地。图 13 - 2 中主要聚类包括清华大学、重庆大学、中国建筑科学研究院和天津大学，以及规模相对较小的群组。

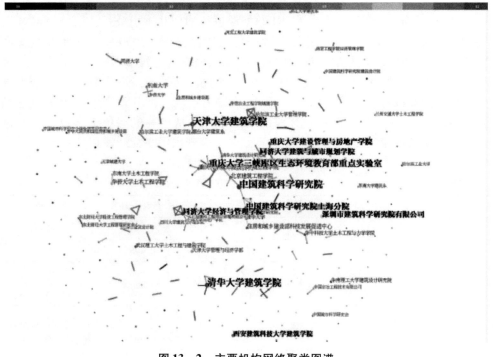

图 13 - 2　主要机构网络聚类图谱

在 Citepsace 软件主界面上，NodeTypes 设置为 Author，绘制主要作者网络聚类图谱，图谱节点处作者名字字体越大，表示作者发文量越多，如图 13 - 3 所示。发文量排前几位的作者基本来自高等院校或研究院，刘加平院士是我国绿色建筑学科的主要学术带头人之一，在西部低能耗与绿色建筑模式、地域性民居建筑再生与发展等方面取得了突出研究成果，建立的黄土高原绿色住区示范基地，实现了绿色建筑与自然环境的"天人合一";柴宏祥在绿色建筑节水项目技术措施和经济性评价方面发表一系列高水平研究成果[5-7];秦旋在绿色全寿命周期内绿色建筑风险测量及评价方面进行实证研究,弥补了绿色建筑项目管理实证研究的不足[8-9];孙大明针对我国绿色建筑增量成本的调查分析的文献也获得了较高的引用量[10-11]。

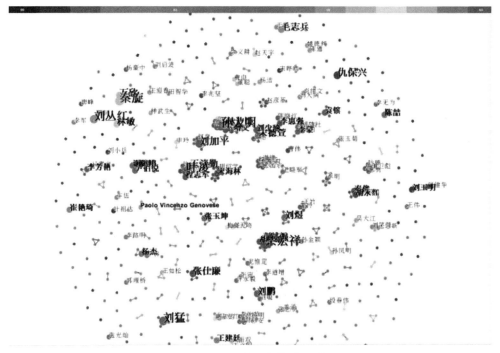

图 13-3　作者网络聚类图谱

13.3.4　关键词和研究热点知识图谱分析

使用 Citespace 软件对研究对象的关键词进行分析,关键词图谱能在一定程度上展示绿色建筑研究的热点领域,频次较高的关键词常为研究热点问题[12]。为了提高共现词聚类准确度,将绿色建筑评价标准(评价体系、评估体系、绿色建筑评价、评价指标体系、绿色建筑评价标准、绿色建筑评价体系)、绿色建筑激励机制(经济激励、激励政策、政策激励)、演化博弈(进化博弈、非对称博弈、博弈分析、博弈论、博弈模型)等同类关键词进行合并,NodeType 选择为keyword,阈值设置为 15 后,运行软件得到关键词知识图谱,出现频次越高的关键词在图谱中节点越大,如图 13-4 所示。其中,"绿色建筑"出现频次最高,其次为"评价标准""可持续发展""建筑节能"和"绿色施工"等。

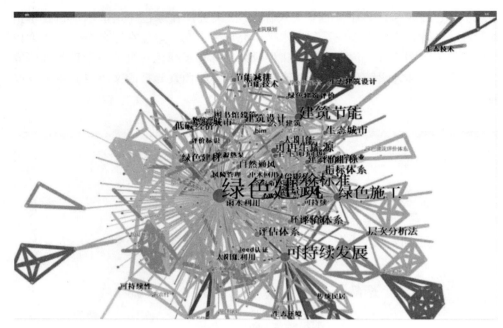

图 13 - 4　绿色建筑研究关键词图谱

　　按照关键词频次前 10 位排序统计，分布状况见表 13 - 2。结合关键词知识谱图可见，我国绿色建筑研究成果主要围绕国内外绿色建筑评价、建筑节能、绿色施工、可再生能源、生态城市和绿色建筑激励机制等方面，而结合信息化和产业化背景、绿色建筑 BIM 技术应用、绿色建筑与住宅产业化和装配式建筑的研究成果较少。

表 13 - 2　　　　　　　　　　　　　　　关键词频次排序

序号	关键词	出现频次/次	首次出现年份
1	绿色建筑	699	2000
2	评价标准	94	2001
3	可持续发展	63	2000
4	建筑节能	44	2000
5	绿色施工	41	2005
6	绿色技术	28	2001
7	增量成本	16	2010
8	可再生能源	16	2008
9	生态城市	15	2001
10	激励机制	15	2005

13.3.5　突发主题知识图谱分析

利用 Citespace 软件提取研究文献中的突发词，相比于传统的高频关键词分析，突发主题更适合探测学科发展的新兴趋势和突然变化[13]。在 Citespace 软件界面中，f(x) 值设为 3，Minimum Duration 设为 1，得到 10 个突发性共现词，见表 13 - 3，年份为这个共现词首次出现的年份；强度代表突发强度；开始时间结束时间代表突发的时间段，表明共现词在突发时间段内成为研究热点。2000 ~ 2001 年间可持续发展、绿色建材、生态环境等主题的出现时间较早，符合绿色建筑早期侧重于绿色建筑技术、设计和建材的研究情况，并形成了较多且成熟的研究成果；2010 ~ 2011 年全寿命周期、低碳城市和激励机制等研究主题的出现符合绿色建筑发展从单体建筑到绿色生态城区的转化时期的特点，以及从政府的角度制定经济激励措施，引导绿色建筑规模化推广的现实；2012 年绿色建筑技术研究再次成为研究热点，成熟的绿色技术是绿色建筑的基本保证。而 2012 ~ 2014 年可再生能源、评价指标和增量成本成为近 3 年的热点研究主题。

表 13 - 3　　　　　　　　　　　　　关键词频次排序

关键词	年份	强度	开始时间	结束时间
可持续发展	2000	4.6038	2000	2003
绿色建材	2000	3.3536	2000	2006
生态环境	2000	2.8705	2001	2002
全生命周期	2000	4.2632	2010	2012
低碳城市	2000	3.6915	2010	2012
激励机制	2000	2.9598	2011	2012
可再生能源	2000	4.4619	2012	2013
节能技术	2000	3.5076	2012	2012
评价指标	2000	4.5178	2012	2015
增量成本	2000	3.5752	2014	2015

13.3.6　关键词共现网络聚类知识图谱分析

在关键词共现图谱的基础上，通过 Log likelihood ratio 的 p - leve 算法[14]，对关键词聚类进行自动标识，Citespace 软件将关键词聚类成 25 类，选取其中较大的 7 个聚类为研究对象，如图 13 - 5 所示。Modularity 是网络模块化的评价指标，数值越大，表示网络聚类越显著，当 Modularity > 0.3 就说明网络社团显著，由图

13 – 5 可知，Modularity 网络图值 Q 为 0.7339，符合要求。Silhouette 用来衡量网络同质性的指标，越接近 1，同质性越高。当 Silhouette > 0.7 时，表示具有高信度；Silhouette > 0.5 时，即可认为聚类是合理的。由图 13 – 5 可知，网络图值 Silhouette 为 0.687，满足软件的要求。关键词共现网络聚类详细信息，见表 13 – 4。聚类 0 ~ 6 包含 28 ~ 152 个节点，S 值在 0.853 ~ 0.996 之间，说明所有的聚类规模理想，主题比较明确。选择其中前 3 位的关键词共现聚类进行详细分析。

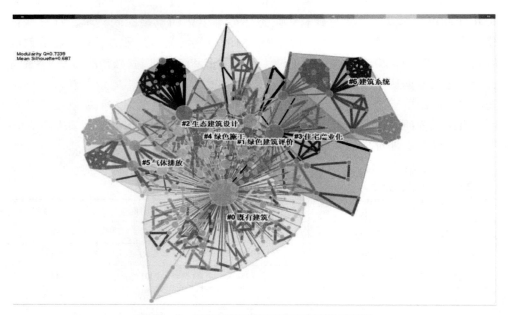

图 13 – 5　绿色建筑关键词共现网络聚类图谱

表 13 – 4　　　　　　　　　　　　　　共现词网络聚类

聚类编号	大小	S 值	年份	标识词
0#	152	0.97	2008	既有建筑；综合改造；绿色建筑
1#	45	0.903	2008	绿色建筑评价；低碳化；产品标准
2#	43	0.926	2005	生态建筑设计；教学模式
3#	43	0.853	2004	住宅产业化；成本预测；效益
4#	37	0.875	2009	绿色施工；废弃混凝土；施工过程
5#	31	0.935	2008	气体排放；节能减排；房地产业
6#	28	0.996	2005	建筑系统；绩效综合评价；协调度

1. 既有建造绿色改造

目前国内既有建筑的总建筑面积已超过 500 亿平方米，但其中绿色建筑的面积仅为 1.672 亿平方米[15]。绝大多数既有建筑是存量的非绿色建筑，存在能源消耗量大、工作生活舒适性差和社区使用功能有待提升等问题。有关文献研究了既有建筑改造中技术、市场机制、综合效益和激励机制等方面的问题，包括对国内既有建筑改造结构与功能材料的应用及发展的分析[16]、对国内既有建筑改造市场研究及运行机制设计的分析[17]、对节能改造项目综合效益评价研究动态的分析[18]和对既有建筑节能改造市场发展协同激励模型及实施路径分析[19]。李百战针对既有建筑绿色化改造所涉及的问题提出从政策层面、环境层面、社会层面和技术层面等方面制定改造技术策略[15]；郭汉丁团队是国内既有建筑改造研究的高产团队，在既有建筑市场发展激励路径、既有建筑节能改造项目风险管理、风险共担机理、节能改造政策有效性评价、综合效益评价、政策法规体系构建和合同能源管理贡献大量的研究成果[18-19]。2016 年，中央城市工作会议提出"城市修补"，城市老旧小区绿色化改造是增加我国有效投资的新途径[20]，既有建筑绿色改造预期将成为绿色建筑下一个阶段的研究热点问题。

2. 绿色建筑评价

绿色建筑评价一直备受国内外关注，文献数量居首位。自 2006 年我国第一部绿色建筑评价标准 GB/T50378 - 2006《绿色建筑评价标准》出台，国内学者研究了不同的绿色建筑评价方法，包括采用综合评价方法、评价指标体系、层次分析法与专家分析咨询法等，提出了适合我国国情的绿色建筑评价体系研究[21]；通过比较分析英国的 BREEAM（Building Research Establishment Environmental Assessment Method）、美国的 LEED（Leadership in Energy Environment Design）、加拿大的 GBC（Green Building Challenge）、澳大利亚的 NABERS（National Australian Building Environmental Rating System）、日本的 CASBEE（Comprehensive Assessment System for Building Environmental Efficiency）等发达国家较为成熟的绿色建筑评价体系优点和局限性，为我国绿色建筑标准的改进提供了参考[22]。2015 年 1 月 1 日起，实施 GB/T50378 - 2014《绿色建筑评价标准》，之后出现新一轮绿色建筑评价的研究热潮，包括新版《绿色建筑评价标准》纵横比较研究[23]，应用群层次分析法和证据推理法绿色建筑评价[24]，基于博弈论与神经网络的绿色建筑评价[25]，基于综合评判法[26]。总体上看，采用复杂的评价工具和方法开展绿色建筑评价，使得评价过程更加准确。

3. 绿色生态设计与教学理念

国内自大力推行绿色建筑以来，学术领域取得了丰硕的研究成果。同样，绿色建筑生态设计与教学也成为诸多高等院校和科研机构教学和研究的重点，成立了分别由西安建筑科技大学、山东建筑大学和天津城建大学主导的陕西省西部、山东省和天津市绿色建筑协同创新中心，集聚高等院校、科研机构、设计院和企业的优势力量，成为绿色技术研发、示范推广的产业基地。高等院校需要与时俱进地完善可操作性强的绿色建筑设计理论与方法，培养符合时代要求的绿色建筑领域专业人才。研究成果包括基于 BIM 信息化技术合理制定绿色建筑技术的教学目标，将"绿色"措施融入专业课程中[27]；探讨绿色建筑设计教学模式，提出以整体设计、专业融合为核心的"并行式"的绿色建筑设计教学实践，培养绿色建筑设计人才[28]；湖北工业大学成立绿色建筑虚拟仿真实验教学中心，研究团队构建绿色建筑虚拟仿真实验框架，从教学内容、平台、共享机制和管理机制 4 个方面发挥虚拟仿真中心实验教学和科研的作用[29]。

4. 住宅产业化，成本效益预测

绿色建筑的建造涵盖建筑设计、绿色建材、绿色技术等方面，在工厂中建造绿色建筑部件后现场安装可减少现场作业，降低二氧化碳的排放量。因此住宅产业化是发展绿色建筑的重要途径之一，但是住宅产业化刚刚起步，存在核心技术尚不成熟，住宅产业化部品生产与住宅建设脱节，产品的使用与工程技术脱节，住宅工程质量难以保证的问题[30]。结合住宅产业化技术的成本效益分析，绿色建筑技术集成住宅产业化的发展将有广阔的发展空间。

5. 绿色施工和节能减排

绿色建筑与绿色施工的范围以及绿色施工各种评价方法相关，大型施工企业在《施工技术》发表了大量绿色施工的论文，多偏向于工程项目实践研究。在经济发展"新常态"和供给侧改革不断深化的背景下，政府承担节能减排和温室气体释放降低的社会责任。如何引导开发商供应绿色住宅，抑制高污染、高能耗和高排放的低端建筑产品供应，推动我国建筑行业可持续健康发展，将成为房地产绿色转型的一个重要方向。

6. 绩效综合评价

在绿色建筑全寿命周期内，应重视运营阶段的经济效益、环境效益和社会效益，培训并组建专业化的绿色建筑物业管理团队，去除消费者对绿色建筑产品效益后验性的顾虑，引导消费者理性购买绿色建筑，逐步形成成熟的绿色建筑市场。

13.4　结　　论

文章采用 Citespace 软件的可视化技术，绘制了 2000~2015 年国内绿色建筑研究的知识图谱，研究结果表明：

（1）通过对绿色建筑载文期刊的知识图谱分析得知，绿色建筑的研究重点呈现出从单一的绿色建筑技术、绿色建筑施工技术研究演变为多维度多视角交叉融合的研究趋势。

（2）通过关键词和研究热点、突发主题分析及关键词共现网络聚类知识图谱分析得知，我国现阶段绿色建筑研究包含既有建筑绿色改造、绿色建筑评价、绿色建筑设计与教学模式、住宅产业化、绿色施工、温室气体排放和绿色建筑综合绩效评价 7 大研究热点问题。

参 考 文 献

［1］阳扬．我国绿色建筑的政策影响力研究［D］．上海：华东师范大学，2013．

［2］何清华，王歌．知识图谱视角下绿色低碳建筑研究动态［J］．中国科技论坛，2015（10）：136 - 141．

［3］侯剑华，胡志刚．Citespace 软件应用研究的回顾与展望［J］．现代情报，2013，33（4）：99 - 103．

［4］邱均平，杨思洛，宋艳辉．知识交流研究现状可视化分析［J］．中国图书馆学报，2012，38（2）：78 - 89．

［5］柴宏祥，曲凯，赵芳．绿色建筑节水项目增量成本的构成与算法［J］．中国给水排水，2011，27（20）：32 - 35．

［6］何强，柴宏祥．绿色建筑小区雨水资源化综合利用技术［J］．环境工程学报，2008，2（2）：205 - 207．

［7］师前进，何强，柴宏祥．绿色建筑住宅小区节水与水资源利用设计探讨［J］．给水排水，2008，34（1）：77 - 79．

［8］秦旋，荆磊．绿色建筑全寿命周期风险因素评估与分析：基于问卷调查的探索［J］．土木工程学报，2013（8）：123 - 135．

［9］万欣，秦旋．基于实证研究的绿色建筑项目风险识别与评估［J］．建筑科学，2013，29（2）：54 - 61．

［10］马素贞，孙大明，邵文．绿色建筑技术增量成本分析［J］．建筑科学，2010，26（6）：91 - 94．

［11］孙大明，邵文．当前中国绿色建筑增量成本统计研究［J］．动感：生态城市与绿色建筑，2010（4）：43 - 49．

［12］张晓芹，李焕荣．我国电子商务物流研究热点与趋势：基于 Citespace 分析［J］．工业经济论坛，2015（6）：115 - 124．

［13］秦晓楠，卢小丽，武春友．国内生态安全研究知识图谱——基于 Citespace 的计量分析［J］．生态学报，2014，34（13）：3693 - 3703．

［14］李杰，陈超美．Citespace：科技文本挖掘机可视化［M］．北京：首都经济贸易大学出版社，2016．

［15］Baldwin A．，李百战，喻伟等．既有建筑绿色化改造技术策略探索［J］．城市住宅，2015（4）：46 - 51．

［16］张小冬，黄莹．国内既有建筑改造结构与功能材料的应用及发展［J］．施工技术，

2010，39（11）：25－29.

[17] 刘美霞，武洁青，刘洪娥.我国既有建筑改造市场研究及运行机制设计［J］.中国物业管理，2010（10）：20－21.

[18] 崔斯文，郭汉丁.基于增值寿命的节能改造项目综合效益评价研究动态［J］.建筑节能，2015（2）：124－128.

[19] 王星，郭汉丁，陶凯等.既有建筑节能改造市场发展协同激励模型及实施路径研究［J］.资源开发与市场，2016（3）：273－276.

[20] 仇保兴.城市老旧小区绿色化改造——增加我国有效投资的新途径［J］.建设科技，2016（9）：1－6.

[21] 宋凌，林波荣，李宏军.适合我国国情的绿色建筑评价体系研究与应用分析［J］.暖通空调，2012，42（10）：15－19.

[22] 王祎，王随林，王清勤等.国外绿色建筑评价体系分析［J］.建筑节能，2010，38（2）：64－66.

[23] 王敏，张行道，秦旋.我国新版《绿色建筑评价标准》纵横比较研究［J］.工程管理学报，2016（1）：1－6.

[24] 何小雨，杨璐萍，吴韬等.群层次分析法和证据推理法在绿色建筑评价中的应用［J］.系统工程，2016（2）：76－81.

[25] 韩立红，陶盈盈，孙建伟.基于博弈论与神经网络的绿色建筑评价［J］.青岛理工大学学报，2016，37（5）：81－89.

[26] 王宝令，张彦飞，罗浩.基于综合评判法的我国绿色建筑评价指标体系研究［J］.沈阳建筑大学学报（社会科学版），2016（2）：109－114.

[27] 尹巧玲，丁胜.基于BIM的绿色建筑技术融入建筑设计专业教学的探索［J］.建设科技，2016（15）：128.

[28] 张群，王芳，成辉等.绿色建筑设计教学的探索与实践［J］.建筑学报，2014，4（8）：102－106.

[29] 王淑嫱，贺行洋，邹贻权等.绿色建筑虚拟仿真实验教学中心建设思考［J］.高等建筑教育，2014，23（6）：134－137.

[30] 刘仁忠，陈新政，窦小华.绿色低碳住宅与公共租赁住房建设［J］.自然辩证法研究，2011（6）：122－126.